U0016611

THE CHINA
ORDER

中華秩序

中原、世界帝國與中國力量的本質

Centralia, World Empire,
and the Nature of Chinese Power

王飛凌 ──── 著　王飛凌、劉驥 ──── 譯校

謹以此書獻給中國人民

To The Chinese People

目錄

中文版序言

本書的英文原版《The China Order: Centralia, World Empire and the Nature of Chinese Power》於 2017 年 9 月由美國紐約州立大學出版社（SUNY Press）出版發行，10 月在美國首都華盛頓的戰略與國際研究中心（CSIS）發布。令人鼓舞的是，本書已經得到了許多積極的關注、贊揚與回饋。

承蒙許多朋友同行的鼓勵鞭策，本書的繁體中文版現在與讀者見面了。也曾計劃在北京翻譯出版簡體字版並且已經有了合約，但是因為不出預料的出版審查而擱淺。於是先行出版繁體字版，以早日獲得中文學界的批評指正。

本書繁體中文版力圖保持英文原著的全貌。限於篇幅也考慮到中文讀者的閱讀習慣，繁體中文版刪併了一小部分過細的註釋和引證出處。讀者如果有興趣細察，可以進一步參閱英文原版。為了減少翻譯的失真，行文中附帶了有些術語和專有名詞的英文原文。在改訂翻譯稿的時候，有一些細微的文字句式改動和順序調整，試圖增加一點中文版的可讀性。效果如何，也是有待讀者評判了。為了照顧不同的中文讀者，本書採用橫排版格式，在此特請習慣閱讀直排版書籍的讀者朋友們見諒。

在本書的中文翻譯和出版過程中，得到了內人、許多朋友尤其是台灣八旗文化的富察編輯及團隊的大力幫助、專家編審和文字修飾，在此

衷心致謝。

　　本書的中文版翻譯與校對基本上是伴隨著幼女的呀呀嬰語聲而完成的。她那純淨眼神和成長呢語，不斷地提示著我們窮究過去以求明辨未來的意義與價值。

　　我真誠地相信，只要有自由、完整的資訊與充分的辯論和選擇，偉大的中國人民完全可以全面而準確地解讀歷史與現實，掌握自己的命運，揚棄過去的秦漢政體及其中華世界秩序，走出一條全新的、利己利國利人類的和平繁榮而充滿尊嚴與自豪的發展道路，與世界各國共競共進，共建人類更好的未來。這本小書代表著我為此的一個小小努力。如果能起到一點點作用，則余心足矣。

　　王飛淩
　　美國喬治亞州亞特蘭大市
　　2018 年

英文版銘謝

本書是我從大學和研究生院就開始的多年學術旅程的一個收穫。我先前關於中國現代性和中國戶口制度的英文書籍（分別於 1998年和 2005 年由麥克米倫出版公司和史丹佛大學出版社出版）開始了通往這個項目的路途。2005 至 2006 年間，我為《國際先驅論壇報》（International Herald Tribune）撰寫關於中國崛起的專欄文章以及 2010至 2012 年參與普林斯頓大學—北京大學的「美中關係與世界秩序」研究項目促進了我的有關想法的進一步形成和完善。在過去的十年裡，在完成這本書的過程中，我得到了身處五大洲十多個國家的許多人的無法估量的恩助。對那些給過我線索和靈感的人們，那些忍受了我的各種問題和請求的人們，那些幫我尋找事實根據和聯繫人的人們，以及那些提供了批評和協助的人們——這些名字實在是舉不勝舉，我在此向你們一一致敬、致謝。

我在喬治亞理工大學的同事們和學生們一直以來都是我的耐心聽眾和有益評論員。過去幾年來，以下的機構友善地接待了我與本項目有關的訪學：歐洲大學學院、新加坡國立大學、國立中山大學、國立台灣大學、巴黎高等政治學院、東海大學、美國空軍學院、澳門大學、東京大學和延世大學。富布賴特委員會（Fulbright Program）、日立基金會和密涅瓦基金（MinervaProject）慷慨地資助過我有關的研究。我曾在下列

場合介紹過本書的部分內容並得到過寶貴的批評意見：美國政治學協會、中國文化大學、對外關係委員會、國際研究協會、美國特種兵聯合大學、高麗大學、路德維希—馬克西米利安大學、國立政治大學、國立中興大學、國立清華大學、北京大學、普林斯頓大學、首爾國立大學、中山大學、美國國家戰爭學院、馬來西亞理工大學、丹佛大學、印度尼西亞大學、馬來亞大學、賓夕法尼亞大學和維多利亞大學。

非常感謝兩位匿名審稿人的有力支持、熱情鼓勵和有益建議。紐約州立大學出版社的編輯和校對員使得這本書的出版成為可能。毋庸贅言，我個人對本書中任何可能存在的缺陷負全責。

如果沒有我的家人朋友們一直的關愛和支持，我將永遠無法完成這項工作。為此我真的是非常幸運，永遠感激。

最後，這本書是獻給中國人民的。正如我嘗試在本書中表明的那樣，中國人民經歷了如此長久、如此深重的苦難與無數犧牲：我個人所面對過的所有艱難、痛苦和不公平，與之相比都是完全不值一提的。我對偉大的中國人民有著真摯的熱愛與美好的祝願。

王飛淩
美國喬治亞州亞特蘭大市
2017 年

引言

人們很容易列舉出一長串關於中國（中華人民共和國）的種種特別之處。然而，困難的是如何解讀和權衡，從而確認和判定正在崛起的中國力量真正代表著什麼，以及國際社會應該如何因應。整個世界和平、世界秩序的未來，以及人類文明的發展方向都有賴於這個判定。

先來看中華人民共和國似乎很匪夷所思的幾個悖論和謎團：中國經濟按 GDP（國內生產總值）來衡量，從 1990 年的世界排名第十躍升至 2012 年的第二位，預計不久就會取代自 19 世紀 80 年代以來世界最大規模的美國經濟，成為世界第一大經濟體。中國同時有世界上最多的人口和第二大軍費預算（其增速遠遠超過經濟增長速度）。然而，中國政府在國內外種種無休止地追求更多權力、強化控制的行為，傳達出強烈且不斷加重的不安全感和不滿足情緒。按人均 GDP 和人類發展指數（HDI）來衡量，中國依然是一個典型的發展中國家。但是它卻在世界各地大量撒錢，培育、提升其形象和影響力：僅在 2012 至 2015 年就對外承諾了 1.41 兆美元，以當今美元計價是六十多年前美國馬歇爾計劃的十倍。儘管如此，中國在西方（美國、歐盟、日本）以及從巴西、埃及、印度、以色列、約旦、菲律賓到土耳其、越南，都不受多數民眾歡迎。北京一直誓言永不成為欺凌他國的霸主，承諾「始終維護國際法治、公平與正義」，並呼籲建立一個新的、更好的世界秩序；然而，當第一

次面對國際仲裁廷的海事糾紛裁決有利於其弱小鄰國時，其行為與其他任何霸權強國並無二致[1]。

如同預期的，有關中國及其崛起的書籍文章已經汗牛充棟。2014年的六個月裡，全球就出版了一百多種關於中國的英文書籍[2]。其共同主題是如何應對中國的崛起。有些還特地去「揭祕」中國。但是關於中國的著述與七十年前研究另一個崛起的異己力量——前蘇聯——的學術成果很不一樣。喬治·凱南（George Kennan）1947年在《對外關係》（Foreign Affairs）雜誌匿名發表分析蘇聯的文章之後，西方學界迅速匯集起來，產生了一個持續幾十年的對蘇遏制和冷戰大戰略。而迄今為止，關於中國及其崛起的海量文獻大多充滿遲疑，具有濃厚的模糊性和混沌感，缺乏可靠的預測和堅定的政策。多年來「不確定性」（uncertainty）一直是描述中國及其崛起的關鍵詞。對現在主導世界的領袖們的標準建議，大體上都是一個應付與蒙混戰略，通常混合著一些對中國崛起表示歡迎的接觸、綏靖和讓步（engagement）；某些心存恐懼、以防萬一的後備措施（hedging）；以及一種頑固的、試圖同化中國的期待（incorporation）。

所有這些朦朧不清和猶疑不決，主要原因是對中國的理解既不完整也不充分，對於崛起的中國意味著什麼的認知更是偏頗游移。研究中國，的確很容易迷路，至少是困惑不解，因為傳統的分析工具如現實主義、共產主義或者法西斯主義看起來並不大適用於中華人民共和國，而堆積如山的各種訊息甚至神話（經常是有目的地製造出來的巧妙故事）混亂而自相矛盾，似乎每分鐘都在閃爍變幻。因此，已故學者包瑞嘉（Richard Baum）評論說，觀察中國是一個「奇特、令人沮喪、迷人與危險交織在一起的工作」；資深觀察家白邦瑞（Michael Pillsbury）則認為，以錯誤的假設進行一廂情願的思考，讓「西方決策者和學術界一再把中國搞錯」[3]。

如今的西方學界，有人在爭論中國的現實與幻像，以及觀察者該如

何解釋與構建；有人探討中國人在想什麼、如何想，並得出各種結論和各種假設；有人轉向過去，尋求歷史的相似性，討論中美衝突是否會出現類似於第一次世界大戰那樣的毫無意義的悲劇宿命。有人開始探索中國特有的中國中心觀念及其影響；有人斷言中國的崛起是一場中國要取代美國、領導世界的百年馬拉松；有人認為真正的挑戰在於如何去塑造中國的政策選項和行動偏好，而不是遏制其崛起；有人在中華人民共和國發現了一個強大的「管控專制」（controlocracy）與「完美的獨裁」，但實際上它不過是個低效而劣質的獨裁國家；還有些人認為中華人民共和國已經開始走向結束而不是什麼崛起，它的統治正在潰敗。無論如何，很少有人會不同意亨利・季辛吉（Henry Kissinger）的看法：中國崛起，無論成功或者失敗，對整個世界秩序和人類福祉，都將帶來難以確定但深遠的影響[4]。

中華秩序

　　本書加入關於中國和中國崛起的探討，試圖全面分析中國力量的本質。透過重新解讀中國的歷史與現實，根本性地展示「中國是什麼」以及「崛起的中國代表著什麼」。具體而言，本書著重描述與分析「中華秩序」（The China Order）。中華秩序，亦即中華世界帝國秩序，是一種威權主義（authoritarianism）、且往往是極權主義（totalitarianism）的世界政治秩序[5]，奠基於用儒學粉飾其表的法家帝國政體（即秦漢政體、Qin-Han Polity）之上。凡秦漢政體，必然要以中華秩序作為其天命（Mandate of Heaven），來證明和捍衛自己，去統一、規範、統治整個已知世界（也就是「天下」）。中華秩序因此意味著一個世界性的秦漢政體。它植根於長期形成的中原或者中土（Centralia）的地理生態，這個中華秩序下的世界帝國（world empire），從西元前 3 世紀後期到 19 世紀中葉，幾乎統治了整個歐亞大陸東部的各個民族，並不斷演化

以**趨**於完善[6]。作為一種理念和政治傳統，中華秩序決定了中國以及中華人民共和國政府的一些關鍵性特質。在這兩千多年裡，整個中華世界（Chinese World）其實也有過多次分裂，形成多國分治時期。其中最主要的**斷層**期是宋代（10～13世紀）。宋代的歷史經驗和教訓豐富而重大，但一直未能得到充分探討。本書第三章將會對此仔細分析。

在人類歷史上，帝國的擴張和政治上的泛世界主義／全球主義（political universalism）當然不是中國特有的現象。各個大陸上都曾出現過可以識別為世界帝國或「普世帝國」（universal empire）的政權[7]。中國人的天下概念（即整個已知世界）近似於古希臘人和古羅馬人的「有人居住的全部」（*οἰκουμένη* 和 oecumene），以及後來歐洲人的整個「基督世界」和「文明世界」的概念。帝國統治者們，從羅馬人、西班牙人到英國人，都夢想建立一個統一的世界大帝國，以統治整個已知的有人居住的世界（oikouménē）。但中國人的天下體系即中華秩序，卻是最持久、最獨特的存在，徹底而精緻；在今日中國依然有著無出其右的合法性和實際的影響力。與歷史上許多其他世界帝國（以及想成為世界帝國的政治力量）——如古埃及法老、波斯帝國、穆斯林哈里發、帖木兒汗國、印加帝國，或者世界法西斯主義運動及世界共產主義運動等等——不同，中華秩序曾連續數百年存在，並統治了其支持者們確信的全部已知世界；在兩千多年內已被世界最大的人群（中國人）深深內化為某種信條：中華秩序不僅可行，而且優越。作為一個代表特殊社會經濟規範和文化價值的意識形態與政治制度，中華秩序是一個仍然活著的思維範疇，猶如歐洲哲學家波普爾（Karl Popper）「封閉社會」（closed society）概念的全球版。

作為一種政體和世界秩序，中華秩序在實踐中可行，經過歷史考驗，在政治上也是誘人的。但在社會發展與經濟成長方面表現不佳，是個次優化的政治制度。它曾被一些史家有些模糊地稱為「中國人的生活秩序」[8]。中華秩序在中華世界裡形成了中華文明，有別於羅馬帝國之後

的地中海—歐洲世界（Mediterranean-European World）文明。後者在事實上遵循、隨後在法理上認可一種國際比較和競爭的世界秩序，即西發里亞體系（Westphalia System）。中華世界在 19 世紀中期後，也被強力納入了源自歐洲的西發里亞世界秩序。然而 1949 年以後，中國共產黨在中華人民共和國復辟並踐行了秦漢政體。因此，一如以前的帝國君王們，中華人民共和國命中注定要以自己的面貌去重新規範世界，獲得其政治的合法性和政權安全。也如同以往的秦漢政體，中華人民共和國對它的人民實行低劣欠佳的統治，但卻有能力富國強兵，在國際政治上具有很高的競爭力。

在 21 世紀的今天，中華秩序的意識形態，與西發里亞體系特別是「美國秩序」（American Order）——即二戰和冷戰後的世界秩序，觀念根本對立。一個固執不變的、重新崛起的「新秦漢政體」，必將強勢追求一個新的中華世界秩序，從而給全球人類帶來新的選擇。這對政治治理和世界秩序而言，已經非常明確而且意義重大。

本書之章節安排

本書的第一部分（一至四章），描述和分析了中華秩序的來源、性質、前景和意義。我也嘗試在政治治理、社會經濟發展、科學技術進步、文化和社會，以及人民生活水準各個方面，評價中華秩序的歷史表現。許多世紀以來，中華秩序對各種威權主義統治者們而言，都極有吸引力，甚至令人上癮；在中華菁英人士中也建立了一種似乎不可動搖的合法性。但它在社會經濟發展上的記錄卻不甚優秀，甚至十分低劣。儘管有過多次王朝興亡，中華秩序下的中華文明卻是長期停滯，形成了「超穩定」結構[9]。直到 19 世紀中葉以後，中華秩序才因外來力量的衝擊而崩潰，中華世界不再是天下，而被降低為僅僅是現實世界的一小部分。然而，中國的統治者們對此從來沒有滿意，儘管中國和中國人民在這個

所謂的「百年國恥」（1840年代～1949）期間其實經歷了偉大的試驗和進步。與中國官方和主流歷史敘事相反，中國歷史上最好的時期，實際上是中華秩序缺失或者弱化的時期，即中華世界在法理上或者事實上採取了西發里亞體系的時期。這些時期包括：先秦的中華世界、宋代，以及19世紀後期以來的中國。中華秩序的基礎——秦漢政體——在19世紀末開始了意義深遠的重大變革，但這一變革到1949年，中華人民共和國成立後被強力中止並扭轉。中共革命的所謂偉大勝利，很快就被證明是一個史詩級的歷史大躍退。

本書的第二部分，即第五至第七章，試圖揭示秦漢政體所固有的尋求中華秩序的內在邏輯和使命如何在中華人民共和國內頑強存活，及其對中國政治和外交政策的決定性影響。剝去掩蓋在中共秦漢政體及其驅使中國去追求中華秩序的必然這個核心問題上的種種有意無意的包裝粉飾，如何解讀中華人民共和國的本質、其崛起的性質，以及應該如何應對崛起的中國力量，就變得十分簡單明瞭了。這或許會令許多經常誤報信息、並誤導人們的故弄玄虛的分析家們和過於熱心的辯士們大失所望。詳細分析中華人民共和國在治理上和社會經濟發展上的總體記錄，將是筆者另一本書的任務。在這裡，本書僅簡略地描述中共為了生存、權力和控制而在國內國外的不斷鬥爭。身處一個沒有中華秩序的世界，深受其必需要建立一個中華秩序的艱難命運所驅使，中共治下的中華人民共和國，在本質上就成為中國歷史發展進程的一個悲劇性大彎路：耗費了驚人的生命、金錢和時間，除了維護其政權外卻所獲甚微。具有諷刺意味的是，這個政權本身也只是通過選擇性地接受西方領導的西發里亞體系，才得到拯救並得以致富壯大。回到1949年以前的社會經濟發展道路上之後，中華人民共和國的國家力量隨著國家資本主義和重商主義的發展，而不成比例地強盛起來；深藏不散的中華秩序意識形態也隨之復甦。

因此，中國力量的崛起，代表著對當前世界秩序的一個系統性全

面挑戰。這個挑戰包括了國際關係學界新現實主義（Neorealism）和建構主義（Constructivism）理論所描述過的兩種基本路徑：一、國際體系中力量的重新大分布；二、世界政治秩序之各國主權平等定序原則（ordering principle）的改變[10]。北京的新秦漢政體日益強大，由此變成一個「非常不滿足的國家」；中國的經濟模式已經變成一個強大的「裙帶資本主義」（crony capitalism），以及中華人民共和國創造的誘人的竊國腐敗官僚政治（kleptocracy），只會令中國對世界秩序的不滿和挑戰更具有結構性、更有力，也更影響深遠[11]。

本書的各章內容簡介如下：

第一章旨在回答三個問題：什麼是中國或者中華？中國歷史是如何編寫的以及應該怎樣解讀中國歷史？什麼塑造了中國的政治思想和傳統？藉由對中華作為一個國家、一個政權和一個世界、一個自成一統世界的中原或者中土（Centralia）的諸項基本事實的重新解讀，本章探討了中華秩序的豐富而多元的起源。它論述了歷史對中國人的宗教角色以及重新解讀中國歷史的迫切需要。本章也概述了西元前 3 世紀之前的戰國時代，是一個封建的、西發里亞式的中華世界秩序。

第二章是關於中華政治和中華世界秩序的理念與傳統。中華秩序是中華中心主義的、天下體系的世界帝國秩序，是基於秦漢帝國政體之上的，即表面上是儒家，但本質上是法家（或現實主義）的專制政體。這個政體的性質是威權主義甚至是極權主義，命中注定為了政權的生存和安全，不得不去（或者假裝去）征服和統治整個已知的世界。中華秩序是人們特別努力為之和精心設計的結果，憑藉武力、權術、詭計以及純粹的運氣等偶然因素而得以成功。作為人類政治治理的一項重大成就，中華秩序有著自我強化並不斷複製的機制。它對各民族的統治菁英都極具吸引力，甚至令人上癮，因此在中國人心裡獲得了一個超穩定的地位，從而能夠主宰中華世界，並使之停滯不前，長達許多世紀。

第三章中，我對中華世界政治史中的一個特別階段提供一種修正的

認識。探討了極有意義、但長期被忽略的宋代（10～13世紀）時中華秩序的中斷。當時整個歐亞大陸東部，存在一個法理上類似於西發里亞國際體系的世界秩序，即澶淵體系。這是個深刻的、一直被曲解乃至拋棄的歷史大轉折，裡面蘊含著對今天的中國和世界領導人都非常有裨益的豐富信息。宋代之澶淵體系的消亡，就像秦國結束戰國時代一樣，是對中華文明的另一個悲劇性摧毀。

第四章考察秦漢政體與中華秩序的特點和歷史記錄。本章總結和評議了中華秩序的主要特徵、異常的持久力，及其強大的復辟能力。以歷史的眼光來看，中華秩序對統治菁英、對有政治野心的人來說非常有吸引力；但記錄顯示，與西發里亞體系的世界秩序相比，它在政治治理、社會經濟發展、文化生活等方面基本是停滯、落後、極為次優化（suboptimal）。中華秩序下的人民不僅苦難深重，還周期性地大規模非自然死亡。本章就如何理解中華秩序的長命與停滯提出了一些看法。

第五章重新解讀並分析了19世紀中葉到20世紀中葉的中國政治史。在這個時期裡，中華秩序在實踐中分崩離析，但是作為一個深遠的傳統觀念和強大的政治理想，它並未消失。本章考察了中華世界在這個漫長世紀裡經受的巨大衝擊和經歷的宏大變革，認為這是一個充滿實驗和進步的世紀，而不僅僅是中國官方歷史敘事所宣稱的「百年國恥」。這是一個歐亞大陸東部各族人民都取得了各方面偉大進步的時代，但也確實是一個秦漢統治菁英們遭受巨大挫敗和屈辱的時代。頑強的秦漢政體通過1949年建立的中華人民共和國，獲得了一個看似不可能但最終卻不可阻擋的全面復辟，打碎了許多厚望也令中國人民錯捨了重大機遇。

第六章介紹並解釋了現今中國政治制度的創立及其本質。巧妙地用民命或者民意（Mandate of the People）取代天命或者天意（Mandate of Heaven），毛澤東帶領由外國創立和資助的中國共產黨，在二次世界大戰期間崛起為一個秦國式的極權主義政權。憑藉其精明的權術和強大的

武力，中共在 1949 至 1950 年贏得了內戰，結束了中華民國在中國大陸的統治。中共借助於進口的意識形態術語和重要的外部援助，創建了中華人民共和國，帶來了中華歷史的一個大躍退和大彎路，抵銷了中國自 19 世紀後期以來取得的諸多進步。中華人民共和國是在一個新的專制集團統治下轉世復活的秦漢政體，一個列寧主義、史達林主義黨國。這個新秦漢政體，為了其政權的生存和安全，不得不對內對外都一直殊死奮鬥：對內，與中國社會和文化（上個世紀以來已經發生巨大變化）不懈鬥爭；對外，同時反對幾乎整個世界。這樣的無休止的拼鬥，於是不可避免地帶來悲劇性的政治治理，及失敗的社會經濟政策。毛澤東之後的中國領導人，被迫退回到 1949 年以前的社會經濟發展軌道，通過引進和模仿外國，取得了令人印象深刻的偉大成果，儘管其總體記錄迄今仍然是相當次優化的。在民主方面，中華人民共和國仍然比不上七十年前被它取代的中華民國，更不用說與今天在台灣的中華民國相比了。

第七章概述 1949 年以來的中國外交政策：這是一場持久而劇烈的中華大博弈，一方是這個新秦漢政體固國有的天下政治使命，一方是其難以擺脫的西發里亞國際關係體系。被秦漢政體的內在邏輯所驅使，毛澤東本能地竭力推動中華秩序的重建，但是他的世界帝國夢淒慘破滅。當北京被迫暫停它的世界革命事業、隱藏其中華秩序的雄心之後，頗有諷刺意味的是，拯救了中華人民共和國政權、並使其富強起來的正是西發里亞體系。毛澤東之後的中共領袖們有選擇地接受了西方領導的西發里亞體系，並由此獲得了豐厚回報。然而，中華秩序使命深藏未散，隨著中華人民共和國國力的崛起而再度復活，成為主導中國外交的中國夢的一大主要成分。於是決定中國與世界命運的中華大博弈，將會更加強烈地持續下去。

結語總結了中國力量的本質：中華人民共和國是一個次優化的巨人，但是在國際上仍然頗具競爭力；中國共產黨不懈追求的中華秩序與當今世界秩序，二者之間不匹配和不相容的程度既深且廣。在概述了中

國崛起的幾種可能的未來走向之後，本結語也預告了這本書的續篇——探討因應之策。

註 ——————

1 中國經濟和軍費開支數字見 ICP 2014、IMF 2014、SIPRI 2015。對中國的民意調查見 Pew 2015。對於國際仲裁的反應，見 Xi 2016 和 Allison 2016。

2 關於中國及其崛起的新近英文學術書籍包括（按作者字母順序排列）：Callahan 2013；Christensen 2015；Chung 2015；Deng and Wang 2005；Dickson 2016；Friedberg 2012；Goldstein 2005；Hung 2015；Kissinger 2011；Lampton 2008；Lieberthal 2005；McGregor 2012；Nathan and Scobell 2012；Naughton 2006；Pillsbury 2015；Rosecrance and Miller 2014；Ringen 2016；Shambaugh 2013；Schell and Delury 2013；Shirk 2008；Sutter 2012；Wasserstrom 2013；Westad 2012。

3 Baum 2010；Pillsbury 2014；Kennan 1947 and 1954；Shirk 2008；Hachigian 2014；F.Wang 1998a；Bader 2013；Lampton 2014；Galtung and Stenslie 2015。

4 詳細參閱 Mann 2007 and 2016；Lampton and Mann 2007；Ash et al. 2007；Hessler 2006；Leonard 2008；Halper 2010；Rosecrance and Miller 2014；Ford 2010；Callahan 2012 and 2013；Pillsbury 2015；Christensen 2015；Ringen 2016；Chang 2001；Mattis 2015；Shambaugh 2015a；Kissinger 2014, 4-9。

5 帝國，指一種「中央集權政體」政治制度，有一個統一的官僚統治體系；它「以自我為中心」，在一個「沒有政治競爭的世界」裡「獨占一切」，征服並統治所有其他的社會政治社團、群體和組織（Eisenstadt 2010, 21-2；Wesson, 1967, 46-47）。

6 Levenson 1965 & 1967；Pines 2012, 11, 22-3；Smith 2013, 5。

7 Wesson 1967, 21-54；Bang and Kolodziejczyk 2012。

8 Lattimore 1951, 512。

9 長期停滯和超級穩定指缺乏科學技術創新，以及沒有像啟蒙運動和工業革命那樣的社會與經濟質的進步，儘管人口和經濟還會有數量上的增長。在理論上，糟糕的統治如果有關鍵的菁英群足夠的支持，完全可以維持長久（Morrow et al 2003）。

10 Morgenthau 1948；Waltz 1979；Gilpin 1981；Wendt 1992 and 1999。

11 Machan 2008, 272-73；Khatri1 et al. 2006；Kingston 2013；Wademan 2012；Bai et al. 2014；Pei 2014；US DOS 2005。

第一章

中原與中華：
淵源與基礎

若欲了解中國是什麼以及代表著什麼，人們需要面對生活在歐亞大陸東部數千年之久、占全球人口大約五分之一的各族人民所積累起來的信息海洋。與之相稱的是，關於中國的過去、現在與未來的知識，還被無數的神話所歪曲、不斷地混淆視聽，甚至會誤導一些最勤奮、最專業的觀察者。許多研究中國的學者，已經闡明了中國的諸多神祕之處，但是還有許多頑固難解的中國特殊性仍然阻礙著中國學的標準化和理論化。學者如裴宜理（Elizabeth Perry）已經呼籲許久：中國學急切需要更多的植根歷史的紮實研究。今天，解讀中國歷史依然是正確理解中國的關鍵。然而，那保存完好、豐富而龐大的中國歷史記錄裡充滿了故意的遺漏、無意的錯訛、巧妙的扭曲和公然的偽造。因此，仔細而全面的、帶著修正的態度去解讀中國歷史，是打開這個具有中國特色的黑匣子的前提。本書的第一步是澄清有關中國或中華（China）、中原或中土（Centralia）的一些常被錯過、訛傳或誤解的基本事實。揭示和糾正的這些基本知識，將會有效地展現中華作為世界帝國的多重源頭。為此，本章將探索中華世界的命名來源、生態地理、各族人民及其對歷史的修撰，起點是西元前 3 世紀之前的封建社會，即先秦時代。那時的歐亞大陸東部，處在一個類似西發里亞國際關係體系的世界秩序之下。

中華與中原：不僅僅是語義學問題

　　中國或者中華的國際通用名稱，英文是 China（拉丁文為 Sina，梵文為 Cīna，法語為 Chine）。該名字最有可能是古代地處今天中國西部的一個封建城邦國家秦（Qin 或 Chin，西元前 770～前 221）的語音翻譯：「秦啦」。秦後來演變成王國，再成為帝國，並統一了整個歐亞大陸東部的主要部分（秦朝，西元前 221～前 207）。秦國以高超的武力和卓越的外交結束了戰國時代，為後世的中華統治者們創設了一個持久的政治制度模型。除了俄語，幾乎所有印歐語系的外國人都用 China（秦）這個詞來指稱歐亞大陸東部這片廣袤土地，類似於歐羅巴（歐洲 Europe）、美利堅（美洲 Americas）或阿非利加（非洲 Africa）等地理詞彙的用法。俄語使用「契丹」（Китай，Khitan）來稱呼中國，源於 10 到 12 世紀時統治今天中國北部的遼帝國（916～1125）的統治民族。中國周邊使用漢字的國家如日本，以及許多中國人自己，把 China 這個世界通用名字音譯為「支那」（最早由 8 世紀的中華佛教學者們從梵文的 Cīna 一詞翻譯而來）。支那是地理名稱 China 或 Cīna（秦）的音譯，然而在中文裡有「分支」的意思，也絕對不是一個多麼宏偉壯觀的名字。1930 年代以後，由於使用「支那」名字稱呼中國的日本大肆入侵中國，這個名字對有民族主義情懷的中國人來說變得極其不可接受。第二次世界大戰後，日本正式停止使用「支那」而改用「中國」；但是一些非官方日本人今天仍然稱支那。在 1965 年據稱北京介入印尼內政，煽動政變，印度尼西亞血腥屠殺數十萬華人，並疏離中華人民共和國，此時雅加達下令改稱中國為「支那」（Cina）而不再稱中國（Tiongkok）。直到 2014 年印尼才恢復使用中國這個名字。今天，中國自身完全拒絕使用支那一詞，唯一的例外是繼續將 Indochina 翻譯為印度支那而不是印度中國。

　　China（秦或者支那）這個國際通用名，與今天中國人稱呼自己國

家的中文名字「中國」其實毫不相干。「中國」的字面意思是「中原」（Centralia）、「中土」、「中央國家」、「中心國家」或「處在中間的國家」。它的同義詞是中華，意思是「中央精華」或「中央輝煌」，並據說與華、夏（兩個史前部落）的名字相連。考古與古籍文獻表明，「中國」一詞本身是很古老的。它最遲在西元前 11 世紀，已經被用作一個地理術語來描述中央之地或者整個已知世界的中心。在政治上和文化上亦然，「中國」一詞被用於表示一個部落、國家或者政權的中央位置。它還經常被用來描述某一個特定時期的人口、財富和權力中心。《尚書·周書·梓材》就有「皇天既付中國民」之說；《詩經·大雅·民勞》有「惠此中國，以綏四方」的詩句 [1]。但是，「中國」一詞在 19 世紀之前從來不是中國的官方名稱。19 世紀後期它才出現在一些外交文件裡，作為正式的官方國名「大清」的同義詞，對應外文中的 China（秦）。秦（或者支那）這個名字本身，除了短命的秦帝國（西元前 221～前 207）外，只有在西元 4 至 5 世紀時、政治分裂的中華世界裡地處今天中國西北的三個王國（前秦、後秦、西秦），曾用它作為國名。實際上，秦帝國的繼承者漢帝國，曾經稱當時遙遠的羅馬帝國（及其統治下的地中海—歐洲世界）為大秦 [2]。

中華世界有記錄可循的歷史可以追溯到大約三千五百年前的殷商。從那時起，歐亞大陸東部的各個國家，幾乎都是以統治王朝的名字來稱呼自己，尤其是那些統治天下（即整個已知世界）的帝國。或者以地名來命名，比如秦、漢、唐、宋；或者以統治者特別設計的名字作為國名，比如元、明、清。滿清帝國在 1689 年與俄羅斯簽訂的尼布楚（Nerchinsk）條約中，第一次使用滿語短語 dulimbai gurun（處在中部或中央的國家／地區／族群）來稱呼自己。清帝國後來還用過這個滿語詞彙，來稱呼它占領征服的中華世界的中心地區，即中原。然而，滿清帝國的正式官方名稱一直是「大清」。

只是到 19 世紀末，受過西方教育或影響的漢族（中華世界裡最大

的民族，以兩千年前的漢帝國命名）菁英，才開始使用中國（中原）作為正式國名。被滿洲人征服和奴役的漢族菁英，當時強烈感到需要將他們的國家與入侵的外國（主要是歐洲列強）區分開來；他們在政治上也需要拋棄大清國的名字，因為大清是異族征服者滿洲人建立的帝國（1644～1911）。滿洲人是來自歐亞大陸東北部的古代肅慎、女真等通古斯語民族的後代，侵略並征服了漢人的明帝國。清帝國政府19世紀末期與外國簽訂的條約裡，其正式國名的中文幾乎總是大清國，只是偶爾使用中國一詞。英文翻譯則是 China（秦）或者 Chinese Empire（秦帝國）。中國和中華只在 1912 年漢族政權取代了滿清帝國時，才成為官方正式國名。這個新的國家被命名為中華民國（中華共和國），英文翻譯為 Republic of China（ROC）。中國（中央國家）和 China 被分別用作國名的中英文簡稱。1949 年，中國內戰的勝利方把正式國名改為中華人民共和國（中華人民的共和國），英文為 People's Republic of China（PRC），依然用中國和 China 作為中英文簡稱[3]。

在帝制語義學中，中原或中土（Centralia）作為社會政治的中心地域，實際上由於王朝反覆更迭及中華世界內的政治分立，而在歐亞大陸東部遷移不定。兩千多年前，秦漢帝國在今天的華北和西北地區建成「中原」，並將其神聖化為一個統一的世界帝國。它採用中央集權的方式，進行威權或極權統治，通過中央與周邊的等級秩序，去統一整個已知世界。就被視為建立了中華秩序。建立天下一統的世界帝國，是任何一個秦漢政體都必須的政治使命；而當一個「秦漢世界帝國」（無論其具體的國名是什麼）崩潰後，所不可避免地出現許多軍閥政權或對立國家，則各自抱持一統天下的渴望，為了贏得「中原」這一神聖天命而激烈廝殺。中華世界統一戰爭的得勝者所建立的新的世界帝國，決定了其中心的地理位置。因此，中原或中土的地理位置在中華世界裡多次移動：從黃河流域到長江以南，再回到華北平原。官方史書在事後於是就簡單地予以記錄並加以認定[4]。

有趣的是，天下和中原（Centralia）的概念，以及將中國（中華）視為整個已知世界的中心及具有正當性的名稱，以區分「我者與他者（野蠻人）」的觀點，並不完全是漢族中國人特有的傳統。日本武士道意識形態的主要創立者、儒家歷史學者山鹿素行，在其 17 世紀用漢字書寫的《中朝事實》中就主張，日本，而非地理上的中國，才是真正的「中國」或「中華」。日本繼承了中原或中央的真正文明，而被滿清帝國征服的中國，已經淪為「異族王朝」統治下的「西方地域」而已。到了 18、19 世紀的德川幕府和明治政府時期，水戶學派的儒學家和歷史學家們，在以漢字編撰的紀傳體《大日本史》裡，更是把隋、唐、宋、明諸帝國描寫成一個日本主導的「中原／中國世界」之外的「邊陲」國家，和北海道、薩哈林島、千島群島上的蝦夷以及琉球（沖繩）諸島沒什麼兩樣。在日本本州島上，一塊有五個縣大小的地區，從 9 世紀以來一直被命名為「中國地方」。朝鮮亦然，在 17 世紀滿清帝國征服了明帝國之後，菁英們把弱小的朝鮮自詡為「真正的」中華文明「繼承者」，用到也是類似的「中國在我」的概念。韓國儒家學者、反對日本的政治流亡者柳麟錫（유인석），直到 1910 年代依然主張一個以漢族和中原為中心的世界秩序。直到 19 世紀初的韓國王室檔案也充分反映了這種觀點[5]。

　　因此，也許今天「中國」在中文裡的名字應該改為「秦國」或「秦漢國」。從歷史角度來看，這個國名比較準確，也更好地反映全世界對中國的真正稱呼。這個命名，還可以消弭「中國」或者「中原／中土」名稱中所包含的種族偏見、自大和政治歧義。而這些偏見和歧義，不僅誤導中國人自己，也令外國人誤判，造成學者所觀察到的中華人民共和國在身分認同上喜憂參半的「兩難困境」。中華人民共和國的名稱，也可以改為「秦漢人民共和國」或者簡稱「秦漢共和國」。如果要沿用舊稱而不計較其語意，或可稱之為「支那人民共和國」──2016 年香港的一些政治異見者的說法。一些中國網民還將國名翻譯為語音近似、但

語意頗為譏刺的「拆拿人民共和國」[6]。

作為一個世界的中華：生態地理塑造心智

中國的命名反映了中國人心裡獨特的自我身分認同，及其政治秩序和世界秩序的觀念。它來源於人與自然之間的長期互動。如同歐亞大陸西部和南部，即地中海—歐洲和南亞次大陸的情況，中華世界的歷史也是由其地理位置、生態環境和自然資源所決定。中華文明的長壽及其「離心機式地理傳播的模式」，也與它獨特的地形、地貌和地理位置密不可分[7]。

整個中華世界與地球的其他部分，在地理上被明顯地隔離甚至絕緣開來。它的東部是浩瀚太平洋，北部是冰封的西伯利亞，西部是青藏高原的巨大山脈以及廣袤沙漠，南部則是海洋和熱帶叢林（隱藏著致

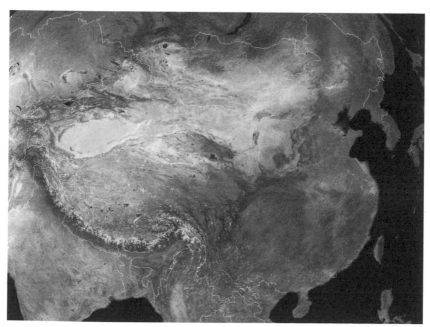

圖 01　中華世界：絕緣與隔離

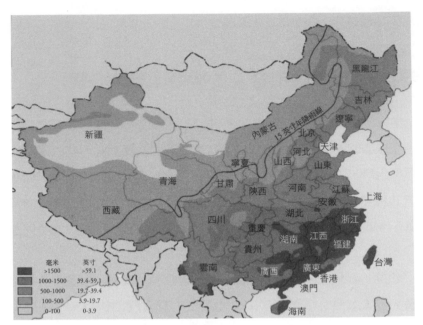

圖 02　中華世界：降水線界定的中原

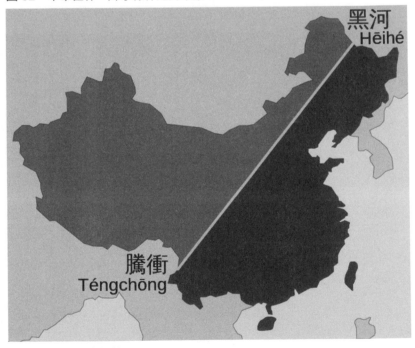

圖 03　黑河─騰衝線

命的疾病如瘧疾）。中華世界被難以逾越的地理障礙所包圍，更進一步被氣候、尤其是降水量所制約。由此形成了兩個獨特的部分：中原（Centralia）或中國本土（China Proper）；以及周邊地區。中原主要位於每年 15 英寸降雨線的東邊和東南邊（圖 02），其降雨來自西太平洋的海洋季風。主要包括黃河流域、長江流域以及珠江流域，後來還包括滿洲（東北）的東部。這裡地形相對平坦，有肥沃的土壤，尤其是維持了早期中華文明的巨大黃土地帶，加上降水穩定充沛，適宜的季節變化，造就了一個偉大的非綠洲農業經濟，支撐了數千年的文明社會。因此，自史前以來中原一直是中華世界裡絕大多數人口聚居的地方。1935年，中國人口地理學家胡煥庸，繪製了一條想像的中國人口居住分界線，即與中國的 15 英寸年降雨線大體一致，他稱之為黑河（璦琿）─騰衝線（圖 03）。此線以東的中原僅占中國領土總面積的 43％，但在1935 年擁有中國總人口的 96％，2002 年擁有 94％，到 2011 年仍擁有92.4％ [8]。

從這個相對孤立的中華世界（中原、中土或中國本土）出發，中國人很早就輕鬆抵達了它的邊陲。遊僧、朝聖者、商人帶來了來自異國的奇聞逸事和各種物產，他們自然地也想了解邊界的前面還有些什麼。然而，難以逾越的邊界以外，通常都被認為是無足輕重的世界。直到 19世紀以前，中國人大體上是忽視中華之外的其他世界的。中國人對日本（太陽升起的地方，即東方極點）、西藏（西部地域）和越南（越的南方）的命名表明了他們的心態。中原（中國本土）在清朝被最後明確定義為十八行省，是一塊相對平坦和不大的土地。它只相當於今天中國全部領土的大約三分之一，大致等同於阿爾及利亞或伊朗的面積。中華世界的交通線南北長約 1300 英里（北京到廣州）或 900 英里（北京到長沙），東西長約 850 英里（咸陽到杭州）。在冷兵器時代，某個帝國軍隊的步兵和騎兵，就完全能夠對這塊土地實行統治。故歷史上大多數中華帝國主要就是在中原，它的周邊有著良好的自然緩衝區和隔絕帶，實

際上統治的領土比拜占庭帝國還要小。雖然中原也有山脈和河流阻隔，但無論是經濟上還是技術上，對這塊土地實行統一的、集權的統治都是可行的、有效的，也有利可圖的，甚至因為水利工程等原因是必要的。一個例外是較難逾越的南嶺，它的存在，在多個世紀裡使得廣東地區避免或者減弱了北方帝國的統治，直到 20 世紀依舊保存了與眾不同的粵語社會文化。同樣，因為山地的交通困難，中華世界的許多民族，如苗族、彝族、傣族和客家得以存續於今天的廣西、貴州、雲南和福建的偏遠地區，是東亞和東南亞分散而自治的高山社會（Zomia）的組成部分[9]。

作為對照，在歐亞大陸西部的地中海—歐洲世界，高聳的大山脈（阿爾卑斯、庇里牛斯和札格洛斯）和巨大的水域（地中海、黑海和波羅的海）形成難以逾越的天然障礙，分割成許多個容易維持自立、面積可觀的農耕國土。多個民族得以因地制宜，各自發展，在冷兵器時代，通過軍事征服、集中統治整個已知世界的成本變得極其高昂，滯礙難行。此外，地中海—歐洲世界的各個民族，還可以通過低成本但有效的航海手段，實行大規模的入侵、移民和定居，可以進入、逃出乃至重新進入這個世界。而中華世界在地理和後勤技術上，都很容易被作為一個整體來統治。處於競爭狀態的各國很難長期共存，因為缺乏天然的屏障自保；它們也沒有什麼選擇，可以逃出這唯一適居的中原。「外部」競爭主要是來自同一個方向的遊牧騎兵，劫掠中原的農耕定居社會，從而也促使了後者的聯合防禦。因此，中華世界常常是（後來變成「應該是」或「必須要」）統一為一個政治上單一的政體，儘管這個世界政府的名稱會隨著統治者的變化而不同。總之，由於上述生態地理和社會經濟的原因，中原傾向於成為一個統一的世界帝國。

地理上受隔離的中華世界，自遠古以來都與其他世界進行重要的聯繫和交流。移民和商人主要沿著今天中國西北部連結中亞的綠洲帶，以及繞行喜馬拉雅山脈、穿過東南亞叢林的陸上和海上交通線而不斷來往。在中華世界之外，在東亞地區一直都有著一個可識別的「國際

社會」。考古證據表明，來自歐亞大陸西部的白人定居者，從西元前1800年起就曾定居在今天的中國西部。筆者1998年在烏魯木齊的新疆博物館曾看過一個「內部展覽」，陳列了新疆發現的四千多年前的白人木乃伊。有些學者通過DNA（核糖核酸）檢驗和其他考古方法，斷言大量移民曾經從歐亞大陸西部經由新疆遷移、定居到中華世界。西元前3世紀隨秦始皇埋葬的聞名於世的兵馬俑，據說就受到了當時希臘雕塑藝術的「啟發」。一個少數但越來越流行的觀點（包括今天中國的歷史學界）認為，古代中國人的文化和書寫系統，可能起源於西方（希臘世界）和西南亞（美索不達米亞和印度河谷）文明，或者是受到它們的影響。一個中華人民共和國的學者還認為，中國人的祖先、古代宗教和語言都來自非洲，通過西亞而抵達中國。中國四川成都驚人的三星堆考古，也挑戰了中華文明起源於黃河流域的標準觀點。非中華世界在很多方面對中華世界的影響確實貫穿了整個歷史：從進口的諸多意識形態到進口的諸多重要作物，如棉花、小麥、核桃、西瓜、胡椒、葡萄、芝麻、黃瓜、胡蘿蔔，以及後來的玉米、薯類、番茄和菸草等等。然而，這些外部影響主要是涓滴細流和緩慢間接的。非中華世界很容易就在文化和政治上被遮蔽掉。對一般中國人來說，他們確實有堅實而簡單的理由相信中華世界就是整個世界；而中華天下帝國的歷代統治者和菁英們，其強大而不懈的宣傳與灌輸更進一步強化了這個觀點[10]。

中原的生態地理（ecogeography）因此使得一個堅定而強大的統治者可以相對容易地去統一和統治整個中華世界，而基本上不受國際比較和國際競爭的影響。而國際比較和國際競爭一直推動了羅馬帝國以後整個西歐和地中海世界的歷史發展。除了一些個體的、單向的航海和徒步旅行者（比如遊僧、傳教士、漁民和商人），以及非常罕見的政府資助的陸上或海上探險（比如著名的張騫在西元前2世紀後期對中亞的探索，及鄭和在15世紀早期的航海），中國人在幾千年裡基本上一直被鎖於內陸。主要的外部威脅和挑戰幾乎總是來自北方，居住在生存條件

惡劣的亞洲大草原上的遊牧民族。後者曾多次入侵、征服並統治了部分甚至整個中華世界，蒙元帝國的統治長達近百年，而滿清帝國的統治則長達兩個半世紀以上。

這種獨特的地理位置和地緣政治，由此賦予中國政治和中國人的世界觀許多深刻而持久的特點。中國既是一個國家也是一個世界，即一個世界帝國。為了統治的效率、舒適性和穩定性，中華世界的統治者們後來故意孤立其人民，以增強其地理上的與世隔絕感。相對容易進出的海上交通尤其受到政策和武力限制。許多中華統治者使用海禁政策，禁止與外國人的海上接觸來往，以明清帝國（14～19世紀）的海禁最為嚴格持久[11]。隨著時間的推移，中華世界在地理上隔絕孤立的初始條件，逐漸變成了一種持久的心態、甚至是觀念和理想，支持著一個統一的世界帝國秩序。過去兩個世紀以來，科技已經極大地改變了中華世界。就地緣政治而言，現在的中國只是由兩百多個主權單位構成的世界中的一個國家而已，隔絕中華世界數千年的地理障礙已經不再重要了。但是，本書稍後將顯示，關於中原和中華秩序的觀念和傳統仍然存在，對當代中國人仍然至關重要。

今天的中國包含兩個事實上互相獨立的部分：一個是中華人民共和國，由中國內戰的勝者在1949年建立，統治了大多數人口和土地，是一黨執政的威權主義政治體系；另一個是中華民國，它從1912年到1949年是統治中國的威權主義政府。但在內戰失敗後逃離中國大陸，現在已經演變成在台灣的一個民主政治國家。2013年的中華人民共和國人口為13.54億，為世界最多；中華民國則有2335萬人。中華人民共和國還有兩個暫時實行內部自治（分別到2047年和2049年）的富庶之地：香港特別行政區（1840～1997年曾是英國殖民地）和澳門特別行政區（1535～1999年曾是葡萄牙租借／殖民地）。狹義而言，「中國」一詞現在特指中華人民共和國（及其兩個特別行政區），而中華民國被稱為台灣。它們常常一起被稱為「大中華地區」（Greater China），有

許多共同的特點和密切的聯繫。

中華人民共和國在人口數量上排名世界第一，按領土面積計算排名世界第四。與台灣（中華民國）統一與否不會改變這兩個排名。然而，北京政府一直堅持並教育其公民相信，該國擁有世界第三大面積的國土（許多國際組織也接受北京的此種說法），因為它聲稱完全擁有幾塊與鄰國有爭議但不在它控制下的土地，比如印度的阿魯納恰爾邦（Arunachal Pradesh，12萬多平方公里）。

中國人與中華多民族

就文化、族群和語言而言，作為一個世界和一種文明的中國，有著看似單一而穩定的身分及持久的歷史記錄，往往可以追溯到三千七百年前。史前各種部落與民族的互相競爭、不斷遷移和合併，在中華世界很早就創造了以穩定的農業經濟為基礎的文明社會。中國官方的歷史教科書則聲稱中國文明開始於五千年前，「延續至今，從未間斷」[12]。但事實是，中原經常受到許多種族、文化和語言都不同的「蠻夷」多次征服和統治，乃至發生改變。這些不同（有些現在已經消失）的部落、族群和民族融合成一個共同的語言和文化紐帶。幾千年裡，中華世界一直是許多民族和文化共存、持久競爭，時常沸騰乃至爆炸的民族大熔爐。源自先秦時代（西元前3世紀之前）的一些思想觀念，經由官方的准許、修改，後來又神聖化，成為中華文化的核心。其中有兩種意識形態——儒家思想和法家思想——分別成為中華世界裡政治體系的道德外殼和本質內核。

漢語言文字本身有許多不同的口語和書寫系統，主要是被政治力量逐步塑造並維持。在西元前3世紀，漢字——使用符號和象形方塊字的書寫系統——被秦帝國標準化，作為整個中華世界的通用書面語得以固化和維持，後來日益僵化，成為難以掌握的古文（文言文），其功能類

似於西羅馬帝國滅亡後在西歐通用的古典拉丁文。中華世界的口頭語言（漢語）則發展出許多不同的地方方言，經常與書面的文言文脫節。另外，中華世界裡還有許多其他非漢的語言和文字。今天漢語的標準發音是基於中國北方（北京）口音之上的所謂普通話或國語，在 16 到 17 世紀才出現，僅僅在 1932 年才通過中華民國政府的法令成為官方語言發音，並於 1956 年得到中華人民共和國政府的重新確認。如果沒有一個統一的帝國權力長期全力地維護書面文言文，漢語言恐怕早已演變成許多種語言文字，使中國在語言地圖上會非常類似於今天的歐洲。中央集權的統一帝國統治著整個已知世界，在漢語裡也製造出以權力等級為中心的種種敬語，其詭辯虛矯與僵化晦澀，無視甚至排斥邏輯推理並犧牲了語言表達的準確和真實 [13]。學者如李克曼（Simon Leys，原名 Pierre Ryckmans）認為，皇權維護的書面漢語和漢字書法「藝術」具有「原始性，……是（政治）統一的標誌」[14]。政治化語言尤其是毛澤東的「辯證法」語言，進一步加劇了漢語和中華文化裡這些固有的問題。到 2010 年代，一些中國學者公開斷言，漢語本身已經被政治化，變得曖昧模糊、退化混亂、無禮低俗。像過去的帝國統治者們經常把某些詞語列為禁忌避諱一樣，今天的中華人民共和國政府也不時會發布「禁用詞語」的官方清單 [15]。

即便統一而極權的世界帝國藉由長期掌控教育、宗教、社會政治流動性、資源分配和文化活動而推行以華化夷的政策，在中華世界裡，各族、各地人民依然保留了他們的地域特點和多樣性。在今天的中華人民共和國，不同地域的人們在體格相貌、語言、習俗、生活方式依然有很多差異。這種多樣性完全不輸給歐盟各成員國之間的族群文化差異。13 多億中國人大多屬於蒙古（東亞）人種，以漢族占壓倒性多數（目前占總人口的 91％），此外還有官方承認的主要按語言和宗教而劃分的五十五個民族。其中一些少數民族在中國之外有自己的民族國家（如蒙古、韓國、越南和泰國）。漢族主要是共享一種書面語言的族群團體，

其內部包括了擁有各種不同文化、宗教、語言（方言）、服飾、傳統，甚至相貌和體徵的多個族群。一位中華人民共和國學者在 2007 年總結說：根據 DNA 分析，「今天的漢族人在基因上是不純的」，也不是獨特、單一的[16]。

為了順應大清治下的中華世界帝國之現實（從而不失去西藏、新疆、蒙古、滿洲等民族生活的土地），並適應被強加的西發里亞式的「民族國家世界秩序」，著名的漢族知識分子梁啟超於 1902 年在政治流亡中創造了一個政治概念：「中華民族」。這個以漢族為中心、包括滿清帝國治下滿蒙藏回各族人民的概念，被漢民族主義靈活利用，既對抗外國侵略者，也反對滿洲統治者。梁啟超的政治對手章太炎，則主張一個地理上的中國（中原、中土或者中國本土）概念，以及一個語言文化上的中華民族概念。章把韓國人、越南人和日本人都包括在中華民族內，但是排除滿洲人。中華民國的統治者們自孫中山起（中華人民共和國則是自 1980 年代起），採用並發揚了這個人造的人類學概念，推動「愛國主義」（一個單一、大一統的、中華民族國家），並在政治上利用民族主義，盡量減少這個從滿清帝國繼承來的多民族國家裡容易出現的各種不利政治因素，比如地方自治、聯邦主義和分離主義[17]。

受蘇聯的影響，中國共產黨從 1920 年代開始，就在政治上承認中國有五十五個少數民族。它們今天占中國總人口的大約 8.5%。非漢族人口的增長比漢族略快，並且獲得政府一定的優待。名義上，中國現在有五個省級少數民族自治區，及許多少數民族自治州、自治縣，它們分布在中原的周邊地帶，目前共占中華人民共和國總領土面積的 64%。由此，中共的史達林主義多民族國家政策，與其現在更加依賴的單一的中華民族的民族主義政策相左，造成了民族分離主義憂慮，被北京的一些學者視為「中國在 21 世紀面臨的最大風險」[18]。

通過基因線粒體（mitochondria）分析可見，中國人，就像所有的現存人類一樣，都是從東非地區遷移出來的智人（homo sapiens）後裔。

這些智人在大約十二萬五千年至五萬年前抵達中亞和東亞[19]。化石和考古學證據表明，東亞地區在五十萬年前，甚至更早，有過猿人和其他人類種群。這些可能是類似於尼安德塔人（Neanderthal）最終滅絕的人類分支。然而，對於中國歷史學家和人類學家來說，這些「本地」猿人，才是「中國人尤其是漢族的直接而獨特的祖先」。在中國科學家們通過DNA 分析，最終確認了中國人的非洲淵源後，中華人民共和國仍然有許多人強烈堅持中國人是東亞大陸獨自發展的人種。他們主張人類「多元起源」理論，反對「走出非洲」的演變理論。中國官方歷史教科書至今仍將中國描述為人類發源地之一，聲稱中國人是一百七十多萬年前居住在中國本地的猿人後裔，完全無視人類的非洲起源理論。有些出版物甚至認為，中國才是整個人類的唯一起源地[20]。

因此，許多中國人相信自己是人類族群中絕對不同的種族（通常也是官方的觀點），並且暗示自己更優。然而，中華世界帝國下族群大熔爐的歷史現實，也維繫著中國人一個強大的信念：如果「其他人」能接受、或屈服於同一個中央的統治，那麼所有人群都有可能、也必須成為同一個文化族群。這構成了獨特的中華世界觀的重要基石：既嚴格地按高低排序各族人民和各種文化，實際上也常常或透過武力、或隨著時間的推移，包容並推進其他種族和文化的歸附與融合[21]。

歷史與中華歷史記錄

中國人有著一個本質上是多神教信仰和泛神論的精神信仰體系，這是先秦時代中華世界在地理上和政治上的長期分治而自然形成的傳統。在秦帝國以後，無所不在、無所不能的政治權力將這個傳統加強並制度化，使之成為中華文化的一大標誌。統治者（皇帝）自命、且被臣民們接受為天子（上天或上帝的兒子），是政教合一（Caesaropapism）的、超越任何有組織的宗教所制約的神聖主宰。目前，中華人民共和國依舊

通過嚴格、廣泛、權宜變通的政治控制來壓服宗教。祖先崇拜和父系親屬關係的維繫，往往得到道家自然信仰體系的詮釋和神聖化，取代了有組織的自治獨立的宗教，有效地解決了人們的大部分精神需求。如同韋伯（Max Weber）等學者們所觀察到的，這是漫長的中華帝國社會一個基本而重要的特徵。中華人民共和國自稱無神論（共產主義）的統治菁英們繼承了這個中華特色。在今天的中國，所有的宗教組織都被迫向政府註冊並得到批准，由此受到國家的監控乃至供養。關於祖先崇拜的自然宗教得以繼續實踐，反映在對毛澤東遺體的保存、展示和崇拜上。這位中華人民共和國創始人的陵墓，建立在該國政治中心的象徵天安門廣場的中央，成為準宗教聖地。前蘇聯對列寧、越南對胡志明和中國對毛澤東的這種保留和展示領袖遺體的做法，據說意味著後現代（post-modern）的共產主義政黨通過偶像崇拜尋求其政治合法性，反而鮮明揭示了它們在本質上其實是頗為前現代的（pre-modern）。

普通的中國人以及菁英（包括皇帝們），和任何其他民族沒什麼兩樣，都有著宗教渴望和精神需求。他們對於生命的憂慮與思考，通過崇拜天地的自然宗教，只得到了一些最低限度的解釋。對於中華世界裡受過教育的菁英階層來說，歷史，與強調家族親屬關係和祖先崇拜密切有關，就成為宗教權力及神明權威的合適替身和委婉代稱。歷史持續而永恆地記錄、評判、獎懲人們的行為，解釋過去，並賦予生命永恆意義。帝國統治者們崇拜和畏懼的上天，也就被歷史記錄所人格化。一些中國學者寫到：「歷史是中國人的信仰和宗教」；「對我們中國人來說，歷史就是我們的宗教」；「在其他國家由宗教所提供的，在我們這裡是由歷史提供。……其他民族向宗教尋求幫助，而我們只有歷史。在我們的精神地圖上，沒有最後的審判，但是有歷史的審判。我們不相信有一個公平的上帝，但是相信有一個公平的歷史。所以極權政府總是想要系統地重寫歷史。……用謊言來埋葬事實。」[22]

自稱「無法」也「無天」的毛澤東，事實上就像任何一位皇帝一樣，

對歷史將如何記錄和評判他深感恐懼。他因此使用了一切可能的陰謀手段去粉飾、隱藏、「創造」（偽造）歷史，甚至以迫害、犧牲數以百萬計的人和欺騙更多的人為代價[23]。為了重塑歷史，從而規避歷史的最後審判，毛澤東為中共高層領導人開啟了若干統治傳統：除了宣讀仔細準備的腳本外，避免公開演講；不經專門的允許和修訂，禁止發表講話的任何錄音甚至文字記錄；用模糊的、雙重的用語來包裝行為和事實；口頭發布重大指令（比如致命的大清洗）以減少文字記錄等等。這種畏懼歷史、但試圖自寫歷史的傳統一直延續：中共高層權力鬥爭的贏家和輸家，據說都「非常關心歷史對他們的看法」。毛澤東的副手和指定接班人劉少奇在他被清洗迫害的時候，據說最後的希望是，他未來終將受到「由人民書寫」的歷史的善待[24]。

　　雖然退位、但仍然有影響力的中華人民共和國前主席江澤民在2012年寫道：每個人，特別是中共官員們，都要好好研究歷史，才能「塑造正確的世界觀」、培養個人的價值觀和規範、學習如何治理和振興中國。中共暨中華人民共和國最高領導人習近平認為，「歷史是所有社會科學的基礎」，他還像一個宗教領袖布道般地要求他的幹部們，為了自我修養和為了服務國家與世界而「學習歷史」。習近平相信，通過閱讀歷史建立的「文化自信」，是形成「對（我們）的方向、理論和制度的三個自信」所迫切需要的基礎。任職十年的中國總理溫家寶在2012年卸職，他公開用宗教式語言自我總結道：「我敢於面對人民，面對歷史。知我罪我，其惟春秋。」《人民日報》在2014年還公開呼籲，對官方的歷史敘事要抱有「神聖崇敬」。於是，正如預料的，中共在21世紀的第二個十年裡，繼續維持它「劫掠歷史來證明其當前野心」的傳統，以便通過「重寫過去控制未來」[25]。

　　強大而持久的政治動機和精神需求因此結合起來，使中國保持了世界上最長的、持續不斷的、用同一書面語言寫就的歷史記錄。這個歷史記錄基本上還是用同一種風格和原則加以編輯和維護，使用了據說西元

前 5 世紀孔子刪改編年史《春秋》時所建立的一套價值觀及標準。史官們記錄了每一個政權的每一個統治者，甚至包括每天的生活細節，從而產生數以萬卷的歷史記錄。這些歷史記錄也是中國統治者理解世界、統治人民、端正自身行為而為人楷模的各種經驗與教訓的主要來源[26]。

然而，中國近乎神聖的歷史記錄，其撰寫大多受到帝國的贊助、編輯控制、官方標準化以及大規模審查。它們基本上是帝國官僚和宮廷史學家們小心翼翼的作品，為了達到其公開宣稱的用歷史來指導行動的目的，而壟斷了歷史的資訊及傳播。中國的皇家和官方歷史記錄，雖然浩繁細緻、連綿不斷、且常常有高度可讀的文學故事，但其大部分不過是些宮廷事務輯錄和帝國統治大事記，至多部分地反映了中華世界的歷史。這種歷史敘事幾乎完全忽略和排斥了普通人的真實歷史，基本上與傅柯（Michel Foucault）稱之為「無名小民」（l'infime 與 l'infame）的大眾生活無關。科學技術以及中國人生活的許多其他方面，在官方歷史書中基本缺失。中國歷史學最具盛名的開山巨著，即司馬遷（西元前 145／135～前 86）編纂的偉大的《史記》，雖然非常優雅和可讀，但明顯包含了許多虛構的和依偏見取捨的材料，從而有許多不準確、遺漏或扭曲之處。中國一直存在的「文史不分家」傳統，助長了歷史撰寫和解讀中的大量虛構、迎合讀者和聳人聽聞的渲染，以及政治化導向。即使是最高領袖如毛澤東，也經常用諸如《三國演義》這樣的流行小說來解讀歷史[27]。

中國歷史文獻記錄的不完整性尤其是不可靠性，從 8 世紀以來更為嚴重。因為自那時起，編寫歷史主要成了帝國宮廷的官方工作；後來修史還被官府壟斷。到了滿洲人統治的最後一個中華世界帝國（1644～1912）時，政府更是用死刑（有時會處死歷史學者的整個家族）來禁止民間保存和編寫歷史。帝國政府還全面審查、刪削並大量銷毀書籍，以控制人們對過去的了解。17 世紀的學者張岱評論說，中國官方甚至民間的歷史記錄往往充滿了謬誤、偏見、欺騙和忌諱。一位當代中國學者

在 2015 年評論道：「中國歷史，特別是 1840 年以前的歷史」，大多是以追逐權力為核心主線，「其實是非常乏味的」[28]。

　　乾隆年間（1735～1796），滿清政府在「中華世界」範圍內長達數十年的努力徵集、購買、並在必要時用血腥手段沒收所有的書籍和文字材料，加以編輯（常常是重寫和改寫），形成一套有 3557 種書籍（共79070 卷）的叢書，即著名的、但被官方過度肯定的《四庫全書》。這套「全書」一共只抄印了八套副本，並由皇家控制和收藏。用行政力量審批所有出版物，從而達到修改歷史、壟斷知識和控制信息，是這個行為的唯一目的。乾隆皇帝對歷史檔案和各種出版品徹底而廣泛的重寫和偽造，在人類歷史上史無前例也無出其右。更惡劣的是，帝國統治者利用這個機會禁止、並焚毀了至少 6766 種書籍（後來的學者估計多達 10 萬種書籍），共 93556 到 15 多萬卷，以及無數刻字印版，比《四庫全書》收集和保存的書籍要多二到十倍。後來的書目編纂者正式統計的一個不完整名單表明，到 1780 年禁書活動的鼎盛時期，已經有超過三千種書被禁止和燒毀。這種極端蒙昧主義的反智行為，對中國的科學與教育發展的阻礙難以想像，對中華世界的文化歷史紀錄以及所積累的各種知識，也是一個不可逆轉的總體大毀滅[29]。當然，出於政治原因的焚書並不是中國獨有。但是，如此大規模、長期和系統的破壞，實在是獨此一家[30]。

　　到 19 世紀中葉之後，尤其是中華民國時代（1912～1949）一些受到外國教育和影響的歷史學者，開始用現代科學方法和啟蒙哲學思想來重讀和重寫中國歷史。他們立足於事實和邏輯，打破了國家的壟斷，跳出傳統治史的立場與方法。有影響的中國知識分子如魯迅開始呼籲「寫一部新的中國歷史」，以擺脫那荒謬的帝國史籍裡的種種訛誤。這期間，一些有影響力、有代表性的中國學者包括章太炎、梁啟超、王國維、胡適、陳垣、顧頡剛、傅斯年、陳寅恪、錢穆、呂思勉和張蔭麟。但是，他們當中的許多人（即使不是大多數），依然在不同程度上延續著過去

的傳統，將讀史和寫史視為準宗教與政治活動，服務於當下的社會政治和個人理念，特別是推動漢民族主義以及自己心儀的政治變革[31]。

　　1949年以後，中國史學在中國大陸令人扼腕地退化和墮落。執政的中共回到了帝國時代獨霸的對歷史的記錄、傳播，尤其是解釋。對歷史記錄的扭曲、偽造和破壞的程度，其規模與深度都達到了新的最高水平，完美體現了歐威爾（George Orwell）描述過的那種「歷史的可變性」，即「誰能控制過去就能控制未來；誰能控制現在就能控制過去」的信念。中共不僅有系統地偽造、遺漏和歪曲中華人民共和國的歷史，也一直隱瞞、重寫和偽造共產黨自己的歷史記錄，甚至整個中國歷史。中華人民共和國無數歷史出版物，包括許多「官方文件」、最高領導人的著作、「原始」史料以及「目擊者」回憶錄，現在都被很多有良心的知情人士認為是充滿了故意的欺騙和扭曲[32]。

　　出於政治動機（後來也有的是受利潤驅動），得到官方批准的虛假歷史和錯訛信息，在中華人民共和國幾乎是無處不在，如同許多其他的造假產品一樣。中共黨史本身的寫作一直是個精心控制的政治「工程」，理直氣壯地以「黨作為衡量評論一切歷史事件和人物的唯一標準」。一項研究表明，中共自1950年代以來系統地（有些是反覆地）篡改了至少五百幅重要的新聞照片。一本由中共領導人和元老們講述的「真實」口述史的書，序言中明確宣稱要「嚴格遵守中共中央關於歷史的判斷意見」，並「拒絕採用任何不符合中共中央關於中共黨史之指導意見的材料」。無數關鍵事實和基本信息由此而被隱藏、或扭曲或偽造出來。有學者認為，中共把二次世界大戰期間中國的傷亡人數由六百萬增加到七百萬後，又誇張為四千萬。在2010年代，中共繼續懲罰敢於在課堂上質疑黨的官方歷史敘事的行為。然而，對歷史的歪曲往往很容易就露出破綻。例如，在2015年的同一天，中共官方一份有關毛岸英（毛澤東之子）的公開出版物，在具體史實上與習近平主席的演講詞完全矛盾[33]。

更糟糕的是，中共暨中華人民共和國政府除了無限期地隱藏文件、大量偽造材料外，顯然已經系統地銷毀了許多敏感、關鍵、被認為是不便公開的檔案（常常是唯一的文本）。在 2014 年，中共一位權威歷史學家公開宣布，為了「保護黨的核心利益」，一些歷史文件在中華人民共和國是被永久封藏的。據報導，毛澤東在他指定的繼承人林彪於 1971 年在神祕叛逃途中飛機失事而亡後，命令手下銷毀了「兩個裝滿了絕密檔案的大袋子」。又如，被廢黜的前中共最高領導人趙紫陽，在 1999 年（他被軟禁的第十一年）私下對訪客說，1980 年代初，鄧小平曾命令他「銷毀所有」前總理周恩來與文革中的政治迫害案件有牽連的文件。與此同時，無數半真半假、甚至完全捏造的「事實」，通過國家壟斷的教育、出版和媒體系統不斷推廣開來。確實，今天的中華人民共和國已經被稱為「無時無地不在製造假貨」的「山寨超級大國」，偽造歷史也就很自然地不足為奇。這些政府行為至少使得在中國研究中國歷史非常困難 [34]。

由此，自從西元前 5 世紀的孔子以來（除了中華民國時代那幾十年的短暫光景），對中國的菁英們來說，寫歷史就意味著記錄恩怨、重塑記憶、影響和改變人們的世界觀，以及構建認知框架。因此，歷史編撰和教學就成了中華世界裡事實上的國家宗教。不同於組織良好的獨立的宗教，這個事實上的準宗教，其「聖經」和「神聖裁判」都可以不斷地被重寫、改變、擴展和延伸。按自己的喜好和需求去撰寫歷史，從而塑造和控制自己的命運，就成為權貴們無法抵禦的巨大誘惑。於是，沒有任何限制和約束的帝國統治者，必然要經常地審查、修改和偽造歷史記錄。一個直接做法就是用所謂諡號「蓋棺論定」，根據自己的標準和愛憎在官方歷史裡褒獎或羞辱他人。比如歷代帝王授予孔子榮譽稱號非常長，將劉徹（漢帝國第七位統治者）贊為武帝，將楊廣（隋帝國的第二位統治者）貶為煬帝，曾國藩（為滿清帝國鎮壓太平軍）被贊為文正，等等。

當然，使用今天的價值標準去重新解釋或修改歷史和歷史人物的形象，既不稀罕，也不是中國所獨有。正如義大利歷史學家克羅齊（Benedetto Croce）很久以前就提到過，「一切歷史都是當代史」，不可避免地受到當代文化價值觀、哲學思想和社會政治規範的影響。無論在古代或現代，許多國家的政府都曾試圖控制歷史的寫作、解釋和教學。最惡劣的政府之一就是中共的締造者和老師前蘇聯。在蘇聯解體近二十年後，扭曲的俄羅斯歷史才終於得到廣泛地重寫和糾正。即便是在比較開明的中華民國時代（甚至在今天的台灣），以中華中心扭曲歷史的現象也並不罕見。學者們發現，國民黨的中華民國政府和共產黨的中華人民共和國政府的一個歪曲歷史的共同事例，就是它們都美化蒙元帝國和貶低宋帝國。然而，中華世界的帝國統治者們篡改、偽造歷史的記錄無與倫比，也無出其右：因為他們長期壟斷了「整個中華世界」的歷史撰寫和解釋，而地中海—歐洲世界的各個分立政體，自然而然地有各種（各國）不同說法，彼此制約，從而抵銷或最大限度地減少了歷史的單一性、被扭曲和偽造[35]。

因此，今天中華人民共和國的人們，學到的是從人類起源開始「中華歷史」就單線發展，而且不許爭議的官方敘事。對此一些激進的中國異議歷史學家斷言，中華人民共和國學校裡現在教授的歷史，高達95％都是扭曲或欺騙。比如，一個出於政治目的而歪曲歷史的重要例子，就是政府一直鼓吹和灌輸的「百年國恥」（1840～1949）的概念，它高度有效，影響深遠。而在2015年北京官方關於新聞文化界一百條審查標準裡，許多都是關於修撰和解讀歷史的[36]。

最近三十多年來的中國，雖然歷史修撰、解釋與教學仍然受到徹底而廣泛的官方控制，充滿了誤導和歪曲，但是一些中國學者和悔悟的前官員們，開始整理和重修中國歷史。有人甚至公開呼籲中國的學生「不要相信中國（官定）歷史教科書中的每一個字」。異見者們重新審視中國古代史、重新解讀中共黨史，其努力已經取得許多令人印象深刻的成

表 01　例舉中國及中國歷史的不同解讀和表述 *

問題／事件／事實	中國官方敘事	不同觀點
中國的版圖	世界第三大	世界第四大
人口和民族	多族群的中華民族	多民族國家
中國人的來源	一百七十萬年前中國境內出現	五萬年前來自非洲
中國歷史的開端	五千年前，黃帝	三千七百年前，考古證據
歷史的延續性	世界上唯一不間斷的社會文化和同一個國家	像歐洲一樣，多次分裂，轉化，被外族征服
戰國時代	混亂的分裂國家；奴隸制度	中華世界的各個封建國家；中華文明的源泉
西元前 221 ～前 207 年	秦國統一中國，開始封建社會	秦國征服整個已知中華世界，帝國制結束了封建制度
西元前 202 ～西元 220 年	漢朝，中國盛世；確立儒學	漢族中華世界帝國，秦漢儒化法家政體
960 ～ 1279 年	宋代，分裂的中國；軟弱，失敗，受到羞辱	宋代—中華西發里亞體系；古代最盛世—中華文明最高峰
1271 ～ 1368 年	「我們的」大元朝	漢族被征服和奴役
1644 ～ 1912 年	「我們的」大清朝	漢族被征服和奴役
1840 ～ 1949 年	百年國恥，屈辱世紀；混亂的歷史低點	充滿實驗和進步的世紀；中國被迫結束中華秩序
1949 年 10 月 1 日	中華人民共和國，新中國	中華人民共和國，大躍退

* 根據中國官方歷史教科書。對比觀點是非中華人民共和國以及中國大陸異議觀點。

果。本書就引用了他們的新著述。2016 年，中華人民共和國與台灣的五十七位歷史學家還聯合出版了一本《兩岸新編近代史》，雖然未挑戰中共的官方敘事，但還是有一些值得關注的新糾正和啟示[37]。

　　對中國歷史的修正，在中華人民共和國仍然必須仔細遵循並小心躲

避中共的審查制度，例如由多家中國出版社聯合出版，在 2012 至 2015 年間就發行了十七種的《這本史書真好看》文庫就頗具修正風格，但還是謹慎服從著官方的審查。相對坦誠和獨立探討的非官方歷史著述，迄今在中國常常遭到指責或被禁，尤其是習近平 2012 年執政以後。北京《炎黃春秋》雜誌頗為另類，從 1991 年開始到它在 2016 年被中共強行接管閹割前，出版了許多措辭小心、不無自我控制的文章，經常大膽揭露中共和中華人民共和國歷史上許多重要事件的內幕與真相。「共識網」是另一個少有的例外。它從 2009 年開始到 2016 年「主動關閉」為止，也發表過相當可觀的修正中華人民共和國歷史的大膽文字。與國外越來越多的人員和貨物往來、互聯網的迅速發展、尤其是各種規避中共網路檢查（所謂「防火長城」）的手段，即「翻牆」訪問非中國網站的 VPN 方法，使得非官方重寫中國歷史有了明顯增長，儘管不是系統的和有限的。那些地下出版物式的手稿、文章和評論，經由電子郵件、短信和社交媒體（主要是微博、QQ 和微信）在互聯網上與不斷加強的審查制度鬥智鬥勇，雖然不斷被刪被封，但還是得到了相當廣泛的傳播。在 2010 年代，官方媒體自己報導說，許多中國大學的老師們經常在課堂上質疑和嘲笑官方編輯的歷史敘事[38]。來自台灣、親歷戰爭的軍人郝柏村，在 2015 年參觀了北京一個關於二次世界大戰歷史的重要展覽後，認為該展覽「99%都是假歷史」[39]。

初起：先秦的中華世界

一個一元化的中華秩序歷史敘事，從兩千多年前的漢帝國時開始成為正統。這種歷史敘事把官方認可的政治理想，投射到過去的歷史上。從古代的宮廷史學家，到現在的中華人民共和國的官方教科書（以及很多非官方的歷史學家），傾向於認定中華歷史從黃帝統一天下時開始，就一直大體是在一個一元化的中央集權政體之下。中華歷史最好的時

光，就是那些強大的世界帝國秩序下的和平與繁榮時期。中國的二十幾個主要朝代，在敉平和統一整個已知世界之後，幾乎都會出現一兩個「黃金時代」、即所謂的「盛世」。但很遺憾，事實上並非如此。中華悠久歷史上三個真正的黃金時期，都是整個已知世界在政治上分立、社會多元化，亦即中華世界帝國秩序缺失或者十分弱化的時期：其一是秦帝國於西元前 3 世紀統一中華世界之前，長達幾個世紀的春秋戰國時代；其二是宋代（10～13 世紀）；其三是 19 世紀末中華秩序崩潰以來的時代。本書稍後將會詳細討論宋代和過去一個多世紀的中華政治歷史。在這裡，首先檢視先秦時代的多民族、多國家的世界政治秩序，作為探討中華秩序的初起條件。

在秦帝國之前，中華世界是一個政治分立的封建社會。一個父權制君主政體周，在西元前 11 世紀征服並取代了可能類似的殷商政權，成為許多封建國家名義上的共主：即周王或周天子。在政治和社會經濟方面，當時的中華世界——中原或中土（Centralia）；中國本土（China Proper）——主要包括黃河和長江流域，實行封建制，與羅馬帝國以後直到 18 世紀的歐洲和直到 19 世紀的日本的封建制相似。中華的封建制，在西元前 4 世紀的秦王國內部，首先被郡縣制取代，隨後在西元前 3 世紀末在「全世界範圍」內被郡縣制所取代。封建制後來有過復辟，但到漢帝國和西晉帝國之後，它作為一個重要的社會政治與經濟系統在中華世界裡大體消退了。當歐洲世界在西元 5 世紀進入長期的封建制時，中華世界的封建制卻已經被帝國政體徹底地取而代之。帝國統治者與編戶齊民個人之間的中間級層由此被打碎。擁有土地的貴族雖然存在，但很少能持續幾代以上。因為長子繼承財產的制度受到限制，甚至非法，皇帝可以隨時剝奪他們的土地和財產。莊園領主式的軍閥地方自治也許有可能在偏遠地區存在並發展，特別是當帝國的中央皇權削弱時。為了適應史達林主義的歷史觀，中華人民共和國官方的歷史敘事錯誤地堅持認為，中國從秦朝到清朝都是封建社會 [40]。

先秦的中華世界秩序類似於一個事實上的西發里亞體系。在這種制度下，各個封建王國、公國、侯國，以及其他各種世襲統治者們各自擁有土地。他們內部自治，並與外部各國通過貿易、外交和戰爭彼此互動，在這一點上與西元前 5 世紀修昔底德（Thucydides）筆下描述的古希臘世界沒有太大的不同。然而不同的是，中華世界的宗教信仰是自然神崇拜和不同層次的祖先崇拜。它們深深扎根於農耕定居社會，並被分散的小農經濟所塑造，形成一個穩定的、神聖化了的父系宗族權威，並和家父長式政治權威共存；中華世界裡的宗教生活，於是基本上為宗族和政治權力所控制，不具備自治組織和獨立權威。這和古希臘與古羅馬世界大不相同，尤其是在後來的基督教世界裡，宗教創立了發達而持久的神權組織和權威，可以反對甚至取代宗族和國家的權力[41]。

根據比較可靠的考古和檔案證據，先秦時代始於西元前 8 世紀，它有兩個階段：即春秋時期（西元前 770 ／ 722 ～前 470 ／ 403）和戰國時期（西元前 470 ／ 403 ～前 221）。本書具體定義先秦時代始於西元前 665 年，那一年齊桓公在齊國即位並拜管仲為相，開啟了春秋五霸（或者七霸）中首次的齊國稱霸。先秦時代結束於西元前 241 年，當楚國、趙國、魏國和韓國最後一次聯合抗秦的戰爭宣告失敗，打開了秦國在隨後二十年裡征服六國並統一中華世界的大門。

在西元前 7 世紀初先秦時代的開端，中華世界的中心（中原／中土或中國本土）共有超過一百二十個國家。它們都從周王室那裡獲取名義上的合法性，為了生存和發展而互相爭鬥。隨著周打敗殷商，周王室本身也分為兩個城邦即宗周和成周。這些互相競爭的國家不斷嘗試各種不同的執政風格、意識形態、領導人物、國際戰略、法律體系、經濟政策和技術，以及軍事戰略戰術，結果給各國帶來了不同的國力、財富和成功。當戰國時期開始，即西元前 5 世紀時，中華世界裡還剩下二十多個國家。它們進一步征戰合併成七個獨立國家，最終只剩下地處中華世界邊緣的秦王國。秦是一個古老而偏遠的封建國家，它通過由法家思想指

導的大膽而激烈的內部改革（變法），用馬基維利式的極權主義和軍國主義取代了封建主義。對內，秦採用戶籍制度和連坐制度，嚴格控制其人民及其遷徙；大規模僱用了外來移民與人才。對外，秦精於賄賂和宣傳，發動了一系列成功的對外擴張戰爭，極大提高了軍事技術和戰術。它巧妙運用了地理地貌，通過野蠻的武力和狡詐的外交最終征服了整個已知中華世界[42]。

其實，從西元前 7 世紀的齊國稱霸開始，許多國家都試過類似秦國的變法以自強和擴張，並在當時的國際關係體系中各自取得不同程度的成功。但是秦國的改革更具極權主義特徵，並在其改革肇始者毫不意外地被處死後持續進行。秦國的最終崛起在政治上、制度上、社會文化上乃至語言文字上都終結了先秦時代。秦國的最後一個國王，也是秦帝國的第一個皇帝，以權術高超但殘暴專制而名聲昭著的秦始皇（西元前247～前210 在位），把整個已知的中華世界統一成為一個政治單元。秦國的力量來源於它按照法家統治術，通過嚴峻而有效的極權主義社會政治控制，進行了卓有成效的內部總動員。從商鞅的法家變法開始，後來又得到法家權術大師李斯的輔助，秦國利用了許多來自其他國家的野心勃勃的人才，最終成為農業軍事強國。然而，秦國的勝利和征服是人為的，充滿了隨機因素，並不一定是所謂的歷史必然[43]。

秦國對中華世界的統一成為影響至今的中華政治遺產。世界帝國的統治者擁有獨尊的天子、皇帝或龍的稱號。封建制基本上被廢除；長子繼承制度被消滅為主要是繼承貴族頭銜而已，從而使帝國成功消除了與之進行競爭的根基深厚的大土地莊園。工商業被國家壟斷和壓制。由皇帝任命各級官員的郡縣制建立（後來結合科舉制度而有所改進），並控制了一個由帝國選定的菁英統治的官僚體系。這個官僚體系是一個行政、司法和立法權力混為一體的政府，而皇帝壟斷所有的權力，成為專制統治者。皇帝也高踞於所有宗教領袖和宗教組織之上，在整個已知世界裡沒有任何有效的競爭性政治力量。秦帝國摧毀了一個西發里亞世界

秩序，代之以一個中央集權的、專制君主制的、極權主義的世界帝國秩序。幾個世紀以後，在歐亞大陸西部的地中海—歐洲世界，從世界帝國政體轉變為一個封建戰國體系，而歐亞大陸東部的中華世界，則早已朝著相反的方向發展了。

戰國時代的輝煌與和平

先秦時代是中華歷史和文化的定型期。在一個事實上的西發里亞式國際體系中，激烈競爭的各族各國人民，在中華世界創造了歷史上最具創新性的時代（另外兩個是宋代和 19 世紀後期以來），形成了中華文明的本質和基礎。直到 20 世紀之前，中華世界再也未出現過先秦的所謂百家爭鳴現象。在文化成就上，先秦時代顯然可以與希臘世界和羅馬世界（奠定了西方文明基礎）的黃金時期相媲美。書面中文和幾乎所有的意識形態、哲學思想都是在先秦時期創造出來。在接下來二千三百年中，在「世界政府」主導下的中華世界本土再沒有新的重要思想出現。幾乎所有的新思想都是進口的（如佛教、伊斯蘭教、基督教、馬克思列寧主義、民族主義、資本主義、民主和現代科學），或者僅僅是先秦百家思想的一些分枝發展，如朱熹和王陽明的著述[44]。

戰國時代彼此競爭的政治力量、充滿活力和富裕的商業階級、國際空間，以及沒有一個世界性的統一神權，為先秦知識分子們百花齊放的思想提供了關鍵的營養和保障。李悝（西元前 455～前 395）、商鞅（西元前 390～前 338）、荀子（西元前 313～前 238）、韓非（西元前 280～前 233）和李斯（約西元前 280～前 208），創立並實踐了法家學派，其社會政治思想和政策深刻影響後世。儒家或孔教社會政治思想也在此時出現，孔子（西元前 551～前 479）和孟子（西元前 372～前 289）是儒家兩大代表學者。荀子被認為既是法家也是儒家的一個關鍵人物，他關於王道與霸道的論述，為漢帝國及其繼承者們發展的儒家

與法家在中華政治中的共生與聚合提供了理論連結：荀子認為，治國之道可以是王道，即以人為本，基於道德實現王權之下的等級制度；也可以是霸道，即基於武力實現霸權之下的等級制度[45]。法家主張採用由帝王操控的嚴苛法規，實行專制統治，而不是現在一些中華人民共和國的學者們常常故意誤解的法治（rule of law）。法家的理想最多也只是建立法制（legal system）和依法治國（rule by law）而已，因為立法者、法官和執法者都是君主，而君主是高於法律之上的，即所謂「王在法上」。至於儒學，後來簡直成了中華文化的代名詞，並與法家一起構成中華世界政治的本質和表象。本書將在下一章進一步分析法家和儒家。

從先秦時代的現有記錄可以看出，中華世界裡生活在多國體系下的人們，發展和倡導了二十多個（被比喻成百家）不同的、經常互相對立、彼此辯論的意識形態與思想學派。除了儒家和法家，其他思想也非常豐富多彩、精細發達和影響深遠。由於後來中華世界的帝國統治者的有意毀棄，許多先秦思想僅倖存一些碎片。這些思想結合起來，對中國人的觀念和心靈產生了決定性的作用，並具有重大的全球性影響[46]。下面所列的是其中一些主要的學派和著作。

道家或者道教，由哲學家老子和莊子創立，後來演變成一個重要的哲學體系，也是中國唯一本土產生的宗教。這個獨特的宗教把追求永生的慾望與過好現世的世俗生活相結合。它影響了中國的神祕主義、中醫、煉金煉丹術、天文天象學、美食、建築與城市規劃、文學與民俗文學藝術。它後來出現包括氣功在內的其他分支。道家實際影響了中國人的整個生活方式。

以墨翟的名字命名的墨家，則主張兼愛、國際和平、平等和菁英統治。它強調社群主義、功利主義、個人的紀律和修養，它推進工程技術、邏輯學、數學和自然科學的發展，以及與治理和經濟相關的財務管理等技能的訓練。因此，在秦漢帝國之後，墨家在很大程度上受到排斥和壓制。

楊朱學派在先秦思想界曾經是顯學，甚至是一個名列前茅的學派。但在秦漢之後，它比墨家消失得更加徹底。它主張個人主義，強調生命和享樂的價值，還有以自我利益為中心的道德規範。今天我們只有通過儒家文獻裡批判它時而引述的少數片段了解楊朱學派。

陰陽家（陰陽自然學派）以鄒衍為代表，開創了以陰陽五行學說為代表的自然主義認識論，這一學派後來影響到漢帝國統治者們的修正儒學（董仲舒的天人感應論），並被吸收進道教，及帝國官僚和宮廷學者從事的煉丹實驗、中醫、天文觀測和地理探索。

名家（邏輯學派）以公孫龍和惠施為代表，是中國版的詭辯與辯證法。它產生了一些最著名的演說家和辯論家。

縱橫家（外交學派）面對秦國的崛起，研究和應用了各種現實主義的戰略策略，包括「制衡」（balance of power，維持力量均勢）或者「扈從」（bandwagoning，加入聯盟，搭強國便車）政策。它發展出種種外交技巧，在先秦中華世界裡創立、拆解、重組和管理複雜多變的國際聯盟。縱橫家據說是由鬼谷子（王詡）創立，他的弟子蘇秦和張儀，無疑都能列入中國、也許世界歷史上最好的演說家、辯手、戰術家、陰謀家和外交家。他們的活動使得先秦時代的國際關係充滿高風險、高戲劇性的博弈。

農家主張農業的重要性。先秦時代的中華世界確實發展了令人驚訝的高水平農業生產力。當時開發的很多農業基本技術和工具，直到20世紀中期還在中國廣泛使用。

兵家包括許多有影響力的戰略家、軍人。其中孫子及其《孫子兵法》被廣泛重視和引用。

在先秦時代，還有許多其他創造者、作家、政治家與教師，他們塑造和影響了中華文化。其中一位是著名詩人和失意政治家屈原（西元前340～前278），其作品和人生已成為中國文化的組成部分。一個中國學者的定量分析表明，先秦時代也是中國人科技創新的一個高峰期[47]。

毫不誇張的說，先秦時代一直主宰中華文明史和東亞文明史至今。

　　與後來中國的官方歷史敘事正相反，儘管有著戰國之名，先秦時代的中華世界，相比於之後世界帝國秩序下大一統的中華世界，實際上更為輝煌而令人欽佩，是一個治理得更好、也更和平的世界。在西發里亞式的政治秩序下，戰國時代的人們有相當大的自由、個性、流動性、選擇和繁榮，而秦帝國以後的中華秩序下很少再見。據學者研究，這一時期人們的民權（civil rights），接近處於西發里亞國際體系下的近代早期歐洲人民的民權[48]。儘管在「戰國」時代各國之間確實征伐多年，但在這五個世紀中的戰爭頻率其實遠不如後來的其他時期。只有宋代的澶淵時期（11～12世紀）是一個極為有趣的、更為和平的例外。

　　更重要的是，該時代因戰爭而造成的死亡人數和破壞，明顯低於後來的帝國戰爭、內戰和叛亂。先秦時代的戰爭大部分是區域性的、重複性的、短暫的、破壞性不那麼大的低強度戰爭，實際上推動了以效率導向的社會政治變革——即學者們認為的「戰爭的合理化驅動」。屬於典型的目標有限的國際衝突，而不是全面戰爭。最殘酷的一場戰爭是西元前260年長達三年的長平之戰，秦軍據說坑殺處決了四十萬名趙國戰俘。然而，一些中國學者認為這個數字可能被史家嚴重誇大了[49]。

　　秦帝國以後，中華世界進入了世界帝國秩序，不僅戰爭頻率增加了，戰爭的強度、長度、範圍、死亡人數及破壞度都擴大了。隨著中華世界帝國秩序在元、明、清帝國時期更為完善深入，中華世界裡的戰爭變得更多、更殘暴，破壞也更劇烈。與戰國時代不同，世界帝國秩序下的戰爭往往是生死攸關的全贏或者全輸的全面戰爭，屬於相當典型的更具破壞性的內戰。如蒙古族、女真族、党項族、漢族統治者之間以及滿族、漢族、準噶爾統治者之間的許多戰爭，其實已經跡近大屠殺和種族滅絕行為。政治集團之間和種族之間的大屠殺，基本上只是為了成為整個已知世界的唯一統治者。另外，那些通常是出於絕望的武裝叛亂（或稱起義），例如太平天國（1851～1864），在幾年裡就導致難以想像

表 02　中華世界歷史上的戰爭頻率

時代	戰爭總數	戰爭頻率	戰爭可能性（%）
總計（西元前 685 ～西元 1989）	3765	1.408／年	100%
早期時代（前 16 世紀～前 685）	信息過於粗略不詳		
先秦（前 685 ～前 241）	538	1.212／年	86%
秦漢世界帝國（前 242 ～西元 219）	431	0.934／年	66%
中華世界第一次大分立（220 ～ 581，三國、晉、南北朝）	605	1.587／年	113%
第二秦漢世界帝國（隋唐 581 ～ 904）	284	0.879／年	62%
中華世界第二次大分立（904 ～ 1279）	624	1.664／年	118%
五代十六國（904 ～ 959）	73	1.304／年	93%
遼、北宋、夏、金（960 ～ 1127）	256	1.533／年	118%
（澶淵條約時代 1005 ～ 1124）	83	0.702／年	50%
金、南宋、蒙古（1128 ～ 1279）	295	1.953／年	139%
第三秦漢世界帝國	1251	1.955／年	139%
元（1271 ～ 1367）	244	2.542／年	181%
明（1368 ～ 1643）	579	2.105／年	150%
清（1644 ～ 1911）	427	1.596／年	113%
現代 *	72	1.221／年	87%
中華民國（1912 ～ 1948）	49	1.324／年	94%
中華人民共和國（1949 ～ 1989）	45	1.125／年	80%

* 基於一組不同的數據庫，包括外部戰爭、內戰以及重大暴力衝突和運動。中華民國和中華人民共和國時代的戰亂數量相對較少，然而，由於使用了現代武器卻非常致命。根據一項研究，在中華民國時代（1912 ～ 1949），至少有 2249 萬人死於非自然原因；而在中華人民共和國的前四十年（1949 ～ 1989）裡，非正常死亡的人數更是多達 4500 萬至 6024 萬人之多（Xinhua 8-4-2015; Rummel 1991; J. Yang 2008）。

**基於中國軍事史學家收集的數據庫（Editing Group <1985> 2003）。每個條目可能是一次外部戰爭、內戰、叛亂或起義。該數據庫資料是筆者所見最完整的可用資料，但有許多缺憾。表中經常把多年的戰爭或叛亂算作一場戰鬥；有時又將多年戰爭或叛亂中的一場重大戰役視為單獨條目，這種分類問題在隋唐時代尤其嚴重。比如說，具有極大破壞性並影響全國的黃巢叛亂（875 ～ 884）勢力曾經幾渡長江黃河，洗劫帝國首都長安，僅被視為一次戰爭／戰鬥；而一些小的地方性叛亂（如宋江起義）也作為一個戰爭項目。

的七千萬甚至一億人喪生（占當時總人口的四分之一）[50]。在中華民國和中華人民共和國時期，威權主義政治受到外部力量的制約，因此戰爭頻率近似戰國時代，但是生命和財產的巨大損失依舊令人難以置信（參見本書第五章和第六章）。

戰國時代既不是戰亂頻繁，也沒有更多破壞和殺戮的事實，提供了一個被帝國統治者及其修史者所遺忘或排斥的重要歷史經驗。在三千多年中華文明史上，那個政治分立、多國相互競爭的封建時代，具有無與倫比的創造力和繁榮。對於漢族中國人以及歐亞大陸東部諸多其他民族來說，這是一個最重要的東方文明的成形期。如史學家黃仁宇（Ray Huang）所感嘆的，整個中華歷史上「再也沒有這麼傑出輝煌」的時代了[51]。

因此，關於西發里亞式的世界秩序在中華世界是否可行、是否可取及其是否可以持久，先秦時代是一個強大的支持案例。它被破壞、終結說明了這種世界秩序的可逆性。中國官方的歷史敘事堅持認為，先秦時代的終結是歷史的進步，秦統一了整個中原有助於擴展中華民族和中華文明。但事後看來，先秦時代的結束是一個悲劇：一個超級大國擴張成為世界帝國，並統一和統治整個已知世界後，激烈的國際競爭未能永續，黃金時代也就消失。先秦時代如果可以持續，假以時日，完全可能會在適當的時候，為中華世界帶來法理上的民族國家體系、資本主義市場經濟、啟蒙運動式的文化發展、科學技術革命以及工業革命。

註 ──────

1　Chang 2009, 169-256；S. Yu 1998, 1515-24；Chang 2002, 17-20。

2　Foster 1939, 124；Jenkins 2008, 64-68。

3　Zhang 1944, 2-11；Liang 1900, 9；故宮博物院 2011；Wei 2014。

4　Guan 2014。

5　Tokugawa 1928；Ryu, 1990；韓國研究院檔案，2005-06；Z. Ge 2014。

6　Callahan 2012, 13；（Chaina 2015）。

7　Jones 2003, ix-xxxvii, 3-44, 225-60；Ho 1976, 547-54。

8　Naughton 2007, 21-22；胡 1935, 1990；Charles Parton 5-25-2014。

9　Taagepera 1979, 115-38；Keightley 1983, 3-64；Wittfogel 1957；Scott 2009。

10　Buzan & Zhang, 2014, 1-50；Mallory & Mair, 2000；Nickel 2013, 413-47；Z. Wang 1994, 30；D. Zhu 2014；四川廣安三星堆博物館。

11　J. Zheng 2002；Z. Chao 2005。

12　Chien 1939, i；Institute of History 2012, chap. 1。

13　Keightley 1983, 570-71；P. Chen 1999；有關漢語的發展，參閱 Link 2013；關於出於政治動機對今天書面漢語的濫用，參閱 H. Yu 2011 和 C. Li 2012；關於中華人民共和國政治語言的例子，參閱 Lao 2014；關於帝國集權將中國作為一個多元文化和語言群體聚集在一起，參閱 Crossley 2010。

14　Leys 2013, 302-13。

15　X. Xu 2015；Morong 2015；W. Zhang 2014；Z. Su 2016；Lei 2010；Xinhua 7-21-2014, 1-3。

16　X. Xie 2007。

17　梁啟超 1907；章炳麟 1907。

18　R. Ma 2011, 88-108。

19　Quintana-Murci 1999, 437-41；Armitage 2011, 453-56；Bower 2011。

20　R.Zhu 2004, 559-62；Chien 1939, 2；X. Wu 1988, 286-93；Ke 2001；X. Wu 2012, 269-78；B. Liu 2008；Institue of History 2012, Chap. 1；Editorial Board 2013, 2-3。

21　Levenson 1964, V1, 137-39；S.Chen 2008, 12-15。

22　S. Yu 2012, 23-28；G. Fu 2010, 297。

23　P. Hu 2015；S. Shan 2015；Z. Xin 2009, 17, 268-308, 436-67；L. Qian 2012 V2, 154-55。

24　S. Guo 2014, 47-54；W. Su 2015；Q. Li 2013, 57；Z. Huang 2011, 1。

25　Z. Jiang 2012；Xi 8-23-2015, 9-2011；F. Li 2014；溫家寶新聞發布會，2012 年 3 月 14 日；J. Cai 2014, 5；The Economist 8-15-2015。

26　Chien 1975, 1-27 and 1979, 1-77；G. Wang 2013, 1-22。

27　Foucault 1979, 90；J. Chen 2015。

28　Xie and Wan 1996；Kong 1980；Z.Qiao 2013；Zhang 1655；S. Tang 2015。

29　G. Gu 2001, 7；F. Zhang 2001, 412-17；Yao 1882；Shi 1925。

30　Polastron 2007；Guy1987。

31 Moloughney and Zarrow 2012；Lu 1933。

32 Orwell 1949, 19, 194, 143；W. Yuan 2006；F. He 2005。

33 C. Jin 2014；M. Zhang 2016；D. Zhang 2010；L. Lu 2002, 2；Q. Huan 2005；B.Lin 2005；Xi 5-7-2015；G. Yu 2015, 9。

34 Smarlo 2004, 332-34；謝春濤 in Wan and Li 2014；S. Guo 2014；Du 2010, 174；X. Hu 2008；Shi 2014；Zubov 2009。

35 Bhabha 1990；Anagnost 1997；Croce 1921, 19, 51, 135-39 & 1955, 149；F. Zhao 2015。

36 C. Yan 2013；X.Feng 2015；David 2008；中華人民共和國中央政府 2015。

37 Y. Shen 2013, V1, 1；X. Feng 2013- 5-7；Z. Liu 3-14-2015；Standen 2012；Shih & Chang 2011, 280-97；Wang & Huang 2016。

38 關於互聯網和中國社會，參閱 G. Yang 2009；Lagerkvist 2010。關於中國防火牆以及「翻牆」，參閱 chinachinagfw.org，program-think.blogspot.com；Z. Qin 2015；PRC MIIT 2017；Y. Li 2014；Bei 2015；Z. T. Li 2016；Editors 2014, 1, 4。

39 W. Li 2015。

40 Kan 2007, 9-13, 53-92；Takao 2007；Zhang 1944, 33-36；X. Xu 2008；Z. Yi 2014；Ma 1996；歷史研究所 2012, III-IV。

41 X. Yan et al, 2011；Johnston, 1995；Z. Wang 1994, 434-38；Mikalson 1998。

42 D. Zhao 2006。

43 Hui, 2005。

44 Zhang 1944, 108-37, 167-201。

45 Knoblock 1988-94；X. Yan 2008, 135-65。

46 關於先秦百家的英文專著，可參閱 Kohn 2004；Watson 2003；Emerson 1996；Fung 1948；Hsiao 1979。

47 J. Dong 2014。

48 Hui 2008, 6-20。

49 D. Zhao 2006, 18-20；Jin and Xie 1998。

50 Ge & Cao 2001。

51 R. Huang 2007, 17。

第二章

秦漢政體與中華世界帝國

本章探討中華秩序（天下、世界帝國）在中華世界的建立和發展。中華秩序的基礎是一個被儒家包裹著的法家政體，即秦漢帝國的政體，代表的是威權主義或極權主義的專制政體。這一政體的性質，使它注定要去統一和統治──不管是實際或者假裝──可以觸及的整個已知世界。從西元前 3 世紀後期到西元 19 世紀中葉，除了一些重要的間隔和中斷如宋代（10 ～ 13 世紀），中華秩序一直統治歐亞大陸東部的主要地區。中華秩序首先是由秦帝國（西元前 221 ～前 207）所創立，然後由兩個漢帝國（西元前 202 ～西元 9，西元 25 ～ 220）復辟重建，並加以強化、合法化和內化。秦漢政體和中華秩序在隋唐帝國（581 ～907）進一步改進、內化並完善；而無論是徹底性、剛性和力量上都在元、明、清三大帝國（1279 ～ 1911）時期達至頂點。

中華秩序是人為設計和努力的結果。它的建立有賴於優勢武力的持續使用、注重欺瞞的權術和詭計，以及各種僥倖的機會。它也和中華世界特定的生態地理、人口變化和技術狀況密切相關。中華秩序是依賴前工業化時代的技術，就可以企及的人類政治治理的一個頗為先進的成就。它對各族統治菁英都極具吸引力，甚至令人上癮，由此在中華政治史上獲得了超穩定的地位。歷經王朝更替，中華秩序被強大的體制、觀念、菁英們長期的有意選擇、路徑依賴等綜合力量所維繫，最後成為一

種頗為理想的、甚至是「自然」的和「必然」的世界秩序。經久不衰、不斷重複。經由帝國官方壟斷了兩千多年的歷史敘事的發酵，中華秩序深刻地內化到中國人的腦海裡，成為高度合法的、理想的，乃至唯一的世界秩序觀念。只有挾帶新思想的外來力量，如 19 世紀中葉以後歐洲列強的東擴，才可能震撼乃至打破。但直到今天，這套意識形態在整個大中華區（和海外華人中）、尤其是在中華人民共和國，依然是套迷人的文化規範、倍受珍惜的傳統、流行的世界觀和頂級的政治價值[1]。

威權主義和極權主義

在政治上，中華秩序的基礎是一個統一的、儒化法家的秦漢專制政體，即威權主義或者極權主義的中國版。威權主義（authoritarianism）通常被理解為是這樣的獨裁政體：一種不太徹底、前後也不太一律的極權主義版本。它雖然有一些有限的社會政治的多元化、但依舊不是問責和安全的政治；通常依靠一個弱化的拼湊而成的官方意識形態。它的統治在很大程度上依賴於群眾動員，以完成國家的目標（但遠不及極權主義的群眾動員來的廣泛而強烈）。威權主義政治往往通過其治理的績效（提供社會秩序和社會安定）和經濟發展的成績來尋求合法性。其領袖的個人權力，通常有一些非正式的、定義模糊的、但可大致估測的限制。它往往是由一小群統治者實行集體統治。在政府和軍隊裡，官僚們有一些相對自主的職業生涯和升遷路徑，有一些不透明、不穩定的分權，及對他們權力的制約。威權主義意味著難以預測的恐懼和暴力，以及廣泛的宣傳鼓動；國家控制著經濟和資源，以馴服少數統治菁英之外的所有群體和個人。在人類歷史上，嚴酷的威權主義（harsh authoritarianism）曾出現在軍國主義時代的日本（1930 年代～ 1945 年）和毛澤東以後的中華人民共和國，而軟性威權主義（soft authoritarianism）廣泛存在於今天的許多非民主國家中[2]。

極權主義（totalitarianism）通常是指一個強制性的一元化政體，消除了幾乎所有的社會政治多元性和內部競爭。它強力推行某個意識形態，鼓吹一個似乎可及的烏托邦理想，和對人性及社會的某種整體觀念。極權主義政治下的社會和諧，常常是強制的和諧，其社團及個人處於原子化狀態，必須通過大規模群眾動員去強力組織。實行專制獨裁統治的，往往是一個富於魅力、或者有著傳奇神祕力量的個人。獨裁者受到很少的約束，依靠殘暴的武力、廣泛的恐怖、有效的宣傳灌輸、最佳的人身和精神控制技術去統治。極權主義的治理有巨大的不可預測性。國家機器壟斷、控制了幾乎一切經濟活動和資源，用來馴服包括菁英層在內的所有群體和個人。近來的歷史中，極權主義政體表現為義大利和德國的法西斯主義政權、前蘇聯的史達林主義政權，以及毛澤東時代的中華人民共和國，今天仍然存在於奉行主體思想（주체）即金日成主義的朝鮮[3]。

從司法和規範性角度來看，民主制度下的憲政法治（rule of law）關於個人的言行，「凡是沒有禁止的都是允許的」；而對於政府的言行，則「凡是沒有許可的都是禁止的」。威權主義統治恰好把這個邏輯反過來，對個人而言，「凡是沒有許可的都是禁止的」，而對政府而言則「凡是沒有禁止的都是允許的」。極權主義統治更甚，除了很少的不確定的「被許可的」個人權利外，「一切沒有禁止的都是必須的」[4]。

許多歷史學家已經仔細解剖過一些極權主義政體，從希特勒的德國、史達林的蘇聯到毛澤東的中華人民共和國。西元前 3 世紀後期統一中華世界、建立了中華秩序的秦帝國，也符合極權主義政體的定義。它的統治者是一個集所有權力於一身的世襲專制暴君，通過強大的國家機器建立終極權威，試圖直接控制公共領域和個人生活裡的任何人與任何事[5]。然而，最為生動、鮮明、精妙的極權主義社會肖像，可能還是歐威爾（George Orwell）的政治小說《1984》和《動物農莊》，以及赫胥黎（Aldous Huxley）的預言小說《美麗新世界》[6]。

阿門多拉（Giovanni Amendola）最先為極權主義命名，這個義大利反法西斯主義政治家後來被墨索里尼（Benito Mussolini）的黑衫軍所謀殺。而墨索里尼本人曾對極權主義有過一段經典描述：「一切都包括在國家之內，沒有什麼是在國家之外，沒有什麼能反對國家」[7]。極權主義政體其實代價高昂，常受限於國家機器的能力而在實踐中大打折扣。技術上的限制、資源的稀缺，人口多寡和地理上的距離，都會影響其實際功效。

在 20 世紀裡，極權主義是一個突出的政體形式，曾被法西斯主義和共產主義及其在各大洲的諸多效仿者廣為推行，至今仍然可見。雖然工業革命前的技術就足以運作極權主義；但是具備了新的技術和良好偽裝（如反猶太主義、共產主義、民族主義或民粹主義甚至反殖民主義）後的極權主義政體，則變得更加可行、更有吸引力，功能更為強大。極權主義是一個深深根植於人類傳統的政治意識形態，在不同國家和不同時代，都有過不同程度和不同結局的實踐。本書關於秦漢政體和中華秩序的探討，可以幫助我們了解，極權主義不僅僅是 20 世紀才有的狂熱激進現象。作為一種統治方式和政治制度，它在總體上是次優化的、不可取的，甚至是脆弱的；但是它有其可行性，可以形成非常強大的國家力量，尤其是短期勃發的國家軍事力量，並對雄心勃勃的統治菁英們有著天然的、巨大的吸引力[8]。

極權主義的關鍵特徵和必要條件，同時也是創立極權主義政權的第一步，就是要有一些可怕的「外部和內部的敵人」。一個真實而可怕的敵人，才能合理化解釋及維繫住權力的高度集中。極權主義政治的如下一些特徵，也就隨之順理成章：在社會經濟和文化生活中自上而下的控制；動員群眾、榨取各種資源，以及管制各種信息；要求人民完全順從，並消除任何批評聲音；把整個社會都原子化，國家機器成為唯一的國內組織；使用武力和鎮壓，無休無止地犧牲人權和生命。極權主義國家視需要與否，會使用種種宣傳、欺騙、陰謀，培養仇恨和分裂，從而製造

敵人，隨意清洗敵人，建立一個類似永久戰爭的恐怖環境。這類製造出來的敵人包括：納粹德國的猶太人、前蘇聯以及中華人民共和國的「階級敵人」和「西方帝國主義」。為了創建和維持一個極權主義政權，作為「敵人」的補充或替代，獨裁者們還會發明一些模糊卻迷人、令人痴狂但又看來可信、簡單卻又宏大的理想或者使命。常見的例子包括，執行神的旨意、或者遵循某種科學世界觀、或某個領導者的夢想；淨化和提升某個種族；統一祖國乃至整個世界；復興某個文明或者報復過去的仇恨；獲取得更多的生活空間；或者乾脆去創造一個人間天堂[9]。

在中華世界裡，一個極權主義政權最好的敵人在歷史上一直是外部蠻族。因為他們很容易就被鑑別為不是「我們／華」的「他者／夷」，並號召與之戰鬥、殺戮乃至征服他們。因此，一個極權主義政體，在國內必定仇視異見者、差異性和多樣性，並採取獨裁和暴政；在國外則必定具有擴張主義和帝國主義性質，因為與任何有意義的國際比較與國際競爭共存，都會令極權主義政權感到不安全。如果一個極權主義政權比較虛弱，則它可能緊密控制自己的人民，防止外來影響，構建一個假裝的國際優勢乃至領導地位；如果一個極權主義政權比較強大（甚至僅僅是自我感覺良好），它就會不可避免地出擊，以尋求國際影響力，控制乃至征服整個已知世界。如果必要的話，這種對外擴張會分階段進行，並常常以和平和正義之名進行。因為極權主義可以極端地榨取和利用所有資源（包括人民生命），往往具有超過其競爭對手的優勢。假如二者同時擁有相同水平的技術，則極權主義政權的競爭優勢將更為明顯。因此在歷史上，我們可以看到許多落後、不文明、不人道、更無情的極權主義勢力，往往戲劇性地打敗乃至征服非極權或比較少極權的競爭對手。一個極權主義政權，因此必定是或必須成為一個世界政府，通過統治和收服整個已知世界，來完成自己的生命周期。

秦政體：中華極權主義

在充滿國際競爭和創新的先秦時代，法家統治制度在西元前 4 世紀後的幾個國家內創立，並在秦王國廣泛、持久而成功的軍事和外交實踐所推動下，成為整個中華世界的政治秩序。它看上去是一個乾脆、迅速、高效而簡潔的建立政治秩序和公共權力的方法，通過無情地使用武力和謀略，強制執行國家的法律和條令，而不是通過間接統治，依賴某些道德準則和社會規範的封建式政治結構。法家通常被稱為權術家，為達目的不擇手段。其最高理想境界是君主的所謂依法治國（rule by law），而不是法治（即「由法治國」rule of law），因為君王永遠在法律之上。它主張將政權集中於最高統治者手中，鼓吹粗暴地使用武力與詭計，用苛刻的帝國法律支配除了最高統治者外的每一個人。法家不堅持絕對的道德觀念，無所顧忌而又務實，對人的慾望和弱點惡意操縱，只要是可以實現國家目標，亦即一種厚黑邪惡但「現實中」有效的統治權術。這些思想後來因義大利人馬基維利的論述而流行於西方並知名於世。按照柏拉圖、亞里斯多德和洛克等人經典的政府類型學劃分，法家政體應該屬於世襲暴君型。這類暴君除了「自己的利益」和「絕對權力」外，不在意任何其他東西；他超出法律限制之上，可使用任何殘酷的手段去反對和鎮壓任何人 [10]。

秦王國征服整個中華世界，是極權主義統治取得「全世界」勝利的一個歷史案例。這是諸多歷史力量的結果，其中最主要的恐怕是精明能幹的秦國領袖們集中、持續的努力。對於不相干的歷史讀者來說，秦國的勝利似乎只是地理、人口和各國之間互動等因素的必然產物；對極權主義和世界統一的支持者們來說，秦的世界秩序代表著人類政治制度的巨大進步和成就；對懷舊的中華沙文主義者們來說，秦帝國代表著史詩般的力量和成功的征服。中國著名導演張藝謀在他 2004 年的電影《英雄》裡，滿是仰慕地美化秦之征服天下。然而，根據我們對歷史的重新

解讀，秦統一中華世界，其實意味著歐亞大陸東部各族人民一個輝煌時代的悲劇性終結。對今天的中國觀察家來說，秦的世界秩序是中國政治傳統的一個重要遺產，在很大程度上塑造了北京的政策偏好[11]。

　　和秦帝國一樣，類似的對整個已知世界的征服行動並不少見。馬其頓曾征服了希臘世界以及以東更廣大的地區，蒙古帝國曾占領了整個歐亞大陸的大部分地區。問題是，一個極權主義政權，一旦征服了整個已知世界，之後會怎樣？這個世界帝國會像亞歷山大的帝國、秦始皇的帝國以及成吉思汗的帝國那樣很快分崩離析嗎？還是像中華世界傳說中的商（西元前 17～前 11 世紀）、西周（西元前 11～前 8 世紀），以及地中海世界的西羅馬帝國（西元前 27～西元 476）那樣，逐步衰敗、蛻變成封建式或者聯邦式的國際體系，然後瓦解和消失？世界帝國有可能長久地統治整個已知世界嗎？地理、人口、技術水平無疑對一個世界帝國的命運有著關鍵性影響。但更重要的，或許是該世界帝國有多麼威權或極權，以及它的世界統治有多徹底和多有效。恰如秦帝國所昭示的，那些極權主義世界帝國，在征服了整個已知世界後的歷史命運，非常不確定，往往也不值得羨慕。

秦「天下」：一個世界帝國秩序

　　在中華世界裡，秦國幾個世紀裡不斷地壯大和擴張，最終導致了各個封建邦國的滅亡。統一後的秦帝國，是一個世界帝國，有一個管理整個已知世界（天下）的世界政府。帝國的制度是自上而下委任所有官員，惟上司旨意是從，並以皇帝的喜好來最終定奪。原本擁有土地的世襲貴族階級，被郡縣制下單一官僚統治階級所取代。這個新的統治階層，從皇帝那裡獲得權威和力量，踐行法家權力政治（power politics），使用武力與權術詭計。秦，帶著中華世界裡的人們踏上一條世界帝國、極權主義統治之路，由中央集權統一管理太陽下的每一個人，即所謂天下一

統[12]。

「天下」概念可以追溯到西元前 8 世紀之前。意即整個已知的世界，應該統一在一個獨一無二的統治者（天子）之下，並由後者提供政治秩序和治理的穩定性與合法性[13]。這一政治意識形態的最佳描述，也許是來自《詩經》——據說是孔子編輯過的中國第一本古詩集——的兩句著名詩句：「溥天之下，莫非王土；率土之濱，莫非王臣」。不過，在封建分立的先秦中華世界裡，這一詩意理想從來沒有真正實現過。作為諸多封建邦國的「共主」，周天子名義上的主導地位逐漸下降；周王室自身變成一個小領主，其生存必須依賴其他強大的爭戰邦國的善意和支持。西元前 249 年，秦王國乾脆廢黜了微不足道的周王室。

這個前所未有的秦世界帝國，是秦國實施法家變革後合乎邏輯的發展結果。自商鞅於西元前 359 年開始劃時代的改革後，秦國的變法長達一個多世紀，其最高使命是建立極權主義的法家帝國政體。在爭戰諸國中，商鞅變法不是第一個，但卻是最徹底和持續時間最長的一個。在先秦中華世界裡，封建君主們都有同樣的求生存之需求，也都受到類似的贏得國際競爭之慾望所推動。他們採取類似的法家路線，嘗試了各種內部變法和外部聯盟，以加強統治、增強軍事力量。變法迅速產生了明顯的效果，強化了邦國的實力並成功實現了對外擴張和稱霸。例如管仲在齊國（西元前 7 世紀早期）、李悝在魏國（西元前 5 世紀後期）、吳起在魏國和楚國（西元前 4 世紀早期）、鄒忌在齊國（西元前 4 世紀中期）、申不害在韓國（西元前 4 世紀中葉）。不過這些國家都沒有秦的改革更為徹底和極權，更重要的是未能持久，常常放棄，因而並沒有產生持續的效果。原因很多，包括受秦國不時的賄賂、離間破壞和外交上的誤導和影響。儘管商鞅本人的下場悲慘——對他不滿的秦國新君於西元前 338 年上台後，商鞅淪為逃犯，然而他無法逃脫自己為秦國創立的強有力的戶口制度和連坐系統：他的全家被迅速公開處決，而他本人則受到五馬分屍的酷刑[14]——秦國還是堅持了一個多世紀的變法，直到最

後開花結果。

　　商鞅式政權完成了一個不可思議的宏大事業，把一個地處邊陲、落後而弱小的秦國，變成超級大國和霸主，進而消滅六國，建立了一個世界帝國。我們從後人記述的文字冷酷而粗率的《商君書》中，可以看到這個強有力的威權—極權政體所信奉的關鍵法則：使用各種殘酷的武力、詭計（包括發展祕密線人），誘發出人們的貪婪和恐懼，以碾碎、征服、剝奪和操縱民眾，同時摧毀和銷蝕所有的社會政治組織（除了帝國等級制度本身）和道德倫理（除了對帝國的忠誠）；以故意剝奪、壓制、虐待甚至奴役人民的方式，發展、動員和集中所有資源，以無限擴大國家力量，尤其是國家的財政收入和軍事力量；利用各種資源聘請專家人才，包括積極招募和收編外國人，甚至對手；不惜以金錢收買腐蝕、使用詐術離間、甚至謀殺手段，無情摧毀所有的國內外敵對勢力。這個愚民、牧民的法家政治手冊駭人而有效，被中國當代歷史學家秦暉稱之為「與人民為敵」。荀子，特別是他的弟子韓非的著述，進一步豐富了這種用來鞏固權力、征服及統治整個世界的權術。荀子的另一個弟子李斯，後來成為秦國的宮廷顧問及丞相，更是無情地執行這些法家學說，取得了驚人的成功[15]。

　　一個構建良好和精心管理的法家政體，會形成一股異乎尋常的國家能力，實現對人力和其他資源的極權調控。它基本上把人民當成工蜂，集中調撥「全世界範圍內」的一切資源，從而成就宏大的帝國事業，包括打贏一場總體戰爭，徹底征服整個已知世界，修築宏偉的長城、秦始皇陵、聞名於世的兵馬俑和阿房宮。一個極權主義法家政權，必需要尋求統治住每一個人，為此方能繁盛。它必需藉由無休止的控制和擴張，汲取其合法性和力量，直至達到世界的物理盡頭或者耗盡自身的動能。一個秦式的法家專制國家，無論在內部還是外部，只要出現任何不受其控制的有意義的比較和競爭，就很難覺得滿足、安全與和平；它於是就有了一個必須不斷擴張的注定使命，即所謂天下一統之天命（Mandate of Heaven）。秦國本質上不過是工具，是中華世界裡這個強大的法家極權主義內在邏輯的物化。

在西元前 221 年滅掉各國，征服了整個已知世界後，秦始皇還想永保他前所未有的世界帝國，並傳之其子孫後代。他詔令今後的皇帝將以世為序來命名，而他則是第一世（始皇帝）；他還實施了一系列政策，標準化了道路系統（車同軌）和計量單位；規範了書面文字語言（書同文）；焚燒了非秦國以及各種「無用」的書籍以控制思想，並處死異議學者們（即所謂焚書坑儒）；沒收了所有私人武器回爐後，在首都咸陽鑄造成巨型銅鐘和銅像；屠戮或拘留戰國時代的舊貴族和富商；推倒大多數各國以前的城牆；通過軍事征服，進一步擴張其世界帝國；尋求不老藥以求長生。秦始皇為了追求神明的祝福和天命，還舉行盛大隆重的自然主義信仰儀式——在泰山祭拜天地（封禪）——把自己神格化[16]。

然而，秦的統治未能持久，也未能內化。秦的世界帝國秩序非常短暫（西元前 221 ～前 207）。高度依賴軍事戒嚴般中央集權統治的秦王朝，在開國皇帝於西元前 210 年突然去世後，腐敗的官僚們和內廷宦官們立刻陷入追求繼承權的內鬥、暴力和混亂之中。使用工業革命前的技術，依靠嚴酷法令和武力而統治人民的極權主義政權，被證明是難以承受的昂貴實踐。一場短暫但劇烈、具有難以想像的血腥和破壞性的叛亂與內戰，徹底地消滅了有數百年歷史的秦國皇室和大多數秦國統治菁英家族的肉體。有史以來的第一個中華天下世界帝國秩序，以一場對其統治者及其治下人民的全面巨大災難而告終。然而，這個慘烈的歷史教訓，在後來的中國卻被大體遺忘，或者有意遮掩。

秦漢政體與中華秩序

西元前 3 世紀後期的中華世界，眾多具有不同稟賦、才能、資源、運氣，及抱負的領袖們在帝國崩潰之後的混亂裡，為重建秩序而互相爭

奪。也許這場世界大亂，其實是在不自覺地回答秦帝國的覆亡所帶來的兩個難題：是秦式的極權主義法家帝國統治制度太過強暴、弊端太多而未能持久？還是這種中央集權的世界帝國制度本身，就有致命缺陷而無法持久？

在這個過程裡，富有軍事才能的猛將和悲劇英雄項羽（西元前 232～前 202）崛起，並自封為楚霸王（「楚」原來是先秦時代有八百年歷史的封建國家）。他試圖強制重建一個王中王（他自己）之下的封建諸侯國家體系，以恢復先秦時代代準西發里亞式國際秩序。他成功運用武力，剿滅了許多想當天下統治者的野心家，短暫地平定了後帝國時代的中華世界。但是，他沒有徹底遵循法家邏輯，成為一個統一已知世界的帝國君主。他分封他的政治盟友（經常也是他的競爭對手），建立一些自治的獨立王國，希望用一套君子協議式的道德規範，重建「美好過去」。他新的楚王國，及楚領導的國際聯軍，則以國際警察的身分執行國際規則。這是一個封建邦聯式的、不那麼暴政的政治秩序，被設計為統治秦帝國以後的中華世界。

不過，楚國的霸權非常短命。同樣是來自楚國的起義軍，被項羽封為漢王的劉邦，採用了秦式法家權術，並貫徹法家思想的內在邏輯，很快就推翻了項羽，在西元前 3 世紀末再次統一了中華世界。戲劇性的楚漢之爭以及劉邦的勝利，證明了法家路線在權力鬥爭中的優越性。項羽既失去了他的世界，也失去了他的生命，成為中華世界中最傳奇的人物。這個廣為人知的悲劇英雄之命運，恰如其分地體現了那個永遠失去了的先秦世界。

漢帝國恢復了秦式世界帝國的統治，很快就面臨了那個推翻秦帝國的挑戰：一個極權主義勢力征服了整個世界，完成了自己的生命歷程，也就失去了強大的敵人或者宏大的目標；那麼這個講究效能、無情而脆弱的法家極權主義政體，該如何持續下去，長久地統治整個世界呢？我們可以考察 20 世紀的極權主義領袖，看他們是如何創造性地應對這個

問題的。答案很有趣：他們乾脆製造出一些永恆的敵人，比如無休止的階級鬥爭和不斷革命；或者創造出一個無盡的宏偉目標，比如種族純潔和共產主義天堂。當然，這些現代的極權主義政權往往未能持久，更未能真正成功地征服整個已知世界。

經過長期多次的流血戰爭、徹底鞏固其政權後，漢帝國的統治者們希望能夠避免秦帝國的不幸結局。秦式法家極權主義令人信服地證明了它征服世界的功效，但也表明了它治理天下的不足。嬴氏家族，一個統治了秦國和秦帝國六百多年的煌煌成功王族，在它完成史無前例的使命，統一整個已知世界的偉大事業後僅僅幾年內，其家族十多萬人口，就和數以百萬計的百姓一起被徹底消滅。嬴姓在中國從此絕跡。這些史實是非常令人驚悚也給人啟迪的。秦的慘烈崩潰，揭示了有著百年歷史的秦式法家政體具有根本性的缺陷，也證明了持續十餘年的秦式天下一統的世界帝國是一種可怕的政治秩序，這兩者對帝國的每個人尤其是統治菁英們，都危害深重。

漢帝國嘗試了各種政策措施，比起秦始皇來，要少了許多急促匆忙和嚴酷暴虐。其中包括重建分封異姓王的制度（但很快就藉由內戰和謀略而撤銷）；建立皇族內的封建制，分封劉姓王制度（但是一些劉姓王很快就反叛，覬覦帝位，於是帝國政府只好用戰爭和謀殺的方式或削弱、或架空劉姓王）；用所謂「黃老之道」弱化中央政權、減少稅收負擔、採用消極應付式治理態度。漢帝國還開創了對後世影響深遠的帝制傳統，由中央政府直接壟斷獲利豐厚的採礦、造幣、販鹽行業以及其他手工業。國家對需求剛性，具有穩定高利的鹽業的壟斷，居然一直延續了兩千多年，直到 2010 年代 [17]。部分由於這些試驗和創新，部分由於整個社會已經損耗，疲憊至極，不堪折騰，部分由於漢帝國連續幾代不太暴虐、比較有能力的統治者，總之，這個新的世界帝國存活下來。但是，問題依然困擾著漢世界帝國的統治者們，他們為此苦苦奮鬥了幾十年，經歷了好幾輪血腥的皇家內鬥、宮廷政變、武裝叛亂、小規模的內

戰，以及外部敵手匈奴的崛起與挑戰[18]。

在中華世界歷史上有一個有趣但探討很不足的現象，即一個強大的秦漢式世界帝國崛起並實現「世界統一」之後，似乎總會有一個新的外部敵人很快出現。從中華世界的生態地理來看，生活在廣袤而條件嚴酷的亞洲北部草原（Asian Steppes）上的遊牧民族，通常被農耕國家的統治者視為既無價值，也無意義。的確，要征服和統治這些分散、流動的馬背上的民族，去課他們的稅，在技術上十分困難，經濟上也得不償失。這些通常沒有組織起來（或僅僅是部落大小）的遊牧民族，自古以來通過與中原的貿易而得到生活必需品，如布料、金屬、鹽、穀物和茶葉。他們也偶爾搶劫中原的邊疆地區（通常是為嚴峻的氣候變化所迫）。這個古老的往來模式雖然並不總是互惠互利，但是可持續。在先秦時代，這些「化外之地」裡被忽略的遊牧民，很少對中原造成嚴重的威脅，因為它們既無能力、也無必要大規模的武裝組織起來侵擾中原。一些如被中原蔑稱為犬戎的部族，也曾偶爾捲入中原的重要政治和軍事事件[19]。

頗具諷刺意味的是，世界帝國的中華秩序改變了原有的生態系統，致使這些遊牧民族聯合起來，開始大規模的武力侵擾，從而損害了中原邊界地區的安全。一方面，這些遊牧民成為世界帝國新的「有用的敵人」——即所謂的「野蠻人」，在與帝國壟斷的貿易中遭受剝削和虐待，直至被禁止邊界貿易。另一方面，他們被迫要大規模地組織並武裝起來，以應對強大的世界帝國軍隊，這已經不是從前的那種在中原邊境地帶與地方衛戍軍人的小衝突。極權主義政治下需要製造外部敵人的邏輯，在中華秩序下得到了光大，幾乎必然地將那些不受控制、或無法控制、但可以忽視的遊牧部落逼成強大的外部敵人。遊牧民族一旦組織起來，無論能持續多久，在中華歷史上都多次給中原以災難性的打擊，甚至征服中原。中原也不得不發動昂貴的、超出本土的遠征行動，因而輕易耗空帝國的國庫。中原也會採用綏靖政策，如開通貿易，乃至打造一個朝貢賄賂制度，在名義上甚至實質上建立一個封建邦聯體系，統合這些遊

牧民族[20]。正如學者拉鐵摩爾（Owen Lattimore）論述過，這些中原與北亞及中亞各族的長期邊境互動，通常被官方史家擯棄和忽視，但實際上是推動歐亞大陸東部的中華文明以及其他文明擴展變遷的一大重要引擎[21]。

在長達五十四年的漢武帝統治時期（西元前 141～前 87），漢帝國終於找到了解決世界帝國治理難題的辦法：用經過修正的、簡單化的儒家思想，補充和加強秦式法家世界帝國秩序。早幾十年，儒家學者叔孫通就已經說服了帝國的開國皇帝，利用儒家父權禮儀形式和符號為政治服務；而學者賈誼也早已在《過秦論》中，雄辯地闡述了用人道精神軟化秦式政體的必要和可行。根據幕僚和官員們十多年的建議，儒家學者兼官僚董仲舒在西元前 134 年總結並呈獻給漢武帝一個著名條陳：「諸不在六藝之科孔子之術者，皆絕其道」。亦即「推明孔氏，抑黜百家」[22]。

董仲舒控制人民、統治天下的思想，除了來自他對儒家理想的修正主義解釋，還包含有《易經》中許多先秦道家和陰陽家思想的濃厚成分。他使用「大一統者，天地之常經，古今之通誼也；天不變，道亦不變」的信條，將秦漢世界帝國合理化。就像世界只能有一個天堂，天空只能有一個太陽，人世間只有一個正道，一家只能有一個父親一樣，一個世襲的中央集權的皇帝，就應該統治天下（整個已知世界）。皇帝作為天子，從神聖不容挑戰的天命那裡得到權力與合法性。上天（自然宗教信仰的大自然或上帝）和人類生活在根本上彼此相連，是一致而又同步的整體。被董仲舒用儒學包裹起來的法家秦漢政體於是被證明為天定的自然規律。而天與地——農業社會裡兩個關鍵的自然因素——則是全能神明的象徵。這一政體被理想化為穩定和安寧、（有等級的）平等與正義、繁榮及安全的社會政治秩序，就像一個正當有序的農業社會父系家庭。這些觀念被經典表述為「天下一統」、「大一統」或「大同」或「天下為公」（來自《禮記・禮運》）。大同概念後來被從黃宗羲（1610～

1695）到康有為（1858～1927）的中華菁英們，借去描述一個烏托邦式的社會政治秩序（「善治」）。孫中山把「天下為公」作為其政黨的座右銘，而中華民國政府則把「大同」供奉起來並寫入國歌。毛澤東也把共產主義普及化和庸俗化為農業社會裡具有千年之久的平均主義思想和康有為的大同觀念。此舉雖然令真正的共產主義信徒不快，但卻吸引了許多中國民眾[23]。

於是，一個天下統治者只要遵循這種修改過的儒學所闡明的天道，就具有神聖天命（Mandate of Heaven），替天（大自然亦即上帝）統治整個世界，不受挑戰也不受質疑。如果統治者一旦迷失而不行天道，他就有失去天命的危險並出現讖緯警示，如自然災害（洪水、乾旱、蝗蟲、地震）、彗星或其他超自然現象的出現、或者會有民眾叛亂，來警告、喚醒他，讓他懺悔罪己並自我糾正。不然，他的天命則可能會被別人（一個新的真命天子）奪走。漢武帝採納的這一彌久不斷的帝王意識形態，在 20 世紀初被簡寫為「罷黜百家，獨尊儒術」[24]。這樣，先秦的帝王「天命」觀和道家的「天人合一」思想結合起來，混合成一個依據祖先崇拜和自然主義信仰悠久傳統的新意識形態，去論證一個包裹了儒家觀念的中央集權、法家獨裁、世襲政體理應長久地統治天下即整個已知世界的神聖性[25]。漢武帝還很積極地登泰山去祭祀天地，從而神化他的天下一統之天命。巫術的運用對構建這個新型政體也起了作用[26]。依據天命去統治世界，此後一直是秦漢政體與中華秩序的道義門面，為各個皇帝引用並刻在帝國傳世玉璽之上：「受命於天，既壽永昌」，亦即所謂「替天行道」口號。兩千多年後，毛澤東試圖以類似的方式去僭用物理學和宇宙學理論，來證明和宣傳他的政治權力和野心，是基於某種整個宇宙的「終結真理」，即毛澤東的同樣神聖的民命觀（受命於民 Mandate of the People）口號：「為人民服務」[27]。

儒家和法家的聚合

就此，到西元前 2 世紀後期，漢帝國設法構建了一個塗上了儒學色彩的秦漢法家政體，以及統治整個已知世界（天下）的世界帝國秩序即中華秩序。這個天下一統的天命，被一些歷史學家稱為由官方建構和灌輸的中華「文化主義」或「帝國普世主義」，也有人稱之為「儒法國家」。這是一個等級制的、個人獨裁的制度，而最終可訴諸於武力；它最理想化的結果是依法統治（rule by law），但經常淪為人治（rule of man by will）。它基於無情地使用武力和詭計，但是又裝飾了儒家基於家庭典範而衍生的人文主義禮儀和價值觀。漢武帝本人就一面神化儒家關於忠誠孝悌的理念，一面將祕密線人制度合法化，鼓勵及獎賞人們舉報自己的家人，延續法家、政治家商鞅兩百多年前創造的這種控制人民和增加稅收的中國統治術[28]。

這種儒化法家（Confucian-Legalism）的專制政體，大致屬於亞里斯多德所說的三種暴政政體（tyranny）的綜合，有一定的內在制約，統治者和被統治者都有需要遵守的成文法規和章法。儒學本身也在發展，沿著哲學史家馮友蘭所提出的「儒家的現實主義流派」之方向，成為一個聚合法家的社會政治意識形態。它主張模仿理想化的農耕父系家庭而建立社會政治秩序，強調集權統治，每個人基於位置而有固定的權利義務、禮儀規則、職責與人文倫理，推崇這種建立在等級秩序上的社會和諧。它鄙視商業逐利、創新和個性，重視秩序、傳統、禮儀、等級、仁慈的獨裁統治，以及社會與政治的統一。這些政治儒學主張，已經遠遠超出了孔子、孟子和荀子當年提出的觀念；在董仲舒、朱熹和王陽明重新詮釋並擴展後影響深遠。這些不斷演變的儒家思想在成為皇家意識形態後，長期塑造了中華政治，構成了大一統的天下世界觀的標準框架。對鄰國如日本的政治文化和歷史編寫也有過重大影響[29]。

秦漢帝國及其以後的中華主導政治思想以儒學或孔教聞名，它其實

是一個儒化法家思想，以秦式的極權主義法家為其硬核，而以修改過的儒學政治理念作為其外表，並摻和了其他先秦觀念和儀式，尤其是道家和自然宗教信仰的許多元素。孔子一生都是不得志的教師和學者，在去世幾百年後卻被加上許多皇家頭銜，甚至封王而神聖化了，他的後人也因此得到許多特權、榮譽和財產。儒家被歷代帝國供奉成準國教，甚至變成一種宗教式信仰。然而，作為一個信仰體系，或者如韋伯（Max Weber）所認為的一個「世界性宗教」，儒教與大多數其他宗教還是非常不同。它主要是一種政治理念，而不像其他宗教那樣，通過神蹟說服、信念和遵從宗教儀式，去解說人生意義問題，再進而獲取社會政治權力。不過經由不斷的詮釋、復甦和重建，儒學也確實接近成為一個相當完整的世俗信仰系統。這個國家宗教或皇家意識形態，兼具靈活的神學特徵，因而成為中華統治者們近乎完美的威權主義（或軟性極權主義）統治手段，極大地鞏固和強化了秦漢政體及中華秩序[30]。

其實，統治者們從根本上賴以執政的「黑暗」帝王術大師是法家學者，但他們並不會被公開宣示出來。中華秩序必然導致蒙昧主義的興起，隨之法家經典著作被進一步深藏起來，僅供統治菁英們學習。法家思想是兩千多年來中華秩序的真正政治遊戲，在漢帝國三個皇帝（武帝、孝昭帝、宣帝，西元前 140～前 49）跨度近一個世紀的統治裡，「儒表法裡」的秦漢政體具有了深度的可操作性和合法性。這是一個裝飾精巧華麗的馬基維利式政權，或曰法家帝國主義的「以品行為基礎的政治秩序」[31]。隨著時間的推移，儒化法家思想下的秦漢政體，在實踐中因實際統治者的不同個性和政策取向，而呈現出不同的統治特點：從極權主義專制獨裁到軟性極權主義（或嚴酷威權主義），再到軟性威權主義，甚至是開明的軟性威權主義。只要還有一個不受其控制的外部競爭與之共存，一個秦漢政體就注定深感不安，注定要努力將其納入一個世界秩序。這些儒化法家思想，後來被內化成中華世界的文化傳統，把一個本質上等級分層的統一世界秩序設想為唯一的政治理念，從而美化了一個

傾向於普世霸權的單一帝國[32]。

儒化法家制度在政策實踐中，打磨掉了秦式極權主義政體的粗厲稜角；在意識形態上，更支持威權主義而不是極權主義，通過將帝制國家擬人化為父系家長制，並借用上天（即上帝或大自然）授予的神力來降低統治成本；在功能上，秦漢政體是一個前現代（pre-modern）的組織結構，它的政治治理、經濟體制和社會生活之間的關係保持著一致性[33]。通過仿效最重要、最穩定的人類組織——家庭，及儒家關於權威、等級、和諧與繼承的種種規則、隱喻和規範，淡化了極權主義政治機制，使得漢帝國版本的法家政體比秦帝國版本更穩定，成本更低，也更容易為民眾尤其是社會菁英們所接受——在這個體系裡，後者可以逐步獲得地位、資歷，以及和他的道德相聯繫的安全和既得利益。儒家倫理所提倡的個體人文價值「正心、修身、齊家」，加上「治國、平天下」的政治追求，即使只是一些論調辭藻，也修飾了以君主為中心的極權主義政治的目標與價值。儒家學者的思想和對形而上學、宇宙觀及社會公德的探討，其繼續發展，後來產生了宋代的理學和明代的心學。此外，儒學的一些社會規範和價值觀念，如中庸、和諧與公平觀念、重視教育、重世俗生活和自我修養等等，也促進了地方社區的自治與社會批判，對過於暴虐的帝國統治者，也能在思想上甚至政治上有所反抗[34]。

中華秩序的鞏固和擴展

一個威權主義─極權主義帝國體系，即使與儒家有著看起來完美的聚合，也只能做非常有限的自我調整與自我糾錯。它的主要邏輯、衝動、風格、偏好和表現，都被自身結構（組織上的）和內在規範（如同化學一般）所限定，如同任何生物體或社會政治組織。基於秦漢政體的中華秩序，確實給中華世界帶來過令人印象深刻的穩定和統一，有時長達幾十年的和平，這在官方史書中常常過譽為「盛世」。顯然，一個「世界

範圍」內的人才和資源的高度集中，會促成文化藝術取得令人矚目的成就；也可以促使其經濟在數量上頗為可觀的增長；父系家庭的倫理需求還會刺激人口的大幅增加。但是，如同第四章將要詳細揭示的，中華世界無法逃脫其秦漢政體的內在邏輯所決定的厄運，這種厄運又被其世界規模的挑戰和缺乏選擇所強化和激化。從比較眼光和整體角度看來，中華秩序的歷史記錄是非常次優化的（suboptimal），表現為政治上的專制暴政、經濟上的長期停滯、科學技術發展上的沒有進步、精神追求上的遲滯低落、社會資源的不合理配置、人的尊嚴和生命的巨大貶值、民眾生活水平的低劣和下降，以及經常發生周期性的大規模人口死亡和巨大社會破壞。

一個秦漢式的世界帝國統治者，必須以巨大的代價不斷擴張，以求征服其未能控制的外部世界，或者將外部世界遠遠隔離開，或者乾脆假裝外部世界不重要甚至不存在。當漢帝國變得強大或自覺強大到有理由對外用兵之時，它很快就成了一個擴張主義和帝國主義力量。漢武帝本人就發動了許多昂貴的對外擴張戰爭，反對中原周圍的「野蠻人」，有時只是為了懲罰遙遠的不尊重天朝的遊牧民族和部落。由於幾代皇帝的努力，漢帝國的領土得到了大幅擴張（儘管常常是暫時的），超出了中原／中土，進入今天的朝鮮半島、華南地區和印度支那北部、華北和蒙古以及中亞地區。漢帝國畫出了一直延續至今的中原（中國本土）的基本地圖。不過，持續的軍費支出和皇家浪費耗盡了帝國財政，這是漢帝國衰落的主要原因。

漢世界帝國的中華秩序持續了一個世紀，由於王莽拙劣的財政和禮儀改革的失敗，在皇室內鬥的烈焰裡趨於崩潰。王莽是漢帝國的皇親，他僭越了劉氏的皇位，自立為帝，並將國號改為「新」（西元 8～23）。隨後大規模的叛亂爆發。經過一場殘酷的「世界性」內戰之後，一個漢室遠親的後代在西元 25 年重建了漢帝國，史稱後漢或者東漢。東漢是一個進一步精細化的儒化法家秦漢政體。又過了一個多世紀，東

漢帝國由於不斷的宮廷政變和內訌、極其無能腐敗的統治和宦官干政、大規模叛亂以及各地軍閥豪強的崛起而沒落。在它於西元 220 年正式滅亡前的至少四十年裡，東漢帝國已經變成分裂的世界。許多政權互相爭戰，而漢朝天子成了被各個軍閥劫持的傀儡[35]。

雖然劉氏的兩個漢帝國依然存在許多嚴重問題：例如在沒有完全絕跡的長子繼承制（primogeniture）下成長起來的地方豪門勢力、頻繁出現的軍閥政治、世襲家族的壟斷權力、皇室的無能和內鬥，以及宦官因人格扭曲而導致的蠻橫專權。然而，兩漢在歐亞大陸東部的整個已知世界裡，以秦漢政體為基礎的中華秩序，提供了相當長的世界統一（儘管有時只是名義上的）與帝國和平。對中國人而言，中華秩序由此作為一個可行的、可羨慕的世界秩序，經過實踐考驗，獲得了聲譽和合法性。此後官方壟斷的歷史編撰和教學，把這段歷史加以美化和內化，使之成為中華菁英與普通百姓共享的唯一正宗的政治傳統、規範、價值和理想。漢帝國也給了大多數中國人名為漢族的名字，及名為漢語、漢字的語言。

中華秩序的復興與東西方大分野

與歐亞大陸西部的羅馬帝國在西元 3 世紀的危機中一分為二大致同時，歐亞大陸東部的秦漢天下帝國也終結了。中華世界進入三國分立時代，出現了持續不到一個世紀的國際關係：魏（漢帝國政權的直接繼承者）、蜀（由漢帝國皇族一個遠親的後代所創立）和吳（地方豪族政權）。當地中海世界裡的羅馬帝國秩序進一步衰敗，並在西元 4 到 5 世紀最終崩潰時，中華世界裡，鞏固其新生的分立政體的努力卻失敗了。司馬家族奪取了三國中最強大的魏國政權，並建立了晉帝國，隨後用武力滅掉蜀吳，短暫地統一了整個中原，並採取一個類似於早期西漢帝國的皇族分封制度。但「晉」世界帝國僅僅存在二十年，就在政變、叛亂

和內戰的災難中崩解。皇室逃到南方，各地軍閥以及入侵的非漢政權一起分裂了中原。中華世界如同羅馬世界一樣，又失去了中央集權統治。

在兩個多世紀裡（316～589），幾個有時甚至十幾個國家在中華世界相互競爭，這就是史稱為南北朝和十六國的時代。所有這些小型秦漢帝國（由漢族或者很快漢化的異族領袖統治），都試圖（或者至少擺出努力的姿態）為恢復秦漢世界帝國的秩序而逐鹿中原，統一天下，從而為他們的許多是古怪而野蠻的暴君統治獲取合法性。為了生存，他們被迫不斷而絕望地進行生死存亡的搏鬥，直到耗盡氣力。這些國家大多只存在了幾年到幾十年，根本無法使新的世界秩序穩定下來，更不用說合法化和內化了。唯一存活時間超過一個世紀的國家是東晉（317～420），它是短命的晉世界帝國在南方的延續，自稱是漢族文明的真正唯一繼承人和守護者，也最積極用武力恢復中華世界秩序（嘗試並失敗過幾次）[36]。

秦漢帝國採用郡縣制，帝國的官僚任命制度取代了封建政治制度。與之相關，秦漢帝國也開始限制和削弱長子繼承制度。長子只繼承父親的封號和頭銜（如果有頭銜），但所有的子女按法律都有權分割財產，尤其是土地。這樣，經過幾代人後，統治者很快就減少乃至消除了貴族甚至皇族成員的任何一種大土地莊園。由此，皇帝被確保是無可匹敵的「全世界」最大的財產和土地所有者。他壟斷了所有的礦山、河流和所有無主與未開墾的土地。他也經常用藉口或者乾脆無須藉口，就沒收任何人的財產和土地。在漢帝國解體後的政治分立中，擁有大土地的豪強和地方軍閥勢力有所抬頭，但是在西晉帝國各個皇子之間的混亂內戰之後，封建領主的政治力量還是被打垮摧毀了。帝國任命的政府職位，及其相關的財產（包括授予或購買的土地），特別是與官職相連的大規模的腐敗收入，成為主要的、甚至是唯一的積聚財富和權力的途徑，而這在根本上又依賴於皇帝陰晴不定的好惡。據中國歷史學家的研究，中華帝制時代的官員們，由其官位帶來的半合法或非法的、隱晦或公開的

「灰色」、「黑色」或者「額外」收入以及賄賂，一般是他們的帝國薪金收入的十幾到幾百倍，可以讓他們暴富和極度奢侈。於是在中華政治裡，廢除長子繼承制，就有效地防止了大土地世襲貴族力量去制約、平衡和挑戰皇權。中華世界因此缺失了政治學家摩爾（Barrington Moore）所論及的「現代民主的一個先決條件」，即其社會政治制度「既鼓勵反叛、又對它所帶來的結果嚴格限制」[37]。

羅馬帝國之後的地中海世界，保持了以封建主義為基礎的國際政治分立局面，最終從事實上的西發里亞世界秩序，緩慢地發展到法理上的西發里亞世界秩序。但是在歐亞大陸東部，各族人民長達四個世紀的非天下世界秩序的經驗，卻未能凝結出一個事實上或者法理上的西發里亞世界秩序，去替代秦漢秩序。分裂的中華世界，最後再次結束於秦漢世界帝國的重生，即隋唐帝國的建立。北朝周帝國的隋國公（後來的隋王），從他的外孫手中篡奪皇位，成立了隋帝國（581～618）。隋帝國用武力吞併了南朝的陳帝國，從而在589年統一了整個中原。隋帝國的第二位統治者隋煬帝，被他的叛軍將領奪走了皇冠和頭顱。隋的將軍之一唐國公贏得了一場激烈而短暫的內戰，奪得帝位，創建了唐帝國（618～907）。一個新的秦漢式帝國再次統一了整個中原，復興了中華秩序。唐帝國證明了秦漢政體的長處，它確實實現了幾十年的帝國富裕和安寧，雖然那只是統治菁英們才享受得到的富足。漢族因此在後來也被稱為唐人，世界上許多華人聚居地今天仍被稱為唐人街。隋唐帝國不僅使中華秩序得以深刻的合法化和內化，還通過一些創新措施改進了中華秩序，使之成為中華政治文化傳統與觀念的精髓，直到今天。

一個意味深長的問題是：為什麼與中華世界相反，羅馬帝國以後的地中海—歐洲世界，再也沒有回到世界帝國秩序？世界帝國秩序對各種獨裁者和政治強人很自然地具有吸引力，事實上，歐亞大陸西部也的確有過多次，有些還是非常認真的重建世界統一政府的嘗試：拜占庭的皇帝們、一些教皇、查理曼大帝以及其他的神聖羅馬皇帝、歐洲的王公

們、伊斯蘭武士、拿破崙·波拿巴、阿道夫·希特勒以及莫斯科的共產國際等等。儘管如此，但地中海—歐洲世界一直保持著許多主權單位在政治上互相競爭的分立局面。這就是歐亞大陸東西部之間的「第一次大分野」（Great East-West Divergence）。這個羅馬帝國與漢帝國之後的兩條不同的人類文明路徑，就是 18 世紀以來歐洲和中國之間更大分野的起源。世界範圍的政治分裂，創造出一個持久而有力的激勵機制，促使各國在政治、戰爭、稅收、產權和技術等各方面的創新、競爭和試驗，從而賦予歐洲千年後在全球範圍內的擴張和主宰地位[38]。

　　關於 6 世紀後，東西方大分野原因的完整論述，並不在本書的範圍內。不過，如果要給予一個簡明的答案，似乎應該來自中華世界和地中海—歐洲世界不同的社會政治結構、傳統與觀念。儘管羅馬帝國與秦漢帝國有許多相似之處，但它們從一開始就有許多重要差異。如本書第一章所概述的，兩者在生態地理先決條件，和社會經濟稟賦上有巨大差異。各自不同的政治、法律和宗教傳統，其內部結構的不同，及內部一體化程度的不同，看來都影響到它們的政治是否具有持久的生命力和重複出現的可能性。首先，由於封建主義和外部入侵，羅馬後的歐洲各國，無論是國內政治還是國際政治，都不斷地發生交織和互動。此外，與秦漢帝國不同，羅馬帝國本身就包含著古希臘和古羅馬的共和傳統與城邦國家傳統，保留一些特殊的制度和傳統規範，比如四帝共治（Tetrarchy）和雙子帝國（dual-empires），以及對某一特定皇帝的產生和合法性有真正影響力的選帝程序。在中華世界裡，崇拜天地與祖先受國家控制，地中海世界的宗教，則有著自主、高度理論化、並往往人格化的悠久傳統；其宗教中心和組織也具有強大的經濟基礎和社會政治力量，比如希臘人的德爾菲神殿（Delfi）、羅馬人的最高祭司院（Pontifical College）與預言占卜院（College of Augur）。後期發展的基督教教會和教皇國，獨立性與政治權力則更加明顯。比如早在西元 390 年，基督教會就直接挑戰了羅馬帝國的狄奧多西皇帝（Theodosius），迫使他在塞薩洛尼基大屠

殺（Massacre of Thessalonica）之後懺悔，並相應地修改有關法律[39]。

　　至此，中華秩序在 6 世紀末的中華世界裡全面復辟，而羅馬世界帝國秩序在 5 世紀後再也未能復活。各個主權政體之間的競爭，尤其是後來與入侵的阿拉伯帝國勢力的「世界性」競爭，使得各種重大調整、適應與創新既是必需也有了可能。於是羅馬帝國之後的地中海—歐洲世界，延續和恢復了古希臘與古羅馬的許多制度、文化和科技。在義大利北部和西歐，許多互相競爭的城邦國家，將事實上的西發里亞體系固定化並合法化。各個相對安全的主權國家不斷壯大起來，同時不得不都在國內國外（甚至在精神層面上）與各種權力競爭者持久地共存、比較和競爭。儘管有過一些雄心勃勃的、有才華的強大統治者們，試圖重建羅馬世界帝國，但地中海—歐洲世界還是不可逆轉地進入了一個由許多相互競爭的封建民族（或多民族）國家構成的世界秩序。漢帝國以後的中華世界，則多次回到基本上相近的世界帝國秩序，即秦漢式單一中央集權帝國政治制度，或曰反覆再現的中華秩序。這就是塑造了人類文明命運的東西方大分野的根本原因[40]。

中華秩序的演變和昇華

　　作為「第二秦漢帝國」的隋唐帝國名義上持續了三個世紀，但作為一個有效的世界帝國，它只維持了不到二百年。它是中華文明的高峰，因擁有兩個共約七十年的盛世而被廣為讚譽，即貞觀—永徽之治（627～ 656）和開元盛世（712～ 755）。在這幾十年黃金時期裡，唐的政治被廣泛認為是中華帝制政治史上的最佳政權之一（甚至唯一）。此時的唐帝國統治者們，較少極權主義而更多儒家傾向，接近於開明的威權主義獨裁統治。一個精心設計的制度化的帝國官僚體系，也有效地維護了內部的和平與穩定。依法治國（rule by law）的法家理想，得到了一定的遵循，國家與社會的關係達到了自先秦時期以來最寬鬆的緩和。

宗教、種族、生活方式和性別上的許多差異，都得到了相當大的包容。唐帝國還有過中華歷史上唯一的真正女皇帝武則天（她還乾脆把唐帝國的國名更改為周）。唐帝國經濟發展與人民的生活水準，都達到了中國歷史上的高點：全盛時期的人均糧食產量是中國史上的第二高點（大約725公斤），僅次於宋代。唐代建築、美術、音樂、文學，尤其是無與倫比的唐詩，都被史家認為是古代中國歷史上的最佳之列[41]。

唐帝國也步漢帝國後塵，對外四處擴張；向西擊敗了突厥部落，向東北消滅了高句麗王國，並征服了幾乎全部朝鮮半島，在周邊地區打擊了吐蕃（藏族）、回鶻（維吾爾）族和契丹族，與遙遠的阿拉伯帝國有著互利的往來。受到秦漢政體內在邏輯的驅使，唐必須成為一個世界帝國，去征服或制服（即使只是名義上的）所有已知的對手和競爭者。唐統治者們於是深入擴張到了中華世界的周邊地區。在其鼎盛期，建成了一個版圖比秦漢帝國更大的世界帝國。唐帝國繼承了漢帝國的羈縻政策，即一種邦聯式封建制度，名義上統治各個非漢政權，但被羈縻的地方政權享有自治和自主權。這一制度為後世的秦漢式統治者們各有變通，但大致沿用下來。751年，唐帝國的遠征軍在怛羅斯（今天的哈薩克和吉爾吉斯邊界上的塔拉斯河畔）戰役中被阿拉伯帝國打敗，由此決定了唐帝國擴張的地理極限[42]。

唐帝國的許多統治者曾用過「天可汗」（Tengri Qaghan）的稱號，自我凌駕於中華世界西北部和中亞地區的各個國家政權之上。當唐勢力衰微時，一些非漢的統治者也用過這個名號。對於遙遠的、已知卻又無法接觸的國家，如波斯、拜占庭帝國、阿拔斯哈里發帝國，尤其是附近的吐蕃（西藏）、朝鮮半島南部的新羅、百濟以及日本，唐朝採用了一系列政策有效地阻擋外來影響，至少在帝國史書裡假裝這些外部比較和競爭既不相干也不重要。這些政策和做法包括，餽贈財寶和女人、禁止唐人去外國、忽視來自外國的不敬甚至冒犯言行、有控制地去融合外國人（款待乃至僱用來訪的外國人），甚至單方面煞有介事地授予外國統

治者空頭爵位和名號，以示天下一統[43]。

在與外部世界的來往過程中，當晚唐國力下降時，吐蕃人、突厥人、回鶻人和契丹人都曾多次反叛，給中原帶來災禍，並數次攻陷和洗劫了唐帝國的首都長安和洛陽。事實上，自命為世界天下一統的唐帝國，與遠近的許多外國一直有活躍的軍事、商業和文化上的往來互動，包括戰爭。也許與中華秩序崇拜者的直覺正好相反，唐的中華秩序實際上的不完整，恰恰是唐朝為期數十年之久的經濟繁榮和文化輝煌的原因[44]。

中華世界的人們，包括漢族和許多非漢民族，由於戰爭所驅動的遷徙，以及種族和民族之間的通婚，在很長一段時間裡實現了巨大的融合。隋唐統治者們本身就有很濃的非漢族（主要是鮮卑族和突厥族）血統。陳寅恪甚至認為，唐皇室開國者的血統實際上是突厥族多於漢族。在唐世界帝國秩序下，種族和民族的混合與融合達到了一個新高度，許多完全不同的民族都融入漢族並消失了。中華秩序不僅在意識形態上和制度上得到了鞏固，在人口上和基因上也得到世界帝國有意或無意創制的主導民族（漢族）之支撐。漢族是個不斷擴大、且很有彈性的分類標籤，本身就是依靠一個集中的帝國皇權和同一種書面漢字維繫而成。秦漢式世界帝國通過用武力強加的政治統一，與隨之而來的儒化法家意識形態，有力地壓制和消弭了民族或族群之間的分歧。與此同時，中央集權的帝國政權，又經常利用這些尚存的民族族群之分鞏固自己的統治。帝國給予各族的菁英們在皇帝面前或多或少一視同仁的平等地位。只要忠於皇權和採用漢語言文化，唐帝國可以任命非漢族人擔任高級將領和官員，包括突厥族和回鶻族人，甚至延及來自遠方的韓國人和日本人。例如一位著名的日本訪客阿倍仲麻呂（晁衡），就成為唐帝國的高級官員。一些非漢族的菁英在晚唐時期還成了地區性的世襲統治者。發動劃時代的安史之亂（755～763）從而開啟唐帝國漫長衰落期的安祿山與史思明，就是兩位這樣的突厥族大將兼封疆大吏。為了平定這一叛亂，唐帝國還不得不轉而重用回鶻族的力量[45]。

更為重要的是，隋唐帝國制定了為後世所沿用的一些措施，極大地改進了秦漢政體和中華秩序，使之成為前工業化時代任何專制政權夢想的幾近完善的統治制度。延續了秦漢帝國的皇帝擁有所有土地的傳統，隋唐帝國繼承並強化了北魏孝文帝在西元 485 年開始的均田政策，並把鄰里的農民組織起來，以穩定稅收基礎，同時抑制了具有政治挑戰性的大土地莊園並控制人口遷徙。均田政策在 8 世紀唐帝國的權威衰落後，就不再成為一個全國（全世界）的政策。但是許多後來的帝制統治者們，時不時地會重新拾起類似的土地再分配政策。中華人民共和國更是在土改運動（1950 ～ 1953）中，用暴力全面實行了一個所謂「革命性的」均田政策（詳情參見本書第六章）。唐帝國也延續了秦漢帝國對厚利行業如採冶銅鐵、鹽的產銷、鑄幣以及陶瓷製作的國家壟斷，同時繼續系統地抑制私人工商業──被認為政治上對皇權有挑戰性 [46]。

隋唐統治者們還完成了帝國官僚體制的正規化和制度化，鞏固了皇帝以及內廷中央集權的絕對統治。通過創設一個互相牽制的三省六部制，皇帝在結構上削弱和減少了宰相與高級將領的權力。這個制度由隋帝國首創，由唐帝國的長期實踐而得以合法化。它將帝國的制定政策法規、監督審批、行政任免這三大權力分開，而皇帝（以及常常包括宦官的內廷）則高踞其上，以其詔令統治一切，可以否決政府部門的任何決定。這個官僚系統似乎有些類似美國政府的三權分立制度，但是有一個極其重要的不同：皇帝，而不是憲法，高踞於一切法令和監督之上絕對統治。這個制度被宋朝進一步改良，成為中華秩序下為威權或者極權政體服務的近乎完美的統治制度 [47]。

也許隋唐帝國對秦漢政體最著名的改進，也是強化中華秩序的一個重大創新，是創設了科舉制度。大約在 605 年，隋帝國開創了一個新方式選拔任命帝國官員，即整個中華世界裡所有合格男人都可以參加的公開定期的科舉考試。這一新方法代替了傳統的基於家族血統的世襲制度、漢帝國設立的由帝國官員和當地士紳操辦的推舉制度（或有抱負之

才幹人士自薦），以及無章可循的隨機考選。唐帝國將科舉制度常規化，形成了中國的「菁英／能人／賢人治國」（meritocracy）制度而頗受贊譽。再加上宋朝的改良，例如用當堂考試與匿名改卷，允許所有的平民參加，科舉制度塑造了一千多年來整個中華世界的政治和社會，尤其是教育體系以及教育內容。這一制度為後世所有的中華世界帝國政府以及許多小型帝國、割據軍閥，甚至叛亂領袖們所採用，直到 1905 年滿清帝國終止這個制度。一些朝貢國家如朝鮮和越南也採用科舉制度。越南到 1919 年成為最後一個廢止科舉制度的國家[48]。

在一千三百年的漫長生涯裡，科舉考試每年及數年一次地持續舉行。有時還會有額外的特別考期，和偶爾由於戰爭或其他危機而取消考期。它主要是筆試加最高層次的口試。另外還有武舉考試，被認為在社會地位上稍遜一籌而以武術表演為主。所有男性（有犯罪記錄的、藝人，及賤民家庭出身的除外）都可以參加科舉考試。有些朝代還把商人和手工業者排除在外。經過幾個層次的考試選拔，產生一批固定數額、按考試成績排名的候選人，供帝國政府任命為不同級別的官員。經過多年的潛心備考，加上好運氣，一個考生可以在大約十年內逐次通過三級考試，即鄉試（地方考試）、會試（省級考試）和殿試（國家／世界級），最後取得最高級別的資格即進士。進士當中排名第一的謂之狀元，他的名字通常會刻上專門的石碑永久昭示。在等級森嚴的中華世界，科舉考試基本上成了社會按序向上流動的唯一途徑。考試不過關的考生，通常成為地方教師和士紳家族首領，但一般都會繼續參加考試直到通過或者老死。只有對科舉考試徹底失望的讀書人才會放棄，轉而成為僧侶、隱士作家、藝術家乃至叛亂分子[49]。

科舉制度一直被中國官方和史家譽為中國人的重大發明，是造紙、指南針、活字印刷和火藥之外，中國為人類貢獻的所謂「第五大發明」；它不僅成為中華政治治理的一大基石，也塑造了整個東亞文明，並具有全球性影響，比如惠及世界各地的現代公務員考試和教育入學與排班考

試。日本在 8 世紀幾乎全盤照抄隋唐文化的時候，第一個引進了科舉制度。然而有趣的是，日本在 10 世紀又第一個停止使用，也許表明它與日本的封建社會並不兼容，因而無用[50]。

具體而言，科舉制度從兩個方面至為關鍵地支持了秦漢政體和中華秩序，對中國人的經濟、文化、心理至今都有著深遠的綜合影響。首先，它使得帝國統治者能夠定期、公開地從整個世界範圍挑選人才，找到能幹也聽話的官員們協助治理廣袤的帝國。這些被仔細挑剔的溫順菁英，得以通過所謂的菁英治國模式，在一個單一的等級系統裡發展自己的既得利益。同時，科舉制度以無休止的考試競爭，耗盡心血，迫使和誘使有雄心和才華的人，去攀爬那個唯一而狹窄的階梯，以此把他們套住，浪費掉他們的生命，甘被奴役。否則，在一個非常壓抑而又等級森嚴的社會裡，無數能幹而雄心勃勃的人，很容易成為動搖中央集權帝制的不穩定因素，發展出離經叛道的言行，甚至乾脆成為叛逆。常被認為是中國歷史上少見的「最佳皇帝」唐太宗（626 ～ 649 在位），就曾興高采烈地公開自詡，科舉制度令「天下英雄入吾彀中矣」[51]！因此，中華世界歷代的帝制統治者們，包括今天的中華人民共和國，大力使用科舉制度或其變種，就不足為奇。科舉折射出秦漢法家重視農耕社會的傳統——當擁有土地的帝國官僚成為最理想的社會政治菁英模範時，任何成功的富人都不得不去購置土地，使其後代能夠參加科舉考試。科舉制度由此不斷耗散了工商業資本與利潤，並窒息了政治上對帝制具有天然挑戰性的商人階級。

科舉制度是基於理應公開和公平的競爭原則，建立一個看起來任人唯賢的菁英或能人統治。因此，它具有高度的社會吸引力，易於被人們接受，變成維護帝國社會分層和政治等級制度的手段。然而在實踐中，帝國統治者為了維護秦漢政體和中華秩序，而採用儒化法家的意識形態去嚴格控制科舉考試。從隋朝到今天的中華人民共和國，統治者們都極力管控科舉考試（以及後來的那些變種的公務員考試）的內容。直到

20世紀初，主要內容都是漢帝國時官方選定的儒家經典：《論語》、《孟子》、《詩經》、《尚書》、《易經》、《春秋》，加上朝廷審定批准的經典詮釋和歷史記錄、經過選擇的古文和詩詞，以及書法和論文寫作能力。到12世紀，朱熹把這些經典編撰為九本書，即著名的《四書五經》。（只有短暫的太平軍政權〔1851～1861〕曾經在其科舉考試中納入改編後的中文版基督教聖經。今天在中華人民共和國，各級學校考試尤其是升入大學的「高考」，其歷史和時政等內容，還是必須嚴格遵守北京的統一規定；至於「公務員考試」的內容更是受到官方的嚴格控制。）科舉文的寫作風格僅限於古文，到14世紀後更是成為死板的八股文。科舉考試會測試很少的地理知識，但幾乎不涉及數學和經濟學，也不包括其他的科學方法和知識。書法和修辭藝術之外，展示個人創造力的空間幾乎為零。這種制度由此提供了一個簡單易行的方法，以控制人們的思想行為，尤其控制全世界（不僅僅是全國）的教育課程，從而極為有利於推廣、灌輸官方版的歷史敘事、道德規範和關於個人、社會、國家三者關係的理念。它確實極大地幫助了秦漢政體去維護中華秩序，但也阻礙和封殺知識上、認識論上和技術上的探索與試驗，從而系統而全面地扼制了整個中華世界。因此，它破壞的不只是一個國家一代人，而是整個已知世界長達千年的科學知識積累和技術創新事業[52]。

從第二次大分立到終極型中華秩序

西元755年以後的唐世界帝國，特別是最後一個世紀（805～905），是一個十分悲慘的時代。皇帝被邊緣化，經常被綁架，甚至被作惡的宦官或叛逆的將領兩者合夥謀殺。帝國的大片區域都被群雄並起的軍閥和叛亂割據自治；他們經常請求、賄賂或者乾脆用勒索的方式，讓皇帝賜與帝國任命狀，以獲得其統治的合法性。周邊地區的非漢部族頻繁地入侵洗劫中原。數以百萬計的人死於暴力、饑餓和疾病。一個大

規模的絕望的叛亂在 859 年爆發（黃巢叛亂），破壞性極大，導致唐王朝在五十年後崩潰。輝煌的盛唐，帝制中華歷史上最好的盛世之一，變成了中華歷史上最黑暗的時期之一。世界上最大和最富麗堂皇的都市，包括曾有百萬居民的首都長安，毀滅殆盡。與第一秦漢世界帝國在西元 2 世紀末到 3 世紀初的崩潰帶來的後果類似，第二秦漢世界帝國的崩潰，造成了「全世界」多達五分之三甚至三分之二的人口在幾十年中非自然喪生。唐朝的總人口從大約一億人下降到四千萬。食人肉以求生存，及在「世界範圍」無休止的內戰中供應軍需，成為當時的常見現象[53]。

　　許多迅速漢化了的周邊非漢民族，在中原的中心地帶即黃河流域穩固地建立了自己的政權。中華世界四分五裂，失去了中央集權的中華秩序，長達近四個世紀，形成了中華歷史上的第二次大分立（859 ／ 905 ～ 1279）。唐帝國以後的第二次大分立，比漢帝國以後的第一次大分立為時要長，並具有一些顯著而重要的不同。第二次大分立的前五十年，是唐帝國極其痛苦的緩慢凋亡；其後五十年是五代十國共十四個皇帝，為了生存，或為了繼承唐的天命而統治整個中原，進行殊死混戰。更重要的是，這是中華世界一個法理上的政治大分立期。自從先秦時代以來，一個類似於西發里亞體系的國際關係，首次在歐亞大陸東部存在了幾個世紀之久，並取得了法律上的地位。長期共存的帝國和王國有：遼、宋、夏、回鶻、大理、吐蕃（西藏）、高麗（朝鮮）、交趾（越南）、金（取代了遼）。最後蒙古力量在 13 世紀崛起，逐步取代了金、夏、宋，並最終征服了各國，從而結束了中華世界的第二次大分立。

　　以共存各國中最富有的國家——宋帝國（主要是漢族民族國家）的名字命名，宋代（960 ～ 1270）代表著一個脫離了「秦漢天下中華秩序」的劃時代變化，也是中華文明歷史上一個真正的黃金時期。中華世界裡的各族人民在一個新世界秩序下，獲得了持久的和平與巨大的繁榮；在政治治理、經濟發展、生活水準、技術創新、藝術、甚至王朝執政的壽命等，幾乎所有方面都創造了空前絕後的成就（19 世紀後期之前）。

宋代可以毫不誇張地被稱為中華帝制歷史上最好的時代。然而，後來的秦漢世界的帝國菁英們，以及再後來的漢族民族主義們，一直通過壟斷的官方歷史敘事和政治宣傳，貶低、歪曲和摒棄宋代。頗受歡迎並一度以敢言著稱的中國歷史教師袁騰飛，曾尖銳地質疑過不少官方的歷史敘事，但也還是常常販賣一些官方歷史敘事中貶斥宋代的聳人聽聞的故事 54。

試圖為中國研究及其歷史有所貢獻，本書第三章將詳細探討宋代在新政體和世界秩序上的宏大實驗、其傑出的成就、令人遺憾的結束，以及其意義深遠但是被誤讀的教訓。唐帝國之後，歐亞大陸東部的各族人民在宋代做了一個重大轉向，合法化了一個「準西發里亞」世界秩序，比歐洲人早六百年，並由此獲得了巨大的收益和對未來的期望。然而，或許還是那些不可避免的生態地理、人口與文化觀念上的原因，秦漢天下秩序在中華世界還是復辟了。因為宋代的共存國家依然都是秦漢政體，這一政體的內在強大邏輯就是必須要建立世界帝國秩序，具有深層的制度性推動力。宋帝國本身是一個溫和的秦漢政體，接近開明威權主義政權。但它還是夢想著世界統一，並且為此努力，從而導致悲劇性的滅亡。

秦漢世界帝國的再次復辟，是由宋帝國的一些致命但本可避免的重大失誤，加上殘忍但成功的強大蒙古騎兵共同造成。蒙古帝國對中華世界的征服，最終決定了歐亞大陸東部各族人民尤其是漢民族隨後七個世紀的命運。中華秩序的這次復辟尤為強勢，迎來了一個嚴酷威權主義、甚至極權主義世界政府的終極型態。第三次也是最後一回的秦漢式世界帝國中華秩序，包括三個相繼的王朝：元、明、清（1271～1911）。非漢族的入侵者兼征服者——即「野蠻」遊牧民族蒙古人和滿洲人——分別建立了其中兩個帝國。三個帝國的國名都不同於前，不再是來自地名，而是人為的特意設計。它們都建都於今天的北京，也都是極權主義專制統治 55。

在 13 世紀後期，通過人類歷史上最慘烈的種族滅絕和大屠殺，蒙古人在整個中華世界恢復了中華秩序，漢民族在歷史上第一次被非漢民族完全征服。秦漢天下的民族大熔爐被翻了個身，占「世界」人口大多數的漢族，在這個蒙古世界裡被奴役了幾乎整整一個世紀。蒙古帝國對宋人及其文化有系統的大規模屠殺和迫害是如此劇烈，以至於後來一些漢族學者如明末的錢謙益認為，宋滅亡後，真正的中華古典文明也隨之湮滅了，即所謂「崖山之後，再無中華」[56]。17 世紀的漢族思想家黃宗羲認為，宋的滅亡和先秦時代的結束是中華文明的兩次大毀滅。中國一位歷史學家在 2010 年甚至認為，宋以後的中國人，乾脆就是「不同的人種」，在道德、文化乃至體質上都衰落、腐敗和軟弱了；猶如礦物的物理和化學改變，雖然還是同樣的碳原子，但「鑽石已經變成了石墨」[57]。在比之前的中華世界帝國之版圖更大的蒙元帝國裡，漢族中國人不僅失去了他們的國家，也失去了他們的民族地位。歐亞大陸東部的非漢民族和國家，在「蒙古中華秩序」下的處境，比在「漢族中華秩序」下更為不堪：它們常常遭到文化上甚至肉體上被滅絕的命運。夏、遼、金諸民族國家的菁英、大部民眾、歷史記錄、語言文字，都被蒙古統治者統統抹除了[58]。

與以前曾經征服和統治中原部分地區然後迅速漢化的遊牧民族入侵者不同，蒙古統治者征服了整個中華世界。他們採用了秦漢式儒化法家世界帝國秩序的精髓，同時保留了許多蒙古和中亞的制度、規範和文化。蒙元統治者們基本上拒絕使用漢語，保持了自己的信仰體系（薩滿教，後來與喇嘛教混合），因此對中原的各族人民而言，更像征服者而不是統治者。蒙元帝國主要依靠漢族人提供人力、物力、資源，它同時精心分化和削弱甚至從政府裡排除多數漢族人口。不過，作為中華秩序有其超出民族界限的吸引力和政治持久力的證明，蒙元繼續了隋唐宋的基本政策，如儒化法家的中央集權之皇權、中央政府的專業化官僚結構，以及帝國對工商業與教育以及歷史編撰的壟斷。也許是出於蒙古統

治者們對漢人和漢文化的蔑視，帝國只在後半期才不定期地舉辦過科舉考試。人民被分為四個世襲等級（蒙古、其他非漢族、北方漢族、南方漢族）和大約二十個社團（士兵、農民、手工業者、僧人、道士、基督教牧師、穆斯林、學者、商人等等）。在蒙元中華秩序之下，秦漢皇權的專制程度大為強化，把人民甚至很多統治菁英均當成了奴隸[59]。

在中原之外，蒙元帝國通過軍事征服、大規模的種族滅絕和宗教歸順等手段，採用了唐式的封建—邦聯制度，統治歐亞大陸東部的許多民族和國家，包括第一次把難以入侵的青藏高原納入其統治。元帝國的擴張包括幾次試圖入侵日本，是日本在第二次世界大戰之前遭到的唯一外部入侵。元帝國還以蒙古大汗的名義（只是名義上），統領一直擴展到東歐、南亞和中東的蒙古世界裡的其他三個帝國（察合台汗國、金帳汗國和伊兒汗國）。整個蒙古世界比之前和之後的中華世界版圖都要大許多。然而，對蒙元帝國（及其繼承者明、清帝國）來說，實際有意義的整個已知世界，基本上依然是同一個中華帝國，即中原／中土（中國本土）及其周邊地區。那個龐大的蒙古世界，從來就不是一個持久的統一單元（unit），儘管蒙古征服確實使得歐亞大陸的東西兩個部分之間建立了陸上交通線。流傳甚廣的 13 世紀後期威尼斯行商馬可波羅關於中國的天方夜譚，多少說明了這一點[60]。

在元末大規模的叛亂怒潮中推出了明帝國（1368 ～ 1644），恢復了漢民族政權，但它從來沒有控制曾經被秦漢、隋唐和蒙元「統一」過的已知中華世界。它的版圖在其鼎盛時大致與漢帝國相同，約有 400 萬平方公里。而蒙元帝國和後來的滿清帝國，鼎盛時的領土分別達到 1200 萬平方公里和 1300 萬平方公里。相對而言，明世界帝國是版圖最小的一個中華世界，其實際統治的版圖占整個已知中華世界面積的比例，比它之前和之後的中華世界帝國都要小許多，幾乎不斷受到來自北方遊牧民族的挑戰、威脅和入侵。明不得不多次與它一直未能完全消滅逃亡的蒙元帝國殘餘勢力作戰；後來崛起的滿洲民族還聯合了蒙古力

量，最終入侵並征服了整個明帝國。儘管為秦漢政體的內在邏輯所驅使，但是明帝國未能真正統治整個已知世界，明統治者只好依靠對自己的人民更加嚴密和嚴酷的控制，並借助舊時漢唐的羈縻政策控制周邊地區。它沿襲對遠方的朝鮮、日本列島的一些大名和商人，以及一些東南亞國家的朝貢制度，實行名義上的「統治」體系。但實際上，朝貢體系是明帝國的一個裝模作樣、甚至自欺欺人的政策，讓統治者假設「外面」世界裡不受其控制的國際比較和國際競爭都不重要甚至不存在，天下已經一統。因此，朝貢體系算不上一個真正的國際關係體系[61]。

對內，明世界帝國是嚴酷而苛刻的。明朝皇帝們大多可以歸入中華歷史上最專制、最殘暴和最無能的統治者。雖然是漢族政權，明帝國卻繼承了許多蒙元帝國的價值觀、規範、制度和政策。明帝國的皇帝們不像宋朝的「天子」，倒更像蒙古征服者一樣，虐待自己的人民甚至皇家成員和大臣。帝國官員的地位和權力急遽下降。宋帝國很少刑罰，幾乎從不處死大臣；明朝皇帝（往往只是其代理人即宦官）經常濫用專制暴力，為了一些極為微小瑣碎的異議，感覺被冒犯，就會當著眾人剝光大臣衣服，然後將他們鞭笞至死。明朝開國皇帝朱元璋屠殺了 35000 個統治菁英以及他們的全部家眷，其中包括幾乎所有幫助他建立帝國的功臣。用來控制人民頭腦的儒家說教和控制人民身體的法家酷刑，都被推到了極致。明朝把科舉考試進一步僵化、空洞化，規定考題必須來自朝廷批准的九種儒家經典（即四書五經），所有的文章必須用八股文來寫。它還強固男尊女卑，把女子纏足變成中華文化的一部分，從身體上摧殘和禁錮婦女。明帝國對後世更有影響力的統治術，也許是創建一整套多頭而廣泛的祕密警察系統，即錦衣衛、東廠、西廠。這些互相監控的祕密警察系統只對皇帝負責（其實經常只是由宦官節制），使用殘忍的暴力和祕密線人去統治人民。明帝國還實行了廣泛的出版控制（違反者常常會被全家抄斬）。祕密警察和出版控制這兩大創新手段，成為中華秩序歷經考驗的傳統，在中國一直沿用至今。許多中外學者們認為，腐敗、

虛偽、殘暴與無能是明朝官場的標誌，比中華歷史上大多數的朝代都更加惡劣也更加司空見慣[62]。

　　中華秩序與秦漢政體本身都在明帝國時進一步僵化到一個自我封閉的極致狀態。明帝國突然終止了由穆斯林宦官鄭和率領的帝國組織的七下西洋航海活動（1405～1433），全面實施了嚴格的海禁政策。鄭和的帆船隊航行到南海和印度洋（最遠抵達今天的索馬利亞），比哥倫布航海至美洲早了幾十年。但是與哥倫布的航海改變了歐洲乃至世界歷史不同，起因至今不明、但費用顯然不菲的鄭和航海，幾乎沒有對中華世界產生什麼影響，遑論改變世界。明帝國莫名其妙地停止了鄭和航海，並銷毀了所有資料，焚毀其遠洋船隻，試圖把不受其控制的外部真實世界隔離、隱藏起來。然而，嚴禁的海上外貿在明代仍然繼續著。歐洲人和東南亞人為明朝的統治菁英們帶來了西班牙掠自美洲的白銀、各種新作物種子、西方的奢侈品和武器，比如時鐘和火砲。明朝沿襲了帝國政權（宋代除外）常見的禁止國際移民的政策，但是更加嚴厲。私自出國後從海外歸來的人一經發現，通常會被處死。經過特許的外國人只能到指定的地區訪問、居住和做生意；他們通常被禁止離開明帝國，於是就成了不歸路上的旅客，包括老死在北京的耶穌會傳教士和學者利瑪竇（Matteo Ricci）。不過，葡萄牙人在 1557 年從明朝官員那裡租賃了荒僻的澳門，開始了歐洲人在中華世界的第一個定居地（澳門在 19 世紀中期變成一個完全的葡萄牙殖民地）。荷蘭人在明代後期則占據了台灣（1624～1662）[63]。

　　海禁政策實際上是蒙元帝國的發明，但被明帝國以及其後的滿清帝國全面持久地實施了幾百年。該政策的驅動力，主要來自中華秩序統治者們合乎邏輯的慾望──把未能控制、無法控制、但是逐漸已知的外部世界強制隔離開。不像以前的秦漢世界帝國，到元明清時候，帝國未能控制或無法控制的外部世界，已經越來越多地為人們尤其是統治菁英們所知曉。海禁政策的實施，是為了防止國內人民，主要是那些難以控制

的商人、船主、水手尋找財富，積蓄力量，進而可能挑戰帝國統治者。其他的動因也許包括消滅海上流動的政治流亡者和叛匪、防止白銀外流、壟斷國際貿易，以及禁止外來移民和對外移民。當歐洲人開始海外貿易、移民和殖民統治之時，中國人被他們的統治者完全地鎖閉在國內。海禁對中華經濟、科技、人口的災難性影響，若說是罄竹難書恐怕也不過分。然而在政治上，海禁政策反而增加了它據稱要解決的問題——導致了更多的走私、海盜、逃犯，以及公開的劫掠和叛亂，成為困擾明帝國多年的國家與地區安全問題。這些罪犯絕大多數都是反叛的明人，但是被錯誤地稱為「倭寇」，怪罪到不受控制的和無法控制的日本人身上。事實上，日本南部一些島嶼的大名領主和武士浪人，只是時而為明朝的走私商人和海盜們提供了庇護和協助而已。最後，在 17 世紀，志在天下一統，力量和運氣卻都極為不逮的明帝國，不出所料地拒絕了協商，與新興的滿洲政權和西北部的叛亂政權（李自成）和平共存於同一個中華世界的機會，於是付出了徹底滅亡的終極代價[64]。

在帝國暴政統治和嚴密的外部隔離下，明代的中華世界停滯不前，充滿驚人的貧困、社會不平等，以及對人民（包括菁英階層）的生命和尊嚴的完全漠視。手握前所未有的集中權力的皇帝們卻經常完全不理政務，任由太監和祕密警察處置國事，只顧個人享樂、縱慾，沉溺於一些近乎瘋癲的癖好。在明帝國二百六十七年歷史裡，皇帝們居然總共有一百二十一年之久從不會見任何大臣。有的皇帝乾脆連續二十年一直隱居深宮之內，不見臣工。當時處在事實上（後來法律上）的西發里亞世界秩序之下的歐洲人，基於對中華天朝帝國的虛幻而不實的了解和嚮往，掀起了一股所謂「中國風」（chinoiserie）文化狂熱，將其作為推動改革和進步的一個另類靈感，促發了文藝復興、地理大發現、工業革命、政治變革。而中華世界的人民卻飽受日益荒唐、昂貴的明朝中華秩序下不斷惡化的統治之苦。明代末期，由於中央政府逐漸失控，明帝國許多地方產生了相當規模的城市化。但這一社會經濟發展「既未觸發韋

伯式（Weberian）城市自治、也未帶來哈貝馬斯式（Habermasian）市民社會」，卻造成社會學家費孝通所發現的，持久而「獨特的城鄉矛盾」，在中國持續至今。可以預見到的、特別血腥的民眾叛亂於是爆發，隨之而來的就是毀滅一切、屠戮無度的鎮壓：二者互動之下，便利了滿洲民族入侵並最終取代這最後一個漢族中華帝國。在短短一、二十年內，中華世界和漢民族悲慘地損失了總人口的 40％（超過八千萬人死亡），進入了滿清帝國（1644 ～ 1911）：一個強化和完善了的極權主義中華秩序 [65]。

滿清世界帝國

滿洲（Manchu）民族，17 世紀初時是大約只有一百萬人（到 2012 年也才有一千一百萬人）的小民族。它於 17 至 18 世紀崛起，擁有中華帝制史上最優秀的戰士和最勤奮的統治者。它的聯盟外交手段高超精湛，精心組織的八旗軍國制度下的鐵騎能征善戰。滿洲反叛明帝國後，採用了蒙古式的滅絕性大屠殺手段，平定了許多反叛和抵抗，終於征服了整個中華世界。與蒙古族結盟後，滿族至關重要地與漢族菁英們合作，很快就征服了土地比它大幾十倍，人口比它多一百多倍的中原／中國本土（明末的漢族人口有大約二億人）。作為一個少數民族專制政權，滿族統治了整個中華世界的許多民族達二百多年，版圖最大的時候超過了蒙元帝國（不包括蒙元名義上統治的中亞以西的諸汗國）。通過血腥的軍事行動和有效的一套政策，「滿清秦漢世界帝國」向西擴張並統治了新疆、西藏和中亞的廣闊土地 [66]。

藉由有選擇的漢化和繼承秦漢唐明的統治方式，清帝國在連續三代皇帝康熙、雍正、乾隆（1662 ～ 1796）統治的所謂康雍乾盛世時，把中華秩序推至歷史頂峰。在那個時期，中華秩序統治著歐亞大陸東部和中部的整個已知世界，滿清帝國大致上享有和平，雖然內部的各種叛亂

一直不斷——包括漢民族主義者的多年反叛，以及帝國在中華世界西北部的多次擴張戰爭。滿清政府在幾十年裡中央財政盈餘可觀，中華世界的總人口到 19 世紀初達到了四億的歷史高峰。滿清多民族帝國的疆域，是後來的中華民國和中華人民共和國領土訴求的基礎。官方史書中備受贊揚的康雍乾盛世，後來一直是許多漢族中國人懷舊和驕傲的一大源泉。頗具諷刺意味且匪夷所思的是，如今懷念「我們的」滿清盛世的漢民族主義者的祖先，其實在當年是被滿清統治者任意宰殺和全面奴役的被征服民族。這一奇特的、荒唐的功利主義歷史解讀，猶如今天的印度人把大英帝國——其女王曾經被加冕為「印度皇帝」——視為「我們的」。從 1990 年代開始，中國一直流行各種經過美化、神化滿清統治者們的天方夜譚，如作家二月河的暢銷小說（康雍乾皇帝三部曲）、如無數的戲說清宮生活的影視作品，鮮明折射了當今中華人民共和國一個敏感而又十分必要的歷史政治化傾向，即公然贊譽「我們的」極權主義滿清世界帝國，煞費苦心地重構和模糊漢族被滿族征服的史實，同時捍衛現代漢民族主義的目標，去統治滿清帝國統治過的中原之外所有的廣袤土地（占當今中華人民共和國領土面積的一半以上）。美國和日本一些清史學家不同意中華民國和中華人民共和國此類官方敘事，則肇始了所謂「新清史」學派[67]。

　　與蒙元統治者一樣，滿清統治者抵制了全面漢化，禁止漢族和滿蒙統治民族之間通婚（尤其是禁止漢族男人娶滿族、蒙古族女人，雖然滿蒙權貴包括皇帝都有過許多漢族妃妾）。清帝國允許漢族婦女纏足，但是卻禁止滿蒙統治民族的婦女纏足。作為官方意識形態的儒化法家思想和明代開始的內容嚴格、形式僵化的科舉制度都延續了下來。滿清帝國還使用了極端殘酷的「留頭不留髮，留髮不留頭」的屠殺手段，強制薙髮易服，迫使漢族文化逐步同化為滿族文化[68]。

　　滿清帝國繼承了蒙元帝國對漢族人的全面性歧視。所有的滿族人享有國家津貼、確保擁有政府與軍隊中的職位，成為史家所稱之「職業種

姓」的統治階級。滿清中華秩序,把它征服的整個中華世界分為內地(中原/中土)與周邊地域,區別對待,分而治之。它繼續了唐代和明代的封建邦聯體制,用細化的行政措施和宗教紐帶統治周邊地域的各個民族。具體而言,滿清有效地利用了喇嘛佛教裡各派系的矛盾,從而至少在名義上統治了整個西藏和蒙古。明帝國在邊遠地區如雲南採取的羈縻政策,被改土歸流——從地方自治改為直接任命(雖然依然常常世襲)的地方統治體系,從而進一步集中了帝國權力。對朝鮮和越南等地的朝貢制度,及嚴格的海禁政策,也被滿清所延續。而在最重要的中原/中國本土,滿清帝國則是沿襲了元明式「秦漢專制政體」的統治,並進一步精細化。就這樣,滿洲皇帝成為具有複合角色的世界統治者:他們僭取了漢族的「中華天子」頭銜,統治居住在中原的大多數漢族人民;同時以大可汗(汗中之汗)的名義,統治蒙古族各汗王和後來征服的中亞穆斯林部族(內部則實施自治);對西藏人而言,滿清皇帝是文殊菩薩化身的佛教神王。在社會政治和文化上,滿清皇帝成為整個已知世界的「多體帝國」裡所有民族的最高統治者和仲裁者。這個「滿清版秦漢世界帝國」有效地採用帝國統治的各種關鍵技術。滿洲皇帝透過精心扮演儒化法家的父系統治者角色,使清帝國成為中華秩序的一個終極巔峰[69]。

滿清統治者們比明帝國和元帝國的統治者們更勤奮、更專注,具備更高效的執政能力。他們充分意識到自己在中華世界裡少數民族的身分,於是十分警惕作為多數民族的漢人。從第三個皇帝康熙起,滿清統治者都學會了漢語,精通漢語文學和中華古典文獻。清帝國通過稅收、徵兵和科舉制度,有效地利用了被征服、被奴役的漢族所提供的大量人才和資源。一開始,清帝國巧妙地自稱是明帝國的合法繼承人和保護者(明朝確實是稍早時被攻占北京的漢族叛亂力量李自成所推翻)。然而實際上,滿清卻在肉體上把數以萬計的朱氏明朝皇族成員幾乎趕盡殺絕。在強制漢人滿洲化的時候,清廷允許所謂的「十大例外」,給漢族

菁英留了一些面子與時間去適應和融入滿族文化。一些清朝皇帝如康熙和乾隆還是漢族傳統文化和藝術的愛好者與收集者。唐代和明代臭名昭著的宦官干政與專權在清代基本被控制住。滿清帝國還減輕和簡化稅收與徵兵制度，其中最重要的改革是取消傳統的人頭稅，而代之以統一的土地稅，即所謂「攤丁入畝」[70]。

滿清於是成功地將漢族及其他被征服民族的菁英收編為帝國的僕人和打手。對於有才幹而又雄心勃勃的漢族菁英（從洪承疇、吳三桂、年羹堯、曾國藩、左宗棠到李鴻章）來說，清帝國是值得為之效力的一個真正的中華世界帝國，當然也是徹底的秦漢政體。大量的漢族菁英幫助了清帝國的建立和擴張，還多次挽救了帝國的統治。滿清帝國有一個總體上努力、勤政、謹慎、仔細的法家統治者，辛苦地維持著少數族群對多數族群的有效統治；有一個精心設計的官僚體系協助運作；再加上一個精心構建的儒家思想門面有效地安撫人心。在這個龐大的世界帝國裡，滿、藏、蒙、東突厥（維吾爾）和漢（按此順序排列）五種語言文字被官方確定為「五體清文」，作為帝國官方語言。由於漢族占了滿清世界帝國人口的絕大多數，以及科舉制度繼續使用文言文，漢語成為整個清世界帝國的通用語言（lingua franca）。儘管民族不滿情緒一直深藏，儘管也有獨立的政治慾望，但漢族基本上是被滿族統治者在「皆為大清子民」的標籤下，上下都裝糊塗地把種族和民族界限遮掩過去，因而安定下來[71]。

滿清中華秩序下加強了的秦漢政體有一個重要特點，即它大大強化和系統化了明代的文字獄傳統。滿清關押和處決了許多人，僅僅是因為他們的文字著述被認為是批判性的、持異議的、未經允許或者有譏諷內容。被朝廷認為是不合適的私人筆記、私下聊天內容、或者一些隨意的信函文字，都可能會令作者受到嚴厲懲罰，包括本人被凌遲，及整個家族的所有男性成員被處死。私自修撰、刻印或者傳播未經官方認可的歷史書籍，尤其會給作者全家及其有過來往的所有人帶來嚴懲。清帝國政

府還試圖對當代和古代的所有文字出版物都仔細檢查、刪削、改寫或乾脆燒掉。如同本書第一章所討論的，滿清在 18 世紀以編輯《四庫全書》的名義，對中華文化的大毀滅在人類歷史上空前絕後、無出其右[72]。

嚴格控制人民及其思想、強制推行滿化和身分同化，以及嚴厲的文字獄，這些滿清世界帝國的標籤性政策，經過幾代人後大獲成功。那些強制灌輸的理念和規範，包括被認為是野蠻的滿族髮型和著裝，後來被深深地內化為漢族人心目中，成為中華文化的一部分。儘管漢族人其實極少能攀爬到二流僕人之上，但漢族菁英們在很大程度上都被馴化成統治系統裡既得利益集團的一部分。事實上，對許多漢族知識分子而言，秦漢政體與中華秩序的吸引力和力量，被外族統治下的滿清世界帝國完美呈現。一個「滿清式」的井井有條的中華秩序，對帝國菁英們而言就是一個完美的世界秩序；是任何貴族與專制統治者的理想政治秩序。在整個滿清時代，異見抗議乃至公開叛亂恰如預見地一直不斷，但是它們很難撼動和改變這個世界帝國。如果沒有外力的強制介入，這個自閉的中華秩序的終極形態似乎會真的永存不衰。不過 19 世紀中葉後，外來力量還是打破了中華秩序。滿清帝國與中華秩序一起開始了一個漫長的痛苦崩潰，中華世界由此迎來了一個完全不同的嶄新時代[73]。

註 ————————

1   Kan 2007: 1-254。中國學者吳思把秦漢政體貶為從秦帝國延續到中華人民共和國的「後封建主義」「官家主義」政體（S. Wu 7-22-2014）；另一位中國學者張帆貶之為永恆的「帝王觀念」（F. Zhang 2004）。史學家周良霄批評秦漢政體為暴虐的「中國皇權專制主義」，但還是認為其主導下的「大一統」是巨大的歷史進步（L. Zhou 1999, 205-282）。一般的中國歷史學者常常會將中華世界秩序與民族國家以及國際關係等概念混淆起來，很少有人質疑其可行性和可取性（M. Jiang 2014）。在台灣，領軍級學者朱雲漢的著作展現了對中華秩序的嚮往和贊譽（Chu 2015）。不過，據筆者的田野觀察，對於 1980 年代民主化運動後長大的台灣年輕人來說，中華秩序乃至中華身分本身的吸引力似乎已經不再。

這也許表明，一旦秦漢政體的政治基礎不復存在，中華秩序觀念也就失去了其誘人魔力。

2　Linz 2000；Ezrow & Frantz 2011。

3　Friedrich and Brzezinski 1956；Linz and Stepan 1996；Ko akowski 1999, 1-8, 77-84, and 1978, 525-766, 1044-1139；S. Hu 1941。

4　Andenæs and Fairgrieve 2000, 256；White 1939, 122。

5　Conquest 2001。

6　Orwell 1945, 1949；Huxley 1932。

7　Pipes 1993: 243。

8　Buchheim 1972；Friedrich and Brzezinski 1956；Arendt 1951；Pauley 2008；Pipes 1993: 244-45。

9　Wolf, 2007, 44。

10　Machiavelli 1532；Plato 380 BCE, XIII；Aristotle 350 BCE, X, 219-20；Locke 1690, XVIII, 110-14。

11　Hui 2005, 63-107, 216-23；Z. Wang 2002。

12　Levenson 1959, 112；Burbank and Cooper 2010, 43-52。

13　Watson 1967；Levenson 1964, 113。

14　Zhang 1944, 207；Sima 2nd century BCE, V5, V68。

15　Shang 4th century BCE；Xun 3rd century BCE；Han 3rd century BCE；Sima 2nd century BCE, V87。

16　Zhang 1944, 209-23。封禪始於先秦時代，是受道教影響的半宗教性儀式，即君主登臨高峰，如在泰山頂祭祀天地，獲得天命和天地神明之祝福。西元前 218 年後成為中華傳統。此後泰山封禪不斷，規模不一，直至 1790 年滿清帝國的最後一次祭祀封禪（泰安岱廟石碑和石刻）。

17　1949 年以後，中國的中央計劃統治曾經一度控制了包括一千四百五十種商品在內的幾乎所有的經濟活動（CCP Central History 2008, 12-1, 17-1）。到 2010 年，中國依然是國家壟斷鹽業，其利潤率高達 578%（B. Liu 2014）。

18　Ban 1st century BCE, V24；F. Zhang 2001, 82-91；Zhang 1944, 260-79。

19　F. Li 2006, 215-349。

20　當然，如果一個世界帝國能夠完全征服全世界，沒有一個人可以逃離其統治，則這些外來「野蠻人」的侵擾可能就會消失。但是，由於技術和成本問題，人類歷史上還從來沒有過一個世界帝國，能真正征服和控制整個地球的每一個角落。也許今天低成本而高效的現代科技，可能會令一個真正完整的世界帝國變得可行，甚至還具有相當不錯的成本效益。

21　Barfield1989, 1-163；Lattimore 1940。

22　Sima 2nd century BCE, V99, V121。

23　Ban, 1st century BCE, V56；Kang1902；Y. Zhang 2009。關於大同理想政治化的檢討批判，可參見 G. Liu 1986, 33-36, 200-01。

24　Yi 1916。

25　《尚書》14；《莊子》20；Smith 2013, 5。

26　L. Cai 2014；關於天下觀念中的宇宙觀元素，可參見 Kan 2007, 181-216。

27　Y. Cheng 2006, 109-49。關於毛氏民命觀之進一步分析，參見本書第六章。

28　Lewis& Hsieh 2011；Levenson 1959, 109-20；Crossley 1999, 36-9；D. Zhao, 2006: 22；Hui 2008；Ban 1st century BCE, V24。

29　Aristotle 350 BCE, 219-20；Fung 1948, 38-48, 143-54, 191-217, 266-328；Z. Qiao 2013。

30　Y. Tang 2011；S. Li 1998；Zhang 1944, 108-37；Weber 1915；A. Sun, 2013, 25-44；Levenson 1965, 67；Pines 2012, 11, 22-23。

31　荀子是以現實主義和建構主義對人性的理解作為基礎，建立儒化法家意識形態的早期代表（C. Zhou 2014, 116-35）。

32　Fairbank and Reischauer 1958；Ford 2010, 39-58, 184, 226。

33　F. Wang 1998, 76-77。

34　G. Wu 2012。

35　Fan 445, V6-9。

36　Y. Chen 1995；Z. Wang 2013。

37　Jian 1984, 24-31；J. Wang 2000, 97-98, 133, 138, 229-30；T. Li 1962, 11-16, 103-06；Han 1963, 2-94；Hong 2014；Moore 1966, 417, 217。

38　Scheidel, 2010；Pomeranz 2000；Hoffman 2015；R. Wong 1997。

39　Hallam1880；Williams and Friell 1994。

40　Wickham 2010；Pirenne 1936；North and Thomas 1973；Tilly1990；Tabacco1990；Kantorowicz 1957；Spruyt 1994。

41　Cao 1989, Zheng & Huang 1989。

42　Gong 2006；Beckwith 2009, 145-54。

43　有趣的是，同時期的阿巴斯王朝的哈里發國（750～1258）似乎也建立了自己的世界帝國秩序（M. Huang 2011, 133-42）。

44　L. Fu 1989；G. Zhang 1995, 2008。

45　J .Zhang 2003, Y. Chen 1997 3-9；Liu 10th century V199；Ouyang 11th century, V200；Sima 11th century, V198。

46　Gen 1980, 338-78；R. Huang 1997, 96-98。

47　K. Li 2006。

48　P. Ho 1997；Twitchett 1976。

49　X. Zhang 1993。

50　H. Liu 2004, 16；Editorial Board 2004, V2, 17-21；H. Liu 2006, 136-42。

51　Wang 11th century, V1.

52　Reilly 2004；Miyazaki 1981。

53　B. Li 2015；Sima 11th century V238-65；Ge 2006。

54　Yuan 2012, 130。

55　L. Zhou 1999, 260-82。

56　Qian 17th century, V2；Zhou and Gu, 1993，序言。崖山是宋在 1279 年抵抗蒙古人的最

後一戰。關於蒙古入侵的歷史性「大破壞」，參見 Brooks 2010。

57　H. Zhang 2010, 33-35。

58　Saunders 2001。

59　Pine 2012, 37；Q. Xiao 1985；L. Zhou 1999, 267-73。

60　Langlois 1981；Allsen 2004。馬可波羅描繪的元帝國初期那難以置信的繁榮可能實際上是反映了此前宋代的成就。關於馬書的真偽問題，可參閱 Wood 1998。

61　Y. Yu 1967；D. Kang, 2010, 54-81；Smith 2013, 10-1；Lee 2016；Wang and Gao 2008；Z. Ge 2015；Perdue 2015。

62　L. Zhou 1999, 271-75；Brooks 2005 & 2010, 1-2, 22-23; T. Wang 1992, 20-21, 184；Ding 1949, 5-145；Tsai 1995；Wu 2001, 2003；Hong 2014。

63　Fang 1953, V3, 173-78；Z. Cao 2005；Leading Group 2005；Dreyer 2006；Cronin 1984；Wang & Gao 2008。

64　An 2008；So 1975, 15-19；C. Xiao 2012。

65　T. Yuan 2012, 148；Landes 2003；R. Huang 1981；Fei 2010；S. Fan 2003；J. Ge 2006。

66　Statistical Bureau 2013；Elliott 2001；Sun and Li 2005；Ge and Cao 2000；J. Ge 2009；Perdue 2005；Rawski 1996。

67　Liu et al, 2012；關於「新清史」學派，參閱 Dunnell et al 2004。關於北京不願重寫清史，參閱 W. Dang 2012；Ding & Elliott 2013。關於新清史的積極意義，參閱 Yao 2015。關於中華民國學者和中華人民共和國學者對新清史學派的批判性回應，參見 J. Wang 2014。更嚴厲的中華人民共和國學者的譴責，參閱 Z. Lee 2105。

68　Meng 1936。

69　Rhoads 2000, 289-91；Elliot 2001, 2004；Liu & Liu 2010；Yao 2015.38；Peterson 2002；Jiang and Zhang 2010；Crossley 1999, 133-34；Burbank and Cooper 2010, 207-16；F. Liu 2015。

70　Rowe 2009, 22, 43-44, 96。

71　Palace Museum 1794；Rawski 1998, 60, 117-18；L. Fu 1978。

72　X. Jin 2010；Z. Zhou 2010；Palace Museum 1934；Guy 1987；F. Zhang 2001, 411-17。

73　Crossley 1999, 359-60；Perdue 2005, 42, 127；Huang 2011。

第三章

被遺棄的
宋代大轉折

如本書第一章所述，在中華世界裡，歷史修撰與解讀事實上具有國家宗教的功能，而被傾向於掙脫外在限制和內在約束的專制統治者們所控制。審查、扭曲和篡改歷史記錄，以及壟斷歷史教學，自古以來都是中國常見而有效的治國之道。官方歷史書籍（也包括許多非官方書寫，但為官方認可的書籍）汗牛充棟，整齊劃一地描繪了在歐亞大陸東部的整個已知世界裡，從秦到清兩千年來一個個連續王朝的循環更替和周期性興衰，重複著相同的秦漢政體和中華秩序。但實際上，中華世界的政治史遠非如此，而是多樣的、動態的，當中央一統的世界帝國缺席時，便會階段性出現事實上的國際關係體系。更重要的是，在中華世界還出現過長達三個世紀之久的法理上的國際關係歷史，即處在澶淵之盟——相當於西發里亞條約的中華版——的宋代（960～1279）。這一世界秩序不僅創造了中華古代文明的最高峰，也代表了一個劃時代的歷史機遇。但它被不幸的遺棄，其深刻教訓也大半被遺忘，直到今天。

本章探討宋代的「中華秩序之停頓」，它極有意義然而長期被忽視。此時，中華世界處在一個西發里亞式的世界秩序裡。我們對先秦歷史和宋代歷史的重新解讀，顯示了天下體系中華秩序的力量與誘人之處，及其弱點與可怕之處。如同所有的人造組織制度一樣，中華秩序及其相對的「非天下體系」或西發里亞秩序，都可能會因為人為的努力、生態地

理和人口、經濟技術動力，以及一些幸運或不幸的純粹偶然因素，而成功或敗亡。

宋代：一個非同尋常的秦漢式帝國

唐世界帝國在 9 世紀後期的解體，帶來了漢帝國之後中華世界的第二次大分裂。唐帝國的垮台是個極其慘痛的過程：作為當時全世界人口最多的群體，唐帝國一半以上的人口都消失了。十個短命的國家為了再次統一中原或中土（Centralia）這個天命而拚搏了半個世紀，造成史上最血腥、也最無意義的戰爭和破壞。其中北周帝國的政權，在 959 年被它的一員大將趙匡胤通過不流血的政變而篡奪。趙以他曾任節度使時的駐地宋州的地名，命名其新帝國為宋，類似於幾個世紀前隋帝國的開國方式。宋在不到二十年內就清除了中原的其他政權，重新建立了一個漢族的秦漢式帝國，統治整個中國本土，但不包括燕雲十六州（又名幽燕十六州）。燕雲十六州已於 937 年被後晉帝國——唐帝國後幾個短命政權之一，由突厥族統治——割讓給崛起的契丹族統治的遼帝國[1]。

漢族人傳統上就居住在總面積大約為四萬六千平方英里的燕雲十六州。該地區自先秦時代起就一直是中原（中國本土）北端重要的戰略要地，包括今天的河北省、山西省、北京和天津。該地區從一開始就成為宋帝國與其北方鄰國之間一個關鍵性的爭執，也是一個持久的傷疤，不斷地提醒著漢族統治菁英們，他們是如何令人不堪地沒有實現天下一統的中華秩序。燕雲十六州大約是阿爾薩斯—洛林帝國領土（Imperial Territory of Alsace-Lorraine）的十倍大，後者同樣深深地浸透了民族情感和征戰鮮血。它在塑造宋代中華世界國際關係上的作用，比阿爾薩斯—洛林引發的法國與德國的長期爭鬥對西歐國際關係的影響還要大。它是宋帝國與強大的遼帝國（及後來的金帝國）之間不斷作戰的主要原因。事實上，要完全「收復」燕雲十六州，從而統一整個中原（整個已知中

華世界），是宋帝國的傳統夢想，也是它無法逃避的天命，而後來直接導致了它似乎命定的毀滅[2]。

宋帝國的版圖比其他漢族統治的世界帝國如秦漢、隋唐和明都小，更不用說非漢族統治的蒙元與滿清了。它一直都不是整個中華世界唯一的政權，甚至也不是中原唯一的政權，因此無法表現得像一個真正的世界帝國。宋帝國很快接受了現實，無論是多麼的勉強和不情願。它做出重大的妥協，放棄了為世界統一而戰的使命，基本遵守了中華世界分立的國際政治秩序，並正式地予以合法化。宋帝國由此成為已知世界諸多共存國家中的一員，雖然還是常常自詡為至少是多國中的世界中心。因此，先秦的世界秩序於是在中華世界裡復興，並且通過澶淵之盟得到了文字和法理的正式確認。

歐亞大陸東部這一深刻的歷史轉折有著很多原因，其中最主要的是人口最多、也最富有的宋帝國的內部因素。反過來，西發里亞式世界秩序又深深塑造和維持了宋帝國內部特有的政治經濟、社會和意識形態，產生了宋史專家鄧廣銘所稱的在整個兩千多年中華古代文明史上，「既空前絕後、也無與倫比的」物質成就與文化精神進步的「最高峰」。不過，隨著時間的推移，那些新而獨特的內部因素和外部條件都逐漸消減，被宋帝國深深內含的秦漢政體邏輯，以及建立中華秩序的天下一統之天命所抵銷和顛覆。儒化法家思想雖然有所鬆動和妥協，但還是在宋帝國裡一直穩固地得到實施和宣教，還逐步醞釀滋長，並最終鑄成宋統治者們本可以避免的生死攸關的人為大錯。雄心勃勃的皇帝宋神宗（1067～1085年在位），想通過變法「富國強兵」，用武力擴張宋帝國，仿效漢唐皇帝們成為君臨整個已知世界的強大秦漢式君主。然而，他粗放而代價昂貴的變法，實際上開啟了帝國被動搖、離析並最終崩毀的進程。到了宋徽宗年間（1100～1126年在位），帝國的野心和虛榮心與各個政治集團失控的利益衝突，互相交織，導致了宋帝國的社團主義（corporatism）政治（士大夫政治）發生異化，從而削弱了帝國的決策

能力。此時，源起北亞草原的女真族金帝國和蒙古族帝國，受氣候和人口變化的強大驅使相繼往南擴張，與宋帝國連續的決策失誤相互作用，由此結束了中華歷史的古典時代，迎來了中華秩序在後續的元明清世界帝國裡的終極復辟[3]。

雖然宋代皇帝們基本上都是儒化法家的秦漢式專制統治者，但是他們的統治從一開始起就很少有獨裁暴政，非常罕見也很了不起。這也許是因為受到當時已經存在的西發里亞式世界秩序的制約。有些宋代皇帝還近似威權主義開明君主，實行一種接近社團主義貴族政治（corporatist aristocracy）的統治方式。宋帝國政治上比較注重國內，更加儒家化，偏重孟子的人本主義理念，強調國內安寧和帝國福祉，而不是用武力去征服整個已知世界。宋朝的統治者們在現實中基本放棄了天下一統的野心。他們在國內外政策上更傾向於妥協，雖然在意識形態上常常還是故作姿態，以天下唯一的天子自居。他們在相當大的程度上容忍了以忠於皇權為前提的多元化，以及各黨派之間關於政策的辯論與異議，基本遵守了依法治國（rule by law）的原則，主要通過內外貿易和經濟增長獲得權力與財富，而不是通過無止境的稅收、軍事擴張與征服，去追求帝國榮光。與其他秦漢式統治者一樣，宋帝國繼續使用了一些傳統的帝制治國手段，如改進後更加公平、對平民們更加開放的科舉制度。宋代官僚體系大為擴展和強化，並且更為專業化，從而得以大體上整合社會菁英。宋帝國繼續了官修歷史的傳統，但是對私人修纂歷史、文學藝術乃至政論的寫作和出版都相當寬容。國家與社會關係的發展上有新的實踐和特點，統治菁英和地方士紳都積極地參與並常常影響了國家政策[4]。

宋帝國有個仁政哲學和「皇帝與士大夫共治天下」的理念[5]。作為最終的決策者，皇帝保留制定規則和法律的權力，但是皇帝的詔書必須要大臣的副署才能生效。由文人構成的內閣大臣們，管理所有國事包括軍事。職業軍官們定期輪換，並只有在戰時才能在文官監督下被授權指揮特定的軍隊。宋帝國的開國皇帝就設下規則，不對大臣、顧問、文人

（包括私人歷史作家和教師）以及給皇帝提建議甚至批評意見的人使用死刑，從而使官員、紳士、受過教育的人，甚至其中的異議者，都大體排除在法家治國的屠刀之外。宋帝國的菁英們所能受到的最嚴厲懲罰，通常就是撤職、降職、國內流放和監禁。宋帝國的皇帝們基本上都沿襲了這一很不尋常的秦漢政體，使得宋代政治罕見地比任何一個中華帝制政權都更加寬鬆和人性化，與其後的元、明、清三大帝國相比更是鮮明對照。有宋三百多年裡，只有極少數高官被政府處死，例如中國民間文學中最著名的愛國英雄岳飛。據考證，宋代沒有後來中華世界裡無處不在的、在皇帝乃至上司和官員面前下跪的儀式。在宋代，受過教育、擁有土地和其他財產，尤其是通過科舉考試被任命為文官的菁英們，享受著整個中華歷史上都無與倫比的驕傲、聲譽、權力和保護[6]。

宋帝國精心設計一套文官對軍隊的控制制度，旨在防止有人模仿宋朝的開國皇帝發動軍事政變──其實自漢帝國以來就很常見。也許還旨在避免再現已經困擾了中華世界許多世紀，尤其是自晚唐以來愈演愈烈的地方軍閥割據。宋朝對軍隊實行的文官控制是如此的有效和嚴密，以至於它的對外作戰能力很可能因此受損。宋帝國還把徵兵制改成了募兵制──只是為了供養和安撫那些不斷出現的無地或者失地農民。因此它所維持的不斷增長的龐大軍隊，並不一定是為了作戰目的。阻禁軍國主義、限制尚武精神、控制和約束將軍們、將兵與將隔離乃至疏遠，都明顯地有助於維護帝國的國內和平與穩定。但宋帝國也由此缺乏將領、軍官與士兵之間的充分默契，很難培養出訓練良好、隨時待命的野戰軍，尤其缺乏能在平坦的華北平原上打長期大規模戰役的騎兵。宋帝國也許想憑藉自己對外交和賄賂手段的強烈偏好和高超技巧，與想法大體一致的國家或者比較弱的競爭對手，和平解決任何國際爭端。但是，它那臃腫、昂貴、指揮不善的龐大軍隊，即便有著當時最佳的步兵裝備，仍然無力對抗志在征服，而非在解決糾紛的女真金帝國和蒙古帝國的強大騎兵[7]。

對軍人的有效控制和總體上相對開明的治理，使得宋帝國在三個世紀裡從未有過嚴重的內部挑戰危及其統治。沒有什麼暴君獨裁，沒有邪惡的宦官專權，沒有可怕的軍閥割據或軍事政變，也沒有大規模的內部叛亂。這一切都是整個中華世界專制統治史上罕見的成就。然而，這個被黃仁宇稱之為「大膽試驗」的開明帝國，還是被其秦漢政體內在的強大邏輯所驅使，因為面臨「沒有統一」的燕雲十六州，宋帝國深感其連中原都無法統一的缺憾與自卑。由於武力有限，於是外交手段就成為唯一可行的辦法。所以當 12 世紀初，遼帝國內部的女真族崛起，並建立起強大的金帝國，從而使得遼國國力大傷時，就似乎給了宋帝國一個誘人的機會。一般說來還是相當明智的宋帝國決策者們，「不得不」背棄盟友遼國，去與未知的對手金國做一個極具誘惑力但也冒高風險的交易，希望能藉此「收復」全部的燕雲十六州，從而至少完成統一整個中原的天命。這一決定是基於秦漢政體的本性，也彰顯了中華秩序的強大邏輯力量。但是歷史很快就證明，這個決定是宋帝國為自己鑄成的致命大錯[8]。

宋代的中華世界

在唐帝國之後的政治大分立中，中華世界有幾個國家在 10 世紀共存於一個事實上的西發里亞式世界秩序之下。這個秩序在宋遼 1005 年的澶淵之盟相互承認其平等存在之後，被正式和書面上合法化。與中華歷史上此前和此後的許多條約與聯盟不同，澶淵之盟是兩個平等國家之間以永久性和平共處為目標而簽訂，被前所未有地遵守了超過一個世紀。中華世界的各族人民第一次也可能是最後一次，有意識地也事實上背離了中華秩序傳統長達近三個世紀。

宋帝國的歷史分為兩個階段：北宋（960～1127）和南宋（1127～1379）。宋帝國於 1127 年敗於入侵的金帝國，只好逃離其失陷的首

都開封（今天黃河邊上的河南省境內），遷都到臨安（今天長江以南的浙江省杭州），史稱南宋。宋帝國是一個漢民族國家，繼承了秦漢與隋唐的傳統制度文化，統一了絕大部分的中原。它是當時整個中華世界最富有、人口最多的國家，也是當時整個世界上人口最多的國家。宋帝國的統治者們雖然缺乏鬥志，同時也不具備軍事上征服和統治整個已知世界的能力，但還是一再試圖用武力或者金錢從遼帝國「收復」燕雲十六州，以完成其中華秩序的宿命（至少也要統一整個中原）。此外，它還針對周邊的「野蠻」國家如西夏，使用武力去奪取該國土地。

遼帝國（916～1218）為北亞一個部分漢化的遊牧民族契丹族所創建。類似宋帝國，也有兩個階段：遼帝國（916～1125）被反叛的女真族金帝國推翻後，其皇室的一部向西輾轉逃到今天的中亞地區，安置下來建政，史稱西遼（1132～1218）。經過多年的武力擴張，遼帝國成為當時中華世界版圖最大的國家，囊括了今天的中國東北地區和華北大部分地區，包括北京與天津。其人口包括大量的漢族和許多其他民族。遼帝國有著自己的文化，使用自己的語言和文字（一種變體漢字），擁有以騎兵為主的強大軍力。如任何一個強壯的帝國，尤其是一個採納了儒化法家文化的帝國一樣，遼國不斷尋求擴張，因此多次入侵富裕的宋國。不過，遼的擴張到 11 世紀初也達到了其力量的極限。

在當時與宋國和遼國共存並競爭的國家，還有党項族所創立和統治的夏或西夏帝國（1038～1227），位於今天的中國西北地區。党項族源自唐代的吐谷渾王國，是拓跋鮮卑的後裔。西夏社會文化也部分漢化，但仍保留著自己的文化和使用變體漢字的本族語言。其人口包括大量漢族人。在多次成功地擊退宋國和遼國的入侵之後，西夏與宋、遼都簽訂了條約，一起形成了中華世界裡的三極國際關係體系。它後來與取代遼帝國的金帝國以及南宋，延續了這個三極國際關係，直到蒙古帝國的崛起。

遼、宋、夏是三個明顯不同的民族國家（或多民族國家），三個各

自獨立的秦漢式帝國政體。它們在外部建立和維持了一個成文的合法化的西發里亞式國際關係，彼此之間雖然有著不斷的戰爭、外交、貿易、結盟，但大都接受了平等共存的基本原則。它們的聯盟及其三極國際關係，無論是其性質、範圍和壽命，都是整個中華世界歷史上空前絕後的。相比八百年前的三國時代，宋代三極國際關係有著質的不同，它是一個法理上的正式的國際關係體系。不過，遼、宋、夏三個帝國的內部都是類似的秦漢政體，都是人治（rule of man）的專制統治而不是法治（rule of law）制度。於是它們謹慎的外交政策，在國內都缺乏制度化的理性判斷和穩定機制的可持續支撐。三國內部都有的、根深蒂固的中華秩序觀念，也就注定了遼宋夏國際關係世界秩序的最終厄運。尤其是宋帝國，沒有能自覺地維護它們所享有的新型國際政治，反而自以為是，為了一時收益而去破壞這個新秩序。在 12 世紀初，這個國際關係因為「世界範圍」的力量之重新分布和地緣政治的變化，即金帝國的崛起而首次崩潰。它在震盪後又設法恢復為一個新的金宋夏三極體系，依然是一個類似於西發里亞的世界秩序。一個世紀後，該世界秩序因為同樣的地緣政治原因又 崩潰，再也未能在中華世界復甦，最終被於 13 世紀初崛起的蒙古世界帝國的大征服所滅絕[9]。

金帝國（1115 ～ 1234）是由遼帝國統治下居住在滿洲（今天的中國東北）地區的遊牧民族女真族所創建。女真人在遼國的北部起兵後，通過跨渤海聯繫的祕密外交，繞過遼國，與宋帝國簽訂了一個權宜聯盟，即 1120 年的「海上之盟」。這個聯盟的目的是拆散遼宋聯盟和遼夏聯盟。金隨後迅速推翻了遼帝國，並將其殘餘勢力驅趕到中華世界的極西角落，而成為西遼。不久金又擊敗了其新盟友北宋，虜走了宋朝兩位皇帝，給漢民族一個充滿羞辱的打擊。宋帝國被迫放棄幾乎一半領土給予金帝國，並逃向南方成為南宋。夏帝國卻在金帝國的崛起和擴張中與金結為盟友而倖存下來。金帝國很快漢化，在歐亞大陸東部新的多極化國際關係裡成為霸主。它與仍然是整個中華世界裡最富裕的南宋以及

西夏都簽訂了同盟條約，三國又共存了一個世紀，彼此之間維持著戰爭、貿易、外交、結盟，以及陰謀離間等等常見的國際行為。中華世界的四大國——金、南宋、夏及西遼，後來都被 13 世紀崛起的蒙古帝國滅國。蒙古人用空頭支票成功地引誘南宋與金帝國絕交，也誘使夏、金絕交，結果給宋、金、夏都帶來了滅頂之災 [10]。蒙古人用武力征服了整個中華世界，並開啟了中華秩序的終極形態。

在 10 至 13 世紀的中華世界裡，在中原之外的周邊地區，還有一些規模較小的獨立的民族國家或多民族國家，如白族統治的大理國（937～1254）、越南的交趾王朝（968～1407）、韓半島上的高麗王國（918～1392）、位處今天中國新疆的高昌回鶻王國（856～1335），還有青藏高原上分裂的吐蕃各部落政權和在今天中國西南山區裡更加分散的、被史學家們稱為「蠻夷」的民族部落自治群體。這些獨立自治的國家，在不同的時期與遼、宋、金幾個大國建立過盟邦或者朝貢關係。與宋代中華世界的其他主要成員一樣，這些小國後來大多被蒙古帝國一一吞併。更遠一些，日本、南印度支那、馬來半島，以及遠至中東的許多國家，都與中華世界尤其是宋帝國有著往來和貿易。中華世界還成為自11 世紀開始的全球貨幣（白銀）大循環的一部分 [11]。這段三個世紀之長的中華歷史，被史家傳統地稱為宋代，本書因為約定俗成的緣故，也使用這個稱號，雖然實際上應該稱之為遼、宋、夏、金和許多其他國家共存的中華世界。

澶淵體系：歐亞大陸東部的新世界秩序

豐富多彩的中華世界歷史，如同地中海—歐洲世界一樣，從來就不乏各種主權國家、獨立政權乃至交戰各方之間的停戰協議、協定、和平條約以及結盟。然而，中華世界裡，這些協定或條約的絕大部分都是些權宜之計或者戰術。從西元前 3 世紀，極其精明的秦帝國就不斷使用各

種誘人的空頭支票、詭計與背信棄義的伎倆，雖然臭名昭著，卻成功地建立秦世界帝國後，這些協定和條約不絕如縷，但通常都是短期行為，極為脆弱，大多根本就是陰謀詭計。簽訂雙方互視為平等、明確規定和平、貿易、尊重與友誼條款的條約非常罕見。然而意義最為深遠的一個例外，就是澶淵之盟。在澶淵之盟簽署之前，唐帝國與吐蕃帝國之間也曾有過特殊的國際關係。在長達兩個世紀的戰爭和七個和平協定之後，力量削弱的唐帝國和實力下降的吐蕃帝國，在 821 至 822 年正式簽訂了長慶唐蕃會盟。唐朝皇帝與吐蕃王成為舅甥關係，雙方釐清了邊界，開放來往與貿易，並約定永遠尊重各自的主權和領土完整。該條約在長安和拉薩分別刻成石碑，維持了兩國之間幾十年的和平，直到它們各自滅亡 [12]。

到 11 世紀初，經過一輪又一輪為了土地、財富、安全、聲譽和野心的戰爭衝突，中華世界最強大的兩個國家宋帝國與遼帝國雖然未能饜足，但都已精疲力盡。這兩個帝國都受其內部的秦漢政體及天下邏輯所驅使，而有意無意地要去建立一個集權統一的中華秩序。它們還都為了各自的特定需求去征服和擴張：遼帝國需要從宋帝國統治的地區不斷獲取絲綢、茶葉和鐵製工具；宋帝國則希望「收復」燕雲十六州，並從遼帝國統治的地區獲取民用和軍需的馬匹。最後，在 1005 年 1 月，由宋真宗和遼皇太后及其年幼的兒子聖宗皇帝各自御駕親征，直接指揮的一場戰爭在隆冬季節陷入膠著狀態。宋帝國於是與遼帝國互換了內容大體一致的皇帝誓書，由此訂立了宋遼和約。由當時主戰場所在地澶州（今天河南省濮陽市）及其附近河流的古名澶淵而得名，史稱澶淵之盟 [13]。

克服了雙方內部相當劇烈的反對聲音，兩個帝國的皇帝誓書達成了如下共識：（1）接受雙方現有的邊界，放棄針對對方的所有領土和其他要求。宋帝國得以保留它通過以前的戰爭獲得的燕雲十六州中的三州。（2）承諾永久的和平，兄弟般的相愛與忠誠。（3）用熟悉的家庭或兄弟稱謂確認彼此的平等地位。年紀大的宋真宗成為遼聖宗的長兄，

而遼帝國的蕭太后則成為宋真宗的叔母。（4）雙方不得互相招降納叛，也不得收留對方的逃犯。（5）宋帝國每年給予遼帝國 20 萬匹絹和 10 萬兩白銀，按時價總值約為 30 萬兩白銀（一兩白銀大約是 31.2 克或 1.1 盎司；一匹絹大約 13 米，北宋時價大約是 1 兩白銀）。（6）兩國漫長的邊界區域將非軍事化，開放口岸，設立邊境交易市場。（7）兩位皇帝莊嚴宣誓：「誓書之外，各無所求，必務協同，庶存悠久。自此保安黎獻，慎守封陲，質於天地神祇，告於宗廟社稷，子孫共守，傳之無窮。有渝此盟，不克享國。昭昭天監，當共殛之。」[14] 雙方發誓，如背棄盟約，則神明與上天將共討之，其統治也將不再，這一毒誓後來還真的應驗了。

兩個帝國隨後撤軍，將邊境地區非軍事化，並於當年晚些時候開始執行該條約。宋帝國支付了款項，雙方交換了外交代表團、禮品和分別稱為「北朝」（遼）和「南朝」（宋）、表達尊敬的書信。兩國還各自改變了一些原先侮辱對方的地名和公文辭令。兩國皇帝在對方生日或忌日時互換使節致賀或者弔喪。在此後一百二十年裡，它們交換過三百八十多次外交使節，互相通報各自的重大事件，如遼國與朝鮮（高麗）的戰爭，宋國皇帝祭泰山等等。雙邊貿易蓬勃發展，為兩國都帶來了大量財政稅收。至少在邊境地區，基於國民身分的政治忠誠取代了種族或文化認同，跨國境人口遷移、甚至是「雙重國籍」現象也得以產生。記錄表明，宋帝國還曾為遼帝國的自然災害造成的饑荒提供過援助。雖然兩國間的爭執甚至衝突時而還是發生，但是都通過外交手段、語言文字攻防，以及政策調整而得到了有效的處理。當宋帝國與西夏帝國忙於激戰之際，遼帝國曾於 1044 年一度迫使宋帝國增加歲幣至 50 萬兩白銀。總之，在中華歷史上第一次（也是最後一次）兩位天子互相承認，各自統治中華世界裡各自屬於自己的那一部分。更了不起的是，這個非中華傳統的世界秩序持續了一個多世紀之久。儘管在執行中有過一些調整，但基本原則一直得到了忠實的遵循。這一極不尋常的和平一直持續

了一百二十年，直到 1125 年，宋帝國的統治者們背叛了澶淵條約[15]。

　　澶淵之盟的雙邊協議後來被宋、夏以及遼、夏模仿，用來管理它們之間的國際關係，中華世界裡一個全面性的西發里亞多邊秩序於是形成。在 1044 年，經過多年勞民傷財、精疲力盡的邊境戰爭，宋帝國和西夏帝國達成慶曆和議。該條約規定，相對弱小的西夏作為宋帝國的朝貢國，但保留其完全的事實獨立；宋帝國每年則向西夏支付 20 萬兩白銀。宋夏關係雖然沒有遼宋關係那麼平等，但還是維護了兩國之間幾十年的和平。到 1119 年，經過多次入侵和反入侵戰爭，在遼帝國的國際調解下，宋和夏又恢復他們的和平條約。西夏再次接受其名義上朝貢國的地位，直到七年後北宋被金帝國摧毀。其後，南宋不再與西夏領土相連。西夏與遼帝國一直保持了類似（通常更密切）的關係，北宋還不時頗有成效地離間三角外交中的遼國和西夏。西夏後來與遼帝國的繼承者金帝國結盟。領土大為縮小的南宋，後來也通過一系列條約，與金帝國建立了澶淵之盟式的國際關係而和平共存：1125 年的海上之盟、1141 年的紹興和議、1164 年的隆興和議以及 1208 年的嘉定和議。這些條約受雙方國力、戰績與內政的影響，調整著兩國關係，而在名義上逐漸不平等（南宋皇帝最後稱呼金國君主伯父），南宋每年付金的款項也逐漸提高，從 40 萬、50 萬到最後的 60 萬兩白銀。但是它們基本上都繼承了澶淵之盟的精神[16]。

　　基本上，遼、宋、西夏諸帝國都遵守了它們之間的盟約。然而後來，北宋帝國被「收復」全部燕雲十六州的可能性所迷惑，從而做出了一個巨大的錯誤判斷。它在 1120 年與崛起的金帝國祕密結成海上之盟（1125 年生效），包含了與澶淵之盟幾乎相同的條款和支付款項。這一舉動實際上背棄了宋遼之間的澶淵之盟，並在短短兩年內，導致遼和北宋兩國先後毀滅。一個世紀以後，當金帝國正與其北面崛起的蒙古帝國為了生存而苦戰之時，南宋在 1214 年停止支付給金帝國的歲幣，實際上是撕毀了宋金之間的和平條約。到 1232 年，宋帝國再一次犯了相同的致命

錯誤，接受了蒙古使節誘人的結盟提議，幻想借助新崛起的野蠻遊牧力量，打敗金國，收復以前北宋的領土，從而成為中原／中國本土的真正天子。儘管金帝國懇求過宋帝國，一起集體防禦強大的蒙古鐵騎，儘管宋帝國內部的有識之士也回顧了一百一十年前的歷史教訓，向皇帝進諫，反對背棄金國而結盟蒙古。但都無濟於事。兩年之後，金帝國滅亡。宋帝國失去了戰略緩衝和盟友，只能為了生存與蒙古帝國展開了一場長達四十五年（1235～1279）的殘酷而無望的戰爭，是歷史上抵抗蒙古帝國的各國中堅持時間最長、最後一個被蒙古帝國征服的國家。最終，宋帝國戰敗。漢民族有史以來第一次被外族全部征服，澶淵世界秩序也從歐亞大陸東部由此消亡。

澶淵之盟：西發里亞和約的中華版

統稱為西發里亞和約（Peace of Westphalia）的幾個國際條約，在1648 年結束了歐洲的「三十年戰爭」和「八十年戰爭」，創立了「第一個偉大的歐洲或世界憲章」。西發里亞和約的誕生及逐漸演化，構成了今天全球性世界秩序和國際法的基礎。在澶淵之盟訂立的時候，它看起來微不足道，不過是又一個賠款的和平條約而已，但是它竟變成一個提前了六百四十三年的中華版西發里亞和約。如前所述，澶淵之盟相互承認遼和宋作為和平共處的主權國家，把外交往來（包括每年以及臨時的互訪和互換國書）、比較富裕的宋國給予遼國的歲幣和禮物，以及雙邊貿易都合法化，從而構成一個持久和平的國際關係的基礎。兩國也因此實現了邊境地區的非軍事化。澶淵之盟的基本精神，後來被複製到其他雙邊條約中，形成了類似於歐洲多邊的西發里亞和約的功能，管理著中華世界裡的國際關係。它從結構上改革了中華秩序：兩位或者更多的天子，大致平等，分別統治同一個已知世界裡各自的部分 [17]。

澶淵之盟本身並沒有西發里亞和約那樣全面和精細，不是一個多邊

條約，也沒有得到良好的推廣，從而成為被各國充分接受的「世界條約」。它是匆忙訂立的，充滿了家庭式的稱謂。與西發里亞條約相比，明顯缺乏嚴謹的法律形式和法理語言。與西發里亞和約不同，澶淵之盟根本沒有提及社會與宗教的多元和自由，沒有保障如不來梅（德語：Bremen）那樣的城邦小國的生存，也缺乏保護國際商業往來和保證如萊茵河那樣的國際航運線路暢通的條款。西發里亞條約其實是將歐洲—地中海世界已經事實上存在了千年之久的國際關係現實編成法典，而中華世界不像地中海—歐洲世界，之前並沒有這樣的環境。澶淵之盟從來沒有得到廣泛的宣傳，所以沒有機會得到社會上和文化上的接納與內化。西發里亞體系隨後又歷經三百多年發展，歷經權力平衡（balance of power）和權力鬥爭（僅僅在 20 世紀就經歷了兩次世界大戰和一次冷戰）、不同的霸權國家充當該體系的領導權和警察權，以及努力讓它合法化（如維也納會議和聯合國），才獲得現在看似不可動搖的合法性。澶淵之盟試圖創造一個違背之前傳統的新世界秩序實踐，但是卻十分缺乏西發里亞和約得以增強、改進和擴展的歷史淵源和基礎條件[18]。

澶淵之盟作為一個停戰條約，本身並不是非常罕見。在這之前和之後的中華歷史上，有過無數的或帶賠款或不帶賠償的停戰條約。但是，看似不起眼的澶淵之盟，基於其創新的國家間關係原則，居然建立了一個持久的法理上的新國際體系：即各個主權國家平等共存，或曰國際政治無政府狀態，而不再有一個中央集權的世界政府。儘管它們在書面上都沒有明確地提到主權國家，但是西發里亞和約與澶淵之盟，都劃時代地在法律上和觀念上用國際關係取代了世界帝國。這是一個空前的大變化。即使是在先秦時代（事實上而非法理上存在一個類似的西發里亞世界秩序）以及中華歷史上的多次政治大分立時期，直到 19 世紀末之前，中華世界再也沒有過第二個法理上的西發里亞式國際關係體系作為其世界秩序[19]。

在實踐中，澶淵之盟為宋帝國和遼帝國都贏得了長期的和平與繁

榮。甚至傳統上飽受戰禍的邊境地區也是如此。宋帝國還由此賺得了
巨大的財政盈餘。對於崇拜天下世界帝國的人來說，每年付給遼國30
萬到50萬兩白銀，可能聽起來令人為宋帝國感到羞愧。然而這筆錢只
相當於宋國每年龐大軍費的0.5％至1％，或者宋國每年總財政預算的
0.2％至0.7％，或者當時打一場中型戰爭費用的1％至1.3％而已。再者，
宋國支付的歲幣的大多數，又被遼國用來購買宋國的出口物資，支持了
宋朝經濟和關稅收入。它還可以被看作是宋遼之間長年貿易不平衡的一
個補償性支付案例。宋真宗實際上已經準備接受十倍大的付款，認為那
也是值得的。對於持久的和平及由此而劇減的軍費來說，這其實是很合
算的投資[20]。

　　非常有趣的是，宋遼雙方的澶淵之盟版本，及雙方各自有關執行的
後續文件記錄中的具體措辭（主要是一些不同的形容詞）並不完全一
致。這些微妙的不同揭示了雙方（尤其是儒家文化色彩更濃的宋帝國）
在國內維護其帝國統治者作為天下（獨一）世界皇帝之尊嚴的門面需
要。宋帝國與西夏和金國的類似條約裡，這種文字上的微言大義更明
顯。比如，宋帝國給西夏的付款，在宋國文獻裡寫成居高臨下的「賜」，
而給遼國和金國的付款則用的是比較平和的「輸」。把國際關係描寫成
家庭內部關係的玩弄辭藻也發人深省。在摧毀北宋之後，迅速漢化的金
帝國自視為中華世界的真正天子或者澶淵體系下的國際霸主，把人口稠
密而富裕的南宋視為低一等的進貢國。而南宋文獻則盡量忽略金帝國的
此類言行。在貌似開明的宋朝皇帝和統治菁英們的心靈深處，依然有一
股強烈的需要，要去包裝和美化他們的高度務實、但不合傳統的政策。
在自己的臣民眼裡，保持住秦漢政體統治天下的天命，以及作為整個中
華世界唯一天子的尊嚴形象，總是至關重要。

　　中華秩序的強大傳統，在宋代的「非天下」、「非中華」世界秩序
下，依然存在並不斷地發酵。不能統治一個完整和真正的秦漢式世界帝
國，令雄心勃勃的、假裝擁有唯一天子身分的宋帝國皇帝們備感缺憾，

內心痛苦。他們覺得，除了舉兵征服整個已知世界外，必須有一些印證其天子身分的行為和儀式。宋帝國對官員、菁英和民眾們異乎尋常的溫和仁政，也許就是平息批評和紓解不滿所必要的回報。此外，宋帝國還大張旗鼓地從事昂貴的封禪儀式（登泰山祭天地）。宋國特有的黨爭——反覆登場、令人精疲力盡——也大多集中在如何加強國力和軍力，以便在國際舞台上像一個真正的天子一樣行事。最嚴重的是，已經內化的中華秩序觀念促使宋朝統治者們為了統一中原的幻想，反覆鑄成破壞澶淵體系的大錯。無論是宋帝國如何開明，如何善治，其秦漢式政體的本質，還是被天下一統的天命觀所引誘、推動和左右，導致了宋朝黃金時代的毀滅，古典中華文明的毀滅，以及漢民族的毀滅。

事後看來，澶淵之盟是中華世界歷史的一個劃時代轉折，但這個轉折沒有能持續下去。澶淵之盟開啟了歐亞大陸東部各族人民的歷史新時期，如同西發里亞和約在歐亞大陸西部帶來了長期和平與偉大繁榮。這兩大新世界秩序後來都遭受到來自內部和外部的多次挑戰，有時甚至是壓倒性、摧毀性的。與比較幸運的歐洲人不同，中華世界各族人民的澶淵體系由於種種原因而短命。它因中華世界特有的生態地理、人口、歷史特點而大受限制，既殘缺又脆弱。西發里亞體系有著千餘年事實上的先例和實踐，澶淵之盟沒有多少先例可循，也缺少有力的路徑依賴（path-dependence），其合法性和實際持久力因此都易於瓦解。最重要的是，中華世界裡深入而持久的秦漢政體傳統和意識形態，從根本上不利於維持一個長久的西發里亞體系。1648 年的「世界性」西發里亞多邊和約，規定了國家主權平等、賦予各國宗教多元化、人民的選擇及遷徙權利、確定了荷蘭新重商主義共和國的獨立。而澶淵體系是一個狹窄的雙邊條約體系，無關國內政治。它被摧毀之後，在法律上、實踐中、思想上，甚至語言上都很容易被入侵的征服者泯滅殆盡。歐洲人不斷改善法理上的西發里亞體系，進一步擴展為全球性的世界秩序；而中華世界的各族人民，卻被一個強加的「蒙古中華秩序」密封成又一個世界帝

國，再也沒有競爭性的國際關係體系促使科學技術和資本主義茁壯成長，直到 19 世紀中葉。

中華秩序與西發里亞秩序之間的這個大分野，恰如其分地描述了歐亞大陸東西兩端自 13 世紀後期以來不同的發展軌道，解釋了所謂「大分流」（Great Divergence）這個概念：只有歐洲人（及其延續的北美人）開始了文藝復興、啟蒙運動、科學技術與工業革命、地理大發現與擴張、社會政治的自由化及其全球霸主地位。而關於所謂「中國困惑」（China puzzles）的重要答案，就在於經久不衰的中華秩序。它是解釋中華世界在宋代以後何以持久衰落和停滯的關鍵[21]。

中國人心目中的澶淵體系

由於秦漢政體的內在邏輯——即中華秩序或世界一統的天命——頑固地存在，澶淵體系在宋代沒有能內化為人們普遍接受的觀念。宋帝國的菁英們，甚至那些開明的知識分子，仍然把中華秩序當作最高政治價值和理想境界。陸游在 1209 年寫的最後一首詩《示兒》曰：「死去元知萬事空，但悲不見九州同。」而像韓侂胄（1152～1207）這樣的政治家，則會利用統一大業為自己謀求政治權力，但以災難告終[22]。南宋領袖們特別容易忘記歷史教訓，愚蠢而致命地一再破壞澶淵體系，因為他們認為，在入侵的金和蒙古面前屈辱地「失去了」大片中原，比起北宋僅僅是「失去」燕雲諸州，是更加難以容忍的巨大恥辱。

宋代以後，特別是明末和晚清以降，漢族民族主義者奮起反抗滿族統治者和西方帝國主義，澶淵體系於是更被漢族的歷史敘事所排斥和貶棄。中華民國和中華人民共和國的官方和主流歷史學家們，都十分貶低澶淵之盟的作用和影響，乃至貶低整個宋代。宋帝國被視為一個無能、也無意統一整個中原的中央政府；澶淵之盟被解讀為一個內戰雙方的權宜性臨時停戰協定，而不是兩個主權國家的國際關係事件。宋帝國一方

面被認為是中華世界的中心，傳承和捍衛漢族國家與秦漢唐政治正統，一方面又被描述為怯懦無能、甚至通敵叛國，因為它忽視了建立中華秩序的天命，無法與之前的秦漢隋唐帝國齊名，更無法與之後的元明清帝國媲美。宋帝國的外交政策記錄，通常被斥責為軟弱、可惜、無法挽回的失敗，甚至可恥。海外華人學者也常常如此認為。史學家黃仁宇理所當然地讚美宋代在各方面的輝煌成就：「看起來，（宋代的）中國已經進入了現代社會」。宋代的科學技術發展有許多創新而「達到歷史最高峰」。但是，他同時嘲諷宋帝國是中國歷史上最軟弱無能的朝代。被尊為史學大家的錢穆也高度讚賞了宋代的成就，但還是有些莫名其妙地斷言宋帝國「始終擺 不了貧弱的命運」[23]。

　　不去思考宋帝國背叛和破壞澶淵體系這一失誤及其敗亡的因果關係，漢族的中國歷史學界普遍錯誤地譴責澶淵體系本身，視之為宋帝國和古典中華文明滅亡的原因，這真令人費解。為了維護中華人民共和國的中央集權多民族國家的地位，在今天的中國歷史修纂和教學中，宋代的中華世界不被認為是一個偉大的、生氣勃勃的國際關係體系，而是被詭辯、誤解成一個分裂的單一民族國家，無法處理若干地方族群政權，只是唐和元兩個偉大帝國之間的過渡。宋代日益聞名的偉大成就，被機巧地包裝為「宋元時期科學文化的輝煌成就」。雖然目前非官方的中國歷史學家已經開始挑戰官方灌輸的不實歷史，甚至承認宋代在中國歷史上無與倫比的成就，但還是會譴責宋帝國沒有武力「統一國家」，並戲劇化渲染宋朝統治者們因為「軟弱」和「膽小」的外交政策而遭受的屈辱和災難[24]。

　　制定和支持澶淵之盟（及類似條約）的宋代人物，通常被認為是詭譎、不可理喻的惡人或小人，在精神和體格上都軟弱無能，缺乏個人勇氣和軍事才能。而批評和反對澶淵體系的人，則通常被美化和虛構為漢民族的超級英雄，他們勇敢、忠誠、愛國、道德高尚，甚至成為半人半神的崇拜對象。他們的失敗被歸咎於邪惡腐敗的官員和昏庸無能的皇

帝。當今中國一些最著名的民間英雄，都是一些被虛構的宋帝國時期反遼抗金的將領：從北宋的楊家將群體到南宋的岳飛以及岳家軍。楊和岳受民間歡迎的程度，固然反映了澶淵體系中人們敏感的民族主義情緒，但更可能是由於統治者的推動和鼓勵。楊業將軍（？～ 986）在逝世幾十年後才首次受到文人的讚揚，關於他家族的故事則在 12 世紀後才成為民間傳奇。岳飛將軍（1103 ～ 1142）的傳奇始於他被處死二十年後南宋帝國予以「平反昭雪」之時，並逐漸演變為一位擁有專門的祠堂加以祭祀的半人半神。在 21 世紀，一些中華人民共和國的歷史學家已經更加注重歷史事實，不再完全接受官方關於宋代英雄與惡棍的簡化標籤和黑白分明的誇張形象。但是關於宋帝國的外交政策，看法依然是大同小異。只有一小部分中國歷史學家和作家開始注意到澶淵之盟的真實意義 [25]。這一狀況反過來說明了中華秩序作為一個持久的高度內化的世界秩序，在中國人心中的強度和深度。即使是宋朝皇帝們，當年也是忍不住，時不時地被其秦漢政體的內在邏輯所支配，被中華秩序天下一統的目標所誘惑，要假裝是整個已知世界的唯一最高統治者，從而背棄澶淵之盟，並因此注定了自己的厄運。秦漢式世界帝國統治幾個世紀以來而形成的中華文化，確實具有極其深遠的影響力，影響了中華統治者和菁英們的外交偏好與政策選擇，因此也決定了他們自身的歷史命運。

輝煌的宋代：澶淵體系下的中華世界

因為宋帝國內部有一個非傳統的「社團主義菁英政治」結構、弱化的儒化法家威權主義、自覺的問題預防機構和政策，以及（作為本書的主要論點）外部的新世界秩序——澶淵體系，即成文的合法化的西發里亞式國際關係世界秩序，從而給帝國帶來了低成本的、確保無虞的國際和平、貿易、比較和競爭，故宋代的中華世界變成了著名的中國知識分子陳寅恪所說的 20 世紀之前中華文明的「最高峰」。陳和另一位中國

宋史專家鄧廣銘認為，宋代是中華歷史上「最好的時代」，是中華「瑰寶」、「最令人羨慕」和「最有價值」的時代，達到了中華文化有史以來的「最高水平」。著名史學家王國維則認為，宋代是中華文化和學術「最有成就的時代」，超越了前面的漢唐和隨後的元明清。英國漢學家李約瑟斷言宋代是中國科學技術發展的黃金時期，其成就前所未有、無與倫比；是工業革命前全世界的科技頂峰。日本學者內藤湖南和宮崎市定則認定宋代已經進入「現代」，具有公民社會、促進貿易的資本主義、內部安寧、文化「復興」，以及作為「人類歷史上第一個平等的國與國關係」的創造性的澶淵國際體系[26]。

澶淵國際體系下的宋帝國享受了中華歷史上為期最長的和平時光，如本書第一章之表 01 與表 02 所顯示的，發生外部和內部戰爭衝突的頻率，比中華世界的歷史平均數低了近 50％。如果南宋統治者沒有忘記歷史教訓，不和蒙古帝國締結那個充滿誘惑性的聯盟，去消滅當年讓北宋蒙羞的金帝國，也不盲目攻擊新盟友蒙古帝國，試圖「收復」失去的中原，蒙古人對宋帝國的最後勝利，可能會推遲甚至避免，整個中華（乃至世界）歷史可能會由此而不同。中華世界的各族人民可能離棄了秦漢式世界帝國專制政府，發展出新的國家與社會關係，啟動科學、工業革命，以及完全的市場經濟，從而徹底擺脫中華秩序下的長期停滯。

宋朝的皇帝們比通常的中華君主們要較少專制、也較少殺氣，而更像一些歐洲文藝復興時期的君主。據說他們甚至用詩歌、禮物與繪畫，和臣下爭風吃醋，分享和爭取交際花名妓的青睞，而不是用傳統的殺頭辦法[27]。皇帝和朝廷官員之間的關係，更類似於農耕父系社會裡父親和他的男性後代的關係，即儒家所推崇的仁政。比較寬鬆的社會和文化控制、較低的稅收、將失地和失業的農民編為軍人供養起來的政策、文官對軍隊的穩固控制、由專業化菁英主持的官僚體系、開放和國際化的外交關係，以及隨之而來的經濟繁榮，合起來發揮作用，基本上控制甚至消除了中華帝制政治史上最惡劣的頑症：宦官專權、宮廷政變、地方軍

閥割據，以及無窮無盡的大規模武裝叛亂。

宋帝國的仁政菁英政治，包括不殺大臣和政治異議者的「先帝家法」，以及對社會政治問題的預防性措施和政策，已經被有些史家認定是中華歷史中最優越的制度。宋帝國基本依法治國，因而有比較穩定一貫的政府，是中華世界從秦到清所有主要王朝裡，唯一一個既不是被內部叛亂、也不是被軍事政變推翻的國家。歷史學家余英時也認為，宋帝國甚少宦官干政，基本沒有軍閥割據，也少有對菁英和士紳的壓迫，在中華歷史上很稀有。宋朝的皇帝們還屬於中華歷史上最為節儉甚至「貧窮」的統治者之列。他們只有很少的後宮、相對簡單的宮殿，以及很不奢侈的皇家陵墓。大多數的中華皇帝們通常一加冕即位，就開始建造極度豪華的陵寢，有時耗時幾十年直到他們死亡之日；宋代皇帝們在活著的時候都不建自己的帝陵，死後七個月內則必須入葬，因此他們的墳墓都相當簡樸。而實際上宋帝國的年度財政收入，在 19 世紀末之前是中華歷史上最高的，遠遠高於那些領土和人口都要比宋帝國大得多的朝代 [28]。

確實，宋代的治理，以開明、良好的結構和制度、依法治國（rule by law）的威權主義統治而知名，從其治理的效率、國內的安寧（甚至社會的自由）、各政治集團的共存、政府的節儉與國祚來判斷，大約是中華歷史上最好的朝代。中國研究皇權的史學家周良霄把宋代政治稱之為「士紳階層的民主」制度。宋代的女性明顯享有較高的，甚至是中華歷史上無出其右的社會與法律地位。同一個趙氏家族的宋帝國皇室統治了共計三百一十九年，是西元前 3 世紀中華世界進入帝制政治以後，壽命最長的執政皇族。它的臣民（包括中華歷史上有名的文天祥）大都直到最後一刻仍然還是忠心耿耿 [29]。

儘管擁有一個理想化的儒化法家政體，宋帝國仍然是一個秦漢式專制政權，對普通民眾的人權與民權有著常見的壓迫和剝奪。雖然統治者們被自己制定的法規所限制，但宋帝國並非一個法律至上的法治（rule of law）國家。主觀、武斷、非理性的統治，官員腐敗，在宋帝國的各個層次上仍然司空見慣。有限的問責制度和並不完全自由公開的政治辯論，限制了政策創新，宋帝國的統治與對外政策都有嚴重的缺陷和僵化，以及巨大的失誤。宋朝有一個不斷擴大的優渥的官僚體系，以及形同福利國家用公款供養的龐大軍隊，帶來了經常性的赤字。紙幣的發明和使用也不時導致通貨膨脹。宋帝國在和平時期保持著多達一百二十萬人的常備軍，軍費開支有時會達到帝國財政總預算的65％至80％，意味著大約每十戶民眾需要供養一名士兵。而這支龐大的軍隊，因為嚴格的文官控制和不具備尚武精神，至多只有防禦性的作戰能力。宋的外交政策務實、審慎而合理，但與深深植根於其秦漢政體的天下一統的天命之間，存在著需要調和的矛盾，睿智開明的宋帝國統治者們，不得不玩弄一些裝腔作勢的把戲。他們一方面假裝是整個已知世界裡唯一的天子，一方面務實地與其他天子在國際關係中共存，導致了有害的虛偽風氣瀰漫，最終鑄成大錯。澶淵體系緩解了宋帝國的秦漢政體，但是遠未能消除這種政體和以市場為基礎的商業活動以及市民社會（civil society）在結構和文化上的緊張與矛盾。西發里亞式世界秩序與秦漢政體之間根本性的不相容和表裡不一（incompatibility and duplicity），不僅大大提高了宋帝國的統治成本（例如龐大的但效果不佳的軍費），也注定了宋帝國對澶淵體系根深蒂固的輕視、厭惡和最終——連續兩次——的背棄。這些背棄造成了宋帝國政權和漢民族國家的滅亡，以及一個最佳的中華帝制統治的悲劇性消失[30]。

　　頗具諷刺，但是邏輯上不難預見的是，在宋代晚期，相對開放但表裡不一的學者們，將占統治地位的儒化法家意識形態進一步僵化，與道教和佛教思想相結合，形成了影響深遠的理學（或稱新儒家），其集大成者是士大夫學者朱熹（1130～1200）。在蒙元尤其是明清帝國，這個學派成為日益嚴格的社會和精神控制的有效工具。科舉考試變成只測試朱熹版本的儒家經典著作。不能成為天下唯一而真正的天子的缺憾，

以及北宋幾位皇帝的悲劇性下場，激發並強化了漢族菁英和民眾的強大忠君傳統。最初是作為時髦文化的婦女纏足，開始蔓延到大眾階層，後來被明清帝國政府接手，成為壓迫控制婦女的工具。基於儒化法家之上的中華秩序理想，在宋帝國覆滅後進一步穩固和僵化。

宋代：中華古典文明的頂峰

　　帝制時代最佳的統治與長期的和平安定，毫不意外地為宋人帶來了 20 世紀之前中華歷史上最為繁榮的經濟。宋代的繁榮比中華歷史上任何其他盛世都長得多。澶淵體系下宋帝國的人口在一個世紀裡增長了三倍，於 1110 年超過唐代人口數量，在歷史上首次超過 1 億人。北宋覆亡後，版圖小很多的南宋人口在 1200 年又達到 1 億，形成中華歷史上規模空前的龐大漢族人口。整個中華世界（宋、遼／金、夏、大理等）的總人口多達 1 億 1 千萬到 1 億 2 千萬，占當時人類總數的大約三分之一。宋帝國的首都開封和臨安，分別擁有過 180 萬和 120 萬居民，都是當時世界上人口最多的大都市。成千上萬的阿拉伯商人、日本留學生、東南亞商人和猶太定居者都曾永久性地居住在宋帝國的首都和港口城市[31]。

　　這個龐大的人口同時享有中華歷史上罕見的高生活水平。作為農耕社會的主要財富指標，宋帝國的人均糧食年產量估計為 728 公斤，是從先秦到今天的整個中華歷史上的最高峰：秦漢帝國時代人均糧食年產量估計為 505 公斤，隋唐帝國的一個短暫時期為 725 公斤，明代降為 591 公斤，清代為 360 ～ 390 公斤，而中華人民共和國時期只有 400 ～ 500 公斤。一個比較經濟史研究將宋帝國稱為「世界領先的經濟強國」和貿易大國，而隨後的明清帝國則「轉為內向，放棄了國際貿易和在經濟發展上的領先地位」[32]。

　　雖然主要還是農業社會，宋帝國重商並且是中華歷史上唯一的鼓

勵工商業的王朝。由此帶來了高度發達的手工業和採礦業、繁榮的商貿，以及無與倫比的對外貿易。宋帝國的年財政收入（稅收）是 19 世紀末之前中華歷史上最高，而它的稅率卻是各個帝制政權裡最低的之一。宋帝國年財政收入最多的一年可達到 1 億 2600 萬兩白銀，比版圖要大許多的明帝國的最高年財政收入還要多十倍。即使是版圖大為減少的南宋（其疆土只有以前北宋的三分之二），其年度財政收入還是要比明帝國多六倍。更了不起的是，宋帝國龐大稅收的主要來源是工商業稅，而不是對農民日益加重的剝奪。宋朝的工商稅穩步而驚人地增長，占到其財政收入的 35％至 70％，而傳統的農業稅和人頭稅則大致保持不變，這標誌著大規模的非農業經濟的繁榮。只有到 19 世紀末，中華世界工商稅收入才再次超過農業稅和人頭稅的收入。英國學者關於世界經濟史的一個定量研究表明，在 20 世紀以前，中華世界人均國內生產總值（GDP）在兩千多年裡基本上是停滯不變，只在宋代有增長：年增長率雖然只有很低的 0.06％，但是已經遠遠高於當時其他非歐洲地區經濟體的增長率。在西元 1000 年，首都開封一般勞工的年均收入可以購買的糧食，按 2009 年的糧食價格折算，大約是 3200 美元，與 2010 年代初中華人民共和國的人均國內生產總值相同[33]。

從一開始，宋帝國就沿著海岸線開放了許多港口城市（最有名的是廣州和泉州），並派遣帝國使者去國外邀請外國投資者和商人。宋代社會是空前地對外開放。宋帝國很務實地把許多朝貢關係轉變為以市場為導向的國際貿易關係。宋代的外貿因此蓬勃發展，對外（東南亞）的移民定居也大規模展開。中華世界內和中華世界外，共約五十個國家和宋帝國交易多達三百多種商品。外貿關稅有時占到宋帝國龐大的財政收入的 10％之鉅，成為一項重要稅源，既代替了在政治上社會上受到責難的增稅，也好過增印紙幣從而減少了通貨膨脹[34]。

在科學和技術領域，宋代的成就在中華歷史上是真正的無與倫比。

英國漢學家李約瑟（Joseph Needham）稱之為中華歷史上的科技黃金期。宋代有著大量多產而有價值的科學家，法國漢學家謝和耐（Jacques Gernet）直接將宋代稱為中華科技復興時期。事實上，在 20 世紀前中華世界的所謂「四大發明」，有兩樣（火藥和活字印刷）發生在宋代，而另一種（先秦時代傳下來的指南針）在宋代開始得到實際使用。宋代還有許多重要的發明和發現，包括世界上第一個使用紙幣、石油、機械設備和對人體進行醫學解剖。宋代大量開採並使用了煤炭。據記載，首都開封的一百多萬居民以煤（而不是傳統的木柴、禾草或木炭）為主要燃料，令人振奮地暗示著燃煤工業化的臨近。而煤炭和冶鐵等行業裡的「工業革命」還要到幾個世紀後，才在另外一個世界的英格蘭發生。2016 年中國的新華社報導了一處宋代建造的城市下水道工程，比同一城市剛剛建成的現代系統還更有用處。總體看來，宋代是中華科技發展的最高、也是最後的頂峰，因為整個中華世界到「西元 13 世紀以後就基本不再有任何創新了」[35]。

以理學的創立為代表，宋代的中華世界有許多卓有建樹的理論家和布道者，發展和整合了各種信仰和哲學學說。它被中國史學家稱為自戰國時代以來「又一個活躍的百家爭鳴時代」。私人修史得到允許，文學作品蓬勃湧現，繪畫音樂藝術發達，產生了最優秀和最重要的歷史書籍、詩歌、繪畫、書法、雕塑和陶瓷作品。在中華美術史上，宋代占據著一個頂峰位置。今天中國的一些藝術史家還認為中國書畫藝術水平在宋代達到了歷史最高峰，此後就趨於停滯和衰敗。非正統的意識形態如功利主義、仁政甚至民粹主義也有發展。不像中華文明的前一個高峰，即早期的盛唐帝國（當時的藝人工匠和歌舞娛樂仍然受到社會隔離、限制乃至鄙視），「宋朝沒有什麼禁忌，皇帝、藝人與市井民眾同樂」。在龐大的城市富裕階層的需求和資助下，著名的大足石刻（主要是在宋代完成）與中華世界其他時代的石刻差異顯著：石刻充滿創意，大多描繪了世俗生活、民間和流行的通俗故事，而不僅僅是宗教題材，反映了

頗為資產階級的市民生活方式和文化品味。與中華古代石刻壁畫的工匠基本都是默默無名不同，宋代石刻的藝術家和雕刻工人通常都刻下了自己的姓名，折射出當時藝術家的社會地位和著作權與版權等相當資本主義的觀念[36]。

如果考慮到整個中華世界裡其他國家同時也享受到和平、繁榮和進步，則宋代的輝煌成就和燦爛記錄，更加令人驚嘆不已。無論後世的中華歷史學家們是如何不情願和不公平地記載它們，這些國家都擁有明確的主權，穩定維持其領土邊界和平等。貿易、外交、當然還有戰爭，將這個體系維持了幾代人的時間。長期積累起來的中原知識與技術，被擴散到整個中華世界的各個角落；非漢族（非中華世界甚至非亞洲）的技術與文化，也同時深深影響了中原[37]。

值得關注的是，歐亞大陸東西兩端的歷史，在 11 至 13 世紀似乎展現了許多相似之處，揭示了人類文明宏大合流的可能。歐亞大陸西部的地中海—歐洲世界裡，在一個分立的世界政治秩序下，各個封建國家開始了影響深遠的法律、政治和社會變革，使得事實上的西發里亞國際體系逐漸趨於穩固和合法化，隨後迎來了現代的歐洲。某些意義重大的理念和規範——限制政府權力、陪審團審判制度，以及地方自治等等——通過各國內部和外部的競爭博弈而得以設立，並廣泛影響後世。以下的一系列法律文件或國際條約，就歷史性地反映了歐亞大陸西部的變革和新規範：1037 年神聖羅馬帝國皇帝的《康拉德二世諭令》（Edict of Conrad II）、1100 年英格蘭國王亨利一世的《加冕憲章》（Coronation Charter）、1183 年的神聖羅馬皇帝巴巴羅薩和倫巴第聯盟之間訂立的《康斯坦斯和約》（Peace of Constance）、1215 年英格蘭國王約翰簽署的《大憲章》（Magna Carta）等等[38]。在歐亞大陸東部，也處在一個分立的世界政治秩序下，社會政治的深刻變化和經濟發展，也在整個中華世界尤其是宋帝國發生，預示著脫離中華秩序乃至秦漢政體的偉大變革。一些中國學者認為，宋帝國挾其巔峰水準的中華文

明成就，「已經走到了現代世界的門口」，昭示著「現代社會的曙光」即資本主義經濟、啟蒙開明的統治治理、高度城市化（宋帝國的城市化水平已經達到 20％至 30％）的社會、文化復興與繁榮，以及科技革命等等的到來。然而，中華世界裡史詩般的進步潮流，不幸被蒙古帝國的征服所打斷[39]。

　　蒙古帝國（後來還有明清帝國）的「世界性」軍事征服和大規模屠殺，復辟並強化了中華秩序，摧毀了偉大的宋代轉變。也許除了極少的蒙古征服者、明清帝國的統治者們外，這個歷史變化對中華世界各族各國人民來說都是極其可悲的結果。澶淵體系，中華世界比歐洲人早六個世紀出現的法理上的西發里亞式世界秩序，因此未能真正穩固下來，更不用說合法化、深刻內化為人們的意識形態。它是通向更加美好世界的一個重大歷史轉折點，但是中華世界的人們，卻沒有──或者不可能──堅持到底，真正完成這個轉折。

註 ────────

1　Tuo 14th century, V1-5；Mote 1998。

2　Höpel 2012；Y. Wang 2011, 39-40, 69-70。

3　G. Deng 2008, 2；Ye 1996；C. Fang2016；F. Zhang 2001, 257-62。

4　Editors 12th century；Hymes and Schirokauer 1993；Bossler 1998。

5　仁是儒家的中心價值和理想，指適當、仁慈、遵守天道、自我修養與自省自持、無私甚至利他的行為規範和價值觀；其體現即所謂的「己所不欲勿施於人」之格言，源出《論語‧顏淵篇 12》。「皇帝與士大夫共治天下」之約，參見 Li 12th Century, V221。

6　Li 12th century, V18；Tuo 14th century, V1-5；Z. Wang 2007；G.Wu 1-4-2016；Y. Yu 2004。

7　Z. Wang 1983, chap. 6。宋的「馬政失誤」和缺乏足夠的騎兵，可能是宋軍事上敗於遊牧騎兵的一大直接原因（X. Zhang 2012, 55-60）。Li, V3；Editors 1992, V6。

8　R. Huang, 1997, 154。

9　T. Wu 2009。

10　Tuo 1345 <1975>。

11　Tuo 14th century V246-55；Von Glahn 1996。

12　Beckwith 1987, 165-67；Y. Wang 1980, 94-104。

13　X. Zhang 2007。

14　Li 12th century, V58；Muo 2012。

15　Standen 2007；G. Wu, 8-7-2015；Tao 1988。

16　Tuo 14th century, V486；Bielenstein 2005, 623；Fu 1978。

17　Gross 1948, 20-41；Mote 1999, 70-1, 115-24; X. Zhang 2007；Tao 1988；Twichett and Franke 1994, 108-10。

18　Croxton 2013。

19　Jiang 1964, 54。

20　Tuo fourteenth century, V313-372, V7；Muo 2012。

21　Jones 1981；Landes 2003；Pomeranz 2001；Frank 2001, 180-2。「中國困惑」或者「中國難題」，是指為什麼現代科學和工業革命沒有發生在中國（Finlay 2000, 265-303）和為什麼中國的人均收入停滯那麼長時間（Y. Lin, 2012, 591-96）。

22　Tuo 14th century, V233。

23　Z. Yuan 2010, 67-70；R. Huang 1997, 127-28, 207；Chien 1939, 523。

24　X. Zhang 2007；Editorial Board 2004, V2, 50-82；T. Yuan 2012, 130。

25　X. Cai 2007；Gong 2008；P. Xiong 2009。

26　Chen 1943, 245；Chen 1960s；Deng 1943；Wang 1926；X. Song 1997；Needham 1954, V1；Naito 1922, V8；Miyazaki 1978, V9-12。

27　如宋徽宗和李師師的傳說故事（Zhang 13th century）。

28　P. Liu 2012, 1-16；F. Zhang 2001, 220-42；Q. Zhang 2001；Y. Yu 2004；T. Yuan 2012, 111。

29　L. Zhou 1999, 259；Ebrey 1993；Bernhardt 1999。

30　Ye 2006, 7-8, 10-12；Muo 2012；F. Zhang 2001, 224-26。關於北宋的壯麗及其悲劇性失敗和宋徽宗令人悲傷的結局，參閱 Ebrey and Bickford 2006 和 Ebrey 2014。

31　J. Ge 2006；S. Wu 2000, V3。始於宋代的在華定居的猶太人社群，直到 1850 年其最後一個拉比（Ribbi）逝去無繼承人，才完全同化於漢人中消失（Q. Yan 2002；X. Xin 2003）。

32　G. Cao 1989；Zheng and Huang 1989；China News Agency 7-9-2009；Powelson 1994。

33　Ye 1990；Maddison 2001, 圖 1-4, 表 B-21 和 B-22；Q. Liu 2015。

34　Hansen 2000；Waley-Cohen 2000, 38-41, 52；Tuo 14th century, V126-39；F. Jian 2009；Q. Ye 2006, 89-105。

35　Needleham 1954, V1；Gernct 1962 & 1996, part 5；Hartwell 1962, 153-62；Xinhua 7-13-2016；J. Dong 2014, 29-36。

36　Zhu 12th century；Li 1270；N. Wu 1994；Y. Han 2014；L. Zhou 1999, 259；H. Wu 2012；Editors 2008；Y. Jiang 2014；D. Cao, 1987, 36-63；L. Liu 2006, 126；CCTV 2015。

37　P. Xiong 2009。

38　其他一些類似的文件和條約，參閱 Cabrillo & Puchades-Navarro 2013: 50；McNeal & Thatcher 1905；Cannon 1909；Comyn 1923: 138-140；Vincent 2012。

39　G. Wu 2014。

第四章

評議中華秩序

通過分析中華秩序、評議其特性與歷史記錄，本章將對 20 世紀之前的中華歷史重新做出解讀。從西元前 3 世紀後期至西元 19 世紀後期，除了一些暫停和中斷，尤其是長達三個世紀的宋代，中華世界各族人民基本上都生活在一個大致相同的中華秩序之下。這一秩序是「儒化法家的秦漢政體」本能而合乎邏輯的目標，也是它的天命（mandate of heaven）所在：由一個中央集權的專制政權（也是唯一的政治單位）來統治整個已知世界，建立世界帝國。中國和台灣的一些華人學者如趙汀陽、張啟雄、黃枝連、王慶新、劉仲敬等人都曾論及過中華秩序，將它分別描述為「天下體系」、「中國世界秩序」、「東亞世界秩序」、「禮儀制度下的天朝體系」、「中國的天下秩序」、「朝貢制度」或者「華夏制度」[1]。外國學者如費正清、曼可、白魯洵則更早就使用過類似的詞彙去討論中華秩序[2]。在筆者看來，中華秩序具有持久的前現代性（premodernity）；它是威權主義的，但常常是極權主義；是一個沒有分化的社會經濟政治綜合體所追求的世界秩序[3]。

中華秩序有著頗具說服力的宇宙論觀點（天上只有一個太陽）和對農業社會父權制實踐（一家只有一個父親）的論證和神聖化。於是整個世界只能由一個天子來統治一切，成書於漢帝國時代的《禮記》中有一個著名論斷：「天無二日，土無二王，家無二主，尊無二上。」共存平

行的其他國家以及國家間的比較和競爭，都被認為是暫時性的、不受歡迎的、違反天道因而也是違反人道的，故無法接受。儘管天命可能會從一個統治家族轉移到另一個統治家族，王朝因此可能會更替，世界可能會暫時分裂，政權可能會一時分立；但只要宇宙維持原狀，則中華秩序的基本原則就永遠不變。於是，在兩千多年裡，中華文明要　是由唯一的天子之下的中央集權政府統治的「統一世界」，要　組織為一個過渡性的西發里亞式國際關係體系，其中有多個天子渴望重新統一世界並為之拼搏不已。民族、族群、宗教甚至種族的界限都被稀釋和弱化。世界帝國對歐亞大陸東部的各民族人民依照它們的遠近、統治它們的成本高低，以及它們接受中華文化（主要是儒化法家觀念及其載體文言文）的程度，實行劃分排列、採用不同治理方式。回顧其歷史，中華秩序既不是「特別的仁慈」，也非「特別的暴力」，時常只是存在於想像中或者虛張聲勢中[4]。

在中華秩序下的中華世界，由於自然地理的原因和政治選擇，而與外部現實世界隔離分開。當外部世界的存在變得愈加難以否認的時候，主動做出自我隔絕的政治決定就變得尤其重要。雖然以自我為中心以及常常自我孤立，但中華世界並不總是符合所謂「孤立主義」的僵化分析模式[5]。它事實上也經常對外開放，與其他地區有許多重要的長期的交流來往。但是後者必須被認為（或者被臆想為）是處於同一個天子的統治之下，或者乾脆就是無足輕重，不對秦漢世界帝國造成挑戰。在概念上，中華秩序是所謂的封閉社會（closed society），與政治學家波普（Karl Popper）分析過的開放社會（open society）相反。與俄羅斯帝國等其他封閉社會相比，中華秩序表現出一種「吸收型帝國」的特徵。它不僅征服和控制各個國家與民族，而且迫使它們同化和消弭。如美國漢學家拉鐵摩爾（Owen Lattimore）觀察到的，所有人都是或者應該是「（漢族）中國人的雛形材料」──「尚未成為（漢族）中國人」的落後野蠻之人，假以時日，都會通過文化壓力或者武力強迫而「成為（漢族）中國人」[6]。

中華秩序的天下意識形態或曰大一統思想，最初是由秦帝國對整個中原（Centralia）即中國本土（China Proper）的征服而成功地付諸實踐。作為一種政治秩序，中華秩序崩潰過多次；但作為一種政治意識形態，它從未在中華文化和中國人的心裡消失。漢帝國和隋唐帝國都曾復辟、改進和完善了中華秩序。在宋代三個世紀的離經叛道的社團主義威權政治與西發里亞式國際關係之實驗被武力摧毀後，元明清三大帝國先後重建中華秩序，並趨向極致。明末清初的非正統思想家黃宗羲，在《明夷待訪錄》中認為，兩大巨變先後兩次「結束」了中華文明，並將中華人民封死在無盡的厄運中：西元前 3 世紀秦朝的天下統一和西元 13 世紀蒙古人對宋朝世界的毀滅（「夫古今之變，至秦而一盡，至元而又一盡。經此二盡之後，⋯⋯雖小小更革，生民之戚戚終無已時也」）。

中華秩序的世界統一理想，兩千年來影響乃至塑造了幾乎所有中華統治者的政治和政策偏好。滿清帝國尤其是 18 世紀所謂的盛世，在很多方面都集中體現了中華秩序。對於今天中國的歷史敘事與未來願景以及中國領導層的決策參考框架來說，中華秩序也都是一條熟悉而深入的「路徑依賴」（Path of dependence），及持久宏大、影響深遠的歷史文化傳統。作為近乎完整的「世界國家」的一個持久案例，中華秩序的經驗對當前關於全球化的思辨，尤其是關於政治全球化的可行性和可取性，應該是極有啟迪和說服力的[7]。

中華秩序的主要特徵

中華秩序的基礎是奉行威權主義甚至極權主義的秦漢式政體。秦漢式政體在其內部，實行專制甚至暴政統治。在其外部，除非它能征服、並統治整個已知世界，從而享有對所有人民的唯一主權；否則它必須假設，那些它無法統治的人們都不存在或者無關緊要，設法將他們與自己統治下的人民隔絕開。總之，只要有其他的平等主權政體與之共存、人

民可以選擇不同的政治制度乃至國家、要與其他國家進行國際比較和競爭，這個秦漢式世界帝國就會遑遑不可終日，無法和平穩定；人民也難以安居樂業。於是秦漢政體的內在邏輯總是指向天下一統的天命，引導其外交政策走向（或者假裝）建立一個單一的世界政府。這個中華秩序的關鍵性特徵，包括總體性、普世性、等級層次、多重性、控制慾、虛偽欺騙和表裡不一、有效性以及持久性[8]。

◎總體性（totality）

如前所述，中華秩序的理論基礎是修正過的儒化法家政治意識形態（摻入道家的天人合一宇宙論），要求模仿父系家庭組建國家政權，並依照不變的天道（大自然或神）統治人民。由此，中華秩序下統治者和菁英們的天命是將整個世界（全天下）的人都統一到一個中央集權統治之下。如同所有的光都來自唯一的太陽，所有的政治權力和司法判決都必須來自唯一的天子。所有人的生命財產，都由負有天命的皇帝任意處置，但實際上經常由帝國官員乃至宦官們以皇帝的名義隨時予取予奪。天子不僅徵斂和控制天下的財政收入，也是不容置疑的中華世界裡最大的財產所有者和最終的土地所有者。所有財產尤其是田產，通常都直接或最終由皇帝以天下的名義而擁有（所謂「公天下」），但帝國體系的本質則是中國歷史學者范文瀾和易中天所說的「家天下」。最高統治者對所有的財產和所有人都有無限的所有權和處置權，透過帝國法令去任意沒收和重新分配財產都是常態。從秦帝國到中華人民共和國，帝國／國家對厚利產業（從採礦、鑄幣、鹽業、瓷器、酒到後來的菸草），以及重要的商業活動（如外貿和銀行業務）的壟斷是中華秩序的主要支柱。皇帝擁有著世界帝國，控制一切資源，隨自己的意志而統治，幾乎沒有什麼限制和反對。一元論（monism）必須根除多元化（pluralism）[9]。

中華秩序的政治經濟總體性，必然延伸到教育文化和精神領域。科

舉考試制度嚴格控制著教育的內容和形式。崇拜天地的自然宗教（通常與道教相關聯）和崇拜祖先的世俗信仰（通常與儒學相關聯）都被皇權征服和框定下來。事實上，如外國學者所觀察的，中華本土的宗教信仰體系常常被消減、墮落，只剩下對民間傳說中財神的大肆流行和崇拜。自秦帝國以來所有的秦漢式統治者，都試圖控制和整合那些外來的、教義精細嚴密、也更加獨立自主、在政治上對秦漢政體不馴順，甚至具有挑戰性的宗教信仰：佛教、伊斯蘭教、較小的摩尼教、景教和瑣羅亞斯德教（即祆教，又名拜火教）──它們都在唐帝國時代因皇家贊助而興盛，或因帝國屠戮而衰敗。後來，強大而異己的羅馬天主教（從耶穌會傳教士開始）、基督教新教各派和摩門教，也同樣地分別在明清帝國和中華人民共和國遭受過類似命運──從政府的寬容甚至贊助，到控制和整合，到迫害乃至被根除。在擁有天命的統治者面前，所有的人都是公平和公道的，以此之名，中華世界的宮廷史學家和學者們從規範上、功能上乃至宗教和宇宙論上，闡述、合理化並讚美中華秩序下政治主權的總體性和唯一性。中華秩序之下的中華世界，的確呈現一種波普所論述的「不寬容者的全面進攻」的強烈傾向 [10]。

◎普世性（Universality）

中華秩序是一種命定要統一整個已知世界的普世通用的政治秩序，即便只是名義上的假裝統一。用一些中國歷史學者的話來說，大一統一直都是中華政治的最終目標和最高準則，也是所有「中國統治者的神聖使命」。據信是諸葛亮作於西元 282 年的《後出師表》曾首次提出「漢賊不兩立，王業不偏安」，該說法後來成為已神聖化的中華政治之道德規範。中華秩序的普世性還在於，無論漢族與否，任何民族的統治者只要能設法征服整個已知世界，並採納儒化法家秦漢政體，都可以成為中原乃至整個中華世界的天子。此即中華秩序之下靈活變通的所謂「華夷

之辯」。所以由非漢族的「蠻夷」統治中國的蒙元和滿清，很容易引用源自先秦的古代思想「夷狄進於中國，則中國之。中國而為夷狄，則夷狄之」和漢族菁英們的務實觀念「能用士，而能行中國之道，則中國之主也」，從而成為合法的中華天子[11]。

中華秩序的普世性，在近代遭遇了一個饒有趣味的深刻曲解——自19世紀中葉以來，中國統治菁英們對於來自西方的「蠻夷」，以及西方化的日本帝國懷有深深的疑慮和恐懼：這些強大的外來力量，不僅要接管統治整個中原乃至整個中華世界，而且會從根本上取代中華菁英們唯一理解並珍愛的治理之道——即儒化法家的秦漢政體。這些新的征服者們，已經確鑿無疑地證明了他們在組織和技術各方面都先進太多；而相比之下，如郭嵩燾這樣的有識之士已絕望地看出，中華才是真正的野蠻或半野蠻，非常無能和落後。面對這樣的挑戰——不僅要滅絕一個王朝，而且可能要滅絕整個中華秩序，根除秦漢統治，亦即李鴻章稱之「三千餘年（未有之）一大變局」——張之洞等人明智而一廂情願地號召「中學為體，西學為用」，希望用西方的技術去保存中華的精萃。還有些人選擇了從漢至清一直採納的「以夷制夷」政策。這兩種對應方式，近兩個世紀以來一直在中國延續，至今依舊是首選的對外應對方案。在傳統的中華歷史裡，包括今天的中華人民共和國的官方歷史敘事中，中華秩序天下一統的普世性，常常被拿來作為判斷、贊譽歷史人物、政策和事件的最高標準，高於民族主義、善政、階級利益與和平繁榮。相反，國際上共存平等國家間的比較和競爭，被認為是暫時性的、反自然和反天道的，因而是不可取的[12]。

然而，這種普世性在中華世界的歷史上常常不是現實，而多為理想或者乾脆假裝如此。例如，滿清帝國就曾繪製過宏偉繁複的「萬國來朝」的想像圖卷，供統治者和菁英們自娛自樂。自秦帝國以來，中華世界大約有三分之二的時間（2100年的66%）在名義上是統一的，但真正有效的中央集權世界帝國政府的統治時間至多也只有一半時間（2100

年的 57％）。從歷史記錄比較可靠的西元前 841 年開始計算，到 1895
年日本戰勝清帝國為止，有效的中華世界大一統的歷史最多占總長度的
45％。以此衡量，大多數秦漢式帝國的統治者們都未能建成真正的中華
秩序，因而是失敗的領袖，更不用說用其他真正意義重大的標準——如
生命、生活水平，以及社會經濟和文化的發展——來衡量他們了[13]。當
然，中華秩序即便沒有建立、只是個空洞理想，也依舊對社會經濟、文
化發展，以及人們的心靈造成影響，因為那些視之為最高使命的秦漢式
統治者們，同樣徒勞耗費自己與民眾的生命、資源和時間。

　　中華秩序的普世性與它的總體性直接相關。中華世界只能有一個權
力中心、一個單一的統治結構，一套儒化法家的價值觀和規範系統。這
就決定了它必須是一個普世的世界體系，因為它從根本上就無法容忍其
他國家政權與之平等地比較和競爭。在其內部邏輯裡，如果外部存在競
爭對手和可替代力量，對這個儒化法家政體必然構成不友好、甚至令其
無法安居生存的狀態。結果是，這個秦漢政體的統治者要做出艱難的、
不情願的改變以求適應，尤其要在內部妥協、減少極權、變得更加寬鬆
和包容（例如宋帝國）；或者建設軍事上無用但具有政治象徵意義的屏
障——如長城——加強中原的地理隔絕，排除掉那些不受統治或無法統
治的人；或者像元明清帝國的統治者一樣，乾脆採取海禁政策，限制、
甚至禁止臣民與那些未知也不受控制的外人交往。追求中華秩序成為秦
漢政體一個自然而合乎邏輯的使命，一個秦漢式統治者不可避免的命
運，也常常是其悲慘甚至致命的詛咒。從秦始皇到毛澤東，確實很少有
中華統治者能夠逃避這種命運，或放棄追求中華秩序這個天命。

◎等級層次（hierarchy）

　　中華秩序嚴格而僵化地將各民族、各群體和每個人都劃分出層次等
級。所有的權力都來自上一層，每個層次都有自己固定的角色、權力和

職責。只有通過自然的年齡增長、帝國法令與任命，才能改變個人的等級。只有推翻特定的統治者，才能打亂、改變整個等級排序。如同異見學者戴震（1724～1777）所揭示的，這種自上而下的、出於控制和統治目的的社會等級體系，依靠殘酷的武力和一套內化的僵化儀式來維持。像一個擴大的父系家庭一樣，作為兒子的權利和義務從道義上和文化上被合理化和固定，永不改變，直到他自己成為父親和祖父。每個人都生活在社會關係中，沒有絕對的個人自由或權利，只有相對的自治和平等。天下沒有人不受關係的約束，尤其沒有人不受唯一的天子之統治。只有上級（最終是天子）可以隨時、隨意通過旨意提升或貶黜任何一個人的社會政治經濟地位，或者乾脆從肉體上消滅他乃至其整個家族。既有的政治競爭，被扭曲成為官員之間的互相背叛、坑害和角鬥，以便從上級那裡獲得好處。然而很多時候，被神化的皇帝自己也並不自由，他受制於儀式和傳統規則；受到皇室的牽制，被內庭的后妃及宦官的陰謀所操縱；交錯縱橫的士大夫官僚體系對皇權也有一定制約——帝國的統治菁英們為了既得利益，時而會努力維護自認為「正確的」儒化法家統治方式，甚至為此冒犯皇帝[14]。

官僚層級的權力和生存全都掌握在上司（最終是皇帝）之手，於是製造出「官本位」這種深入人心的社會分層和文化規範，以及中國政治學者俞可平所說的「官本主義」傳統。中華政治由此產生了比一般宗教更為強大的「權力拜物教」或曰「權力崇拜」。即使在21世紀的中國，菁英們和民眾仍然頑強表現出有千年歷史的人生理想，即所謂的「皇帝夢」和「將相夢」。在科舉制度的基礎上，自上而下被任命的官僚們，無所不在，無所不能，構成秦漢式政體精心打造出的菁英管理階級，在社會、政治和經濟上幫助中華秩序進行威權主義、甚至是極權主義的治理。而退休的帝國官員、想做官的地方人士（主要是來自受過教育和擁有財富的家庭），則構成地方自治的士紳階層。中華人民共和國則更進一步，廢除了士紳階級掌握的縣以下的地方自治權，在威權主義一極權

主義官僚體系上，疊加了中央、省、地、縣、鄉鎮、村社各個層次，使得統治機構更加臃腫、成本更為昂貴[15]。

◎多重性（dualities）

中華秩序在實踐中大體上分為兩大區域：中原或中國本土（其大多數人口屬於漢族），以及有許多非漢族民族居住的周邊地區。在中原之外，治理的高昂交通成本、遞減的資源、地理和其他地方條件的變化，都必然限制了秦漢政體統治的力度和範圍。於是，中華秩序往往有一種明確的二元性，有兩種或多種統治方式。在核心的中原採取直接的帝國統治；在中原之外的其他天下屬地——包含地理上和族群上的偏遠地區——採取封建邦聯（feudal confederation）式間接統治結構。順從的地方貴族們，則被納入羈縻體制；一些附屬國，則進入具有不對稱外交和貿易關係的朝貢體系。那些帝國沒有統治到的地區，只要它們對中華秦漢政體的影響是無關緊要的，帝國乾脆忽略，或者與遠方強大的外國展開平等的外交乃至貿易往來——只要天子在國內維持住其世界帝國天下一統的面子即可。

對於中華世界的人們，尤其是生活在中原的人們來說，他們的人身權利與自由全部都賦予了專制的皇帝。在 19 世紀之前，對外移民，甚至只是從人口稠密的中原遷移到帝國控制力較弱的地廣人稀的周邊地區，基本上都是被禁止的。不在乎禁令的移民被當作奸詐的棄民，禁止返鄉；敢於回來的移民一旦被抓獲，即使是在比較開放、比較國際化、外國人容易訪問中原的唐帝國，也可能面臨斬首處罰。除了漢、唐、明帝國初期的極少幾次外，帝國統治者們幾乎從不組織和贊助海外與陸上的考察、探險和遠航。皇帝們從不支持任何他們不能控制的海外移民和殖民地活動。整個中華歷史上唯一已知的獨立海外華人殖民地，是位於今天印尼的西加里曼丹島上，由來自中原的漢族「非法」移民

所創建的蘭芳共和國（蘭芳大統制 1777 ～ 1884）。它從未被中原的秦漢式統治者們承認過，更不用說得到任何支持。當然，今天有些中國作家會演繹甚至編造一些蘭芳領袖們是「愛國」的中國人，專注於在海外「弘揚中華文明」的故事。外國人也被禁止移入中原。那些來訪的外國人（通常是得到特別批准或是有特殊需要的人士），例如著名的明代耶穌會牧師利瑪竇（Matteo Ricci）和清代的耶穌會牧師郎世寧（Giuseppe Castiglione）則被禁止離開中原，終老在帝都北京。明朝晚期，菲律賓的荷蘭總督為了鎮壓某次叛亂，屠殺了兩萬名漢族後裔居民。他隨後向廣東和福建的明代官員提出善後以及經濟賠償。一年後，來自明帝國皇帝的答覆抵達菲律賓：既不譴責也不要求賠償，明帝國反而送給荷蘭總督兩萬兩白銀（每殺一個漢族菲律賓人一兩），以「獎勵」該總督正確地「懲罰」了那些漢族「叛徒」棄民[16]。

　　隨著時間的推移，中華秩序在中國人心靈裡創造出另一種扭曲的雙重性，中國人變成一個羨慕暴君心理與奴隸宿命論的複合體，並在文化上內化、在道德上合理化。中國史學家已經論及這種「皇帝意識形態」或者「天朝心態」，以及對權力與暴力的實用主義崇拜。受過西方教育的中國知識分子林語堂曾總結道：「宿命論不僅是中國人的一種心理習慣，也是有意識的儒家傳統的一部分。」「宿命主義是個人力量和滿足的一個重要來源，也解釋了中國人靈魂的平靜。」一位 21 世紀的中國學者總結道：中國的「自然哲學」就是一種宿命論，所謂「生死有命，富貴在天」。如同一枚硬幣的兩面，對於中國人特別是有才幹和抱負的人來說，人生的選擇和價值取向，要嘛是不擇手段努力成為全能的獨裁暴君，要嘛就爭當一個忠心耿耿、無情無義的首席奴隸，不管心裡其實是怎樣的惶恐和欺瞞。一個鮮明的例證就是毛澤東與周恩來的關係。對於不夠強大的人來說，一種隨波逐流的「順生」哲學便深入人心，得到廣泛實踐。所有人都享有同樣的公民權利的觀念只是一種會致命的異端邪說。因此，一些中國學者在 2013 年感嘆道，在一個專制政體的暴政

下，「中華民族和中國人的人格和素質」，從秦帝國以來，尤其是在宋帝國覆亡後「經受了不斷的退化和腐敗」，到元明清時期已經是世界上最糟糕的了；如果中國的社會政治制度「沒有根本性的改變，（中國人的人格和素質）也就沒有任何根本性變革和改良的希望」[17]。

◎控制慾（control）

中華秩序的建立和維持必須高度依賴對人民和他們頭腦的集中垂直控制。美國漢學家史華慈（Benjamin Schwartz）曾寫道：中華文明「最引人注目的特徵之一就是政治秩序在整個文明裡的中心地位和重要性」。一位研究當今秦漢式政體——即中華人民共和國的「黨和國家」體制——的歐洲學者發現：「控制就是（中國）這個國家的本質。……它控制，因為它必須這樣做。」[18]秦漢式統治發展了廣泛而有效的各種治國方法，嚴格控制人民的行為和移動：殘忍地使用暴力，包括人類歷史上一些最可怕的酷刑和公開處決；實行國家對意識形態和歷史修纂與教學的壟斷；維持至關重要的戶口（戶籍）和保甲（居民集體連坐）制度，壓制甚至消滅大土地莊園貴族，以及任何獨立於皇權的財富；利用科舉制度；廣泛的祕密警察及國內諜報網絡；使用被皇帝集中壟斷的「世界性」財富去引誘和犒賞忠誠者和舉報線人。為了帝國的控制，沒有任何人的生命（包括後裔和死後名聲）、權利或規則是皇權不能動的。所有的私人財產可以隨時被帝國全部沒收。不僅是不順從的行為，任何簡單的觀念分歧，甚至只是稍微不恰當、不討喜的語言，都可能帶來滅門抄斬。如法國哲學家孟德斯鳩所說，中華秩序下的統治就是專制暴政，「其原則就是恐懼」。當然，因為技術、運作成本、各種人為因素，以及帝國官僚體系固有的低效和腐敗，一個秦漢式帝國的控制權力在實踐中也會受到阻礙，其有效性事實上常常受到限制。正如一句諺語所說：天高皇帝遠[19]。

中華秩序下的全面控制，一個重要的組成部分是國家對經濟的直接控制。秦漢式帝國除了是整個世界最終的地主，傳統上也壟斷了重要的工業和利潤豐厚的商業，從而控制住那些可能與帝國進行競爭，乃至抵抗帝國政權的社會力量與資源。對外貿易（甚至內部的跨區域商業）也被邊緣化、壓迫和擠搾。從秦漢帝國開始，朝廷一般都擁有並經營礦業和鑄幣、製鹽和販鹽、瓷器甚至絲綢行業。糧食市場，特別是跨地區糧食市場，基本上是由國家調撥和運輸，如明清向北方供應糧食的漕運。成功的商人被迫或者被誘耗散其資本，去購買土地和官銜，從而成為依賴皇室的土豪權貴，而不能形成獨立的經濟力量。在明代，商人們通常要支付 40％或更多的利潤賄賂官員和皇帝才能生存。明清時期最著名的徽商和晉商，基本上都是皇權的代理人——皇糧運輸（漕運）、國家特許的鹽業，以及有官府特許關係的錢莊票行。即使是鼓勵私營工商業的宋帝國，依然竭力壟斷鹽業，擾亂市場。因此，秦漢式國家盡可能多地榨取農民和商人，把全世界的財富集中到皇帝一人手中，以支付帝國治理和其他非投資性花費。儘管中華世界曾經出現過許多超大型城市和重要的商業繁榮時期，但是在帝國的嚴密控制下，資本主義、工業革命、城市資產階級以及啟蒙運動，基本上都沒有任何機會產生[20]。

◎虛偽欺騙和表裡不一（hypocrisy and duplicity）

　　中華秩序基於兩種看似相反的意識形態，即儒家思想與法家思想的組合，加上其結構上與觀念上的多重性，從而導致了中華的政治、社會和文化中充斥著大量虛偽性和欺騙性。無情而高深莫測的法家，雖然殘酷、講究暴力、狡詐，但得到柔性的儒家價值和口號的補充和修飾，二者合力產生了低成本且高效的集權專制統治，而極度的虛偽、表裡不一與故弄玄虛也是必然的結果。儒家的人本主義價值「民為貴，社稷次之，君為輕」，與完全反過來的世界帝國政治秩序之「天下定於一」，在同

一本經典（《孟子》）裡似乎無縫連結，並行不悖。

　　當然，任何一個具有一定規模的人類群體及其治理，其統治者的官方言辭與實際行動之間總是會有一些不一致之處，在領袖與民眾之間也難免會有信息不對稱。但是中華秩序下的秦漢政體，在其法家內核與儒家外形之間，具有一種根深蒂固的邏輯和價值上的緊張。它的「世界總體性」總是要排除個人的選擇和自主權，從而與一個不受其控制的現實（帝國治外，「另類」的他者大有人在）常常互相矛盾。它僵硬的、自上而下的社會政治等級制度，對虛偽欺騙和表裡不一這種特徵產生了廣泛而巨大的需求和包容，甚至已經制度化。一個秦漢政體在體制上和規範上排斥了務實精神、靈活性和妥協這些關鍵因素，因此無法實施良好而有活力的外交和國內治理；迫於實際統治之需，帝國上下只好幾乎一貫地名不符實，言行不一地盡量靈活應付和務實辦事。歐洲學者李克曼（筆名西蒙・萊斯〔Simon Leys〕）曾尖銳地評論說，極少有一個國家和一種文化，在道義上和觀念上如此全面地鼓勵表裡不一、故弄玄虛。海外華人社會學家周雪光甚至將名實脫節和表裡不一稱為中華世界三大「帝國治理邏輯」中的兩個[21]。

　　秦漢式統治者們雖然把家庭式的情感標榜為執政倫理，但卻發明、並頻繁使用無數詭計、大規模屠殺和一些人類歷史上極不人道的酷刑和處決手段，如公開凌遲。官方推廣的「二十四孝」，基本上都是不理性的社會和精神控制，卻假裝是道德模範，導致了公然的欺騙，並因為不人道而令人厭惡。中華秩序下的官方話語充滿了儒家人文主義的迷人口號，但實際行為卻依賴詭詐、殘酷和訴諸武力的法家現實主義，二者的表裡不一既令人咋舌又根深蒂固。在 21 世紀，中國學者吳思將這種政治特徵概括為所謂「潛規則」至上的陋習。2010 年，一位中國學者認為，戰國時代的《孫子兵法》，因描述如何使用各種謀略、不擇手段地打贏戰爭而飽受讚譽，實則總結了中國人的價值和政治文化精髓，即所謂「鬥爭哲學」和「沒有規則就是唯一的規則」[22]。

這種廣泛存在的表裡不一和合理化了的虛偽欺騙，早已被許多中國知識分子揭示、貶斥或者贊譽，認為這種中國人的心理和精神特徵是由中華秩序所塑造和哺育。明代異見學者李贄（1527～1602）就公開指斥過：中華統治者和菁英們傾向於「言假言、事假事、文假文……滿場是假」。在英國受過教育的翻譯家和教育家嚴復（1854～1921）在1898年感嘆道，「華風之敝，八字盡之：始於作偽，終於無恥。」馬來西亞出生、受過西方教育的翻譯家辜鴻銘（1857～1928）在他被廣泛引用的英文論文裡，認為「中國精神」有獨特的「深度」和「廣度」、類似孩童般的「簡單」、「機巧而順服」、服從「帝王神聖權力」統治下的集權等級制度，「極為冷漠務實，而不自省反思」。辜鴻銘以一個漢族主義狂熱分子，並跡近為種族主義者的面貌出現——如保留滿清髮型服飾、為納妾辯護。他用現代語言巧妙構建的諸多例證比喻，恰恰反映了中華秩序下精緻的表裡不一與裝腔作勢的古老文化傳統；他還試圖論證這些文化傳統是菁英階層的首選生活方式，是可以用來改善世界的處方 [23]。稍後，留學西方的作家林語堂也用英文寫道：「中國人的性格」和中國人的思想都深具劣根性；他們強調為了僅僅活命的「生存價值」而對權利、理想和真理冷漠；缺乏分析能力、科學觀點和簡單的邏輯思維，從而使得中國人的日常「活動降低到消化系統和其他簡單的生理需要水平」；他們「缺乏社會心智」，從而阻礙了公共精神、公民意識和社會服務的發展 [24]。八十多年後，中國學者秦暉指出，「（今天的）中國知識分子主要是在討論一些虛假的問題」，用空話和欺騙來誤導人民 [25]。事實上，中國古典文學如四大名著（《紅樓夢》、《三國演義》、《水滸傳》和《西遊記》）都深刻反映了中華秩序下社會和文化普遍存在的虛偽和欺騙。中華民國時期的學者傅斯年曾將中國文化形容為腐蝕人性的「中國灰水」。而台灣作家柏楊則有個著名的比喻，將中國傳統文化稱為「大醬缸」 [26]。

◎有效性（efficacy）

秦漢政體及中華秩序的有形和無形成本都相當高昂。其有形成本包括沉重的稅收、徵兵與徭役負擔；帝國官僚體體系的普遍低效、無能和腐敗；周期性的大規模破壞，大量人口的非自然死亡；以及無窮無盡的戰爭和叛亂。其無形成本則包括壓制科學技術與文化的創新發展，以及無所不在的虛偽和造假。但是中華秩序確實也達到了人類政治組織的一個高峰，能夠為一個廣袤的世界提供相當有效的秩序和集中化治理。

美國漢學家費正清曾認為，對於統治菁英們來說，中華秩序的官僚群體相對較小，還能夠帶來延續多年甚至幾十年的和平。其實費氏的觀點是不正確的，帝國任命而付薪的官員只是龐大世界帝國政府的一小部分。大量的地方收入所供養的胥吏衙役，通常都不計入帝國官僚行列。而在一個農業社會裡，這些數不清的地方小吏、僕役和官員跟班掠奪無度，必然造成比文字記載更多、更昂貴的治理成本，也使政府難以將稅收變成金融投資，增長其收入。帝國無數次旨在減稅和減輕負擔的改革，結果都變成各種巧立名目的雜稅叢生，反而使人民負擔更重。廣泛存在的幫會組織和祕密社團，如明清時期的各種江湖會黨，表明了中華秩序在提供財產權保護、維護社會秩序、尋求司法公正各方面效率低下。然而，統治菁英們對秦漢政體及中華秩序，幾乎是無可替代的全面接受，從而出現像明帝國那樣的情況——雖然有著史上最糟糕、最懶惰皇帝的可怕統治，但官僚體系似乎像自動駕駛儀一般維持運轉幾十年之久。對他們而言，這個前現代的統治制度也許就是一個理想的、有效的、近乎完美的體系，確保他們能夠穩定獲得整個已知世界的權力、聲譽和財富[27]。

中華秩序下秦漢政體的一個顯著的力量，是它在文化與民族上的同化能力。中華世界裡無數的不同文化、語言、民族甚至種族群體，隨著時間的推移，都被帝國用武力強制、及用世界統一的儒家理想規範的強

大社會化力量所消滅、合併或同化。一個明顯的例子是在中國的猶太人。有別於在全球各地千年不墜地頑強維護自己身分和認同的其他猶太人群體，宋帝國時生活在中華世界的數量可觀的猶太人社會，在明清時代漸漸和平地同化，消失在不斷被重塑的漢族人巨大的混合基因池裡。中華世界裡的穆斯林是一個更大的族群，因為朝聖始終與中華世界之外的伊斯蘭發源地保持聯繫。他們為秦漢式統治者們提供了重要的服務，並對中華文明有過很大的影響。然而他們有力地抵制了漢化，回族（漢族穆斯林）和各個非漢族穆斯林民族（主要在今天的新疆），不僅設法生存了下來，而且保持住了自己的宗教文化，證明了中華秩序有限的文化同化能力。從歷史上直到今天，穆斯林各族人民為抗拒秦漢政體無休止的血腥壓迫，甚至種族滅絕而進行的反抗，是極為慘烈、極為昂貴的 [28]。

◎持久性（longevity）

隨著時間的推移，中華秩序在文化上深深內化，積累了堅實的合法性，由此獲得了強大的持久性與後勁。它從多次崩潰中復活，甚至在漫長的宋代停頓之後也能復辟重建。中華秩序的持久性和合法性在每次復興後似乎都有所增強，並在 18 世紀後期滿清世界帝國的「盛世」時達到巔峰。儘管史家已經證明那個所謂的康雍乾「盛世」，其實充滿了停滯、暴政、不公正、貧窮、苦難和饑餓驅使的人食人現象。因為有了一個勤政、認真而精明的儒化法家的秦漢政體管理著整個已知世界，看起來中華世界的歷史（至少是官修歷史）似乎就此終結了。於是專制的乾隆皇帝（1736～1795 年在位），在無知地拒絕當時真正的世界強國英國的馬戛爾尼使團（Macartney Mission）的同時，不無自得地自詡為所謂「十全老人」。剩下的唯一不確定的問題，就是決定皇位繼承的所謂王朝周期，這是一個殘酷的權力政治遊戲，看誰究竟會成為勝利的贏

家，即下一個真命天子延續天下一統的天命。富於持久性的秦漢政體及中華秩序可能是個探討甚少的極佳案例，可以印證西方政治學家們近年來熱議的一個政治邏輯，即一個腐敗而糟糕的政權卻可以通過建立特定的勝利者和遴選者（selectorates）之聯盟，長期生存下去，還後勁十足[29]。

在中華秩序下，只有極少的中國人曾經寫過一些涉及非秦漢政體的異議文字，其中能夠逃過皇帝們的焚書烈焰而流傳下來的就更少了。關於非天下世界秩序的議論文字則極為罕見。在明清兩大世界帝國交替的戰亂年代，出現了一些非傳統甚至反傳統、但被邊緣化和壓制的具有啟蒙思想的漢族思想家。他們批判地審視了秦漢政體並提出了替代選擇的設想。

黃宗羲（1610～1695）認為，秦漢帝制違反了「原始」自然規律和道德，「為天下之大害者，君而已矣」。唐甄（1630～1704）則簡潔明瞭地總結說「自秦以來凡帝王皆賊也」。王夫之（1619～1692）重溫了先秦時代的個人權利和地方自治，呼籲「不以天下私一人」。顧炎武（1613～1682）沿用孟子的觀點，像啟蒙思想家那樣質疑中華秩序，認為人民的生活、福祉和權利而不是統治者的家族統治才應該是政治的中心，呼籲實行一種改良的先秦封建式聯邦制度和地方自治，從而達到「眾治」（跡近民主）而不是一人統治。然而，顧氏的著名論斷「天下興亡，匹夫有責」，後來卻被從清朝皇帝到中國共產黨的各種統治者和他們的宮廷學者們篡改為「國家興亡，匹夫有責」，以國家和世界的名義要求人民無條件地支持某一政權[30]。只有在1890年代的清朝末年，在西方（和日本）的影響下，康有為（1858～1927）才開始主張「當以列國並列之勢治天下，不當以一統垂裳之勢治天下」，出現摒棄中華秩序而接受多國共存世界秩序的觀念。後來，康的學生和助手，影響巨大的作家和政治活動家梁啟超（1873～1929）推廣了「中華民族」這一詞彙，鼓吹中國在西發里亞體系下作為一個獨立國家的權益，並呼籲

用西方的法治（rule of law）、自由、科學和民主去改革中國的政治和社會[31]。

　　因此，儘管通過王朝更迭的昂貴方式不斷地複製與復興（以及採用一些一時性的政策調整），中華秩序礙難從內部自我革新。中國史學家王家範認為，中華本土產生的社會政治思想，甚至是黃宗羲、王夫之和顧炎武那樣最具革命性的敏銳見解，都無法與亞里斯多德政治分析的深度、邏輯和眼光相提並論，更不用說歐洲的啟蒙思想家們了。西發里亞體系下地中海—歐洲世界的偉大思想家、政治與法律學者，從弗朗西斯‧培根、大衛‧休謨、約翰‧洛克、馬丁‧路德、孟德斯鳩到讓‧雅克‧盧梭，都不可能出現在中華世界帝國裡。對中華秩序下的各族人民來說，外部因素和影響就成了創新、變革和進步的主要（往往甚至是唯一的）源泉[32]。經濟史學家波蘭尼（Karl Polanyi）論述的對於「市場經濟大轉型」至關重要的社會政治框架或「生產組織」（Productive organization），在中華秩序之下幾乎不可能出現。19 世紀的德國哲學家黑格爾曾分析說，中國被鎖在了世界精神和世界歷史之外，即使那裡的皇帝也不是自由的；只有外來人士也許可以幫助改變中國人的悲慘命運，使他們不會永遠地「把自己賣為奴隸去吃奴隸制的苦麵包」。美國傳教士史密斯（Arthur Smith）在 20 世紀前夕總結他的第一手觀察時寫道：「中國永遠不能從內部（自己）改革……中國需要的不僅僅是被國際接受，還有不受限制的貨物和觀念的自由流動」，以及「從外部來的某種（推動）力量」[33]。

　　自 19 世紀中葉以來，外來影響的倕給中華統治菁英們帶來了許多干擾煩惱、顛覆破壞，對普通人來說常常意味著流血和災難。因為秦漢式統治者們必然會為了自己的利益，而動員民眾去拼命抵抗那些外來影響。實際上，這些外來影響大多是推動社會進步和改良的強大力量，但常常是陌生的和異己的，突然出現時，自然而然地會激起本土的民族主義本能的對抗情緒，而秦漢式政體統治菁英們幾乎總是自私而邪

惡地煽動、操縱和利用這些情緒，維護他們只有在中華秩序下才能最大化的特權。

中華秩序與西發里亞體系之比較

人類在地球上的幾個平行世界裡，各自生活、演化了許久。直到最近的幾個世紀之前，這些平行世界之間並沒有多少直接的來往。這其中，兩個獨特的平行世界，即各自分布在歐亞大陸東西兩端的中華世界和地中海—歐洲世界，分別發展為所謂的東方文明和西方文明。在西邊，地中海—歐洲世界在政治上從長期的政治分立，演變為羅馬相對短暫的世界帝國統治——即羅馬秩序（Pax Romana），其後又是長達千年的分立，然後在 17 世紀正式在法理上進入西發里亞國際關係與世界秩序。在東邊，中華世界也大約在同時從長期的分立發展到秦漢世界帝國，隨之而來的是反覆多次的統一與分立，最終進入不可動搖的、由單一政府主導的中華秩序的復興，直到 19 世紀，中華世界帝國被不斷擴張的地中海—歐洲世界撞擊而粉碎。作為世界性的政治秩序，中華秩序與羅馬秩序不同的是，前者有著強大的持久後勁，以及非凡的復原能力。

地中海世界乃由起源於美索不達米亞、埃及、希臘和義大利的一些最古老的人類文明匯合而成。在羅馬帝國時期，它實現了一個由單一世界帝國主宰的中央集權統治。在此之前，地中海世界也曾經出現過十分短暫的統一世界的嘗試，即亞歷山大大帝率領的馬其頓征服大軍。羅馬秩序始於西元前 1 世紀末，其後達到頂峰——統一整個羅馬人的已知世界，其版圖西起不列顛群島，東到中亞和北印度，南至撒哈拉大沙漠，北達波羅的海。羅馬秩序主宰了這片巨大而充滿活力的地區，以及生活於其中的多種族、多語言的眾多人口達數世紀之久。然而，羅馬世界的各族人民，特別是義大利半島上的拉丁諸邦和擁有特權且經常生事的羅

馬公民，繼續保留他們多元的、封建式的、受法律保護的政治制度、經濟傳統與文化觀念。而宗教教團勢力、大地主、富商和僱傭軍將領們，都大致保持了他們相對於帝國政治權力的自主性。就算是強大的羅馬軍團，也從來沒有完全征服整個已知世界裡的所有對抗力量，如高盧人、日耳曼人、撒克遜人、波斯人或者小亞細亞各地的統治者。這些反對力量幾乎是一直在挑戰、滲透並削弱著羅馬帝國。羅馬皇帝們也從來就沒有像秦漢皇帝們那樣，完全控制或統一整個已知世界。如本書第一章所述，地中海—歐洲世界的一些生態地理、人口和歷史特徵，導致西羅馬帝國在西元 4 至 5 世紀崩潰後，羅馬世界秩序再也未能完全復活。

羅馬世界帝國被長達一千多年的、事實上的西發里亞式國際關係所取代，然後是 1648 年西發里亞系統正式在法理上確立。羅馬世界的各族人民和他們的希臘羅馬傳統制度、意識形態、文化知識、法律規範、藝術和語言等等，繼續在歐洲、中東和北非各地發展。後來，這個不斷演化的西方世界通過火與血的擴張過程，征服了許多人類文明並殖民於其他平行世界：美洲、南亞和東南亞、整個非洲和大洋洲。到 19 世紀末，植根於地中海—歐洲的世界秩序，即經由多次戰爭與革命所塑造和強化的西發里亞體系，終於統治了真正的整個世界——即全地球。在 20 世紀的兩次世界大戰（1914 ～ 1918 和 1937 ／ 1939 ～ 1945）和一場冷戰（1947 ～ 1991）的煉獄之後，西發里亞世界秩序進一步發展為以美國為主導的「自由世界秩序」（Liberal world order），成為全人類的世界政治制度[34]。

西發里亞世界秩序的成員是多樣性的、各自擁有獨立的主權，故這一秩序並不保證所有民族國家或多民族國家都擁有同樣的政治理念。在進入 21 世紀近二十年後的今天，占主導地位的歐美制度和規範，在全球 200 多個獨立的政治實體中，實施的程度大不相同。而各個國家在政治治理、經濟成就和社會發展各個方面也差異甚大，使得它們看起來屬於許多不同的世界：從自由民主的共和國到專制獨裁政體以及政教合一

國家，從極為富裕的國家到赤貧、甚至失敗崩潰的國家，應有盡有。各國之間的力量分布與平衡也在不斷地變化。但是，只要西發里亞體系的基本原理得到遵守和維護，這個世界秩序就依然完好無損。外交、貿易、移民、衝突、偶爾的戰爭，甚至大國霸權的興衰交替，都在維護著這個動態的、充滿活力的世界秩序，並促成各國之間的比較、合作與競爭，同時也不可避免地導致並強化各國內部的政治比較和競爭。目前，由全球即日運輸和瞬間通訊所驅動的全球化，正在深刻地重塑人類文明，西發里亞體系的前景變得充滿了不確定性。一個來自不同國家、種族、民族和文化背景的全球菁英群體，導致全球價值規範的出現，可能意味著一些巨大的動力，而從根本上改變這個事實上已經存在了十六個世紀（法理而言則是五個世紀）的西發里亞世界秩序。多項迫切的全球性問題亟需處理，而這現實需要又與進步說法相契合，故此國際社會可能在政治發展上越來越接近一個全球治理體系、甚至是單一的世界政府。

中華世界是從歐亞大陸東部的許多古老文明演變而來，主要源於先秦時期的中原／中土（Centralia）或中國本部（China Proper）。西元前3世紀，中華世界比地中海世界稍早些實現統一，秦漢世界帝國以及中華秩序也建立起來。就像羅馬帝國的統治者一樣，秦漢帝國也自然地尋求帝國擴張，征服並統治整個已知世界，然後陷於慘烈的崩潰。與羅馬帝國不同的是，秦漢帝國經過一些相對短暫的分裂或事實上的國際體系時期後，又得以復辟、延續和改進。宋代，那頗有前途的，類似西發里亞體系的澶淵國際體系破滅之後，中華秩序再次更加強勁地復興。元明清三大帝國相繼統治（或者至少假裝統治）了整個已知世界，直到19世紀末，中華世界被強行併入西發里亞體系下的西方全球秩序為止。

在中華秩序下，整個世界天下一統，嚴格地、通常十分殘酷、但有效地推行了一套基本相同的政治制度、意識形態和行為規範。兩千多年裡，無論其種族、民族或文化背景如何，在中華秩序之下，幾乎所有統治者的意識形態都是儒化法家思想。社會政治等級、治理方式、意識形

態和資源分配等各方面的中央集權、單一性、總體性和一致性，都在「全世界」範圍內得到了實施。只有因為地理因素、不同統治者的能力和理念而採取封建／邦聯式羈縻統治方式，或者採取虛有其表的朝貢體系，才可能會減緩、甚至阻止世界帝國在歐亞大陸東部各地區施加的同化壓力。世界帝國外部的比較和競爭都必須被粉碎、控制、隔離或者視而不見，政治上的平等夥伴和反對派都是不被允許的，民眾基本上沒有移民或者外逃的可能。因此，與西發里亞體系——鼓勵國際比較、競爭、貿易、戰爭、移民和殖民、求異和創新——不同，中華秩序全面地貶抑商業，阻礙甚至禁止外貿和移民，幾百年如一日地壓制、甚至泯滅整個已知世界範圍內的多元化與創新。

若干因素決定了中華秩序的持久後勁和異乎尋常的復原能力：生態地理（地形和地理位置）、人口（一個相對同文的農耕漢族作為大多數人口，對應著少數遊牧部落）、歷史（封建制度、私有產權和法律傳統的削弱乃至缺失）、文化（國家政權壟斷了意識形態、宗教信仰和歷史修撰）、某些重要領袖的人格特質和願景等隨機因素，以及歷史在關鍵時刻的一些意外發展（如項羽的失敗或蒙古人的成功）等等。統一的帝國意識形態——表裡不一卻高度互補的儒化法家（儒表法裡），更是至關重要。政治語言的扭曲，一開始是統治者有意推行，但後來高度內化於民眾的心靈中，而這影響深遠——唯一的專制統治者被模模糊糊地等同於政權（state）、等同於國家（country）、民族（nation）和世界（天下），再等同於天道、天意（大自然或上帝）。於是，人民為了中華秩序而生、而勞、而死，而不是反之。在漢語中，政權和國都寫成國家（「國」和「家」，country-family），而「天下」一詞則含混不清地意味著整個國家以及全世界範圍的政治制度。秦漢式政體的極端實用主義——為了權力可以不惜一切，導致壓倒性暴力與所謂「輝煌的欺騙」之間的持久而有效的結合，於是形成英國作家切斯特頓（G. K. Chesterton）在 1922 年所寫的，「異乎尋常的無知與罪惡，彼此結成一

個強大且災難性的聯盟」。技術性的新措施和改進方法，例如戶口制度和科舉考試，也是意義深遠。此外，中華秩序實踐中的整體性和普世性，也排除了替代制度、比較選擇和退出的可能，歷經許多世紀，就有力地形成了持久的合法性、不可動搖的路徑依賴（path-dependence）和高度內化的文化認同。中華秩序之下，自然而然地會發生頻繁而暴烈的社會叛亂；但這些叛亂無法在制度上有什麼創新或革命性成果。正如美國漢學家白魯恂早已總結過的：「如果羅馬帝國的（世界）統一持續到現在，如果英格蘭、法國、德國之類的單獨政治實體沒有出現，那麼歐洲就會像今天的中國一樣。」[35]

完美而昂貴的專制統治

貴族統治甚至專制統治不一定是世襲的，比如神聖羅馬皇帝、今天的中華人民共和國也需要「選舉」。然而，世襲的專制統治，往往比不世襲的專制享有更多的合法性和穩定性。故對專制統治菁英而言，秦漢式政體及中華秩序儘管有其種種高昂的代價，仍是一個接近完美的統治制度。因此，兩千多年來，中華秩序的天下一統之天命，不斷地推動著中華世界裡幾乎所有的統治者和菁英維護這個單一的世界帝國體系。中華秩序及作為其基礎的秦漢式政體，已經由歷史證明能夠不斷地自我維持，並持續久遠。這是一種可預測的，有效的統治方式。只要它那不可根治的官僚腐敗、不可避免的非理性專制、時常出現的無能甚至是瘋狂的皇帝、不斷的叛亂，以及常有的外部入侵都能夠得到約束，則它幾乎可以「自動」運轉數年乃至數十年。即使某一個王朝崩潰了，人們也可以預見：隨著新皇帝和新統治群體的出現、「世界」人口的大幅減少，以及可能的更大版圖（尤其是當新皇帝是外來征服者，從而為新的世界帝國帶來更多土地時），中華秩序將會復辟，一切重新開始。臣民們愉快地服務於新的統治者，即使他來自異族，擁有不同的文化背景，也很

少會成為法律或者道德問題，而令中華菁英們煩惱。歷史曾反覆證明：大量的漢族人曾幫助過蒙古人毀滅宋帝國；幫助過滿洲人消滅明帝國；幫助過日本侵略軍打擊中華民國，而後者都是漢民族國家。最有名的案例應該是馮道（882～954）：他曾在包括遼帝國在內的五個連續朝廷內做高官，服務於相互競爭的、不是同一民族，分屬八個家族的十個皇帝，同時還享有相當不錯的政績口碑[36]。

在中華秩序下，中央集權的政府得以大量汲取、利用整個已知世界的財富，嚴格控制和大規模地動員和徵用各種人力，基本上毋需考慮、甚至完全不顧人民的權利、福祉乃至死活，從而變得超級富強有力。作為單一政治實體，面積廣闊的中華世界確實在許多世紀裡長期屬於世界上最大規模的經濟體。於是秦漢統治者們可以相當迅速地完成一些規模宏大、造價昂貴，甚至令人難以置信的建設或者炫耀性工程，如開鑿大運河（可參照當今中國的高速鐵路網）、建設龐大的都市和豪華宮殿、興建巨大的帝王陵墓和各種紀念工程、修建長城（在軍事上其實毫無用處），以及資助內陸和海上探險考察項目（在很大程度上同樣徒勞無益）。統治菁英們很容易就通過合法手段，或者貪腐和尋租行為，使他們的個人和家庭的權力與財富最大化。從來都是占人口比例極少數（一般不超過1％；即便是在官僚人數極度膨脹的中華人民共和國也不超過3％）的特權統治菁英們，享受著整個已知世界所能夠提供的各種資源和好處。例如，在2012年的中華人民共和國，不到總人口3％的官員們僅僅在公費餐飲、公費旅行與專用車輛上，據說就花費了全國財政收入的11％，而他們的薪酬、福利和大量腐敗收入尚未計算在內[37]。

秦漢式政體及中華秩序下的統治菁英們，可以擁有當時技術所能達到的、各種獨占的奢侈享受，尤其是勞動密集型商品和娛樂服務，包括一些奇異精緻（往往營養與醫療價值均很可疑）的昂貴美食和神奇補品、耗費巨大（並不一定舒適）的精緻花園和住所、極為精美（常常只具裝飾和炫耀功能）的手工藝品、社會菁英通常擁有眾多妻妾、誇張過

分的奴婢伺候，以及來自遠方的異國貢品和商品。中國美食是世界上口味最豐富、樣式最多、最精緻的飲食之一，但這其實頗為諷刺地反映了中華秩序下食品長期短缺的歷史事實，以及統治者對於進食行為的普遍癡迷（參閱本章以下幾節）、無節制地追求豪華和新奇[38]。這些豪華的生活方式，通常有害於那些縱慾菁英們的身心健康，也不能產生有收益的社會投資，遑論推動經濟技術創新、形成市場化的大規模生產。不過，中華秩序下菁英們奢侈任性的生活方式，還是會吸引各種各樣的人趨之若鶩。17 至 18 世紀日本的某些統治者，就曾試圖在日本世界裡也建構一個類似的秩序[39]。

雖然就威權主義和極權主義立場來說，中華秩序是一種近乎完美的理想統治方式，但它作為一種前現代的（premodern）社會政治制度，其實有著深深的結構性缺陷。它從根本上缺乏有效的行政問責制度（accountability），從而帶來持續的低效、廣泛的不公正，以及無可救藥的腐敗。這也是經濟學家諾斯（Douglass North）曾經分析過的所謂「自然國家」：它壟斷一切，因此在政治和經濟層面都系統地壓制和扭曲競爭，從而扼制創新和效率。互相矛盾但又互補的儒家和法家思想，確實給專制皇帝提供了最大限度的個人權力和可操作空間，然而也不可避免地將整個世界置於難以預測的個人意志之下，並且面臨非常危險的、充滿了不確定性的權力繼承問題。該制度的另一個關鍵性機制，是它難以和平而有效地自我糾正。要獲得有限的新思想或新政策，唯一途徑就是代價常常十分昂貴的，由死亡、暗殺、政變或者叛亂導致的統治者的替換[40]。

中華秩序因此在結構上和功能上都必定邁向周期性的、不可測的、「全世界」的政治停擺、崩潰和重啟。僵化腐敗的統治必然帶來痛苦而代價高昂的王朝更替——隨著時間推移，人口增長，經濟停滯不前，這是一個簡單的物理力學邏輯，注定摧毀每一個強大的秦漢式世界帝國。而中華秩序的重啟與復興，往往伴隨著巨大的動盪和破壞，即所謂天下

大亂，只有通過巨大的、難以想像的大規模人口死亡才能實現。在很大程度上，英國學者馬爾薩斯（Thomas Malthus）關於一個封閉社會裡人口增長快於經濟發展，從而會帶來大規模死亡的噩夢般論斷，在中華世界裡曾多次應驗。中華世界的各族人民由於中華世界帝國的崩潰，或者統治者的重大失誤，確實經歷過多次的大量人口削減。19 世紀一場未竟的王朝更替——即太平天國叛亂，在十年內就消滅了近 1 億人口，占到當時中國總人口的近四分之一；毛澤東時代的一場人為大饑荒，在四個和平年間（1958～1962）就造成了 3000 萬至 4500 萬人的死亡，占到當時總人口的 5% 至 10%[41]。

其實在中華秩序之下的菁英階層也深受其害。中華秩序下的大部分歷史時期，都以帝王的個人暴政為特徵。平均每隔十二年，就會以高昂的代價、經常是血腥的動盪方式更換最高統治者。一位中國史學家總結說，這些專制帝王大多都是「腐敗、虐待狂、愚蠢，或未成年、有病、無能的」。因此，除了精神上的奴役和屈服外，菁英們幾無人格尊嚴和個人安全。他們基本上是生活在恐懼中，害怕各種叛亂與陰謀，以及上司（最終是皇帝）那些司空見慣但又難以預測的發怒。皇帝的一時脾氣就能剝奪任何一個菁英的一切，甚至包括他整個家族成員的性命。更糟的是，在中華秩序下，基本上沒有地方可供避難。等到君主氣消之後，所謂平反昭雪其實已經沒有什麼意義。在有詳細記錄可尋的明清帝國時期，內閣大臣們往往把每一次例行上朝，都看作是可能會被皇帝羞辱處決的時刻。無視臣子生命和財產的帝國專制統治，還常常被人格扭曲的宦官暴政和祕密警察推至極端。統治菁英們享受著奢侈和權力，並對他們的下屬行使專制權力；但是他們自己卻從根本上缺乏尊嚴、自由、公平和安全。對人數更多的中低層官員來說，頂級菁英們的生活毋寧說是近距離的誘人幻影而已。他們一方面「不得不」對下屬和民眾專橫霸道，另一方面又被上司無休止且不人道地奴役著，這樣的生活恐怕難以有什麼真正的愉悅可言，甚至會令有良知者變得人格分裂。明朝知識分子袁

宏道所收輯的 17 世紀一些中級官員和低層文員的私人信件，就生動地反映了這些人可憐可鄙的生活[42]。

而皇帝自己，也得為理想的秦漢式政體及中華秩序付出高昂代價。他們的日常生活僵化死板、令人疲憊不堪，而且也不安全；有些皇帝為了逃避巨大壓力而尋求放縱而損害健康。中華秩序之下的皇帝是最令人羨慕但也是「最不幸」的人，他們注定「在人生中只做兩件事：奪取和保住皇位」。根據比較可靠的數據計算，儘管擁有當時最好的營養供給和醫療條件，從秦帝國到清帝國的 209 位皇帝的平均壽命也只有三十九歲，比普通人的平均預期壽命還要短十到十八年。中華歷史上各帝國或政權的 611 位統治者中，有多達 44％的君主死於非命，如被暗殺或被處決。大約四分之一的皇帝們患有精神或心理疾病。中華歷史上充滿了皇室內部的暴虐行為和謀殺故事，以及徹頭徹尾的偏執狂和瘋子帝王形象。許多曾經強大的世界統治者及其人口眾多的皇族（經常多達數萬乃至十多萬人），在他們的王朝崩潰時常常會從肉體上被徹底消滅[43]。

不相兼容與長期停滯

秦漢式世界帝國之上的中華秩序在制度結構上和思想觀念上，既與獨立思考和科學精神格格不入，也與以個人決策為基礎的市場經濟、基於人權的公民社會和以主權平等為基礎的國際社會不相兼容。它系統地剝奪民眾的財產權利乃至生命安全，維持次優化的生活水準，就社會經濟發展而言製造長久的停滯和落後。這些都是中華世界裡各族人民為一個高度統一的政治秩序和社會文化而承擔的巨大代價。一方面是科技和經濟的停滯，一方面是人口的不斷增長，這意味著社會安寧和政治穩定在本質上是不可持續的。中華秩序因此不可避免地充滿持久的社會緊張、政治混亂和各種人道主義災難。如果沒有外部的挑戰、競爭和替代，中華秩序會持續複製下去，通過代價昂貴的血腥的周期性更換統治者和

大規模消減人口去重建和復辟，令一個偉大的文明和許多偉大的民族都似遭天譴般地墜入無休止的停滯、專制暴政和大規模死亡的循環之中。今天中華人民共和國的一些學者似乎也開始認同這一觀點，並非常隱晦地指出，中國社會的長期國際「孤立」及其「隨之而來的落後」，和長期的政治大一統不無關係[44]。

因此，中華秩序是歐亞大陸東部走上長期停滯，物質與觀念均極度貧困的特定歷史道路的一個決定性的系統因素。一些史學家如楊師群也已經意識到，中國一直落後和貧窮的主要原因，並非是如中國共產黨宣稱的只是缺乏先進技術，即所謂「落後就要挨打」論，而是中國長期的「政治制度和文化」裡的「壞基因」。這些壞基因還繼續存在於今天的中國。北京一位經濟學家張維迎在 2015 年公開表示，「今天中國60％至 99％的人仍然沒有把自己當人」，因為他們既沒有什麼個人尊嚴，也沒有思想和表達的自由[45]。當然，如果把中華世界所有的問題只歸罪於中華秩序這一個原因，可能會是過於簡單的單一因果關係還原論（reductionist）之誤。但從長遠和宏觀上看，這個世界性的結構因素應該是關鍵。事實上，用比較研究的眼光來看，中華秩序式的世界帝國似乎在不同的種族、文化和歷史背景下都會造成長期的社會經濟停滯，比如中美洲文明、印加文明、明治維新前的日本，以及撒哈拉以南的非洲。經濟上的壟斷損害效率和創新[46]；政治上的壟斷帶來腐敗和無能；觀念上的壟斷則毀掉人們的思維。而在世界範圍內，在上述三個領域裡的全面壟斷則是最糟糕的局面。

如本書所顯示的，與中國的官方歷史敘事相反，中華歷史上真正的黃金時代有三：一、秦帝國統一中華世界之前的幾個世紀；二、中華世界各族人民背離中華秩序近三個世紀的宋代；三、19 世紀晚期中國被迫進入西發里亞體系國際關係以來的一百多年。通常被忽視和鄙夷的、被視為天下「大亂」時期的三國和魏晉南北朝、十六國時代（184／ 220 ～ 589），在經濟、文化和技術各方面根本就不是一團黑暗。這

個時期類似春秋戰國，同樣具備政治分權和競爭，封建主義和文化多樣性得以復活，不僅留下極為豐富的文化精神遺產，如著名的三國故事和魏晉風骨，還如中國史學家易中天認為的，奠定了隋唐帝國早期文化成就的基礎。中華世界分裂期間常見的混亂和生命財產的損失，其實應該是中華秩序造成的後果，而不應該成為支持重建中華秩序的理由。這些破壞與屠殺是中華秩序所製造、積累的社會不公、無能統治、經濟技術停滯、財政赤字和種種失衡（主要是人口－資源失衡）的必然的周期性大爆發。除宋代之外，官方史書所稱贊的漢初、唐初、明初以及清初的所謂盛世的出現，其實是當時還處在事實上的非天下世界秩序之下的結果，這些政權與中華世界周邊地區乃至更遠的國家，依然存在著良性的外部競爭、互動和交流。那些「偉大的世界帝國」在它們終於設法摧毀或排除了外部競爭對手，鞏固其完整而密閉的中華秩序後，就都迅速地衰落了 [47]。

　　傳統上中華秩序備受稱贊的一個優點，是它消除了各個主權國家之間藉以發動戰爭的原因和能力。關於政治秩序與世界和平的類似看法，今天在世界各地仍有不少共鳴。有些學者就假設，一個偉大的利維坦（Leviathan）政治集權，會帶來更大範圍的和平和進一步減少戰爭死亡人數，因此帝國霸權式的世界政治秩序，會在總體上大幅度地減少戰爭。美國一位暢銷歷史書作者就宣稱：「戰爭造就國家，國家實現和平。」 [48] 然而，中華秩序之世界政府獨特的長期實踐，卻是一個令人失望的記錄：它既沒有促進和平，也沒有減少破壞，只是將大多數為了解決爭端而引發的國際競爭和戰爭（在西發里亞體系或澶淵體系的法律框架下，尤其如此），轉變為殺戮無度和更具破壞性的內戰和叛亂。這些內戰和叛亂，基本上是缺少制約也沒有底線的，可謂是絕望的、生死拼搏的全面戰爭。所以，隨著中華秩序的鞏固和走向巔峰，中華世界的戰爭和衝突的頻率與強度其實都大為增加（圖 04）。1850 至 1864 年的太平軍叛亂就造成了一億人喪生，超過了 20 世紀世界各國所有戰爭，包

括兩次世界大戰的總死亡人數。以總人口死亡率計算，在 20 世紀以前人類歷史上最慘烈的十次戰爭中，至少有五次發生在秦帝國以後的中華世界。中國在 1946 至 1976 年的三十年間死於內戰、清洗和大屠殺的人，要比中國在 1840 至 1945 年這百年間死於對外戰爭的人還要多[49]。

當論及中華秩序對戰爭結果的影響時，也許更具悲劇性。據一些歷史學家的研究，西發里亞體系下的戰爭可能產生了一些有益的副作用，如技術和管理上的創新，使得人類最終在總體上更加安全、也更加富裕[50]。而在中華秩序之下進行的殘酷而全面的內戰或叛亂，在很大程度上只是血腥地消滅了本來就無法自我維持的龐大人口而已。千百年間，與軍事有關的技術、觀念、組織或管理各方面的創新都是微乎其微。這些殘酷戰爭既沒有建立有意義的海外殖民地，也沒有獲取多少有實際利益的土地和資源。從秦帝國到清帝國，人民主要居住的中國本土，其基本面積沒有什麼變化。對於中國人來說，非漢族世界帝國，如蒙元和滿清帶來的中原之外的廣袤土地——如滿洲（東北）、新疆和西藏，也是

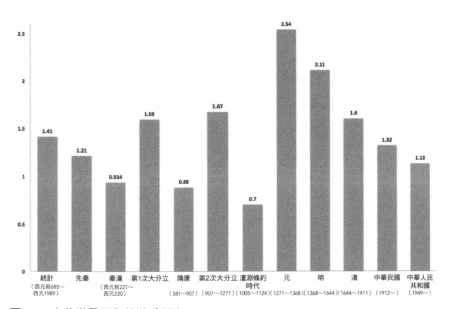

圖 04　中華世界歷代的戰爭頻率

直到近幾十年才變得有利可圖。

中華秩序下的國家與社會，其關係被簡化成皇帝和菁英階層對民眾的完全統治。先秦重要的法家政治家管仲在經典的《管子》一書（幾個世紀後，由漢帝國的官員學者所編撰），簡明扼要地宣稱了儒化法家的一項重要馭民術：在制度結構和意識形態上，都要限制、減少，甚至剝奪人權、民權以及民眾多餘的財富。君王需要像放養牲畜一樣地對待百姓、巧妙迎合和操縱、善加利用；如有必要，則予以壓榨和屠戮。本書第二章也介紹過另一位先秦法家政治家商鞅關於管理人民的一整套冷酷而直白的理論。用海外華人哲學家牟宗三的話說，中華秩序和秦漢式政體採用的都是低劣的「管治人民的方式」，而不是更優越的「為了人民的政治方式」。皇帝任命官員們的頭銜，常常明確展示了帝國蓄殖並牧養人民的意圖，如「州牧」或「太守」之類。儒家的粉飾性學說將這種國家與社會的關係加以軟化，百姓被描繪成君王的永不成熟的孩子，需要被帝國擁有、關照、控制、灌輸和驅使。因此官員們會被稱為「父母官」，對他的稱贊語則是「愛民如子」。基於灌輸，中華秩序下的人民也常常相信這一點。這種因果顛倒的信仰強大而持久，首先出現在儒家經典《大學》和《孟子》中，後來再被重複了無數次。在今天中國的官方新聞報導中仍然經常引用。像畜牧業一樣，秦漢政體建立中華秩序的一大前提，就是要維持、養育和增長其人口，而不是讓人們的生活充實豐富，生活滿意度不斷提高，更多地實現他們的潛力。中華秩序的確可以相當成功地、有時連續幾十年大幅度增加其治下的人口，然而他們都只被「賜予」農業社會裡的最基本的生活水準，僅供維持其生存和繁衍。保持民眾的窮弱而無法獨立，被當作是治國安邦的要義；帝國必須將民間的能者、富者或招安或網羅，否則就要剪羊毛乃至宰殺肥羊——將他們削弱或消滅。一些當代中國學者認為，那些像牧羊犬一樣替皇帝看管百姓的官員們，更像是輪換看管羊群的餓犬甚至野狼，形成制度性的貪婪，腐敗與盤剝百姓[51]。

秦漢式政體是為了統治者的利益而統治的，類似於許多其他啟蒙運動之前的政治制度。這些前現代政治制度並不是為了保障民眾的秩序、安全和公平正義，而行使獲得公眾認可的公權力，而是背離了民眾所需，把帝國的威權和無止境的汲取資源，變成了政治活動的主要目標。治理所需的手段於是取代了政治原本的目的。不像羅馬帝國之後的地中海—歐洲世界裡在事實上和法理上的西發里亞秩序，中華秩序消除了國際競爭和比較、阻止人們的選擇和移民；限制了貿易、對外交流以及探索；並製造了一種自我孤立狀態。它阻止了先秦文化的復興，摒棄了宋代的歷史教訓，也排除了本土起源的啟蒙運動之可能。在這種被鞏固了的非自由（I-Liberal）社會政治秩序下，民主、人權以及法治也就不可能在中華世界裡產生並得到繁盛。歐洲政治理論家伯林（Isaiah Berlin）提出過一個政治哲學的「中心問題」，即「為什麼一個人要服從另外一個人」，對此，中華秩序下唯一許可的答案就是：因為帝國肩負有統一和統治整個已知世界的天命，這是不可爭議，也不可替代的；只有這樣才能在天子統治下實現「天下為公」、「大同」與「和諧」。然而誰都知道這是虛幻的旗號[52]。

　　也許更不幸的是，秦漢政體及中華秩序還系統性地阻礙和懲罰（通常意味著肉體消滅）幾乎所有的獨立思考、探索發現、試驗與實驗。它限制並閹割了教育，壓制甚至熄滅了新思想的火花，因此抑制了在所有領域裡的科技發明和創新，從而避免對傳統和政治現狀有任何影響。這使得中華世界的技術進步微乎其微，導致經濟效率十分低下。從宋代到20世紀超過七百多年的時間裡，占人類總數五分之一到四分之一的中國人，在包括哲學、科學、技術、醫學等等每一個領域，居然未能有任何創新和貢獻。在任何一個像樣的中國歷史博物館裡，關於技術方面的展示——尤其是從秦帝國（特別是宋代以後）到清帝國的農具——都生動地揭示中華秩序下科學技術的長期停滯。各個朝代和各個皇帝先後登場，但是「沒有留下文藝復興，沒有帶來啟蒙運動，沒有開啟工業革命」

⁵³。當宋代的各種創新到 14 世紀的元帝國中期終於被耗盡後，中華世界再無什麼原創思想和科技創新，出現了所謂的「李約瑟之謎」，即為什麼一個偉大的民族居然能如此長久地沒有創新或進步。本書分析的這些制度結構上的因素，決定了中華世界只能出現沒有技術進步所支持的經濟擴張，亦即「僅有數量增長而質量停滯」⁵⁴。一組中國學者在 2014 年發表了他們關於西元前 3000 年到西元 2012 年人類科技發展史的量化研究，其結論如下 ⁵⁵：

> 中華世界有史以來的主要技術創新占人類主要技術創新總數（1235）的 5.8%；而美國占 34.9%，西歐占 31.2%，中東占 8%，南亞占 3%。中華世界有史以來的科學發現（五項貢獻）占人類科學發現總數（515）不到 1%；而西歐占 65.5%，美國占 18.2%，中東占 4.5%，南亞占 3.2%。與歐洲—地中海世界不同，中華世界的科學研究一直都是零星的狀態，從未成為系統化趨勢或學派。中華世界裡的科技創新與發明一直低於歐洲—地中海世界。宋代之後不久的西元 1300 年以降，中華世界就再也沒有任何科技創新與發明。

致命的西西弗斯與無盡的煉獄

早在 18 世紀，蘇格蘭經濟學家亞當·斯密（Adam Smith）就已經注意到中國有著無出其右的貧困、不人道的低生活水準，以及長期的經濟停滯，因為中國藐視國際商業，而災難性的人口增長又耗盡了勞動者的微薄盈餘、阻礙了變革和創新，農業經濟早已達到極限 ⁵⁶。秦漢式世界帝國的百姓生活，最好的時候也不過是一種次優化的生存狀態，壞起來簡直就是悲慘世界。主要是由於新引進的農作物和耕地面積向湖澤和山地的擴大，農業生產仍有緩慢增長。但是，占人口絕大多數的農民們

背負著持續增加的沉重稅負（估計為收入的 30 ～ 50％，有時甚至高達 70％），加上頻繁的徵兵和各種徭役，基本上令他們沒有剩餘收入。他們因此被牢牢地釘死在土地上，為了基本生計而無休止地艱辛勞作，沒有資金也沒有時間從事其他行業，或者改進農業技術。相比之下，中世紀（12 世紀）英格蘭的農民通常只繳納收入的 10％ 至 30％ 作為稅賦，同時可以把 20％ 的收入積累為原始資本[57]。兩千多年裡，只有宋代是例外。宋代的龐大工商業收入和對外貿易，使得統治者可以把稅負保持在中華歷史上最低的水平。中國的農民通常是只要有一次壞收成就會走向饑饉、破產、行乞、劫盜、人相食、死亡或絕望的叛亂。一位民國學者的研究表明，「中國幾乎每年都有過饑荒」；而在中華秩序下「世界性」的大饑荒發生的頻率越來越高：從西元 1 世紀的 69 次，2 世紀的 171 次，到 14 世紀的 391 次和 16 世紀的 504 次。一位日本籍台灣作家的計算顯示：從西元前 205 年到 20 世紀 30 年代，饑荒造成的（不包括戰爭或叛亂誘發的）大規模人食人現象，在中華世界平均每十八年就發生過一次[58]。疾病、文盲、蒙昧、愚民政策、廣泛的虐待婦女和弱勢群體，在日常生活裡司空見慣。

人均國內生產總值（GDP）的增長在中華世界一直很緩慢，到宋代（12 世紀）達到歷史最高水平後，就基本陷於停滯，再無提高。然後人均 GDP 還一直下降，直到 20 世紀後期。從漢代到清代的勞工收入記錄，在很大程度上是漫長的停滯，甚至是一路下滑（在宋代有過提高）。勞工的人均年收入從西元 27 年到 1107 年只增加了 37.5％（從 1440 升到 1980 升糧食），然後到 18 至 19 世紀急遽下降了 84.8％（不到 300 升糧食）。宋代後中國的 GDP 雖然還是世界上最大的（以購買力平價計算，在 1820 年代至少理論上還是令人咋舌的全世界 GDP 的 32％），但宋代後中國的人均 GDP 增長停頓了數個世紀，而在那段時間內，歐洲的人均 GDP 增長卻是突飛猛進。中國學者的研究估計，18 至 19 世紀一個英國勞工所創造的利潤，比當時的一個中國勞工要高一百二十

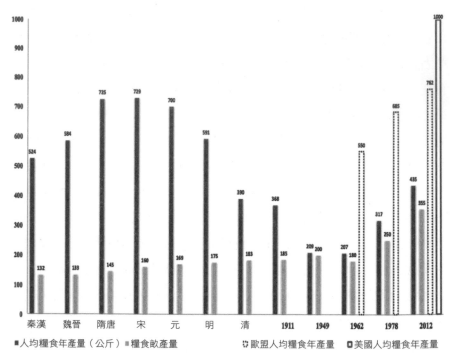

圖 05　人均糧食年產量和糧食畝產量

註：糧食穀物和它們能提供的卡路里在不同的時間和國家裡差別很大。這裡的比較
　　估計僅用於說明目的。基於：H. Wu 1985；G. Cao 1989；Zheng and Huang
　　1989；China News Agency 2009；C. He 2013；Earth Policy Institute 2013。

倍；大英帝國的人口只有滿清帝國的二十分之一，但年度財政收入比清
帝國要多六倍[59]。所謂康熙盛世（1662 ~ 1723）實際上是一個蕭條期，
到處可見不公正、可怕的官場腐敗、赤貧和匱乏；每三年就有一次致命
的洪災和饑荒；甚至在最為發達和富庶的蘇南地區（江蘇南部），也
不乏饑荒造成的人相食現象。而在滿清帝國的所謂「盛世」，中國的恩
格爾係數（Engle Coefficient，個人收入中用於食物的部分）居然也高達
75％至 80％，而 59％就意味著赤貧[60]。

　　人均糧食產量是個關鍵的經濟指標，在以農業為主的中華歷史上可
能是比較可靠的縱向評估尺度。現代醫學認為，要維持人類生存，一個

嬰兒每日最低的熱量攝取需要 1000 大卡，活躍的成年人則需要 3000 大卡；平均每人每天最低的熱量攝取應該為 2200 大卡。一公斤加工過的穀物大約含有 3500 大卡的熱量[61]。考慮到食品加工和儲存過程中必定有的損失、浪費、養殖業飼料的彈性需求，以及其他如釀酒之類的大量非食用消費，一個社會需要有超過 400 公斤的人均穀物年產量才能生存。中國的人均穀物年產量從秦漢時代的 524 公斤，緩慢地增長到宋代的 729 公斤後就停滯下來；然後就是一路下降到明代中葉的 595 公斤和清代的 390 公斤，直到帝制中國歷史上的最低點（1900 年的 365 公斤）。中國的人均糧食年產量在毛澤東時代進一步降低到史上最低，即 1962 年的 207 公斤。隨著現代農業技術和設備的大量進口和使用（同時造成嚴重的土壤退化和水汙染），中華人民共和國在 2012 年達到其歷史上最高的人均糧食年產量 435 公斤。於是官方自豪地宣稱，中國的人均糧食產量終於「超過了維持一個體面生活水準所必需的 430 公斤」[62]，但仍然只有一千多年前宋代水準的 60% 而已。

關於人均 GDP 增長的縱向和橫向比較研究，還揭示了甚至更驚人的中華秩序下經濟的長期停滯。在宋代以後，從 14 世紀到 20 世紀的五百多年裡，中國的人均 GDP 年增長率為零。歐洲的人均 GDP 在 13 世紀時還低於中國，但是在其後穩步增長，經過幾個世紀的福利增長差異（compounded growth differentials），形成了令中國望塵莫及的領先地位：歐洲的人均 GDP 在 1913 年是中國人均 GDP 的 6.3 倍，1998 年是 5.7 倍，到 2016 年仍為 5.3 倍。中國經濟的緩慢增長和極為微薄的剩餘，主要來自種植國外引進的新作物，如玉米和薯類，以及開墾丘陵山地，還有圍湖造田。但是統治菁英階層的規模和胃口日趨龐大，很容易就將民眾的薄利汲取殆盡。受儒家傳宗接代價值觀念的影響，同時勞動密集型家庭小農業所必需的勞動力而導致的人口增長，則進一步耗盡了任何剩餘收入。於是整個中國社會陷入了長期的貧困，無法積累資本。低下的人均糧食產量，加上糧食分配上的極不平等和帝國菁英階級令人難以

置信的奢侈，同時幾乎沒有國際貿易可以大量進口食品，於是就造成了一個令人十分悲哀的事實：從明朝到中華人民共和國，許多（甚至是大多數）中國人，世世代代一直營養不良，還經常因饑饉而大量死亡[63]。汗牛充棟的官修史書，對人民悲慘生活的記載其實極為疏漏，常常是大而化之，幾乎沒有可靠的量化記錄。只有唐代白居易等一些有良知的知識分子，給後世留下過哀憫民生艱辛的詩文描述，生動地揭示了甚至在最著名的「盛世」，百姓們的生活也是十分的痛苦不堪。

正如人們預料的，由帝國政府壟斷的工商業效率低下。即使在更具活力的宋代，國家對馬匹養殖、貿易的壟斷，也未能為宋帝國騎兵提供足夠的馬匹去抵禦入侵的遊牧民族。大一統帝國能集中力量興修和維護大型水利工程的所謂「優勢」，也因為技術停滯而日益捉襟見肘。從唐代以後，被今天稱為中華母親河的黃河越來越多次決口，基本上每年都會發生災難性洪水，造成無數人死亡並且淹沒了許多主要大城市。

中華秩序下經常發生的叛亂和內戰，更是不斷造成毫無意義的大破壞。與西歐和日本的封建社會不同，秦漢唐宋的無數精美建築和特大都市，基本上全都消失無蹤。在中國，根本就沒有什麼同時代古蹟能夠保留下來，與今日依然矗立的耶路撒冷舊城、伊斯坦堡聖索菲亞大教堂、羅馬帝國競技場和引水渡槽、梵蒂岡聖彼得大教堂或義大利文藝復興時期的眾多藝術建築相互輝映。人們必須去日本的京都和奈良，才能欣賞到隋唐時期宏偉壯觀的木質建築。直到 2010 年代，在中國境內一共才發現四座建於唐代的小建築，它們是隱藏在偏遠山區的小型寺廟。有組織的對古蹟和周邊環境的蓄意破壞，在中華歷史上習以為常。在建立中華秩序的殊死戰爭中，焦土政策乃是幾乎所有統治者不擇手段根除敵人的慣常做法；私人財產權和法律問責傳統的長期缺失，也使得暴民、盜匪乃至一般百姓為了宣洩和哄搶，經常故意地大肆破壞，從西元前 207 年秦都咸陽之焚毀到晚清圓明園的消失都是如此。停滯不前的秦漢式政治經濟制度和生活方式，似乎也比其他的政治經濟制度和生活方式對環

境更具破壞性：中華世界的自然環境在18世紀時，就已經較西歐地區的自然環境顯著地破敗[64]。

中華秩序的集大成之體現是在18世紀的滿清帝國，尤其是以反智、反人權以及自我孤立為典型。它對人民身心控制的殘酷和徹底達到了頂峰；它對歷史的偽造也同樣廣泛而精緻。法家暴力手段和儒家粉飾口號的並用，造成了中國文化上迄今猶存的極端虛偽。秦漢政體深刻地影響了人們的心智，帶來了心胸與眼光的狹隘和道德的淪喪。許多中國知識分子從李贄、黃宗羲到魯迅、柏楊，都感嘆漢族中國人的所謂「低下」人格和固有的劣根性。魯迅（1881～1936）在其1918年出版的《狂人日記》中，改寫了俄羅斯小說家果戈爾於1835年的同名作品，斷言中國歷史是「寫滿仁義道德的……吃人歷史」。權力崇拜、賄賂盛行和十足的玩世不恭，道德相對主義統治著人們的言行。在殺戮和暴力面前，原則、真理、身分和忠誠，包括民族、甚至種族歸屬，往往都是次要的和可以交易的。有中國學者總結道，在中華秩序下，特別是宋代以來，「中國人的人格」和「中國人的個性」似乎經歷了長期的衰敗：人們往往傾向於要嘛是窮凶極惡的奴隸主，要嘛是逆來順受的奴隸，個人的人格和權利都遭到了抹殺。一位美國傳教士在19世紀末就觀察到，在改善中國迫切需要的許多事情中，最關鍵的「只是（人的）品格和良知。其實，它們是同一個，因為良知就是品格」。在21世紀的中國，學者錢理群繼續抱怨被中華人民共和國加劇了的中國人的「糟糕的國民性」，包括既可悲又可憐的主奴精神分裂症、廣泛的虛偽欺騙、玩世不恭和權力拜物教，以及對人類生命和尊嚴的極端漠視[65]。

中華秩序的本質，不過是為統治者和極少數的菁英提供最大的權力和財富，永久性地將絕大多數人鎖定為僅僅是在生存繁衍而已。它鼓勵人口不斷增長，然而其封閉的農業經濟卻僅是外延式（expansive）的緩慢發展，而不是集約式（intensive）的迅速增長，從而必然造成貧窮和停滯。因為貧窮和絕望，於是中華秩序下幾乎總是無休止地爆發各種叛

亂和內戰，幾乎每十年就會發生一次而無法避免。那些血腥的叛亂並不會產生任何新的想法、新的制度，促進社會政治進步。而真正令人悲傷的是，人們唯一的政治選擇是：要嘛生活在一個一統世界帝國的暴政專制之下，要嘛生活在世界分裂的恐怖混亂中。中華秩序下的朝貢體系也會因為其固有的「自我衰敗」傾向而注定崩潰[66]。中華各族人民定期性地付出千百萬生命、許多世代積累的財富與知識，換取只對統治菁英有意義的統一的中華秩序及所謂的和平與穩定。具有諷刺意味的是，中華歷史記錄裡關於周期性的亂世的大量記載（大多是些具有文學色彩的軼事感嘆，而缺乏翔實的統計事實），卻被統治菁英們精心利用，當成重建中華秩序的理由，而不是反對天下一統的論證。

中國人和其他民族一樣地重視和珍惜生命。但是總體上就秦漢政體及中華秩序而言，人的生命和重要性都被大為貶值，恰如今天中國媒體仍然經常引用的格言：「中國人的命不值錢」。中華秩序的生存和穩定本身（本質上其實是保持統治菁英的權力），超越了個體的生命、超越了正義、效率和創新的價值。中華秩序下，漠視和貶低百姓生命的一個明顯例證，就是帝國歷史裡關於災荒和戰爭死亡乃至大屠殺的記錄，通常只有一些空洞無物、大而化之的描述，例如「屍橫遍野」、「血流漂杵」、「十室九空」之類的驚怵文字，欠缺準確的統計數字和事實。今天的中華人民共和國政府沿襲著這個傳統，很多時候瞞報、謊報或者乾脆抹殺災難、戰事甚至自然死亡的人數。在韓戰中，美國戰死者的統計和公布精確到了每個人的名字，而中國戰死者的總數迄今還是語焉不詳。

中華秩序下的「世界」經濟，支撐了一個極小規模的統治菁英集團令人豔羨的奢華生活、供養了一個毋須問責的世界帝國政府、提供了各種奢靡任性的皇家花費，以及不可避免的浩大軍費。除此之外，這個經濟體，只是在一個非常低端且不斷下降的生存水準上，維持著人口的增長；這些增長的人口又不可避免地被一再發生的饑荒、洪水、流行疾病，

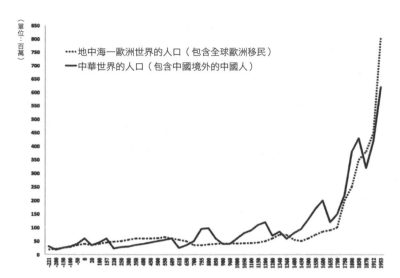

圖 06　西元前 221 ～西元 1953 年，中華世界與地中海—歐洲世界的人口變化

註：歷史上的人口數字往往不夠精確，本表展示的是一個總體模式。基於：Ge
　　2006；《大英百科全書》；《世界人口的歷史估計》Census.gov 2013；
　　Cipolla 1972-1976。

及不斷發生的叛亂或王朝更迭而帶來的大規模屠殺消滅掉。這些使得中
國人民的命運，很類似希臘神話裡遭到神譴的西西弗斯（Sisyphus），
只是比神話故事的情節要更加血腥和致命。經濟史家諾斯（Douglass
North）認為，人口增長帶來的壓力是人類歷史上促進制度變革和經濟
創新的一大主要力量 [67]；但是在中華秩序下，人口壓力卻只具破壞性而
已。移民和殖民遭到鄙視，乃至處以斬首之刑；依靠科學技術進步和組
織制度創新的密集型經濟增長或工業革命也無法發生。傳統農業的擴張
性經濟增長於是不可避免、迅速而反覆地達到上限，並導致週期性的災
難後果。

　　其他國家和文明社會很少有類似中華世界的人口歷史型態：在一個
停滯和下降的生活水平上，人口穩步增長；然後週期性災難發生，打斷
這個趨勢，在幾年或幾十年內多達一半甚至更多的人口死亡。有中國作
者甚至認為，在漢唐世界帝國崩潰時，人口的週期性滅絕高達總人口的

90％。從秦帝國到 19 世紀，至少發生過八次主要由於中華秩序大崩潰及大復辟所帶來的人口劇減（圖 06）。作為對照，羅馬帝國之後的地中海—歐洲世界，在長達二十三個世紀的同一時期裡，人口也是不斷增長並四處移民。但除了西元 8 世紀的鼠疫和 14 世紀的黑死病所造成的兩次人口大規模死亡外，從來沒有過中華世界那種周期性的、人為的大幅度人口減少。秦漢政體及中華秩序，對統治菁英們而言可能是近乎完美的理想治理方式，但對人民而言，套用義大利詩人但丁的名句，就是一個無窮無盡也無法逃避的煉獄（Inferno）[68]。

壟斷導致停滯

本章表明，中華秩序有其強大的統治能力和令菁英們上癮的吸引力，同時也有其重大缺陷和巨大的不可取性（undesirability）。為什麼中華秩序在政治上是如此有效持久，但其社會經濟記錄卻如此的次優化（Suboptimal），顯然是個值得進一步探討的問題。關於穩定與變革創新、平等與效率、個人權利與社會政治秩序等政治價值的永無止境的辯論，這一探討至關重要。本書關於中華秩序的考察，就了解崛起的中國力量之本質這個目的來說，可能已經比較充分了，但是要提煉出更具普遍性的世界政治秩序理論，還有許多研究工作要做。在這裡筆者提議，作為一個簡單的假定，中華秩序的績效記錄可以用經濟學中已經相當完備的壟斷（Monopoly）理論來加以解釋。

國家政權當然是一個固有的壟斷組織，作為公共權威獨自使用武力，以滿足人類關於秩序與安全的政治需求。商家尋求獨自控制整個市場的壟斷，也試圖擊敗所有競爭對手，但還是缺乏從根本上完全消滅競爭和創新的能力。而國家壟斷就不同了，它擁有從肉體上消滅異己和挑戰者的終極武力，因此可以徹底地消除競爭和異見。因此，國家壟斷權力很容易給社會和人民帶來可怕的持久性災難。一般說來，有兩種方法

可以緩解、調節和管控國家壟斷權力：首先，可以在縱向上建立聯邦制度、地方自治尤其是法治，在橫向上再保障有效的民主制度和言論自由，從而在內部制衡和約束國家壟斷力量的使用。其次，可以通過國家之間的國際比較和競爭，從外部制約各個（無論其內部有無足夠制衡）國家政權。個人與群體的信仰、價值觀和文化規範，甚至統治者個人的信條、禁忌和約束常常也是重要的，但似乎並不可靠。人們經常觀察到，統治者的自我約束和國家內部的制衡約束，可能還是需要外部的約束和競爭才能得以發展和生存。因此，本質上是壟斷性的國家政權，就必需要有內部或外部的制衡，才能履行好其提供公共秩序和安全的重要職責，而既不會壓制社會經濟的創新和變革，也不會輕易剝奪人命和人權[69]。

不幸的是，基於秦漢式政體的中華秩序，消除了國家內部和外部的政治比較與競爭，從而失去了對一個壟斷性世界帝國的國家權力的內外約束與制衡。與其他同樣威權主義或極權主義的帝國（如羅馬帝國、波斯帝國或穆斯林哈里發帝國）不同，中華秩序能夠持續許多個世紀統治其支持者們認定為整個的已知世界，並且經過千年實踐已經深深地內化為人們心目中的唯一且應然的世界秩序。它因此在政治治理和社會經濟領域，乃至人們的觀念中都形成了一個最糟糕的全面壟斷。由此，知識和信息不再增長與共享，人與人之間也缺乏極為重要的信任與協作，長期以往無法避免地出現劣績和停滯。如同當代中國學者鄭也夫所指出的，在中華秩序下，社會秩序和政治治理其實也都非常次優化，因為中央集權帝國的強大統治耗盡社會資本（social capital），使得血緣家庭之外很少有信任基礎，於是中華社會變成了「一盤散沙」[70]。

註

1　T. Zhao 2005；C.Chang 2010,106-46；Huang 1994；Q. Wang 2011；F. Zhang 2010, 33-62；Chinese social science news, 9-27-2014。非主流學者劉氏的描述較為到位，但可能是慮於出版審查，依然是頗為晦澀和模糊（Z. Liu 2014）。

2　Fairbank 1942, 1973；Mancall 1984；Pye 1992 & 1993, 107-33。

3　F. Wang 1998b, 76-77, 105-15。

4　S. Zhao 2015；Perdue 2015。

5　Hansen 2000；Waley-Cohen 2000。

6　Popper 1945, V1, 49-50, 152-3, 178；Lattimore 1940, xlix, 56-57, 165, 300-01, 336, 409, 514。

7　J. Wang 2000, 77, 82-83；G. Wang 2006；Talbott 2008。

8　Kissinger 2014, 4-9；Pines 2012, 21-39；中國史學家周良霄描述了「中華帝國專制主義」的如下五個特徵：大一統、高度集權的奴隸式父權統治、嚴格控制人民、抑壓工商業，以及全面的文化暴政（L.Zhou 1999, 304-52）。

9　Fan 1965, 206-36；Lin 1983, 11-30；Wittfogel 1957；Fan 1953, 46-59；Yi 2007, 204-14；Woodside 1991, 31-67。

10　von Glahn 2004；Sima 11th century, V246；Wang 1940；L. Yu 2012；Bays 2011；J. Wang 2000, 340-43；Kissinger 2011, 5-32；Popper 1945, 226。

11　L. Zhou 1999, 308；Y. Liu 2008；雍正《大義覺迷錄》（Yang 1944, 8-25）；Hao1260。

12　Guo 1879, 439, 444-45；Li 1901；Zhang 1898；F.C. Wang, 1998；Q. Ji 2008。

13　Perdue 2015；X. Li 2014, 118-25。

14　X. Fei 2005；J. Wang 2000, 298-311。

15　K. Yu 2013, 52-61；Y. Xu 2006；Dan 2009；X. Xu 2012；S. Fang 2013；H. Zhang 2015；Esherick and Rankin 1990；Wang 1948。2010 年代中國一個典型的縣政府就擁有 90 個「標準機構」、16 個「群眾組織」、35 個「政府供養」的單位和 55 個「其他機構和辦公室」，僅「主要幹部」就有 200 多名（Nie&Gu 2016）。

16　Luo 1961；Reid 2008, 74-75；A. Huang 2009；Yunos 2011；Zhang & Zhang 2003；Yuan 2012, 174。

17　F. Zhang 2004, 228-32；Xing 2015；Lin 1936, 189；L. Li 2013；W. Gao 2003；Z. Zhang 2006；H. Zhang 2013, 73-77。

18　Schwartz 1996, 114；Ringen 2016, 5, 15。

19　F. Wang 2005, 32-60；Montesquieu 1777, 175。

20　Z. Li 1997；J. Wang 2000, 223-265；Neal & Williamson 2014。

21　Leys 2013, 285-432；X. Zhou, 2014。

22　Yi 2007,151-53；Brook et al 2008；R. Li 2006; Wu 2001；關於美國社會一些類似潛規則的「生活智慧」，參閱 Greene 1998; L. Li 2010, xiv, 4。

23　Li 1590; Yan 1895; Ku 1915, i-iv, 2-38,112。辜鴻銘的文字在中華人民共和國曾長期受到批判和冷遇，但最近在「復興中華文明」的思潮中獲得認可；他的《中國人的精神》一

書也首次於 1998 年在中國（海南）出了中文版。依靠其西方教育和關係，特別是其英語能力謀生的辜，本身過著雙重人格式的生活：他同時擁有兩個妻子、欣賞女性裹小腳、在滿清帝國崩潰後還長期保留滿族髮辮。到了 1920 年代，辜更鼓吹一個新的「神聖使命」，即主張靠崛起的日本抵抗西化、重新復興自蒙元以來已經失去的「中華文明之精神」，因為日本人實際上才是「真正的中國人」（Ku 1924, 274-82）。

24　Lin 1935: 42-75, 49, 53, 81, 86-91 & 169。林語堂用進口的思想和方法相當大地影響了中國現代文學。雖然也是向西方讀者介紹中國文化（甚至頗為贊許），但與辜鴻銘不同，林本人過的基本上是美國或歐洲中產階級的生活方式。

25　Qin 1-19-2015。

26　Fu 1919；Bo 1992。

27　Fairbank 1983, 36-38; Wang 1973；X. Zhou 2014；Y. Yu 2006 & 2016。

28　Goldstein 1999；J.Yan 2002；Pan 2004；X. Xiao 2007；Forbes 1986；Israeli 2002, 7, 60-66, 291-95。

29　Spence 1979；Yao1982；Kuhn 1992；乾隆《御制十全記》1792；Morrow et al. 2003。

30　黃宗羲《明夷待訪錄》17th century；唐甄《潛書》1705；王夫之《讀通鑑論》1691；顧炎武《日知錄》和《顧亭林詩文集》17th century。

31　Kang 1898, 62；Liang 1929。

32　J. Wang 2000, 282-91；Elman 2009。

33　Polanyi 1944；Dwight and Hawthorne 1899, 101, 138；Smith 1894, 324-26。

34　Blanning 2008；Ikenberry 2011。

35　Chesterton 1922, 4；Hung, 2011；Pye 1993, 130。

36　Fairbank 1973；Pye 1992；G. Wang 2006；Jin andLiu 2011；Xu 954, 16-17；Ouyang 1053, V42。

37　Maddison 2007；G. Yuan 2007；L. Xu 2013。

38　一個生動的例子是《紅樓夢》裡描述的烹製茄子的食譜（Cao<1791>2008, 547-59)。關於當代中國的一些極端而昂貴的「美食」（如活猴腦和流產的胎兒），可參閱 Liao 2002 V1, 9-11。

39　J. Wang 2000, 234-38；Toby 1991；Arano1987。

40　Feng 3-13-2014；Hong 2014；North et al 2009, 41-45。

41　數字參見：Spence 1990, 165-93 and 1996；Pan 2000；Jin 1993；Ding 1991；R. Li 1999, 76-85；J. Yang 2008；Dik.tter 2011, xi, 169；Manning and Wernheuer2012。

42　L. Zhou 1999, 200；Yuan 17th century。

43　H. Zhang 2012, 1；H. Zhang 2007；Bo 1979。

44　例如 F. Wang 2006。

45　S.Yang 2012, i-ii；W. Zhang 2015。

46　有關壟斷負面作用的理論，參閱 Stigler 2008。

47　R. Huang 1997, 74；Yi 2007, 103-04；G. Zhang 1995 & 2008。

48　Elias 1994, 183-438；Gat 2006, 401-42；Morris 2014, 18。

49　Ge and Cao 2001；Pinker 2011, 圖 5-3。

50　Gat 2006, 445-673；Morris 2014, 3-26。

51　Guanzi, V1；Mu 1991；Pan 1983；M. Zhang 2006；Yi 2007, 163-93；Hong 2014。

52　Berlin 1952, 6。

53　X. Yang 1999, 77-113；Schäfer2012；Wang 1997, 59-66；Rao 2009, 176-267；X. Gu 2015, 13；R. Huang 1982；Y. Zhao 2014, 47。爭鳴的英文學界也有認為中華帝制可以創新和動態演變的不同看法，見 Mungello 2013, 2-5。

54　Landes 1998；Finlay 2000, 265-303；Sun 2010, 86-91。

55　J. Dong 2014, 29-36。

56　Smith 1776, 73-97。

57　J. Wang 2000, 177-78, 184, 226。

58　Deng 1937, 1, 61；H. Huang 2005。

59　Liu and Zhao 1988, 874-85；Maddison 2007, 29, 44；Z. Huang 2013。

60　J. Wang 2011；Hong 2014。

61　Zelman 2013；World Watch 2013。

62　H. Cheng 1994, 13-16；CCTV 9-9-2009；D. Wang 2013。

63　Maddison 2001, 圖 1-4，表 B-21 和 B-22；www.tradingeconomics.com；Y. Lin 2012, 300-05。

64　Z. Huang 2010；J. Wang 2000, 165-66；J. Wang 2000, 345；Sima 2nd century BCE V7；Shangdu 2011；Elvin 2004；Marks 2011。

65　Guy 1987；Spence 2001；Brook et al 2008；Liang 2012, 2-12；Jing 2014；Smith 1894, 320；L. Qian 2012, V2, 308-13。

66　Sun 1956；Yi 2007, 283；F. Zhou 2011, 29-58。

67　North 1982。

68　Wen, 2008；J. Ge 2008。

69　F. Wang 1998B, 8-18。古代中國思想家如柳宗元（773～819）曾經本能地意識到了國際競爭的巨大效用，參閱柳著《敵戒》。

70　Hidalgo 2015；Y. Zheng 2001, 119。

第五章

百年國恥與
進步世紀

從19世紀40年代到20世紀40年代，這段約一百年的歷史奠定和規範了今天的中國。至19世紀，滿清帝國統治中華世界已近兩百年——與其他秦漢式世界帝國的平均壽命差不多，並同樣地陷入衰敗，新一輪的王朝更迭近在眼前。政治壓迫、經濟停滯以及人口增長等等，諸種力量已經交匯互動，積累了足以造成大爆炸的能量；然而，主要是由於外部力量——歐洲人、美國人和日本人的入侵（間接影響和直接介入），中華世界才最終進入一個新紀元。與過去的王朝更迭不同，滿清世界帝國的統治集團和大量人口並沒有被暴力消滅，新一個秦漢式世界帝國也沒有再依樣複製循環。從1840～1842年的第一次中英戰爭（鴉片戰爭）開始，中華世界就被迫融入其時正在擴張的西發里亞體系當中。與學者們描述的，當時發生在其他亞洲帝國的情況類似，中華統治菁英（包括滿漢各族）的權力、聲望和觀念，都一再被外人萬般羞辱，無情挑戰並打碎；他們不得不重新自我定位，並推行許多並不衷心的改革以求生存。晚清以來的中華菁英尤其是當局和御用史家們，通常都將這一百多年稱之為中國的「屈辱世紀」或「百年國恥」，是中國歷史幾千年裡的最低點。中國共產黨及中華人民共和國的最高領袖習近平更是在2014年宣稱，「從（1840年）鴉片戰爭到（1949年）新中國成立這一百多年時間，是中華民族最動盪、最屈辱的歷史時期，是中國人民最

悲慘、最痛苦的歷史時期」[1]。

本章之目的是重新解讀這段長期被政治扭曲了的歷史──對中國人民來說，1840 年代至 1940 年代這一百多年絕對不僅僅意味著失敗和恥辱。對於秦漢式政體的統治菁英及盲目跟從他們的僕從來說，這一百年的確是個漫長的、充滿了失敗和屈辱的世紀。但是這期間的無數偉大實驗和全面進步，同樣深刻地重塑了中國的形貌。歐亞大陸東部的各族人民離開了日益虛有其表的中華世界秩序；中國理所當然地重新崛起，成為西發里亞體系下國際社會的一個重要成員[2]。秦漢式政體本身和王朝輪迴的厄運，都因為進口的共和主義，以及旨在實現法治與民主的種種努力而大為改善，這是極為深刻、但迄今尚未完成的中國社會政治的大變革與大轉型。通過模仿和實驗，中華世界的長期停滯和落後，代之以正在進行的偉大現代化。社會經濟發展、人民生活水平、教育文化和科技各個方面，都取得了飛躍性的進步。

即使是中華菁英們在前五十年所痛切感受到的羞辱和落敗，也在這個世紀結束前的 1940 年代，代之以驕傲和成功。在陌生的西發里亞體系下掙扎求存的同時，中國明智（或幸運）地在 20 世紀上半葉「連續加入了兩次世界大戰的得勝一方」。年輕的共和國（北洋政府）在 1919 年的巴黎和會上其實做了相當好的外交工作，儘管後來的兩個革命黨派──國民黨和共產黨，都堅稱那是中國的「外交失敗」，從而有理由發動它們受蘇聯資助和指令的、以中國民族主義為號召的叛亂和革命。憑藉其日益熟練的雙邊及多邊外交技巧，中華民國通過華盛頓會議（1921 ～ 1922）和後來的聯合國等管道，設法修改了滿清帝國時期簽訂的許多國際條約，「重新」控制了先後被日本和蘇聯占據的包括滿洲（東北）、台灣和新疆在內的地區，並收回分布於中國許多城市裡的租界。中國從 1900 年前後的半殖民地狀態提升到 1930 年代的完全獨立國家，再到 1945 年成為世界領導之一──聯合國的創始成員國和安理會的五大常任理事國之一[3]。

類似 20 世紀許多非西方國家和民族的經歷，深受外國影響的共和革命（1911 ～ 1912）結束了滿清帝國，再造了漢族中國人的民族地位和國格（nationhood and statehood）[4]。但不幸的是，對這個年輕的共和國而言，來自強大鄰國日本和蘇聯這兩大帝國主義的顛覆和侵略，造成了巨大的破壞。蘇聯為了自身安全，以及推進世界共產主義革命的意識形態之需要，更是在中國資助、武裝甚至直接指揮了下一場大革命。國民黨在 1927 至 1928 年間通過武力奪取了中華民國政權，將中國變成一個軟性威權主義國家，但是他們很快轉而排斥來自莫斯科的共產主義。莫斯科於是轉而贊助並指揮在中國的第二個代理人中國共產黨，發起長達十年的武裝暴亂（1927 ～ 1936），在中華民國內部創建了一個中華蘇維埃共和國。不過中共很快就瀕於失敗。之後，還是根據莫斯科的指示，中共加入了國民黨的中華民國政府，在二次世界大戰中抵抗日本侵略。國共雙方在二戰後再次展開了血腥的中國內戰（1946 ～ 1949）。國民黨的中華民國政府失敗並逃往台灣，後來在 20 世紀 80 至 90 年代演變為「中國有史以來的第一個民主政權」。這個極具戲劇性的、同時充滿著恥辱和進步的漫長世紀，以中華人民共和國的建立而告終。共產黨的中華人民共和國一直自詡為「新中國」，但實際上它是中國歷史的一個大躍退，在中國復辟了一個比南京國民政府更為正宗的秦漢式政體，亦即極權主義或威權主義專制黨國（party-state），並由之復甦了對中華秩序的渴求與嚮往。

中華秩序的衰敗與消隱

滿清帝國在 18 世紀擴張並控制了整個中華世界，使得中華秩序達至頂峰，形成滿清版的中華文化並塑造了之後的中國。隨後，滿族統治的秦漢式政體就恰如預期地迅速衰敗下去。中國化佛教的異端分支白蓮教於 18 世紀後期和 19 世紀初，在中原的腹地發動了大規模的武裝叛亂。

在整個 19 世紀，農民暴動和民族／族群之間的戰爭不斷爆發，其中包括西南（雲南省）的漢族穆斯林起義、在西北的幾個省造成至少兩千萬人喪生的多民族穆斯林起義，以及廣泛分布於華北的捻軍叛亂。屬於中華歷史上最具破壞性的叛亂和內戰之一的太平天國持續了十多年（1851～ 1864／ 1872），幾乎推翻了滿清帝國。它直接波及整個中原的一半區域，並導致多達一億人死亡，約占當時人口總數的四分之一 [5]。

歐洲人的抵達給中華世界帶來了巨大衝擊，並對中華秩序造成根本性的挑戰。外來侵略和影響最終結束了整個中華秩序，並在幾十年間使滿清帝國從一個多民族的世界帝國，變成一個由若干「半殖民地」和許多由地方／族群酋長或軍閥統治的準自治政權所組成的集合體。外部力量幾千年來首次改變了中國的王朝更迭模式，並結束了中國的帝制歷史。經歷啟蒙運動和工業革命的西方人，不僅拒絕漢化或曰中國化，而且還開始用西方文明和政制全面取代秦漢式政體和儒化法家意識形態。滿清世界帝國的結局，確實令中華菁英們震驚不已、痛苦不堪，借用當時漢族領袖李鴻章的話，是「三千年未有之大變局」[6]。

與過去統治中華世界的一些世界帝國不同，滿清統治者其實很早就對中華世界之外的世界有著相當了解。他們也許本能地已感覺到危險，但更可能的是本書先前分析過的，中華秩序下秦漢式政體的內在必然邏輯，促使滿清世界帝國政府仍然以老一套辦法予以回應。為了隔離，從而忽視那些無法控制的外部比較和競爭，清廷採用並堅持了嚴格的自我孤立和閉塞視聽政策，極力維持其佯裝的「世界性」統治。它大致延續了明帝國的海禁政策，並用那簡單而有效的斬首刑罰，阻嚇移民外出也嚴限外人來華。但為了宮廷的奢侈品需求，清朝允許一部分特許商行壟斷了對外貿易。外貿口岸從最初的四個，到 1757 年減少到廣州一個口岸。帝國政府特許的十三個洋行，壟斷了清代高度受限的外貿並由此成為超級巨富。康熙皇帝（1662 ～ 1722 年在位）是巔峰版中華秩序、即所謂康雍乾盛世的創始人，被中國官方的歷史敘事贊許為睿智能幹的

「大帝」。康熙其實預見到了西方國家將會帶來的長遠性威脅：「海外如西洋等國，千百年後中國恐受其累──此朕逆料之言。」但是這個判斷，卻成為滿清帝國推行海禁鎖國，而不是迎頭努力競爭的依據，似乎麻煩既然是「千百年」之後的事，倒不如先得過且過。儘管如此，為了安定其臣民、假裝自己確實統治整個已知世界，清帝國還是不得不與外部世界互動，按照和秦漢帝國同樣的天朝中心優越感，根據「文化等級或地理邊緣」的程度，對鄰近各國和來訪的外國人分別對待：西北地區（中亞）、來自歐洲的傳教士和商人，以及東南亞人。清帝國通過軍事征服和改信宗教（religious conversion），在今天中國西北、西南地區以及西藏一帶，建立了傳統的封建·邦聯式制度，擴張並穩定了中華秩序。此外，清朝繼續禁止外國傳教士和限制外國商人。滿清統治者認為他們的世界帝國在無法穿透的圍牆後面可以長治久安[7]。

到 18 世紀末，清朝已經開始衰落。這時統治滿清世界帝國的是自詡為「十全老人」的乾隆皇帝，他曾被法國思想家和學者伏爾泰想當然地看作一個理想的專制統治者，即所謂「哲人王」。1793 年，英國派遣馬戛爾尼爵士（Earl George Macartney）率皇家代表團到達中國，尋求與滿清帝國建立對等外交和貿易關係[8]。因為是否跪拜的禮儀之爭，乾隆沒有面見英國使團。雖然後來他接受了英國使臣的禮物，但還是像對一個朝貢國下達諭旨般地加以回應。作為一位居高臨下、體貼親切而威嚴無上的君主，乾隆給英國國王喬治三世的答書，一開始就滿是可笑的無知與傲慢：

「奉天承運皇帝敕諭英吉利國王知悉，諮爾國王遠在重洋，傾心向化，特遣使恭齎表章，航海來廷，叩祝萬壽，並備進方物，用將忱悃。朕披閱表文，詞意肫懇，具見國王恭順之誠，深為嘉許。」

他隨後明令拒絕英國的建立國交、派駐使節、人員往來、開展貿易

等要求，重申僅在廣州澳門一處允許最低限度的外貿政策，繼續禁止對外移民和外來移民。外國人除非得到允許，才可以到大清，但也只能作單程旅行，而不允許返回故國。天朝不需要外部世界的任何東西，更不用說遙遠的英吉利了。最後，乾隆的「諭旨」如此結束：

> 「特此詳晰開示，遣令該使等安程回國。爾國王惟當善體朕意，益勵款誠。永矢恭順，以保義爾有邦，共享太平之福。除正副使臣以下各官及通事兵役人等正貢加賞各物件另單賞給外，茲因爾國使臣歸國，特頒敕諭，並賜齎爾國王文綺珍物，具如常儀。加賜彩緞羅綺，文玩器具諸珍，另有清單，王其祗受，悉朕眷懷。特此敕諭。」

乾隆這份令人啼笑皆非的詔書輾轉翻譯成英文後，其無禮和無知也被沖淡、掩飾了許多[9]。然而，馬戛爾尼在他的回憶錄中，還是真實地記錄了自己所觀察到的，滿清世界帝國裡驚人的發展停滯、專制暴政、官員和人民之間巨大的不平等、廣泛的赤貧、極其低下的生活水平，以及中國人極其缺乏尊嚴。他由此得出結論：

> 「中華帝國是一艘老舊而瘋狂的巨型戰艦。那些幸運的繼承人和專注的軍官們，努力在過去的一百五十年時間裡使她一直不致沉沒，並且僅僅通過她的巨大體型和外表來震懾她的鄰國。但是，只要有一個無能的人恰好在甲板上指揮，該船的紀律和安全就都完了。她可能也許不會一夜就沉沒；她也許會像殘骸一樣漂流一段時間然後觸岸，撞個粉碎；但她永遠不能在舊基礎上重建了。」[10]

隨著自我鎖閉的中國變得更加為外人所知，天朝帝國的形象在 18 世紀末和 19 世紀初發生了戲劇性的變化。中國被視為一種令人絕望地

迅速落後於歐洲人的文明；中國人極度缺乏自由、機會和體面的生活條件。從盧梭、孟德斯鳩、亞當·斯密到黑格爾，歐洲思想家們都深刻分析了秦漢式政體與中華秩序的令人絕望的荒謬性、治理績效不良和可怕的前景。而實行統治的滿洲民族也退化了，從一個征服與統治的族群，蛻化變質為被寵壞了的少數民族[11]。

為了尋求新的土地、利潤和榮耀而不斷擴張的歐洲列強，用工業時代的最新技術，尤其是致命的火器槍砲武裝起來，他們首先經海上、然後從四面八方來到中華世界，從根本上撼動了中華秩序的核心。清帝國試圖查禁鴉片走私和縮小對外貿易逆差的笨拙措施，激起了第一次中英戰爭。其時英國國內一些反戰政客譏之為「鴉片戰爭」；這個頗有貶義但並不確切的名字，為後來的中國朝野採用至今。其實該戰爭並不主要是關於鴉片，而是要打開中國閉鎖的大門。它終結了清朝的整個陳腐不堪的海禁政策，中華世界開始向外商和外國傳教士開放。一支規模很小但裝備精良的英國遠征軍，決定性地摧毀了規模大得多但極為無能的清軍。包括皇帝在內的中國官員和外交官們也都是極度地無知，仍舊把新來的外國人認為是可以管控和收買的野蠻人，而不是更先進的競爭對手和征服者[12]。在接下來的幾十年中，滿清帝國的類似失敗和被迫讓步一再發生，因為中國統治菁英裡占主導位置的保守派，不斷與外國人（特別是迅速湧入的基督教傳教士）發生摩擦和衝突，而且常常又因為滿清政府愚昧無能卻又反覆無常的背信和欺詐，而釀成更多、規模也更大的災難。許多外國勢力——尤其是俄羅斯和日本，推行殖民主義與帝國主義政策，其領土擴張、剝削和控制中國人民的野心，日益對清廷構成嚴重的威脅。在外國壓力下分崩離析的中華秩序於是遭受了更多的打擊：1856 至 1860 年與英法的戰爭（中國史稱第二次鴉片戰爭）、多次基於俄羅斯的威逼利誘而將領土割讓、通過國際條約給予了外國人的治外法權和其他特權、1884 年的清法戰爭，以及最終埋葬中華秩序的、1894 至 1895 年的清日戰爭（中國史稱甲午戰爭）。先前游離於中華世界邊

緣的外圍國家——日本，在西方影響下而崛起為一個現代化強國，並且決定性地擊敗了比它龐大許多的中原帝國，開啟了東亞新時代。中國人關於公民權利、人民主權（popular sovereignty）和民族國家的意識，在清帝國被日本徹底擊敗之後才開始真正出現。滿清天子也被迫將其統治全天下（全世界）的天朝——大清改名為大清帝國，「以便與歐洲各帝國為伴，即使是很不一樣的同伴」，並開始把中國看作是一個新的世界戰國時代的霸主之一[13]。

中華世界被外來力量不可抗拒地拉入西發里亞體系，開始了經濟和社會的現代化，為今天的中國奠定了基礎。中華世界的各族人民都取得了史詩般的進步和無與倫比的獲益。中華世界試圖通過全面進口商品、工具、知識和文化，以擺脫許多世紀的停滯，實現跨越般的發展。教育得到了再造，文化得以更新，生活水平大為提高。古老的漢語被翻新改造，白話文開始取代文言文。從外國尤其是日本引進了數不清的新辭語、成語和概念，迄今不墜[14]。中國人口在歷史上首次避免了王朝更迭時期的大規模減少，其數量還繼續增長。但是，這些驚天動地的進步和變革也付出了代價：中國失去了包括朝鮮、越南的所有附屬國家，被迫割讓自西伯利亞東部、蒙古、中亞到台灣的大片領土（大約三百萬平方公里，超過滿清帝國最大時期版圖的四分之一），犧牲了無數生命，遭受了由於戰敗賠款、外人擄掠加上中國群眾的報復性搶劫而造成的大量財產損失。中華菁英的驕傲和自尊也隨之大為消減。這些致命性的外部打擊、令人暈頭轉向的全面挫敗，以及各種重大損失後來就構成了支撐中國官方歷史教科書中的「百年國恥」主流話題的各種根據、證明和軼聞故事：中國從 1840 年到 1949 年間（許多人還堅持認為，甚至一直持續到今天），被強大的（西方）外國人不公正地欺凌和傷害[15]。

從 1861 年到 1909 年實際統治著滿清帝國的慈禧太后，因為害怕失去權力，在絕望中決定借助號稱擁有神力的、狂熱而仇外的義和團。她居然自殺般地下令清廷向擁有外交關係的十一個國家宣戰。號稱「八國

聯軍」的外國聯合派遣軍（其實包括了大量的漢族僱傭兵）匆忙去北京解救被圍攻的使館和教堂，迅速而徹底地打敗、並屠殺了數量大得多的清軍和義和團。美國也從菲律賓（在美西戰爭中奪取的新殖民地）派兵參戰，這是美國人在中國土地上與中國人唯一的一次作戰。北京在四十年裡第二次被外國人占領和洗劫，滿清帝國被迫簽訂又一項和約即《辛丑條約》，同意支付巨額賠款。清廷的中央權力急遽下降，中原許多省分的總督巡撫在戰爭中都宣布中立，實行所謂的「東南互保」，以避免外國的占領。這就開始了後來影響中國政治數十年的地方軍閥主義。中華秩序的最後毀滅（可說是劃時代的），讓許多外國勢力瘋狂地在中國要求領土、租界、特權和影響力。中國於是瀕臨被瓜分為若干塊殖民地的險境[16]。

西化成為生存之道

與蒙古人與滿洲人的征服不同，19 世紀的中國面臨著不止一個外國力量。因此一些統治菁英希望採用以夷制夷的傳統對外戰略也許是相當有道理的[17]。在李鴻章（1823 ～ 1901）等較為開明的領導人主導下，清帝國直到其末日為止，都一直企圖拉攏、賄賂部分外國人，去制衡和對付其他的外國人。中國人為此戰略損失了大量土地、財富，以及國家信用，甚至在 1904 至 1905 年使滿洲淪為俄羅斯人和日本人之間的激烈戰場，致使當地失去了許多生命和財產。以夷制夷戰略經常產生反效果，最終也未能挽救滿清帝國和中華秩序。但是其長期的實踐在中國形成了一個悠久傳統：各種政治力量都擁有各自的外國支持者和贊助者。

更重要的是，以往的外來侵略者、征服者都是些軍力強大的遊牧部隊，他們在社會制度上和意識形態上並不發達，遑論優越和先進。於是征服者都傾向於最後接受中原人的生活方式和文化（即漢化），延續秦漢式政體和中華秩序。但在 19 至 20 世紀裡，那些威脅中原的外國勢力

就完全不同了。他們幾乎在每一個層面和每一次較量當中，都比停滯許多世紀的中原強大和先進。這些外來威脅所擁有的絕對優勢，使得中華菁英們擔憂的，不僅為一個特定的統治王朝，甚至也不僅為一個特定的統治民族的命運，而是將要失去整個中華生活方式，包括有兩千年歷史的秦漢政體及中華秩序本身。他們的身分人格、價值觀念，以及他們認同的整個世界的精華全都面臨毀滅。面對這樣一個前所未有的挑戰，一些明智的漢族和滿族菁英在 19 世紀中期提出了「師夷之長技以制夷」的戰略，以保衛整個中華世界[18]。於是，滿清政府和官督商人們在 1860 年代發起洋務運動，試圖通過模仿和直接進口技術、人才、設備、工廠和教育以實現工業化，尤其是加強軍事力量[19]。這一通過進口和模仿來實現經濟、特別是軍事現代化的戰略，一直持續至今。

然而，關於如何模仿西方以自強，從一開始就產生了至關重要的分歧，並由此深刻地塑造了中國的政治與社會、外交政策，以及中國自身的崛起。在 19 世紀後期，出現了兩種不同的自強路徑，它們在後來的不同時期，有著不同的表達方式和具體方案，這兩種路徑迄今一直在影響中國人的思想、引導中國政府的政策與行動，可謂可謂是意義深遠的、在天下體系與西發里亞體系之間求生存的一場長久鬥爭。意義深遠。其中一條路徑是功利主義的所謂「中學為體，西學為用」，即學習和掌握西方的現代技術，去維護和遵循中國固有的社會政治制度和意識形態[20]。這是自 19 世紀以來中國人應對外部世界的主導思想，體現在晚清、中華民國和中華人民共和國各個時代的許多自強政策和努力中。這種路徑的一個奇特延伸，是乾脆把已經崛起的「西方強國」日本，視為中華文化制度精髓的「真正載體」和衛士，企圖靠拉攏、整合和依賴日本，延續和振興中華文明[21]。

另一條路徑是所謂全盤西化，即把中國的社會與政治，全面地從儒化法家的秦漢式政體轉變成歐美的法治和民主制度。有些人甚至呼籲要將漢語拉丁化，改用拼音文字。早期的西化倡導者包括王韜、薛福成、

梁啟超等人[22]。高級官員張樹聲於 1884 年的臨終奏摺裡總結這種方法為「應採西人之體以行其用」，即採用西方（社會政治和意識形態方面的）實質，以便能充分利用西方的技術自強[23]。這一離經叛道、全面重塑中國政治、社會和文化的總方針，在 20 世紀初得到深受西方教育的自由主義倡導者胡適（1891～1962）等人更進一步闡述和推動。中華民國在其統治大陸期間，確實是朝著這個方向有所前進。後來，中國持不同政見的作家劉曉波（2010 年諾貝爾和平獎獲得者，多次被關押的政治犯，最後在 2009 年被關押、至 2017 年病死獄中）還頗有爭議地把這個路徑描述為「中國需要三百年的（西方）殖民，才能實現現代化」[24]。另一條稍微溫和、但比中體西用想法更加全面深入的西化路徑，則是模仿日本在 1868 年明治維新後成功進行的選擇性西化，即福澤諭吉著名的「脫亞論」──脫亞入歐，離棄亞洲（中華）傳統而爭取富強。甲午戰爭（1894～1895）之後，大批中國留學生湧向日本。來自日本的海量（經過日本人用漢字翻譯後的）西方觀念和術語，至今一直深刻地影響著中國的社會政治、意識形態和文化生活[25]。

由蘇聯創立和資助的中國共產黨，要在中國推行一條比梁啟超和胡適更激進的全盤西化道路，儘管他們遵循的是另外一種自稱是普遍真理的西方意識形態。中共拒絕引進與模仿英國、法國和美國，甚至是德國或日本──這些國家代表了西方國家的主流社會政治制度，而是從莫斯科拿來了共產主義旗號，試圖用一種激進的西方極端主義意識形態和政治實踐──即史達林化的馬克思列寧主義，在制度結構和文化層面全面地改造中國。其實，如歷史學家派普斯（Richard Pipes）所指出的，史達林化的馬列主義，與中國秦漢式政體內的威權主義和極權主義政治對照，在一些關鍵特徵上是非常吻合的[26]。中國共產黨後來實際上是借用進口的一種歐洲（俄羅斯）意識形態，來包裝其通過暴力革命而建立的秦漢式政體，只是在辭藻裝飾上具有一些革命性或創新性而已（本書第六章將進一步分析）。毛澤東以後的中共，則是基本回到了晚清和中華

民國時期中體西用的現代化路徑，高度選擇性地學習和模仿西方的部分社會政治價值與規範，這類似明治維新後的日本，但仍然不如當時日本的西化來得全面。

到19世紀末，相互衝突的外國勢力在中華世界形成了英法美陣營、德國—奧地利—俄羅斯陣營，以及日本之間的三角競爭局面。較小的外國勢力如荷蘭、西班牙和義大利則扮演了較為次要的角色。一些外國勢力如英國、美國，對中國的開放和轉型更感興趣，試圖利用其提供的各種商業機會。而另一些國家如俄羅斯和日本，則被血腥氣味所吸引——中華秩序崩潰後，一個垂死王朝所散發的氣息，試圖推行擴張領土政策，蠶食、瓜分甚至鯨吞中國。這樣一個受西發里亞體系下的相對收益法則（law of relative gains）支配的、充滿競爭的外部環境，不僅為滿清政府（以及後來的中華民國）提供了至關重要的生存空間，也使中國實施模仿西方而自強的新戰略，或繼續實行以夷制夷的舊戰略都有了可能。在各種外部力量的影響下，多元化的意識形態、互相競爭的社會政治力量在中國得到發展，決定了中華世界和秦漢式政體的轉變與命運。

在1899年，美國作為新的世界經濟首強，儘管還不是世界軍事和政治的領袖，提出了「門戶開放」政策（Open Door）——毫無疑問是基於自利，但實際上對中國也極為有利。該政策關鍵性地幫助了中國確保其政治獨立和領土完整。次年即1900年，在義和團拳亂之際，美國國務卿約翰・海伊再次倡議中國的「門戶開放」，並說服其他世界主要大國接受這一原則。經過華盛頓會議的法律確定，門戶開放政策成為二次世界大戰前美國對華政策的基礎，成為至少從19世紀後期，美國人蒲安臣（Anson Burlingame，1820～1870）一肩雙挑美中兩國駐對方使節時，就開始了的「美國與中國之特殊關係」的一大基石。在中國統治菁英為告別中華秩序和秦漢式政體而艱辛努力時，在中國為了適應充滿競爭的西發里亞體系，與各種外國殖民主義和帝國主義勢力作生死周旋時，門戶開放政策提供了關鍵性的外援[27]。

滿清帝國不同尋常的崩潰

在王朝更迭周期和前所未有的外強入侵這雙重壓力下，滿清帝國在19世紀後期經歷了一個漫長的潰敗。但是與過去大不相同的是，更先進、多元且互相競爭的西方列強，極大地改變了滿清帝國崩潰的態勢和方向。中華世界的各族人民得以避免了過去多次世界帝國崩潰時的屠殺和浩劫。滿清帝國還得到外國的進口武器甚至僱傭兵的幫助，鎮壓了許多場叛亂（特別是太平天國）而多延續幾十年[28]。

太平天國叛亂激發了以反滿清為重點的漢族民族主義，但它試圖引用進口的意識形態，建立自稱得到神佑的天國，其信仰是經過大肆篡改的基督教教義。由此，它極大地激怒了許多漢族和非漢族的儒化法家菁英分子。太平軍領袖洪秀全一心想當帝國官員，但是他參加科舉考試卻一再失敗，於是聲稱自己是上帝的次子、即耶穌基督之弟，要用一個現世的漢族基督教天國取代野蠻的滿清帝國。這種非同尋常的理念，並未能取得歐洲列強或中國菁英的共鳴。洪秀全也許還可能用武力創立一個新王朝，取代滿清帝國並延續秦漢式政體及中華秩序。但太平軍領袖們實際上比正陷於潰敗的清朝更加腐敗和無能。歐美列強最終幫助清朝剿滅了太平軍。而曾國藩率領的漢族菁英階層對摧毀太平軍發揮了至關重要的作用，他們提出「赫然奮怒以衛吾道」的口號，以捍衛千年儒化法家傳統之道為己任，成功地抵銷了太平軍作為漢族民族主義者的號召力。這也是秦漢式政體與中華秩序的力量超越民族主義界限的一個有力例證[29]。

在潰敗的滿清帝國裡，多元化、頗有試驗性的地方自治，在從天津到廣東的眾多省分（尤其是沿海地區）紛紛出現。一個很好的例子就是長江沿岸的南通[30]。中華世界這一全新的非秦漢政治的發展，最初是由外國勢力在租界裡強力創造的。當時的歐美法律與粗糙而殘忍的大清刑律之間無法相容，於是歐美列強迫使滿清帝國給予他們治外法權（legal extraterritoriality）。滿清政府還被迫特許外國傳教士和教民許多自治權利，尤其是出版和教育自由權。清廷和地方政府憂慮外國人的政治影響，試圖沿襲舊制，隔離那些難以控制的外國人，於是他們主動在中國境內建立「僅限外國人」居住的租界。外國的地方性自治政權於是在中國發展起來。

第一個租界是上海政府在 1845 年租給英國人的，而最後一個租界是天津政府在 1902 年租給奧地利人的。一共有八個國家在幾十年裡統治過二十多個租界。美國則只是分享了兩個「公共租界」。這些租界後來被中華民國政府逐步收回，到 1940 年代初期都不復存在。連同其他外國人租賃的土地和由外國人興建管理的鐵路沿線土地，這些租界確實是對中國統治菁英和中國人民的重大冒犯，是對中國國家主權的令人尷尬的破壞，由此長期成為百年國恥歷史敘事的一大內容。不過事實上，那些外國人統治的土地，基本上成為免護照、簽證的自由港，並向包括 1930 年代的大量歐洲猶太難民在內的所有人開放。那些用腳投票的中國人逃離政府管束，很快就成為租界居民的絕大多數，使得滿清政府建立租界的原意完全落空。這些租界變成了中華世界裡各種新思想、新治理制度、新試驗、新聞自由和新式教育的堡壘，也為包括中共在內的各種異議人士和革命者提供了避難所。租界於是重塑了整個中華世界的社會政治和文化，就現代化的總體方向而言，它們實際上是促進中國社會發展和進步的強有力的催化劑，至今仍有難以估量的，無論有形、無形的影響[31]。令中國統治者覺得不平等、不愉快甚至頗具侮辱的外國租界，對整個中華世界的積極作用，其實是礙難誇張。

此外，在鎮壓太平天國中而出現的漢族軍閥地方政治力量也在穩步發展，並於 1900 年的「東南互保」中達至頂峰。1911 年 10 月 10 日武漢兵變後，各地的地方自治派和實力不斷增長的資產階級，以及受過外國教育或影響的新菁英們互相聯合，迅速宣布當地獨立，從而促成北京滿清政府的最後垮台。1912 年 2 月 12 日，在各地獨立政府、尤其是袁

世凱（1859～1916）領導下的北洋新軍指揮官們的直接逼迫下，滿清皇帝宣布退位。此前，中華民國臨時政府已於 1912 年 1 月 1 日在南京宣布成立，並由孫中山擔任臨時大總統。作為南北協議的一部分，孫中山在 2 月 15 日下野，由袁世凱接任。歐亞大陸東部延續兩千多年的王朝統治制度與中華秩序一起終結，雖然威權主義的秦漢式政體仍然存在。

在內部治理和外部事務各方面藉由依靠忠心能幹的漢族官員，滿清帝國不僅在 19 世紀中葉之後繼續存活了半個世紀，而且還取得了一些重要的成就和進步。到 19 世紀末，清朝的財政收入終於達到千年之前宋帝國的規模，工商稅的收入也自宋代以來第一次超過了土地稅和農業稅，這表明由外貿、外資和本國工業化所造就的資本主義經濟有了顯著增長。1855 年以後一直由外國人管理中國海關，他們的現代化有效管理也是一個重要原因[32]。

外國勢力的直接存在和影響，帶來了上海、天津、廣州和武漢等現代歐洲風格城市的出現；這些城市大多是由外國人作為租界主人與管理者，而負責設計和管理的。現代郵政、電報、交通運輸、海運、鐵路，和後來的汽車和電力服務，以及各種改革了的新學校和新課程均發展起來。通常在租界或其附近創辦的、具有各種傾向的中文和英文私人報紙、期刊和出版社等等，在 19 世紀 60 年代以後也蓬勃發展。一份頗具影響力且常常尖銳批評當局的民辦中文報紙《申報》（即「上海日報」），從 1872 年一直出版到 20 世紀 40 年代。基於改革派官員暨外交官薛福成的建議、並在傳奇性的美國外交家蒲安臣的直接推動下，華工移民美國在 1870 年代得以合法化，成為中國移民史上的里程碑事件。二十年後，在 1891 年，滿清政府終於摒棄了至少是從唐帝國以來的反對移民的傳統政策，給予返鄉的海外華人和本國人享有同等的權利和地位[33]。

作為資本主義發展的一個重要象徵，中國第一家現代商業銀行於

1897 年開業。清政府也於 1905 年創建了第一家國有銀行。在接下來的三十年裡，六十多家商業銀行紛紛開張，各自發行了以銀圓為本位的紙幣。直到 1935 年，國民黨的中華民國政府才將紙幣印刷權集中到三家國有銀行（中央銀行、中國銀行和交通銀行）。而在清王朝滅亡之前，中國的本土資本主義就已經在許多領域取得了顯著增長。因此，整個社會的生活水平和收入都有上升。快速增長的對外貿易也大大增加了進口糧食的供應。除了太平軍造成的人口劇減外，中國的人口在「天下大亂」之際的 1890 年代到 1940 年代，並沒有大幅減少，而是例外地繼續增長。

然而，慈禧統治下的滿清政府不可逆轉地滑向了最終崩潰。在致命的甲午戰敗後，至 1898 年，慈禧血腥地中止了戊戌變法，從而關閉了模仿日本明治維新的大門，中斷了和平改革中國的機會[34]。只是在 1900 年再一次更為屈辱地敗於外國勢力之後，慈禧才開始頒行一些雄心勃勃但往往很不真誠的「新政」改革，以期拯救滿清王朝。無論其動機如何，慈禧新政還是有一些具體的實際進步：1902 年，明令禁止漢族婦女纏足（該陋習歷經後來中華民國政府的多次法令和宣傳，又過了幾十年才最終消失）。1905 年，廢除延續了一千多年的科舉考試，取而代之的是創辦新式學校和派遣留學生出國[35]。

1906 年，滿清政府宣布建立君主立憲制，並於 1908 年頒布了《欽定憲法大綱》，企圖維持其皇帝專制制度，但也規定了皇權之下的行政、立法和司法分立，同時還保證了新聞和集會自由以及其他的一些個人權利，但這個憲法大綱並沒有來得及實施，就被革命中斷。此外，中央官僚機構也有所現代化，設立了按照專業分工的各部門。地方自治也開始萌芽。陳舊的清朝刑事法典得到了修訂，廢除了一些殘酷刑罰和處決犯人的方式。現代警察和法院系統也開始發展。1910 年實行貨幣和財政改革，發布了中國歷史上第一部國家預算。商會、民間團體和政黨紛紛出現，競相爭奪選票、發言權和影響力，他們在地方準立法機構——諮議局裡尤為活躍。衰敗的滿清帝國看起來是要通過自我革新而求存。中

華民國後來大體上也繼承了清政府的這些新政。滿清帝國的新政正式地接受了代議制民主、資本主義私有企業，以及民眾的個人自由和權利等原則，這些都是中國歷史上真正的破天荒；這些一百多年前由官方認可的原則，即便在今天的中華人民共和國也還沒有充分實現[36]。

　　新政的實施大都是由於清朝中央權力的衰落所致，而不是帝國統治者的真誠願望。清朝統治階層尤其是滿洲貴族，擔心改革導致漢族菁英權力進一步增長，所以竭力抵制改革。他們試圖長久地壟斷政權，但是但是卻估計錯誤也行動失誤。清朝於 1907 年下詔建立出版的事先審查制度，開啟了一直延續至 21 世紀的中國政治傳統，儘管清政府很快就被迫忽視這個制度。1909 年慈禧及光緒皇帝去世後，清廷及其在九年（後來又縮短為三年，到 1913 年）內實行君主立憲制的計劃被 1911 年秋天的武裝起義終止。清廷試圖國有化四川一個私營鐵路項目，引起大規模騷亂，並直接觸發了武漢兵變，產生雪崩式的連鎖反應。1912 年 2月達成的妥協案，迫使六歲的宣統皇帝退位，將政權和平移交給以袁世凱為首的中華民國政府。對於滿清皇室和滿洲統治菁英來說，這是一個劃時代的仁慈結局：在中華歷史上，他們首次避免了伴隨王朝崩潰的、統治者家族被全體處決的可怕命運[37]。

中華民國：機遇、成就與失望

　　非主流中國歷史學者劉仲敬在 2013 年寫道：中華民國北洋及南京國民政府時期（1912～1949），是一個名副其實的憲政實驗室[38]。其實，中華民國時代不僅僅是一個憲政實驗室，也是 19 世紀中葉以來中國社會、政治、經濟、意識形態、文化和外交政策各個方面宏大變化與實驗的繼續。這些實驗大多數是成功的、和進步的。其中最主要的成就之一，就是共和主義（republicanism）的提出、鞏固與神聖化。中華民國深受歐美自由、民主、憲政、資本主義和社會主義各種思潮的影響。1905 年，

還在滿清帝國滅亡前好幾年，由流亡日本的漢族革命黨人在東京成立的同盟會，其組織就已經效法美國行政、立法和司法三權分立的制度[39]。中華民國成立後，在《中華民國臨時約法》的大致框架下，經過了十五年的中央政府虛弱，乃至南北分裂與軍閥割據，然後是國民黨武力奪權後（1928年）實行的所謂「軍政」與「訓政」——即列寧主義黨國的威權主義統治，到1947年才正式開始憲政統治。

換言之，與中國官方歷史敘事所堅持的「百年國恥」的定論相反，這段時期與中國歷史上其他任何時代相比都毫不遜色，充滿了令人興奮的戲劇性事件、複雜曲折的歷史情節、各種殷殷期望和啟示、偉大的犧牲與成就、深沉的悲傷、沉重的代價、不幸的失敗、痛苦的失望，及最後的悲劇性結局。所有這些，構成一部宏大而震撼人心的史詩。總的來說，中華民國北洋政府及南京國民政府的三十八年統治，是一個偉大的開放時代；在社會與個人的自由和法治方面都取得了巨大進步；人民獲得了更大的國內和國際遷徙的自由；充滿活力的觀念與科學交流，以及教育事業得以開展；市場蓬勃開放並且帶來了持續的經濟增長。而中華民國的前十六年——在莫斯科支持的列寧主義政黨即國民黨崛起，並以武力於1928年奪取政權之前的北洋政府時代，則更是如此[40]。順帶一提，作為反對中華民國政府的革命造反黨派，中國國民黨和中國共產黨都一直貶低和輕視晚清與中華民國北洋政府的歷史價值。在兩黨官定的歷史敘事裡，都給民國的最初年代貼上「黑暗時代」的標籤，視為無休止的軍閥混戰和政治分裂（「軍閥混戰，天下大亂」）[41]。

在國際上，中華民國苦心努力，最終拯救了中國的獨立國家地位，並且基本上保住了滿清帝國的整個中原（Centralia）版圖，以及滿洲（東北）、台灣、西藏、新疆甚至「外蒙古」。更重要的是，在被共產黨以武力推翻的好幾年前，南京國民政府就已經成功地將中國提升為第二次世界大戰的五大戰勝國之一，徹底消除了中華菁英們在上一個世紀遭受過的外來凌辱。中華民國創造了一個真正的新中國。這個新中國克服了

重重困難，特別是來自鄰國（日本和蘇聯）的侵略、吞併和顛覆活動，成功地告別中華秩序，並在西發里亞國際體系下擔任一個世界大國的角色[42]。

在 20 世紀上半期，在經濟、技術、社會和文化發展等各個層面，整個中華世界的各族人民（尤其是漢族）繼續 19 世紀中葉以來的多元化發展和進步趨勢，取得了影響深遠的成就。受到美國政治制度和觀念，以及當時正在興起的社會主義思想的影響，中華民國從一開始就志在成為以憲政為基礎、略帶社會主義色彩的聯邦民主共和國。但它的實踐之路並不平坦，充滿了曲折起伏，也遭受許多挫敗，結果常常令人失望。但它還是成功應對了多次軍閥混戰、各種各樣的叛亂、兩次迅速失敗的帝制復辟（1916 年為期八十三天袁世凱復辟的「中華帝國」，1917 年由張勳主持的僅僅十一天的清宣統帝復辟），並在 1947 年接近歷史轉折點——幾乎終結國民黨的一黨專制統治，建立憲政和地方自治相結合的政治制度。然而，中華民國最終還是悲慘地失敗，未能將中國的秦漢式政體轉變成真正的民主制度。直到四十年後，中華民國政府作為一個小得多的流亡政權，才在台灣建立了「第一個中華民主政治」。

中華民國歷史的第一階段，是 1912 年到 1928 年的歷史。袁世凱於 1912 年就任中華民國大總統後，很快就大致統一了中原，乃至整個中華世界的大部分地區。他接下來企圖恢復帝制，成為新的「中華帝國」的開國皇帝，從而建立另一個秦漢式政體。這一倒行逆施很快就因舉國上下反對而失敗。無論其歷史功過，袁在其短命的帝制復辟失敗後，於當年（1916）就在國人的唾罵聲中病死。其原先率領的一些北洋軍高級將領，接著統治中華民國政府。這個以北京為首都的中華民國政府（又稱「北洋政府」），本質上是一個比較虛弱的威權主義中央政府，地方上多處於軍閥自治狀態。它有著眾多政黨（估計有三百個之多）和相當重要的政黨政治，擁有集會和言論自由，蓬勃的私人企業，以及有積極意義也頗為成功的外交活動[43]。不幸的是，就像過去每當王朝崩潰時，

許多強人武夫就會做的那樣，野心勃勃的地方領袖和軍閥，常常違抗中央政府甚至公開反叛，造成倒戈相向乃至混戰。爭奪一統天命從而統治整個天下，一直是中華菁英的本能，那些有武力也有雄心的領袖更是如此。

然而，外來勢力和內部的多元化力量都極大地約束了歷史的重演。這個被今天的中國歷史教科書正式命名為「軍閥時代」的時期，儘管表面上看似混亂，其實絕非全部有害於中國的社會經濟發展以及國際地位。許多地方領袖和菁英階層，都主張地方自治甚至各省獨立，以建立多個中華國家。由中原（Centralia）主導的天下一統秩序，被一個類似戰國爭雄的政治秩序所取代。然而，與戰國時代不同，曾經的中華世界本身此時只是一個四分五裂的國家而已，而不再是整個已知的世界。具有諷刺意味的是，此時中國的中央政府及自身領土主權的完整，還常常要依賴外國勢力的支持。中華菁英的大多數人依然受到傳統儒化法家世界觀的驅動，以所謂安定與統一天下為旗號，但也經常用各種進口的新觀念與辭藻——從美式自由主義到蘇式馬列主義——裝扮自己。一個穩固、統一、強大的中央政府，無論是否民主，似乎依舊是大多數中國政治家和知識分子們孜孜以求的神聖目標。然而同時，許多人也大量嘗試引進一些完全不符合中華傳統，乃至反秦漢式政體的思想；一些最開明的知識分子嚴厲地抨擊儒家意識形態。1913 年，國民黨的傑出領導人宋教仁（1882 ～ 1913）——他被中國歷史學者易中天譽為「中華民國唯一一位理解和實踐真正的共和主義和民主政治的政治家」——贏得國會大選，中央政府即將由他執政，中國大有和平演變為一個多黨制民主國家之勢。然而，宋卻在赴任北京的前夕遭人暗殺。這真是中國歷史的一大悲劇[44]。

在這個不尋常的時期——中國內外各種政治和文化力量史無前例地公開、自由競爭，形成了一場意義深遠的意在拯救和復興中華的啟蒙運動。始於 1915 年的新文化運動，批判性地審視了中華歷史，鼓吹根本

性的社會和政治變革，甚至包括用以歐洲為中心的全球主義取代中國文化。其領袖多是深受外國教育或影響的知識分子，如陳獨秀、胡適、魯迅、錢玄同等人[45]。陳獨秀在 1915 年就公開呼籲「當以科學與人權並重」，並在 1919 年明確提出「擁護德謨克拉西和賽因斯兩位先生」的口號，將民主與科學尊為唯一的新信仰。然而，各種外部力量強烈地扭曲了中國的啟蒙運動：日本索取德國在華（山東）權益，而美國「自私」地就此妥協，令許多中國民族主義青年對歐美民主頗為「失望」；蘇聯對華「無私」地放棄帝俄「一切權益」的空洞宣傳，以及關於世界革命的有效鼓吹，尤其令高漲的中國民族主義情緒轉向莫斯科。中國偉大的啟蒙運動於是終結於 1919 年以民族主義為核心的五四運動。崇尚科學、民主與人權的理念，被其他進口的激進思潮──民族主義、民粹主義，尤其是馬克思列寧主義──所擠壓甚至取代。同時，廣為流行的漢民族生存危機感，也交織激發了中華中心主義的復興：這一切都極為深刻地決定了中國的政治命運。毛澤東曾經信仰過各種進口的主義──社會達爾文主義、民族主義、唯意志論、實用主義和無政府主義，他在 1920年時還公開主張將中國分割成二十七個獨立的主權共和國，卻在次年成為由莫斯科組織的中國共產黨之創始成員[46]。

隨後的中華民國猶如「中華版的魏瑪共和國」，很快從一個軟弱的憲政民主政體，轉變為一個威權主義的黨國軍事體系。到 1928 年，由蘇聯資助、訓練和指導，以蔣介石為首的國民黨軍隊，通過為期兩年的「北伐」戰爭，統一了包括滿洲（東北）在內的大部分中國。就在勝利之前，國民黨在 1927 年年中與莫斯科斷絕關係。北京的中華民國政府（張作霖控制）和南京的新政府都與蘇聯斷交，指責莫斯科直接資助共產主義顛覆勢力，同時驅逐了蘇聯顧問並試圖清洗共產黨人，進而轉向尋求西方（特別是美國）的幫助。中華民國開始了由國民黨一黨執政的「訓政」時期，建立了以蔣介石虛弱的個人獨裁為基礎的威權政體[47]。

在蔣介石的統治下，中華民國進入了所謂「黃金十年」（1928 ～

1937）。中國本土資本主義經濟得到持續而迅速的發展，大量的社會政治變化也由此展開。對外，中華民國先前已有許多外交成果，如 1921 至 1922 年的華盛頓會議再次確定了門戶開放原則，從而阻止了外國分割和併吞中國的企圖，並開始了對中國主權如海關管理權的歸還。國民黨的中華民國政府繼續努力，重審和修改了滿清帝國與外強訂立的許多條約，最終於 1943 年完全取消治外法權，抹去了這個中國自 19 世紀中期以來就持續遭受的恥辱。蔣介石是一位熟習儒家經典、並在日本軍校就讀的漢民族主義獨裁者。而他也受到最後一位妻子宋美齡以及許多深受美國教育的同僚和助手的深刻影響，並且最終成為一名基督徒。蔣介石政權一方面採用傳統的儒化法家方略，竭力要完全統一昔日滿清帝國的版圖，但也不得不適應自由、人權等舶來的觀念。國民黨是一個威權主義政黨，但是在意識形態上卻又承諾實行憲政民主和法治，它的內部也是多元的。當時的中國仍有著大量的外國勢力存在，外國人繼續享有眾多特權，包括直接控制租界。在這樣一個國度裡，國民黨的一黨專政統治最多只能是軟弱、有限且不完全的秦漢式政體，它的制度結構、組織人事，以及意識形態方面均含有大量西方的政治觀念和行為規範，隨著時間推移而逐漸成長，最終將影響和改變整個政權[48]。

不幸的是，中華民國被迫與政權內部的各種派系，以及許多地方叛亂政權、軍閥勢力進行不斷鬥爭，還要應付兩大鄰國不斷的侵略和蠶食：日本從山東、滿洲和華北方面，蘇聯則從外蒙古、滿洲和新疆方面。而由莫斯科資助和指揮的由莫斯科資助和指揮的中國共產黨，在偏遠農村地區建立的農民武裝和中華蘇維埃共和國政權，最初被中華民國領袖們所忽視，但逐漸成為最嚴重的內部威脅。不過，到了 1930 年代中期，蔣介石的中華民國政府終於擊敗了幾乎所有地方軍閥，接近統一整個中國，並將共產黨的游擊隊趕到了貧瘠的陝北地區，幾乎致使後者滅亡。一個新崛起的中華民國，即將全面集中精力發展國內經濟，以及對付外部威脅、特別是來自日本方面的侵略。日本帝國在 1932 年占領滿洲，

並建立了傀儡政權滿洲國，進而威脅包括北京（當時改名為北平）在內的整個華北地區。然而在 1936 年 12 月，蔣介石戲劇性地被麾下的高級將領（張學良和楊虎城）綁架，被迫承諾停止消滅中共；此即改變中國歷史進程的西安事變。綁架他的前軍閥是中共的同情者，被莫斯科的共產國際所僱用和操縱，以保護蘇聯免受日本帝國的威脅。中共因此迎來了命運攸關的一大歷史轉折，在抵抗日本侵略的名義下，與國民黨建立了民族統一戰線 [49]。

也許是要先發制人，阻止中國民族主義力量的崛起，日本帝國於 1937 年 7 月全面進攻中華民國，試圖迅速壓服後者，進而實現其統治亞洲乃至全世界的夢想。一些中國學者的新研究則認為，國民黨政府可能受到了莫斯科的蠱惑，以魯莽的方式挑釁，激起日本的進攻 [50]。事實上，日本軍國主義者可能也是基於日本版的中華秩序──對天下一統的追求，即所謂的「八紘一宇」理念，以武力征服和統治整個已知世界 [51]。1938 年 11 月，在日本陸軍占領了中原大部分主要城市之後，驕橫的日本首相近衛文麿援引中華秩序的思想和語言，宣布「得中原者王天下」，並敦促中華民國投降合作，以便以「古老的日本精神」和復興的「真正中華精神」為基礎，建立一個以東京為主導的「新亞洲」，取代現有的「非理性和不公正」的國際秩序。其時仍在執行孤立主義政策的美國，對東京要在亞洲建立日本秩序的反應，只是大幅收縮了美日之間的經貿往來 [52]。

第二次中日戰爭（1931 年開始、1937 年全面展開，至 1945 年結束）嚴重地推遲了中華民國原定於 1937 年實行憲政統治的計劃及其經濟現代化努力。中華民國 1928 年以後的對日政策基本上是災難性的失敗。中國一些修正主義歷史學者近年來認為，日本之所以大舉入侵中國，實際上是漢族民族主義反西方（和日本）的過激行為所「誘發」和「驅使」；不僅僅是國民黨受到蘇聯的滲透影響，採取了激進漢民族主義，莫斯科更是同時命令共產黨執行激進的反西方漢民族主義，從而種下苦果 [53]。

日本的軍事侵略重創了中華民國。包括國民黨第二號領袖汪精衛在內的一些重要叛逃者，投身於由東京主導的「大東亞共榮圈」，而且居然有超過三百萬的中國士兵成為所謂的「皇協軍」，幫助總數一百二十萬的侵華日軍[54]。儘管如此，中華民國政府還是做出了艱難的決定，堅持其代價昂貴的抗日戰爭，加入盟軍陣營並「扮演了重要角色」，最終成為第二次世界大戰的戰勝國之一，將中國的國際地位提升為世界主要大國。隨後，中華民國在 1947 年開始推行憲政。但是，中國共產黨獲得莫斯科的隱祕但至關重要的援助，迅速增強了軍事力量，並再次發起顛覆性的反叛。經過三年多的激烈內戰，中共成功推翻了中華民國政府，並在 1949 年 10 月建立中華人民共和國[55]。

重新評估晚清與民國時代

受西方列強所迫，中華世界在 19 世紀中後期融入了西發里亞國際體系。中華民國延續了晚清以來的社會政治變革，並正式結束了帝制。但是從袁世凱到蔣介石，基本上都是在性格、能力、稟賦上各有不同的秦漢式統治者而已。他們各自的威權主義政權，同時還都得與舶來的共和主義、民權、人權、法治以及多黨制民主等新觀念鬥爭。中華秩序消散了，但是秦漢式政體依然存在。受歐美思想的深刻影響，「三民主義」的新政治思想，和所謂軍政、訓政、憲政的三階段政治改革計劃，成為國民黨統治下的中華民國的指導方針[56]。中國在其內部逐漸捨棄秦漢式政體，對外，民國領袖們成功地保證了國家安全，明智而堅定地將中華民國變成西發里亞體系下的主要成員。從 1920 年代到 1943 年，中國在晚清時期被迫簽訂的國際條約得到了修改，所有的外國租界和治外法權也被收回。邱吉爾發誓保全大英帝國，但還是在 1942 到 1943 年間不情願地做出承諾，將在二次世界大戰結束後把香港和平歸還中國。列強的諸多反華法律和政策也 消弭。臭名昭著的 1882 年美國排華法案

（China Exclusion Act，1902 年成為永久性法案）也於 1943 年被馬格努森法（Magnuson Act）所替代。中華民國收復了失去的滿洲（東北）和台灣，在 1945 年變成一個新的全球領袖——聯合國安全理事會五個常任理事國之一[57]。

在這個漫長的世紀裡，中國人告別了持續千年之久的中華秩序，在外來觀念的影響下，也開始為拋棄古老的秦漢式政體而艱辛努力。對中華菁英而言，這一百多年確實是一場前所未有的持續恥辱體驗；他們的身分認同、自信、尊嚴和生活方式都屢遭責難和摧毀。在這個過程中中國的統治階層不僅失去了統治權力，而且還失去了獨特的意識形態。不過，如同一位中國作者在 2014 年所寫，鑑於諸如義和團之亂時，中國政府曾向幾乎所有外國列強宣戰，並對各國使館和教堂開火，真正的民族恥辱實際上更可能是「那些令人難以置信的（中國統治者們的）荒謬、野蠻、傲慢和戰爭罪行」[58]。當然，這些「真正的恥辱」後來被中華民國政府和中華人民共和國政府都照例掩飾過去。通過穩健的努力，中國人鞏固和提升了其國家地位和民族地位，到 1945 年最終迎來其國際羞辱的終結，中國在法理上和觀念上都與各國平等，並且從殘酷的二次世界大戰中脫穎成為世界五大國之一。蔣介石早在 1943 年 1 月就滿心寬慰地認為，中國在過去一個世紀裡所遭受的恥辱都已消除[59]。那些曾經導致中華秩序崩潰的外國力量，此時也保障了新中國乃作為一個國家得以重塑。

這漫長的一百多年，是中國全方位地向外學習、開展各種偉大實驗、取得根本性變革和史詩般進步的世紀。告別了中華秩序的中國，在各方面都獲得了顯著而持續的改善。通過大規模的翻譯，中國全面引進了現代科學、醫學和教育，從而獲益無量，極大地提高了中國人的生活水準、知識存量和經濟發展程度。中國人有了一個開放、自由和競爭性的科學探索與創新環境；儘管仍舊不時地受到秦漢式專制政治的種種壓迫，中國人在歷史、哲學、科學技術和藝術各方面都出現了學術研究和

創新的井噴，這是自先秦時代以來再一次真正的百家爭鳴。外部因素的作用極為重要。例如著名的西南聯大在 1930 到 1940 年代的傳奇性成就，很大程度上是因為「在其一百七十九名正副教授中，只有二十三名教授未曾留學過」[60]。七十年過去了，中華民國時期的教育事業，它所得到的高度重視和大量投資，以及其世界水準的巨大成就，依然令人景仰，且難以匹及[61]。

而中國人的世界觀、生活方式和心靈也有了巨大而豐富的改變。中華秩序一旦崩潰，秦漢式政體就開始喪失其合法性和基礎，被舶來的社會政治組織制度不斷侵蝕乃至取代。共和主義、民主、個人自由和平等、言論和集會自由、人民利益高於統治者利益、民權與人權、私有財產權以及社會主義思想等，逐漸變成基本的社會政治價值與新規範。整個中華歷史上第一次，中華民國從成立起就在憲法──即 1912 年的《中華民國臨時約法》，以及隨後的 1914 年《中華民國約法》和 1923 年《中華民國憲法》裡承認土地私有權，並將其作為整個私有產權制度的基礎，取消了兩千多年來皇帝擁有（天下）所有土地的制度[62]。

許多外國人抵達中國並定居，成為中國的史詩般變化中的催化劑。他們往往是出於自私自利的動機，但有些人則是比較無私的奉獻者，如代表國外組織在華從事傳教、教育和慈善活動的人士。海外華人、尤其是那些大量回國定居的留學生，也扮演了極為重要的推動角色：在 1953 年以前，留美的中國學生因為受到排華法案的限制，基本上都不能在美國永久居留[63]；當時要定居其他西方國家，也是頗多限制。於是成千上萬的中國留學生自然地學成歸國。還有一些外國人，主要是為了帝國主義和擴張主義目的而到中國，甚至抱有以種族、族裔或文化偏見為基礎的、企圖奴役中國人的邪惡慾望。外來力量確實常常伴隨著粗暴和血腥，給曾經是整個已知世界主人的中華菁英確實帶來痛苦和恥辱。但無論其原始動機如何，這些外國人以及歸國的海外華人，共同打破了許多舊制度和舊文化，開創了新局面，迄今都在影響和塑造著中國。但

是在今天的中國官方歷史教科書中，他們中的大多數人都遭到了故意的遺忘或貶低。

在致力於推動中國變革的外國人當中，美國政治家兼外交官蒲安臣應該是有代表性的一位。從 1867 年到 1870 年，蒲安臣擔任滿清政府的第一任特命全權公使，並率領中國外交使團出訪美國和歐洲。他開創了中國近代外交的先河，為中國簽訂了 19 世紀的第一個平等條約——即 1868 年的《中美天津條約續增條約》（又稱《蒲安臣條約》，Burlingame-Seward Treaty）。通過該條約，美國給予中國最惠貿易國地位，滿清政府則將中國人的對外移民和留學合法化 [64]。另一名直接影響中國歷史的是英國外交官赫德爵士（Sir Robert Hart，1835～1911），他在 1863 年到 1911 年一直擔任滿清帝國的海關總稅務司。從 1855 年滿清政府創立中國海關起，到 1950 年中華人民共和國政府完全接管中國海關為止，他與其他五位英國人、一位美國人（也是末任總稅務司）負責主管這個高效而且基本上沒有腐敗的（甚至可能是那一百年裡的唯一一個）重要政府機構。後來的歷史學者認為，他還深遠地影響了現代中國的國家機構建設和規範轉型 [65]。

簡而言之，由秦漢政體和中華秩序所塑造定型了兩千年的中國人的精神和思想，在這個世紀當中都深受震撼，並開始轉變。當時有代表性的歷史學家陳寅恪，在 1953 年就勇敢地向中共領袖重申了民國時代的信條：「獨立之精神，自由之思想」──這是所有學術工作的最終指南，也是值得為之犧牲生命的最高價值 [66]。幾乎所有的中國領袖、政黨和菁英都不得不認同並遵守那些源自西方的價值和規範，即使有些人虛與委蛇。但這個大趨勢的主要例外是中共，它將史達林式共產主義的意識形態和本土主義的「民族復興」，凌駕於這些新的共同價值和規範之上。然而，中共領袖毛澤東也還必須在名義上接受這些新觀念，雖然他大玩其擅長而迷人的文字遊戲和詭辯，把所謂「反動的、資產階級的、右派的、西方的、美國式的」民主、自由和解放，與他自詡的「革命

的、無產階級的、左派的、我們的、中國式的」民主、自由和解放相對立，從而美化並推銷他在史達林主義包裝下重建的秦漢式政體及其價值規範[67]。

與中華世界另外兩個黃金時期，即先秦時代和澶淵體系下的宋代相比，處於西發里亞體系下的晚清—中華民國時代更具活力，更加創新和開放，也更富有成果。中國人的心靈在這一時期也得到前所未有的自由——迄今也還未能恢復到的程度。一位中國作家在 2010 年評論說：在晚清之後，「中國唯一失去的只是膚淺的王朝尊嚴，以及人民並不能享受的所謂『主權』」[68]。

在這個世紀裡，中國的經濟表現也是異乎尋常地出色。國內生產總值（GDP）在 1894 至 1931 年期間增長了 3.52 倍；人均 GDP 的年均增長率在 1887 至 1902 年期間達到了 3.55%，在 1920 至 1931 年期間更是達到了 5.62%，這都是空前的漲幅。在 1912 至 1921 年間，主要是依靠繁榮的私人資本主義，中國經濟獲得了歷史上最快的發展，GDP 平均每年增長高達 13.8%。其次是 1927 至 1937 年，由國家主導的工業化帶來了 8% 至 9% 的年均 GDP 增長率，其中工業增長更是每年 9.3%。這與當時籠罩全球的經濟大蕭條形成了鮮明對照。糧食單產量和總人口在中華秩序崩潰的時期都大幅增加，這得益於進口的農業技術、化肥農藥和新種子，以及蓬勃發展的外貿。儘管內戰和外部入侵不斷，中國人口在 1912～1949 年期間得到了「也許是歷史上前所未有的最快增長」。有史以來第一次，中華世界的人口在秦漢式世界帝國的崩潰期沒有減少，反而增加；而舊政權的統治菁英也沒有被從肉體上消滅[69]。

假以時日，這個偉大世紀的實驗和進步，將預示著中國會迎來一段真正持久的繁榮盛世——超越先秦和宋代的記錄，把中華文明推向前所未有的新高峰。

註

1 Mishra 2012,12-45, 242-98；Editorial Board 2004, V1；Instituteof History 2011；Xi11-11-2014。

2 Westad 2012。

3 Tang 2014；Qin 1-23-2012；Taylor 2009。關於 1912 至 1950 年間中國外交的一個第一手觀察，可參閱顧維鈞的長篇回憶錄（Gu 1983-94, V2-6）。

4 Bull 和 Watson 1985；Tilly 1998；Chong 2012。

5 Smith 2015；Harr 1999；Han 2006；Perry 1980；Spence 1996 and 1990, 165-93。

6 Rhoads 2000；Li 1901。

7 Fang 1953, V3；J. Liang 1999；Farris 2007, 66-83；Kangxi Edict in 1719；Dunnell 2004；Spence 1990, 117-19。

8 Spence1990, 133；Elliott and Stearns 2009, 136-39。

9 Backhouse and Bland (<1914>2010), 331。

10 Robbins 1908；Hsu 1995, 162。

11 Spence1990, 136-38；Crossley 1990。

12 H. Mao 1995；Lovell 2011。

13 Spence 1990, 147-64, 199-210, 216-24；Lei 2014；G. Wang 2013, 29-30。

14 Masini 1993；P. Hu 2011。

15 「國恥」一語於 1915 年為包括中華民國總統在內的中華菁英就正在舉行的對日本的談判而首次使用（Z. Luo 1993, 297-319；Kaufman 2010, 1-33；Callahan 2012）。關於它近年來在中華人民共和國的大量使用，參閱 Z. Wang 2014。

16 Cohen 1998；D. Tang1998；Spence 1990, 231-35。

17 F. C. Wang1998。

18 魏源在 1843 年和 1852 年首先提出此論，後來得到恭親王、曾國藩、李鴻章、沈葆楨、張之洞和盛宣懷等人的推動。

19 Feuerwerker 1958；Pong 1994。

20 Teng and Fairbank 1979。「中學為體，西學為用」係馮桂芬首次提出（Feng <1861> 2002）。張之洞在其御准的《勸學篇》裡闡釋和推廣了這個戰略（Zhang 1898）。

21 Ku 1924, 274-82。

22 Feng 1935；L. Zhao 2005；Teng and Fairbank 1979, 135-46, 220-22。

23 S. Zhang1884。

24 Hu 1965；X. Liu 2006。

25 Fukuzawa 1885。

26 Pipes 2001。

27 Joseph 1928, 399-410；Spence 1990, 203-04, 283, 379-88；Gu 1985 V2, 103-236；Z. Liu 2013 V2, 158-65。

28 Wakeman 1991, 68-102；Smith 1978；Jen 1973；Platt 2012。

29 Spence 1996；Wright 1957；Pan 2000；Kuhn 1970；Luo 1937；Zeng 1854。

30 Shao 2003。

31 C. Jin 2004；Daxiang 2015；X. Feng 2015, 182-222。關於外國人經營的在華鐵路系統的作用，可參閱 EllemanandKotkin 2010。

32 Lei 2008；Spence 1990, 203-09, 220, 284。

33 Belfour 2013, 9-193；Gu 1983, V1, 5-22；G. Fu 2010, 87-236；Hsieh 2013。

34 Liang 1899。對戊戌變法事件與梁啟超不同的描述和詮釋可參閱 Kwong 1984。

35 D. Wang1987。

36 pence 1990, 245-62；Y. Zhu 1996；G. Fu 2010, 64-72；Xu and Xu 2001；Xiao1993, 61-66；G. Xiao 2007；W. Yuan 2013；J. Chang 2013。

37 Rhoads 2000；Z. Liu 2013, V1, 20-135。

38 Z. Liu 2013，前言。

39 Zarrow 2012；Sun 1924；Z. Liu 2013, V1, 14。

40 Mackerras 2014, 28-82；Dikotter 2008；X. Feng 2015a, 76-190, 2014a。

41 CCP Central Party History 2002, 9-10；Tsiang 1938；Tao 1959；Ch『i 1976。

42 Xin 1999, V1。

43 Xie1926；CCP Central Party History 2002, 12；Gu V1, 83-395。

44 R. Huang 1997, 241-310；Yi 2007, 270；Chen 1915 & 1919。

45 陳獨秀後來成為列寧主義者和中共領導，但因為抵制史達林主義，終於被中共清洗、拋棄（C. Guo 1992；B. Tang 2011）。

46 D. Tang 1998；Lieberthal 1991, 119-200；G.Du 2004, 87-136, 169-80；Li & Liu 1997；Mao 1920, 2；CCP Central Document Office 1995, 11-540。

47 J. Xu 2014。

48 JRG 2006, II；Gu 1985, V3, 355-63；1987, V5,186, 260；R. Huang 1998；Q. Wang 2010。關於宋氏家族，參閱 Seagrave1985 和 Gillin 1986。

49 Jacobs 2016；Taylor 2009；Garver 1991, 145-75；Fenby 2003, 124-37；K. Yang 2006a。

50 X. Feng 2014。

51 Beasley 1987, 226-27, 244；Edwards 2003, 289-324。

52 Santet al2010, 18；FumimaroKonoe，「對華第二次宣言」，1938 年 11 月 3 日（Gu 1985 V2B, 573-79 & Yoshitake 1983, 80-95）。

53 X. Feng 2014。關於 1930 年代之前的中日關係之文件，見 Wang 1934。

54 這個「世界最大的叛國者軍隊」，也許說明了超民族的中華秩序觀念和傳統的強大力量，使入侵的日本人能夠藉其天下一統之天命統治中國（X. Wang 2005）。

55 Mitter 2013；Z. Liu 2013, V5-7。

56 Sun 1931, 36-48；Z. Liu 2013, V3, 224-26。

57 Gu 1985, V3, 355-63, 367-79；1987, V5,14-19；Dong and Hu 2010, 12。

58 Gong Shi 2014。這篇文章很快就被中國網路警察刪除了。

59 Gu 1987, V5, 186。

60 Israel 1999, 161。

61 T. Li 2016；J.Wang 2000, 387-79；Hua 2014。

62 S. Yang 2009, 95-99。中華人民共和國後來以「社會主義」名義，又消除了這個來之不易的土地私有權憲法原則。

63 中國留學生從 1953 年起才依據「1953 難民救濟法」有權獲得在美永久居留權。

64 Williams 1912；Spence 1990, 204, 214-15。

65 Spence 1969, 93-128；Bell 1985, 168-70；Lu 1986；Brunero, 2006；C. Chang 2013, 183-90。

66 Fung 2010；Chen 1953。

67 1959 年毛澤東對中共高層幹部的講話，引自 R.Lee1999, 225, 254。毛的繼承人繼承並簡化了毛式詭辯和巧言，代之以「中國特色」和「愛國的」（C. Su 2014）。

68 Tuidao, 2010。

69 Qin 11-11-2012；X. Zhao 2013, 90-97；Chang 1969, 99, 112；H. Huang 2007；X. Lee 2003, 1-18；Y. Zhang 2006, 83-91；Hou 2001, 575。

第六章

大躍退與新崛起

在外部因素和力量的影響下，中華民國在滿清帝國的廢墟上開始了建設漢族民族國家的艱難歷程，展示出一種既擺脫中華秩序、又揚棄秦漢式政體的希望。其主要設計是孫中山提出的三民主義，呼籲中國作為一個獨立國家去「聯合世界上以平等待我之民族」，為民主政治、民權平等和民生即社會經濟發展而努力。不過，中華民國在中國大陸的統治者們，從袁世凱到蔣介石，基本都是秦漢式儒化法家威權主義強人，甚至在不同程度上也算得上是極權主義軍閥。孫中山雖然深受西方影響，也頗為理想主義——他在民國初年擔任過三個月的臨時大總統外，並沒有真正統治過中國——但即便如此，他後來也很快採用了傳統的威權主義統治風格，開始個人獨裁。外部力量——特別是俄羅斯／蘇聯大規模的侵略和顛覆，以及日本帝國的軍事侵略與吞併——極大限制了中國的選擇。無數的中華菁英出於自願或被誘惑而成為外國勢力、尤其是蘇聯和日本的代理人，這使中國付出了生命和財產的巨大代價。中國的國家和民族建構在 1920 年代中期後，最終被政治化的、受外國操縱的民族主義和民粹主義所劫持，阻礙和扭曲了亟需的社會政治變革。由外國創立和資助的中國共產黨在毛澤東領導下，極為精明地使用「人民賦予之使命」（Mandate of the People，實則僭用人民的名義）取代過去的「天命」（Mandate of Heaven，即僭用神明的名義），於二次世界

大戰中崛起，成為一個強大的秦國式極權主義國中之國。憑藉聰明詭計、粗暴武力、進口的意識形態辭藻，以及關鍵性的外援，中共不擇手段、不惜代價贏得了中國內戰，於 1949 至 1950 年結束了中華民國在中國大陸的統治，復辟了極權主義秦漢式政體，給中國的國內政治和外交政策都帶來了「大躍退」（giant leap backward）。三十餘年昂貴而悲慘的大彎路過去後，毛澤東之後的中華人民共和國大致上回到了晚清和民國時代的社會經濟發展軌道上，其國力也得以有一個新的大崛起[1]。

民國政治：頑固但轉型中的威權主義

在國際上，後中華秩序時代的中華民國似乎基本滿足於整合中華世界（主要是中原 Centralia），而沒有什麼追求一統整個已知世界的使命感和目標。作為美國總統羅斯福（Franklin D. Roosevelt）迫使英國、特別是蘇聯接受的戰後新世界秩序願景的一部分，中國獲得了世界大國的地位與尊榮。它也積極參與這一西發里亞體系下的新世界秩序的建設和管理，並為之做了有益的貢獻。在國內，中華民國繼續維持其頑固（但常常力有不逮）的威權主義政治。從自由主義者轉變為獨裁者的孫中山變得如時人梁啟超所說的，「為達目的而不擇手段」。孫中山改造的國民黨，在他去世後藉由蔣介石實行更加威權主義的軍事獨裁，用武力奪取了中華民國的政權。然而，國民黨本就弱勢和不完整的秦漢式政體，在西方尤其是美國的影響和推動下，繼續無可奈何地向現代國家轉化。本書第五章概述的、自 19 世紀後期以來社會政治的全面性變革的結果，已然成為中國人日常生活和國民精神的一部分，並由 1912 年的《中華民國臨時約法》和 1947 年的《中華民國憲法》進一步地推進和合法化。假以時日，一個持續而不斷改進的執行與運作之實踐，將會使得中華民國朝向一個不可逆轉的方向前進，即日益淡化秦漢式政治的色彩，增加民主化成分[2]。

但是，儘管制度和意識形態方面都發生著革命性的變化，那些中華秩序的漫長傳統和強大理念仍然根深蒂固，秦漢式政體對菁英階層的巨大誘惑和路徑導引依然經久不衰。中華世界帝國的「失落」總是令許多中華菁英們不安、不滿與憤怒。蘇聯的挑動、宣傳和許諾在一段時間裡相當有力地迷惑並吸引了許多人（甚至以獨立思考和辛辣批判而知名的魯迅，也曾著文稱讚史達林治下的蘇聯）。在進口的民族主義、民粹主義、社會主義與共產主義的包裝下，原本傳統的秦漢式威權主義政治得以進一步醞釀、壯大並復興。從 1920 年代以來，國民黨和共產黨都一直在揮舞著復興中華民族／中華文明的旗幟：蔣介石當年的口號是「民族復興」，而中共現在的口號則是字數稍長的「中華民族偉大復興」[3]。理想主義的中國人尤其是青年人，就像孩子們第一次進到糖果店一樣，在享受自由的同時，也被各種各樣互相競爭的意識形態炫花了眼。與中國理想主義者很容易觀察到的、發展比較完善的西方民主政體相比，中國社會政治變革之緩慢，很容易就會令他們深感不滿和失望。派系林立的中央政府，因為來自國外的種種顛覆和侵略而疲於奔命、極為虛弱，這更是激發了那些有著政治雄心的人。北洋政府本質上仍是一個秦漢式的政體，但卻是一個日益衰弱的、轉型當中的秦漢式政體。而即使是更威權主義的、半列寧主義的南京國民政府，也處於進退維谷的境地：一方面，來自民眾的壓力越來越大，並且得到主要盟友美國的大力支持，他們要求更快更深入的社會政治改革、享有更多的人權和民權（human rights and civil rights），以及實現真正的法治（rule of law）。另一方面，來自中國共產黨——更加威權主義的列寧—史達林主義政黨——的致命挑戰也在日益增強。中共擁有強大的武裝力量，並通過巧妙宣傳，成功地將自己裝扮成民主鬥士和反西方的民族主義者，還得到中華民國在五大國俱樂部裡的同僚、一直意在顛覆和控制中國的鄰居——蘇聯的大力支持。

　　蔣介石頑固但虛弱的（在他看來大概也是「必要的」）威權主義政

治，以及它與美國願景的差異，早在 1943 至 1944 年間就造成了中美之間嚴重的、代價高昂的、有時甚至是公開的摩擦和不信任。他與華盛頓的代表史迪威將軍（George Stilwell）關於國民政府的腐敗和治理不善、政治和軍事改革、中國及遠東戰場的指揮，以及對中共的態度等各議題上都發生了相當激烈的衝突。馬歇爾將軍（George Marshall）在 1945 至 1947 年間主持了一個不可能完成的外交使命，即試圖調解南京國民政府與反叛的中國共產黨的矛盾。出於尋求和平，和對於中國人民真正的甚至是無私的善意，馬歇爾有效地限制和責罰了中華民國政府，特別是在關鍵性的滿洲戰役期間，而他幾乎沒有任何真正有效的辦法去影響和制約中共。國共雙方都缺乏誠意，互不信任，經常錯估形勢並過度依仗武力。於是看似有希望的和平談判最終破裂。美國在中國扶持一個穩定而有力的民主聯合政府以遏制蘇聯的努力於是失敗，頗為失望的華盛頓其實有意無意地促成了一個悲劇性的結果，使得一個更糟的政府出現在中國：中華民國在中國大陸垮台了，美國把中國「丟失」給了莫斯科[4]。

由總部設在莫斯科的共產國際（Comintern 又稱第三國際，1919～1943 年）所資助、武裝並指揮的中國共產黨於 1921 年成立，並於 1927 年至 1936 年間發動了反對中華民國政府的武裝鬥爭。在 1937 年至 1945 年間，瀕於滅亡的中共被日本的侵略所拯救：它加入了國民黨的中華民國政府並誓言效忠，從而得以發展強大。中共後來贏得了重啟的中國內戰（1946 年 7 月～1950 年 6 月），亦即其官方敘事裡的「解放戰爭」——在中國大陸推翻了被內部的派系分裂、傳統的官場腐敗和無數的背叛而致命地削弱和蛀蝕的中華民國政府[5]。中華人民共和國以進口的史達林式共產主義著色，要激進而徹底地以國際共產主義的強迫性一元論（cohesive monism）去全盤西化中國[6]。然而，中華人民共和國其實只是在馬克思列寧主義詞句下復辟了秦漢式政體。對中國人民而言，令人失望的威權主義的國民黨的中華民國被一個更不民主、更為專制威權主義，甚至是極權主義的共產黨的中華人民共和國所取代，確實

是一個史詩級的巨大悲劇，這是中國歷史在制度上和意識形態上的一個大躍退。

中國共產黨的興起

中華人民共和國的官方歷史敘事，通常把中國共產黨的起源歸功於毛澤東率領十三名中國的本土馬克思主義者，於 1921 年 7 月下旬在上海租界裡祕密聚會建黨，他們代表了中國無產階級和中華民族，為拯救中國和世界共產主義革命事業而奮鬥，在中國乃至世界歷史上都是「開天闢地」[7]。再後來，隨著共產主義意識形態的不斷式微以及歷史真相的浮現，中共的創黨故事在 2010 年代被重新改寫為中華文明和中華民族「偉大復興的開端」，但幾乎再不提及共產主義思想，或莫斯科的創建與資助之功。事實上，中共是由總部設在莫斯科的共產國際直接組織和資助的、一個設在中國的共產國際分支機構之一；是莫斯科為了維護其新生的蘇俄／蘇聯政權，而在各個鄰國祕密煽動革命運動和政治顛覆的一部分；是一個旨在策劃革命的祕密集團。在中華人民共和國的官方敘事中，避而不談蘇聯對中共的至關重要的祕密付款，實際上在 1920 年就開始了。根據中國史家楊奎松等人的研究，在其存在的第一年（1921 ～ 1922），中共的總預算是 17655 銀圓，其中的 16655 銀圓（約合 35000 美元），即 94％ 都是通過共產國際特工從莫斯科送來的。隨著中共黨員從不足 100 人擴大到 1927 年的 1 萬人，蘇聯的資助款項也逐步大幅增加。已知但不完整的數據顯示，從 1921 年到 1931 年，中共的每個黨員平均每年從蘇聯得到的津貼是 50 至 70 銀圓（按 1990 年計價折合為 250 至 400 美元），相當於當時的中國人均 GDP 的 60％ 至 80％，這些津貼支付了中共大部分的開支。蘇聯極為關鍵的資助直接決定了中共各種活動的種類、強度及其成效，並且往往是整個黨的唯一生命線。在 1920 至 1930 年代，共產國際還花費了相當於 100 萬美元（2012

年計價）的 58130 兩白銀（相當於當時中國人均 GDP 的 1600 倍），訓練和安置每一個組織和領導中國革命的共產黨幹部和特工；據不完全估計，這些由蘇聯直接培訓和安置的中共幹部約有 1300 名之多[8]。

其實，中共只是共產國際當時在中國眾多的冒險投資項目之一。藉由俄羅斯人民承受饑荒和貧窮的巨大代價，莫斯科還花費了更多的資金去支持多個中國「共產主義」團體，並祕密或公開地賄賂和援助馮玉祥（以及後來的盛世才）等一些「左派」軍閥發動革命和叛亂，以擾亂和削弱中華民國。更重要的是，莫斯科在 1920 年代初用軍火、資金和政治軍事顧問大力支持孫中山改組的國民黨。到 1926 年，國民黨更被接納為共產國際在中國的分部之一。中共在意識形態上當然更加激進，它無條件甚至無原則地支持蘇聯，比如在 1924 年中共就全力贊成莫斯科與中華民國北洋政府（當時國共兩黨的共同敵人）簽訂臨時的《中俄解決懸案大綱》。莫斯科還指示中共以「小夥伴」的身分加入國民黨，一起去征服和控制中國。中共當時大致是莫斯科在中國的一個備胎式代理人，而莫斯科當時主要押注在更為主流的國民黨身上。中共創黨的寒酸和微不足道，可以由它的建黨日期記錄的混亂不清而略見一斑：自從 1930 年代起，中共就一直在慶祝其錯誤的「生日」（7月1日）而非準確的 7 月 23 日，因為當時沒有什麼人會去仔細記錄，中共的第一次創立會議到底是在哪天舉行的[9]。

中國共產黨從一開始就有其明顯的二元性。一方面，它是一個由一些政治上活躍且雄心勃勃、但是非主流的青年們組成的中國革命運動，受西方馬克思列寧主義（通常通過日譯本而引介）的激進社會政治願景的感召，以及滿清帝國崩潰之際中國菁英們感受的屈辱所激發的大漢民族主義的影響。另一方面，它也是一個蘇聯以世界共產主義革命之名控制的、心甘情願的外國在華的顛覆工具，即一個外國資助和僱傭的、企圖奪取政權的政治顛覆性團體。中共成員還包括了許多理想主義者、民族主義者、政治投機者和失意者、冒險家乃至「紅色恐怖分子」。它的

許多創始人，包括在頭六年擔任黨總書記的陳獨秀（1879～1942），後來都不可避免地與之分道揚鑣，其中有些人更成了中共強烈的批判者乃至死敵[10]。

在武力統一中國取得初步成功之後，兩個合作的中國革命政黨、同一個共產國際的兩個中國分部──即國共兩黨，它們在1927年暴力決裂，而國民黨的中華民國政府拒絕了莫斯科的願望。被國民黨清洗的中共於是成為共產國際在中國的唯一分支。中共被莫斯科動員起來，轉入地下活動，在偏遠地區發動農民武裝暴動──像中國歷史上曾經發生過無數次的一樣。但是與以往的起義、叛亂和暴動不同，中共的武裝鬥爭有其至關重要的外國支持。類似於幾十年前的太平天國叛亂，中共在進口的意識形態掩護下，發動了一場頗為傳統的、農民基於社會和經濟訴求的反叛，以財富再分配、家族復仇、奪取權力，特別是土地改革（重新分配土地）為號召[11]。然而，不同於那遭到列強鄙視的、尊奉一個扭曲的所謂基督教的太平軍，中共則是由共產國際直接組織和資助，在制度上和實踐中都系統地模仿史達林主義的蘇聯，在中國內地建立起獨立的中華蘇維埃共和國政權。它通過暴力的階級鬥爭（反對地主和「富農」）來動員群眾和斂聚資源，並對成千上萬的同志（包括毫無事實根據的所謂AB團即「反布爾什維克團」）進行內部清洗和大規模處決，以便「消除異己」。內部的暴力清洗對極權主義政體去控制其黨員也許是有效的、甚至是不可避免的，但是據倖存者（後來成為中共高級官員）劉華清等人後來的回憶，這些內部殘殺常常是「令人震驚的恐怖……和愚蠢的自殺舉動」[12]。莫斯科一直向中共支付著巨額資金，在1928年底每月至少有6萬銀圓之多。在蘇聯的資金支付渠道因1934年中華民國政府軍擊敗中共紅軍而被切斷之前，莫斯科每個月向中共支付至少7萬銀圓（或大約15萬美元），這是對中共極為重要的補充──根據地的稅收、剝奪乃至肉體上消滅所有「富人」、出口鎢砂等稀有礦石等等諸項收入是有限的[13]。

中國共產黨因此毫不令人驚訝地，採取了一種奇特的非民族主義的對外政策：它首先是要保衛和推進蘇聯的、而非中國的國家利益。中共紅軍還確實由莫斯科派遣的蘇籍德國軍事特工李德（又名華夫，即奧托·布朗，Otto Braun，1900～1974）充當其最高軍事指揮。在此期間，中共顯然更多的是蘇聯在華製造暴力叛亂的顛覆工具，而並不主要是一個民族主義政治運動者。例如，1929年，剛剛由國民黨統一的中華民國與蘇聯就帝俄在滿洲遺留的鐵路權益歸屬而發生了一次對外戰爭（中東路事件）；中共卻大力呼籲中國人民「武裝暴動，保衛蘇聯」。深具諷刺意味的是，指揮占優勢的蘇聯加侖將軍（瓦西里·布留赫爾，Vasily Blyukher），在這場戰爭中大敗張學良指揮的中華民國東北軍，而加侖卻在1924至1927年期間擔任國民黨的首席軍事顧問。不過，後來升為蘇軍元帥的加侖還是被史達林清洗謀殺了[14]。

經過幾輪嚴酷的軍事圍剿，國民黨的中華民國政府軍打敗了中共的紅軍和中華蘇維埃共和國。中共被迫逃離了華南和華中山區裡的主要游擊根據地，迂迴地經由中國西南部的偏遠地帶，到達貧瘠的西北山區，準備最終逃亡到蘇聯、或蘇聯控制下的外蒙古。在這長達一年（1934～1935）的徒步逃亡中，中共近10萬人卻損失了高達九成。中共後來把這場逃亡自我榮耀化，解讀為「北上抗日」的「長征」，並使之成為今天中華人民共和國人人皆知的中共政治魅力和合法性的一大主要源泉，構成其英雄主義和頑強生命力的傳奇敘事。不過，據說中共諸位領導人在整個長征期間基本上都由士兵用擔架抬著走。事後看來，中華民國政府犯了一個當時看似聰明的嚴重誤判：它只力圖把中共從中原的中心地帶趕到蘇蒙邊界，希望藉此把莫斯科拉進來與入侵中國的日本人對抗；同時以剿匪名義，尾隨中共，藉機進入西南、西北各地，取代那些晚清以來形成的地方軍閥豪強，以便完整地征服並控制整個中原。蔣介石的這些算計和行為，是一個秦漢式獨裁政權不難理解的「正常」行為，他由此沒有在完全可能的時候和地點徹底消滅掉中共力量[15]。

1935 年初，正在長征中的中共與莫斯科的控制者們完全失去了聯繫。比較本土的中共派系在毛澤東帶領下趁機於貴州省的遵義團結起來，從莫斯科訓練和安插的領袖們及蘇聯顧問手裡首先奪取了軍權，然後奪取了黨的領導權。從那之後，中共更多地成為一個中國本土的農民反叛類型和一個追求「槍桿子裡面出政權」的軍事依賴型政黨，而不再主要是一個國際主義的蘇聯代理人[16]。中共的本土主義性質開始超過其共產主義性質，其目標更多地變成了不惜代價用武力和詭計去奪取中國的政治權力，而不再是推動以莫斯科為首的抽象的世界共產主義運動，儘管後者一直是中共公開宣稱的意識形態和使命的一個關鍵部分，因為這樣可以使之看起來具有吸引人的高深文化，也能得到豐厚的蘇聯援助。為了利用中國人來抵禦日益增強的日本軍國主義的威脅、同時也保存中共，史達林在 1935 年通過共產國際命令中共表面上服從中華民國政府，以便組成反日統一戰線。流亡中的一些中共領袖在莫斯科據此發布了《八一聲明》（毛澤東等紅軍領袖們並未參與），宣布了其新立場。1936 年初中共紅軍到達陝北後，接近了蘇蒙邊境。莫斯科與改造了的中共重新建立了聯繫，並迅速恢復了平均每月約 50 萬美元的財政援助，並提供了大量的武器設備。其目的是讓中共存活在中國本部（China Proper），即使只是一個偏遠地區，而不是讓它繼續跑到中原的邊緣地區如新疆，甚至逃亡蘇聯去避難，從而保持莫斯科希望的中共在中華民國的顛覆性作用[17]。

　　到 1936 年 12 月，歷史性的西安事變真正救了中國共產黨。這場綁架了蔣介石的兵變，是由中華民國的東北軍領袖張學良（1901～2001）以停止內戰和組建中國統一戰線，以抗擊進逼的日本帝國軍隊為名義而發動的。據學者們的研究以及張學良本人的陳述，他在西安事變前已經同情並幫助中共，實際上是中共祕密黨員。張學良深受莫斯科支持的一些中共外圍組織和人士的影響，比如號稱是無黨派愛國者的救國會，於是巧妙地利用了反日情緒援救中共，並服務於莫斯科的新需

要[18]。西安事變迫使中華民國政府停止了它對中共的致命一擊，成為中國歷史上重要的轉折點。張學良後來被軟禁在台灣時，曾公開地對他的行為表示後悔。他在1990年被釋放後，沒有再重複、儘管也沒有收回他的懺悔。中共官方一直稱讚張學良為老朋友、偉大的愛國者和民族英雄，但他那加入了中共的兄弟（張學思）在毛澤東時代還是被迫害致死。意味深長的是，儘管中共多次發出邀請，張學良在獲得自由後，還是一直拒絕返回他1949年就離開了的中國，選擇從台灣移居夏威夷，並於十年後在那裡去世[19]。

日益加劇的中日衝突、特別是隨後的中日全面戰爭（1937～1945），不僅拯救了中共，而且還使之壯大為可以和國民黨爭奪中國統治權的強大對手。據一些中國歷史學者的新近研究，日本帝國在20世紀20年代和30年代對中國的大肆侵略，事後看來是日本軍國主義統治者們對蘇聯煽動的中國抗日運動的魯莽而愚蠢的過度反應。日本大舉侵華其實促進了蘇聯在遠東地區的利益，致命地重創了中華民國，並最終失控，把美國捲入戰爭而招致日本自身的毀滅性失敗。伴隨著抗日戰爭創造的新生存空間和民族統一戰線所賦予的新合法性，中共成功復甦為一個反叛的國中之國。它以抗日之名，卻把全民族的對外戰爭基本上留給了中華民國政府，於是，與中共力量的穩步崛起幾乎成直接反比的，是中華民國政府力量的不斷削弱[20]。

中共首先有效地利用了民族主義事業去獲得資金和武器裝備。從1937年到1940年，中共的財政開支中每年有58％至86％來自中華民國政府的撥款。莫斯科同時向中共提供重要的祕密援助。1937年來自蘇聯的錢款「是（中共）控制地區全部財政收入的5.2倍」。莫斯科僅僅在1937年11月就一次性支付了150萬美元。1940年蘇聯給中共的資金仍是「當地總收入的1.5倍」[21]。到了1941年，中華民國政府決定中止對快速增長且無法掌控的中共及其軍隊的資助；莫斯科在納粹德國於1941年6月入侵蘇聯後，也減少了對毛澤東的祕密付款。為了應對

這種「非常嚴酷」的金融局面,中共加大了階級鬥爭和沒收富人財富的力度。35％至44％的超高稅率迫使許多中共根據地的農民扔下土地逃亡或參加抗稅暴動。過度印發紙幣很快又造成中共根據地的惡性通貨膨脹。命令部隊自行生產所需的食品和衣服,以及開辦政府工廠和作坊的努力也只有些微的幫助[22]。為了生存壯大,中共於是轉而採用違法手段,包括偽造貨幣和產銷毒品。大批農民和部隊被命令在中共根據地重新引種被禁多年的罌粟,大量生產鴉片。中共還組織了祕密的販運網絡,將鴉片不斷走私販賣給中華民國和日本占領區的中國人。這個利潤極高的鴉片貿易開始於1941年,並一直持續到1948年。到1943年,面對中華民國政府和日本占領軍效果甚微的堵禁措施,中共壟斷祕密的鴉片產銷業利潤已經占到其預算收入的一半。到1945年,鴉片貿易驚人地貢獻了中共控制地區對外貿易順差的96.9％。中共成功地發動了一場針對中華民國和中國人民長達近十年的「革命鴉片戰爭」,還將其成功地掩蓋起來,並於1949年成為中國的新統治者之後再將鴉片經濟徹底根除,這充分體現了中共體制極為了不起的控制力量[23]。

毛澤東與「民命」

中共之興起和成功,和它的領袖毛澤東密不可分。毛澤東(1893～1976)來自華南的湖南省農村,是父系家長制農業社會與中國傳統文化的一個嫡系傳人。歷史證明,毛澤東是一位非常精明能幹的法家思想與秦漢式政體的實踐者:他精通中國古典文學和當代漢語,雄心勃勃,對人性和人的弱點有著極為深刻的理解、且玩世不恭地巧妙利用。他是一個為了權力和統治而玩弄語言辭藻和詭計操縱的真正大師[24]。

在史達林的蓄意包庇和直接栽培下,毛澤東一直是中共高層的一個重要派系的領導人,但是在研究共產黨歷史的學者們所描述過的「共產主義特色狗咬狗」的你死我活的內部權力鬥爭中,他常常被莫斯科的其

他更「正宗」的弟子們所邊緣化。經過遵義奪權，以及可謂天賜良機的西安事變後，毛澤東通過許多頗不道德的運作、賄賂、哄騙、操縱、暴力甚至酷刑，以及謀殺等手段，排斥、制服、消滅了其黨內的競爭對手，尤其是王明和張國燾等輩，到 1942 至 1943 年終於成為中共無可爭辯的最高獨裁者。在 1941 至 1945 年間，毛澤東發動了長期持續的中共黨內整風運動，無情地使用進口的蘇聯契卡／克格勃（Chaka ／ KGB）式的迫害、清洗、恐嚇與洗腦手段（即中共詞彙中的「政治思想工作」或「思想改造」），並與傳統的儒化法家的種種權術諸如信息控制、自我批評與輸誠、效忠臣服等有效地結合起來，把中共鍛造成一個紀律嚴明的馴服工具。於是毛澤東成功地化為中共黨內升起的全能全權的「紅太陽」。史達林的贊同和選擇是毛澤東個人權力崛起的一大關鍵，而毛為此付出的代價，就是尊崇服從史達林直到後者在 1953 年去世。毛澤東的一個失敗的權力鬥爭對手張國燾後來總結說，毛澤東「不擇手段也無所顧忌」，「拋棄所有的道德、理想和原則」，把中共變成實現他個人帝王獨裁野心的戰車，背叛了中國人民的全體利益，「與共產主義不再相干」[25]。

在「愛人民」和「為人民謀幸福」，以及作為「人民大救星」而「創造新中國」種種強大而迷人的承諾之下，毛澤東真正重要的目標無非就是權力與統治的「雄心壯志」[26]。為了這個目標，任何事情包括真相、道德、生命、人民生活水平、國家利益、和平、生態環境等等，都成為次要的、甚至可有可無的。正如毛澤東的著名自詡：和尚打傘——無法無天；所謂「與天鬥其樂無窮、與地鬥其樂無窮、與人鬥其樂無窮」[27]。玩世不恭的法家弄權和治理方式，為求統治而不擇手段的做法被毛澤東推到極致，馬克思主義的「科學」教條、「為人民服務」的空洞口號代替了儒家的人文主義包裝。在意識形態上和出於宣傳的目的，「人民」成了上帝或天的替代；毛澤東獨裁的中共則成為自命的（並且用各種大棒兼胡蘿蔔的手段竭力維護）、無限期且唯一的人民代表。他

於是用「受命於民」的民命（Mandate of the People）替代過去皇帝們的「受命於天」的天命（Mandate of Heaven），授予自己無限的權力和統治合法性。毛澤東在 1945 年寫的一首詩裡就自稱「有田有地吾為主，無法無天為人民」。中國人在秦漢式政體及中華秩序下所培育而內化的、強大的天命傳統和觀念，因此藉由受命於人民的民命觀念而復甦，成為一個極為迷人、但其實完全空洞無物的專權的合法性源泉。人民的人權和民權及財產權、自由、民主、法治（rule of law）都被「人民的救星」以「人民的名義」在實踐中抹殺殆盡。對許多被灌輸和說服了的中國人來說，「人民就是毛主席，毛主席就是人民」[28]。

擺出代表人民的姿態，並聲稱自己是人民的代理或者僕人而統治人民，並非毛澤東的發明創造，也不一定就是不道德的或邪惡的。但毛澤東領導下的中共，像許多其他威權主義和極權主義統治者一樣，使用各種武力和詭計（而不是通過表達民意的競爭性民眾選舉）去確保它自己是唯一的、自命的、永恆的人民代表，這實際上就是在僭用民眾的名義去謀取私利。中共壟斷民命、實行專政的虛假和偽善，完全可以媲美甚至超越昔日壟斷天命而統治天下的帝王們。在中華人民共和國，所有的政府機構、法庭、軍隊、警察和其他附屬部門，以及貨幣，均帶著「人民」二字；毛澤東的「為人民服務」座右銘還鐫刻在北京中南海共產黨總部入口正門的照壁上；中共最近的最高領導人胡錦濤和習近平，都多次重申過毛澤東式的受命於民、「為人民服務」的民命觀。這其實與秦漢世界帝國統治者們使用過的「奉天承運」並無二致[29]。2015 年，沿襲在慶祝遊行閱兵儀式上呼喊官方口號的傳統，中共領導人習近平就是以「人民必勝」的口號結束講話。聞風而動的精明商人們更在 2016 年，為求牟利而豎起一幅巨型廣告牌，在一輪紅日從天安門後面升起的燦爛背景上，以大字寫道「人民就是天，天就是黨和政府」[30]。

毛澤東和中共由此在新詞彙和進口的意識形態包裝下，成功地復辟了秦漢式政體的專制統治制度。天命（Mandate of Heaven）被同樣空洞、

誘人、唬人的民命（Mandate of the People）所取代；包裹法家內核的儒家意識形態，被更加流於形式的共產主義意識形態所替換。這個新的秦漢式政體超過了它過去的帝制版本，因為它借用了馬克思主義的所謂終極真理，論證支持其無限的暴力專政，從而更加強化和推進了秦漢式政體的法家內核，獲得了類似激進神權政治的若干要素。新政體甚至試圖打破家庭結構，去原子化和充分利用每一個人，毀壞儒家的價值規範，成為一個鐵桿的威權主義乃至極權主義政權。作為迷信權力的法家信徒，中共貶斥了過去儒化法家統治者們至少在名義上鼓吹的對祖先、天（大自然或上帝）、生命以及來世等價值的欣賞和敬畏。為了領袖的目標，生命包括同志的生命也全都是可以犧牲的。為了戰術上的優勢和每時每刻的便利，廣泛地保密對於一個陰謀式革命政治組織來說，也非常重要。中共的內部保密教程就明言道：「中國共產黨黨員和革命戰士，無論他做什麼工作，首先必須考慮保守祕密。」執行這個嚴酷紀律的一個結果是，從 1920 年代開始，中共一直都試圖在每場戰鬥之後打掃戰場，蒐集無法運走的己方傷員和掉隊者，然後在政委的監督下全部當場處決，以防止可能的「洩漏祕密」。這種做法大大減少了中共落在敵軍手裡的俘虜人數，使之多了一個作戰優勢。直到 1950 年代初的韓戰時，因為美軍掌握制空權並擁有火力及偵察優勢，中共打掃戰場以保密的做法才 失效。在長征的絕命逃亡中（1934 ～ 1935），包括毛澤東在內的中共領袖們不斷地生育孩子，但卻常常命令將這些嬰兒拋棄在沿途百姓家，以免耽誤自己的逃生。一些中共幹部還曾因為出賣他們的孩子為地下祕密工作籌集資金而受到讚揚[31]。

像當年的秦帝國一樣，這種沒有底線、無所畏懼的極權主義統治制度如果擁有足夠的資源，確實有可能在政治上無往而不勝。一旦缺乏資源和技術（基於其制度而缺乏經濟成長和創新能力，中共的確經常面臨這樣的情況），則用極力壓榨和犧牲人們的生活品質乃至生命作為替代，亦即毛澤東主張的臭名昭著的「人海戰術」作戰方式與「人民戰

爭」，或曰全民總體戰戰略，以及像「大躍進」之類的不計代價也不惜生命的群眾運動。當犧牲生命不再是個大問題，而制度上的制約因素和平衡力量都缺失，內在的道德倫理考量也不重要，那麼中共就真的會變得非常強大，特別是在對付一個碰巧（或不得不）重視生命並受到各種法律、道德或宗教理念制約的對手時，就更是如此了。

藉由新的民命意識形態、蘇聯的祕密付款和援助、中華民國政府的撥款、中央集權且紀律嚴明的軍事化政治組織、能夠高度斂聚資源和大規模動員人力，以及非法毒品貿易帶來的厚利，毛澤東的中共建立起所謂「延安精神」（或稱之為「延安模式」、「延安道路」）的寶貴傳統，使得中共能夠興起，並征服和統治全中國。這一加強版的秦漢式政體不出所料地具有很高的運作效力和持久能力 [32]。正如一部美化中共歷史的官方紀錄片所聲稱，延安模式在今天的中華人民共和國仍然非常活躍，是影響中國國家的管治、經濟計劃、社會文化、意識形態，甚至是外交政策的基本模式。從 1945 年以來，中共及中華人民共和國的官方意識形態，始終都奉「毛澤東思想」亦即彙整過的延安精神作為其核心 [33]。事實上，中國力量今天的崛起，仍然證明著延安模式的能量與潛力。

槍桿子、詭術與諾言

到第二次世界大戰結束時，盟軍（主要是美國）已迫使日本帝國投降，而毛澤東領導下的強而有力的極權主義組織——中共，已經準備好要取代南京政府，在中國創建一個新的秦漢式政體。辦法多多的中共已經擴展到擁有 120 多萬黨員的規模，割據了超過 100 萬平方公里的大塊地區作為其根據地，這約占整個中原（Centralia）面積的四分之一。它統治下的人口將近 1 億，幾乎占當時中國總人口的四分之一，形成了一個中華民國裡的強大的國中之國，並巧妙地將其命名為解放區。中共也培養了一支紀律嚴明的 120 萬人的軍隊（相當於虛弱且分裂的中華民國

國軍總數的三分之一）和一支更大的約有 260 萬人的民兵武裝，還有由徵召來的農民所組成的龐大支前民工力量。毛澤東不僅建立了對中共全黨尤其是對軍隊的個人控制，還創設了對內極其嚴密的信息控制和對外精巧聰明的宣傳。內部的任何異議完全消聲匿跡，不順從者甚至像中共黨員作家王實味那樣，從肉體上被消滅。整肅過的黨組織、活躍的祕密警察網絡，以及秦漢式政體傳統的治國之道——戶口制度和鄰里連坐責任制度，共同組成了一套嚴密而有效的完備體系，以集中控制中共占領地區的人民 [34]。

中共效仿過去的秦漢統治者，嚴格控制其國中之國的人口流動、對外貿易和信息交換。它仔細篩選審查所有的外來移民，並且一般禁止移民外出。中共對內也進行嚴格的媒體控制，對外則通過有效的宣傳（運用許多身處占領區之外和國外的共產黨人的幫助），用心良苦地營造出一個親民、進步甚至民主的形象，並大加利用。中共歷史學家後來也認為，某些典範性的成功宣傳，如史諾（Edgar Snow）的作品，直接影響了許多美國官員和軍官，包括美國國務院以及羅斯福總統與杜魯門總統對中共的看法。因為其內部本身的多元和分歧、抗日統一戰線的需要，以及後來美國為了言論自由、寬容和民主而施加的種種壓力，南京國民政府不得不允許中共的各種出版物幾乎完全自由地發行。然而，中共的控制地區卻是嚴格禁止中華民國與外國的出版物和媒體存在，違反者會遭到監禁乃至被處死。中共系統地製造和發行了大量誤導甚至偽造的、但高度有效的「權威」宣傳品，用來抹黑和破壞中華民國政府。由毛澤東的政治祕書之一陳伯達所編造的，用以攻擊國民黨領導人的書籍，如1946 年的《中國四大家族》和 1948 年的《人民公敵蔣介石》，就是很好的例證 [35]。

中共興起的其中一個重要力量是其廣泛的間諜活動。它經過多年的仔細經營，廣泛滲透至中華民國政府和軍隊內部，甚至打入了蔣介石的核心圈子，以及許多最高將領如傅作義、胡宗南、湯恩伯、衛立煌、張

治中等人的司令部。中共成功地招募了許多中華民國高官的家人和助手作為其祕密特工，包括蔣介石本人的速記員沈安娜，以及蔣的老文膽陳布雷的半數兒女（八個孩子中的四個）。在整個國共內戰期間，蔣的最高機密幾乎全部在第一時間就洩漏給了中共。許多中華民國的官員和軍官乾脆變節到中共一方。例如，蔣的核心參謀劉斐中將和郭汝瑰中將，就都是中共特工。後來的中華人民共和國和台灣的歷史學家都認為，「這兩個紅色間諜決定了內戰的結局」。中共有著悠久的相關傳統，即使用間諜和顛覆分子對付包括流亡海外者在內的各種敵人。直到 21 世紀，有些流亡海外的政治反對者仍公開聲稱：現在居住在海外的中國「政治流亡者裡，80％以上都是中共的特工或者線人」[36]。頗具悲劇色彩的是，在毛澤東接管了國家政權後，那些勇敢無畏做出貢獻的地下特工們，不少人很快就被無情拋棄和清洗。中華人民共和國時代的海外特務們似乎也有著同樣的命運：常常成為被濫用、犧牲和拋棄的無名英雄，含恨而終[37]。相對於派系林立、紛爭不斷、被迫容納異見的南京國民政府，看起來頗為理想主義但實質是極權主義的中共於是便享有了一邊倒的優勢。因此，早在二次世界大戰結束前的 1944 年，毛澤東和中共高層就自信地決定：用武力推翻南京政府，奪取全國政權的「時候已經到了」[38]。

中共軍事力量快速擴張的另一大關鍵，則是它大量地使用敵軍戰俘。後來解密的中共文件顯示，它從 1931 年起就開始用暴力、灌輸宣傳以及賄賂去策反戰俘，尤其是政府軍裡那些被強徵來的壯丁士兵。而在 1946 年 7 月，中國內戰全面爆發之前，中共更加強了這一工作並祕密制定了「基本不釋放戰俘」的政策。戰俘或投降的敵方士兵要嘛被無限期關押甚至處決，要嘛被迫加入中共軍隊或當勞工，只有「無用的」（老弱病殘）戰俘和一些「為了具體的宣傳與統戰目的」的健康戰俘才會被釋放。而這些完全違背了中共公開的官方政策：優待俘虜，讓他們自由回家。後來，由於中共根據地基本上耗盡兵源和財政收入，即使是

「無用的」戰俘也都被迫羈留並工作。那些被強制招募、重新教育和重新編組的戰俘們則被大量部署到中共野戰軍中去，在特別的監視下，攻擊他們以前的戰友。到 1948 年中，這些被策反的戰俘（中共官方稱為「解放戰士」）居然占到了中共軍隊的大多數（70％），到 1950 年代中期更是占到了 80％。1945 年後，被中共祕密招募和部署的數萬名前日本／滿洲國軍官、士兵和技術人員，以及日軍中的韓裔戰俘，成為它打國共內戰時極為有用的力量。這樣一來，中共輕易地為其迅猛而有效的人海戰術攻勢提供了大量訓練有素且低成本的軍人。因此，儘管人民解放軍在內戰期間有超過 150 萬人的重大損失，其總人數還是迅速增長，從 1946 年 7 月的 127 萬增至 1950 年 6 月的 500 多萬[39]。時任高級將領的王平後來回憶說，在 1953 年韓戰期間，中共指揮官們照例迫使剛剛被俘的美國和韓國士兵們立即就地轉身，向他們的戰友開火，後來更在板門店的停戰談判桌上，對美國談判代表就這些非法行為提出的抗議「自豪地加以嘲笑」[40]。

中共以其絕妙的編演，誤導了當時的許多美國人，並影響了美國政府的對華政策。在以周恩來為首的大批宣傳人員和祕密特工的主導下，以「為了革命勝利可以使用任何手段」為口號，中共及其盟友們在中國國內外的宣傳都取得了巨大的成功。美國的調停及其援助（或拒絕援助）起到適得其反的效果，對時局產生了重大影響，再次證明了外部因素在後中華秩序時代的中原（Centralia）依然起關鍵性的作用。中華民國名義上的盟友蘇聯，對中共則提供了祕密而大量的援助。中共用厲害的公關戰贏得了關鍵的時間和資源，以及來自國內外（甚至包括華盛頓和倫敦）的許多支持。除了大力美化其民族主義者的資格和訴求（同時淡化其共產主義身分），中共還專門出版了連篇累牘的、虛假甚至令人肉麻的對美國及其理想主義領袖們的讚美——僅供外部世界閱讀，並作出莊嚴承諾，要效法美國，在中國實行多黨制選舉，達致民主、自由、社會經濟平等、資本主義以及人權。在 1943 至 1944 年，作為莫斯科領

導的世界共產主義運動分部之一的中國共產黨，公開宣稱美國是照耀人類的民主、科學和自由的燈塔，「溫暖了所有的受苦受難者，使他們覺得這個世界仍然有希望。……從我們小時候起，就覺得美國是一個特別親切的國家」。中國和美國將「永遠是友好伙伴」。「我們（中國）共產黨人的工作，就是華盛頓、傑佛遜和林肯很久以前在美國所做的同樣工作，它肯定會得到民主的美國人民的同情」[41]。幾十年後的 1999 年，廣東汕頭出版了笑蜀主編的《歷史的先聲：半個世紀前的莊嚴承諾》一書，收集了中共在 1941 至 1949 年間的這些典型的對外公開言論。這些話語看起來就像是一份立即要實行美式自由民主政治制度的宏偉藍圖。只是，中共這些莊嚴承諾，在今天的中華人民共和國卻被視為宣揚具顛覆性的西方普世價值，該書於是迅速被禁。

到 1945 年，毛澤東更公開宣布，他要建立一個「自由民主的中國，它的各級政府直至中央政府都由普遍、平等、無記名的選舉所產生，並向選舉它的人民負責。它將實現孫中山先生的三民主義，林肯的民有、民治、民享的原則與羅斯福的四大自由」。1946 年，中共正式建議（或者附議了）以下原則。而它們也為中華民國政府所正式接受，成為國共兩黨共同的《和平建國綱領》[42]：

- 遵奉三民主義為建國之最高指導原則。
- ……在蔣主席領導之下，團結一致，建設統一自由民主之新中國。
- 政治民主化，軍隊國家化，及黨派平等合法，為達到和平建國必由之途徑。
- 確保人民享有身體，思想，宗教，信仰，言論，出版，集會，結社，居住，遷徙，通訊之自由。
- 確保司法權之統一與獨立，不受政治干涉。
- 積極推行地方自治，實行由下而上之普選，並實行縣長民選。

．軍隊屬於國家，實行軍黨分立。

．保障學術自由，不以宗教信仰，政治思想干涉學校行政。

　　在當年中共與國民黨爭奪民心之戰中，這些諾言幫助中共得很多分，但是在中共執政近七十年後的今天，諾言依然沒有得到落實。對外大肆宣傳了許多他們根本就沒打算兌現的承諾之餘，毛澤東和中共還竭力取悅從馬歇爾將軍到普通美國陸軍士兵的幾乎每一個在華美國人。在為期四個月的訪問延安期間，美國陸軍觀察組受到了周到全面的精心安排，且受到影響[43]。後世史家總結道，第二次世界大戰一結束，美國對中國的許多作為和不作為，例如許可蘇聯紅軍進入滿洲／東北，失敗的國共調停，輕信毛澤東的「驚世謊言」，中了周恩來矇騙的花招等等，都大大提高了中共勝利的機率[44]。

　　中共精明的（對內對外）雙重話術和言行不一，在程度上和效果上都超越了過去中華秩序下的大多數帝制統治者們。毛澤東通過機巧地操縱語言，對外推銷了一個為自由民主而奮鬥的政黨形象，同時卻對內積極鼓動下屬們大膽復辟秦漢式政體，即所謂「造反奪權，打江山，坐天下」。例如，毛澤東發明了「人民民主專政」這樣一個自相矛盾的空洞概念，意在「一石三鳥」：既顧及了馬克思列寧主義實行無產階級專政的教條，從而維繫了至關重要的莫斯科臍帶；同時也引進了民命（Mandate of the People）的理念，利用被扭曲的中國傳統天命觀，作為其政治合法性的來源；還能吸引積極推進民主的美國及其在中國的大量追隨者──這些有自由派傾向的中國人，確實有理由不喜歡國民黨，因為國民黨的中華民國既不民主，也不能快速實現民主。「人民民主專政」這一毛式詭辯理念，是出於矇騙和宣傳而發明，但既強大又成功，歷來都是中共政權的一大核心原則，至今仍是中華人民共和國憲法明文規定的國體。毛澤東的大量民族主義言論，和他挪用古代農業社會裡儒家平等主義政治理想──即所謂「大同」──而通俗化了的共產主義意識形

態，對許多階層的中國人都極富魅力，吸引了大量渴求土地財產、缺乏地位和尊重、嚮往平等權益的追隨者[45]。

因此，除了槍桿子、間諜和外部幫助（來自蘇聯的直接援助，及當時蘇聯控制的北韓，為中共在滿洲／東北作戰時提供關鍵性的避難地和後勤供應；來自美國的「反向幫助」，即華盛頓對國民黨政府的牽制和削弱），中共嫻熟地使用了諸多令人著迷的革命口號和宏大許諾，也對其奪權的成功極為重要。無數中國知識分子（包括許多自由派人士），本來對共產主義和中共的本質深有懷疑，卻因為相信了中共鼓吹的民族主義和社會主義而豪賭了一把。那些決定留在中華人民共和國新政府統治下的著名知識分子，從中共黨員（或地下黨員）郭沫若、茅盾、翦伯贊、聶紺弩，到較少涉及政治的巴金、陳寅恪、馮友蘭、金岳霖、老舍、沈從文等，後來都遭到清洗、虐待、奴役或精神上的閹割。只有很少的知識分子和作家如傅斯年、胡適、梁實秋、林語堂、錢穆、張愛玲等，也許是看透了中共，選擇與中華民國政府一起到台灣或流亡海外。用 1989 年被清洗的中共高級官員鮑彤的話來說，毛澤東是一個出色的演員，用他的民族主義和「民主表演」把美國人和中國人都愚弄了。因此，在蔣介石的零散而軟弱的獨裁專政治下的中華民國政府，把中國大陸輸給了中國共產黨[46]。

儘管如此，1940 年代中華民國的各種民意調查（最後一次調查是在 1948 年 12 月）一直表明，接受調查的人群裡只有少數支持或歡迎共產黨掌權，更多人則希望保持中華民國的政治制度；大約一半的受訪者希望國共兩黨能組成聯合政府。這些民意調查還是在蘇聯持續的「邪惡外交」，同時中共一直散布謠言、收買菁英人士、組織群眾運動和製造流血事件而巧妙地贏得許多公關分數的情況下進行的。但是歷史再一次證明，粗暴的武力、不擇手段的努力、聰明的詭計和外部的干涉，往往會戰勝人們的偏好和知識菁英們的理性思維。最後，「一百個隨機事件演變成一種必然性」：中共在 1949 至 1950 年成為內戰的大贏家，並把

中華民國政府趕到了台灣[47]。中共看似不可能、同時卻決定了中國命運的勝利，很好地說明了這樣一個哲學感悟：「邪惡總是憑藉其傑出的愚弄人的力量而得勝；在各個時代，都會有異乎尋常的無知與異乎尋常的罪惡之間的災難性聯盟。」[48]

中國人民，占人類總數的五分之一，他們自然而合理地追求更好的生活、更多的自由、更優良的政治治理，並被這一希翼所驅使，又受到理想主義的急於幫助卻懵懂無知的美國的過分推動，結果做出一個決定其命運的選擇。如當代中國史家楊奎松和秦暉所總結的，中國人民拋棄了國民黨的中華民國政府，這是一個已經多元化了的、有限的軟性權威主義政權，並還在進一步轉型；一個已經融入了西發里亞國際體系的民族主義的事實上的聯邦共和國。去接受一個不擇手段的、強硬的威權主義一極權主義政權——中國共產黨的人民共和國，一個深諳秦漢式統治權術的政權，且屬於莫斯科領導的世界革命運動的一部分。中國青年史家劉仲敬這樣評論道：中共「這個共產國際的女兒和第一次世界大戰的孫女」生下了中華人民共和國「這個冷戰的女兒和第二次世界大戰的孫女」[49]。

毛澤東出色地運用了他精通的法家技藝進行奪權和征服，可以媲美中國歷史上最為成功的開國皇帝。1949 年中共在中國內戰中取得的勝利，就像西元前 221 年秦國的勝利一樣，並不是所謂歷史發展的必然，這是有兩千年歷史的秦漢式政體和中國傳統權術詭計的巨大勝利，是毛澤東個人的成功，也是中共用一黨制統治中國的政治合法性的主要來源[50]。毛澤東和中共創建了一個新的秦漢式政體，為他們自己贏得了一個輝煌壯觀的勝利；然而對於中國人民來說，那些有吸引力的許諾迅速消逝，他們迎來了史詩級規模的災難和悲傷，即後來歷史學者所斷言的「中國革命的悲劇」。事實上，早在中華人民共和國正式成立之前，在中共的「解放區」已經發生了對各種「階級敵人」的大規模屠殺，以強化對農民的動員、榨取和管束。中共領導人自己承認，僅在 1947 年，

就有超過二十五萬「地主和富農」被處決；在晉綏地區，四分之一的農民令人難以置信地被當成各種敵人而遭到屠殺[51]。中華人民共和國的成立毫無疑問是中共的偉大勝利，但對中國和中國人民來說，它很快就顯現為一場莫大災難、一段代價高昂的歷史彎路、一次劃時代的大躍退。

中華人民共和國的新秦漢政權

中華人民共和國的創立，就像中國歷史上無數武裝反叛和大內戰一樣，是一場實實在在的大血洗。直到今天，中國還沒有一個官方統計的國共內戰的死亡人數，因為中華人民共和國政府就像過去的帝國統治者一樣，從未公布過此類信息。一些記錄表明，內戰中得勝的中共軍隊似乎和戰敗的中華民國政府軍損失的人數一樣多，甚至更多。解放軍正式記錄了它在 1945 至 1950 年的內戰中，一共「消滅」了 1066 萬中華民國政府軍即所謂「國軍」，但沒有列出其中多少人是戰死的[52]。2016 年，中共高層領袖栗戰書在北京公開宣布說，在 1921 至 1949 年期間，中共至少有 370 萬黨員成了「烈士」。中共紅軍的主要軍事根據地江西省，人口在 1920 至 30 年代減少了一半以上，從 4300 萬降到 2100 萬；許多縣損失了三分之二的人口。如果沒有數千萬，至少也估計有數百萬的中國人在國共內戰中喪生，這接近甚至超過抗日戰爭的戰死人數。一個血腥案例就發生在 1948 年：為了奪取滿洲的一個關鍵陣地長春市，據中共軍旅作家後來報導，中共實施了長達 105 天的「軍事恐怖主義」戰術，蓄意將 33 萬至 65 萬平民餓死，最終迫使中華民國的指揮官投降。長春之役的平民死亡數字，超過了 1937 年南京大屠殺所導致的 30 萬人。類似的悲劇還在其他地方發生，比如 1945 至 1947 年解放軍圍攻河北省永年縣，導致了該地多達九成的居民喪生[53]。

中共於 1949 年創建的中華人民共和國一直被官方稱為「新中國」，它既是與中國古老歷史的一個革命性切割，也是官方認定的自 1840

年以來追求民族獨立的中國革命之最終勝利：中國人民「從此站起來了」[54]。進口的馬列主義意識形態和辭彙，以及與蘇聯集團的同盟關係，更是加強了中華人民共和國的新印象。毛澤東和中共從一開始就廣泛地模仿了蘇聯（或者說是簡單地服從了莫斯科的指令）。毛式政治軍火庫中的一些拿手好戲，例如政治對軍隊的絕對控制、祕密警察和線人網絡、黨壟斷經濟和教育、重視宣傳、階級鬥爭、對民族主義和統一戰線的操縱利用等等，幾乎都是從列寧和史達林那裡忠實地複製過來的；也與舊帝制時代的戶口制度等等無縫銜接[55]。的確，現在看來，列寧和史達林主義的黨國政體與中國傳統的秦漢式政體，在觀念上和實踐中似乎天衣無縫地匹配起來。中華人民共和國希望通過模仿蘇聯迅速富強起來。然而據毛澤東的情報高官回憶，其實他曾私下斷言，自己的政權既不是真正的共產主義，也不是蘇聯的複製品，毛的真正目標是以他自己的方式去掌管世界[56]。

一些外國的中國觀察家們，早已意識到中華人民共和國的歷史大倒退本質[57]──一個轉世復活的秦漢式政體，一個包裝和塗飾過的「新中華帝國」。毛澤東式的統治實際上是一個劃時代的「大躍退」，恢復了一個制度上沒有分化制約的前現代國家制度[58]。毛澤東的極權主義統治具有法家專制的內核，外部包裝卻是毛式馬克思主義的「科學」思想，他用僵化的階級劃分和充滿暴力的階級鬥爭，取代了基於家庭制度的儒家意識形態；以根據「民命」（Mandate of the People）而許諾的共產主義幻境，取代了根據「天命」（Mandate of Heaven）而期冀的天下大同目標。就其徹底、廣泛、不擇手段的程度而言，毛澤東的專制政體臻至一個新高度，媲美其他典型的極權主義政體，如秦始皇的秦帝國、史達林的共產主義蘇聯和希特勒的納粹德國。本質上，毛的中華人民共和國以一套塗上偽共產主義色彩的法家極權主義獨裁，取代了傳統儒化法家的威權主義政治。而在毛澤東逝世以來的四十年裡，則演變為塗有偽共產主義色彩和偽儒家色彩的法家威權主義國家[59]。

毛澤東很早就用國家強制力量促成對他的個人崇拜，「毛主席萬歲」被列為公眾必喊的政治口號。據中共高級官員李銳回憶，毛領導下的中共領袖們，既非真正的共產主義者，也不是忠實的儒家信徒，更多的是虔誠服膺一套把唯意志論、實用主義與崇拜暴力加以「辯證」組合的統治者，為了專政這個幾乎唯一的目標，而不擇手段地運用法家政治和權術[60]。毛澤東從未建成一個真正的世界帝國，他統治的僅僅是西發里亞世界秩序下，在此前一個世紀裡已經大為轉型變化了的「新中國」，遠遠不是整個已知世界。因此，為秦漢式政體的內在邏輯所驅使，他「被迫」要繼續與現實世界裡真正的強國博弈，為了生存和權力而建立夢想的中華秩序。他所知道的唯一方式，也不過是基於極權主義控制和動員，沒完沒了地開展所謂「革命」和政治運動。一位當代中國哲學家評論道：「在世界沒有統一以前，毛澤東始終只能是『王』，甚至只能是『山大王』，而不能稱『霸』。為了繼續『反霸權』或者說『爭霸』，還只能以『馬上得天下』來治國。所謂『輸出革命』不過是他爭當國際霸主（世界革命領袖）的『合縱連橫』策略」[61]。

　　因此，毛澤東的統治是極度躁動，經常動盪不安，對人民和社會都需索無度。他以災難性的實驗和血腥的迫害，試圖改變中國人民的心智，強化國力，從而準備發動世界革命。毛澤東時代由此充滿了持續不斷的緊張、各種危機、失敗和極為低劣的治理記錄[62]。毛的極權主義統治，被他曾經的朋友儲安平——在 1957 年被清洗而消失的中共學者——稱之為「黨天下」，從一開始就需要不間斷的社會政治運動和大規模清洗及處決來維持。據估計，在中華人民共和國的前六年，就有四十三次全國性政治運動，或反對各種敵人和異議者（包括以前的同志和盟友），或推廣中共政策。這使得中共的「黨天下」成為「中國歷史上所有統治中最不講道德、也最不可信賴的」[63]。

　　早在 1926 至 1927 年，毛澤東在湖南省發動了激進的土地改革運動，打著「有地的都是壞人」的口號而經常處死地主。而在國共內戰結束之

前的 1946 年，中共就在其控制區開展了土改運動，並在 1950 至 1953 年間實行了全國性的土改，強制剝奪私有土地，予以人均分配，為此而（常常是肉體上）消滅了那些相對成功、富裕、有土地的中國農民，即所謂地主富農階級。血腥暴力的土改運動，據估計共處死了大約 200 萬至 450 萬之多的「地主富農」及其家屬[64]。然而，毛澤東幾乎立即就背棄了他對為他奪取政權犧牲無數的農民的許諾，把剛剛分配給他們的私有土地又收為國有。為了控制和榨取人民，毛澤東推動其所謂「不斷革命」的社會再造（social engineering）理念，倉促而竭力地推行一場破壞性極大的經濟國有化運動，這就是 1954 至 1958 年間展開的所謂農業集體化與城市社會主義改造。中共還從 1953 年就開始實行糧食和幾乎所有重要商品的國家壟斷和配給制度。這些舉措雖然都是進口的「史達林式治國方略」，但也與秦漢式政體的傳統政策相當一致。1950 年設立（1958 年正規化）的中華人民共和國戶口制度，更是以空前的力度和廣度，恢復了商鞅於二千四百年前開創的帝國管治手段[65]。人民的土地和資產（即所謂「生產資料」）、基本生活用品，以及個人的遷徙，都被中共掌控的人民公社、各個「單位」徹底而集中地控制。城市居民們都直接或間接地成為依賴政權的屬民；占中國人口大多數（超過總人口 80％）的農村百姓，好幾代人都變得像農奴一樣，直到 1980 年代初。在為人民服務的名義下，中共及中華人民共和國政府成為唯一的地主和資產所有者[66]。

同時，中共在 1949 至 1952 年間「消滅」（經常是肉體上處決）了共約 200 萬的各種「土匪」和殘餘的中華民國政府軍。然後它又在 1950 至 1953 年間，通過鎮反（鎮壓反革命）和肅反（肅清反革命）運動，有系統地處決和監禁了大量各種「敵人」和「壞人」。毛澤東為此運動，親自規定了必須監禁總人口的 5％和處決總人口的 0.1％的祕密而嚴格的指標，從而在全國處決了「至少」71 萬 2000 人（是當時五億總人口的 0.124％）。這些被大規模屠殺的人大多是中華民國時代的菁英階層

或政府僱員，許多人其實曾經大力幫助中共取得內戰勝利。現在公布的檔案顯示，為了取悅毛澤東，積極表現的地方官員往往超額完成屠殺配額，令人難以置信。江西省政府處決了 0.16% 的本省人民，福建省更是大規模殺害了其總人口的 0.26%。在較不積極的上海市和江蘇省，毛澤東甚至親自督促，並多次發電報命令「要迅速殺掉幾千人或者更多」。於是最為國際化的上海也組織了許多大規模的公開處決：1951 年 4 月 30 日在市中心的人民廣場，一次就公開槍決了 285 名被匆忙宣判定罪的囚犯。中共還在 1951 至 1952 年發動了「三反五反」運動，無情地摧毀了工商業界，導致了廣泛的抄沒家產、監禁勞改、死亡與自殺[67]。

　　毛澤東還以「知識分子思想改造」的名義，迅速展開對中國菁英階層和普通百姓的心靈的極權主義改造，從而開始了論者認為「毀滅中國菁英」的幾十年。他首先拿電影《清宮秘史》（1950 年）和《武訓傳》（1951 年）開刀，繼之是 1954 年的高崗饒漱石反黨集團案和 1955 年的反胡風運動，從而開啟了此後不間斷的黨內權力鬥爭，殘酷清洗掉任何敢於有異議的中共官員、包括原本忠於自己的人。其實，基於其延安整風（1942～1943 年間達其頂峰）的傳統，中共在中華人民共和國成立之前的 1947 至 1948 年間，就為了清洗整頓隊伍而發動了無情的批判和人身攻擊運動[68]。除了自殺的高崗和在 1971 年神祕叛逃中身亡的林彪外，幾乎所有被毛澤東清洗的受害者，在毛死後都得到了中共的「平反」。歷史學家馮克（Frank Dikötter）觀察說，非常明顯，中共的「解放」和「革命」並沒有帶來多少「和平、自由和正義」，即使是在頭幾個蜜月年度裡，「一開始就主要是精心策劃的恐怖和暴力的故事」[69]。

　　從 1957 年到毛澤東去世的 1976 年，這二十年間在中國發生的一系列事件，就成為了毛的極權主義統治的最差記錄，也是其政權本質的最佳例證，同時也顯示了秦漢式政體那驚人的控制力和破壞力。這些事件所展現出的暴政統治之邪惡性和致命性，在整個人類歷史上都罕有其匹[70]。秦漢式政體受到「不得不」建立一個中華秩序世界帝國之邏輯而

激起的勃勃野心，由蘇聯老大哥赫魯雪夫的「解凍」（Ottepel，即史達林死後的蘇聯政治變革）所引發，毛澤東在 1957 年惡意策劃了一場所謂「陽謀」即「反右運動」，接著在 1959 年又來一個「反右傾運動」，竭力摧毀中國的知識分子和普通人的良知。有 50 萬到 100 萬（或多達 300 萬至 400 萬）包括大學生在內的「知識分子」（按照毛親自制定的、占全部知識分子人數 5% 的指標）以及他們的家庭成員，被中共當作階級（或國家及人民）敵人加以嚴懲和虐待，包括監禁、勞改和處決。這些受害者和冤死者常常都是一些最優秀、最聰明和最勇敢的中國人。1980 年，除了幾個人之外，還活著的 10 萬名右派分子全部得到了中共的「平反」[71]。

一個有幾億人口的大國於是只剩下了毛澤東那一個自由的頭腦和一個隨意的聲音，也就不可避免於巨大的失敗和災難。毛澤東幻想著他的秦漢式政權能夠奇蹟般富強起來，進而從莫斯科手裡奪過世界共產主義革命的領導權，並從美國手裡奪過世界領導地位，竭力推進了所謂的「大躍進」運動（1958～1961），以其無比的狂妄、驚人的愚蠢，以及殘酷無情的手段去操控中國的經濟活動，試圖一舉在鋼鐵和糧食產量等經濟指標上趕超英國和美國。結果造成了持續三年以上（1958～1962）的經濟崩潰和大饑荒，導致約 3000 萬至 4500 萬人非正常死亡（約占中國當時總人口的 7%）。這是人類歷史上和平時期最嚴重的非自然死亡，同時也是「人類歷史上最浩大的毀壞不動產」的運動。大躍進造成的大饑荒中，因饑餓而驅使的人食人現象在中國許多地方都有報導[72]。

大躍進慘敗之餘，毛澤東被迫放棄了他一無所知的經濟管理領域。此後，他驚懼於其不穩且受到挑戰的地位，於是又用自己熟悉的伎倆玩弄陰謀，以圖粉碎那些敢於削減其權力的人，並且遮掩粉飾其治國的愚蠢、無能與失敗。毛澤東狡猾地把本應該在 1961 年召開的中共第九次全國代表大會，一再推遲到 1969 年（五年一次，而上一次是 1956

年）；並先煽風點火，設下陷阱，清除他認為威脅其權威的黨內政敵。為此，毛澤東先後發動了「四清運動」（1964～1966）和「文化大革命」（1966～1976／1977）這兩場全國性的大清洗及群眾性的大混亂。毛澤東操縱了這些運動，為了鞏固其帝王式個人權力，製造一些空洞而虛偽的階級鬥爭口號和革命姿態，不惜打碎和重組他擔心自己已經無法控制的政府，殘忍地迫害他的指定繼承人劉少奇，及其他數千萬人[73]。除掉劉少奇後不到兩年，毛澤東的共謀者和指定的新繼承人林彪及其家人也被清洗。他們在一個據說是失敗的宮廷政變後，因逃亡的座機墜毀死在蒙古國（有學者認為他們是被毛澤東策劃的陰謀所謀殺）[74]。長達十年的文化大革命再一次導致了中國人的大量非自然死亡（估計為 180 萬至 730 萬，甚至 2000 萬），製造各種冤案迫害多達一億人，給中國文化藝術和古蹟都造成了浩劫和毀滅。這是尼祿式（Nero）的瘋狂暴政，傷害了幾乎每一個中國人。如當時少有的清醒人士顧準私下記敘的，文革還「從體制上毀壞了整個國家的道德倫理」[75]。文革期間，許多地方報導過為仇恨所驅使的人食人現象、公開的酷刑與集體強姦。這些「有預謀的團體滅絕和反人類罪」，在今天的中華人民共和國仍然被官方粉飾「僅僅屬於失誤」，並基本上掩蓋起來[76]。

毛澤東於是成了一個令人瞠目結舌的暴君。他君臨一切，擁有無限權力，他暴虐而血腥的統治、庸俗而自私的為人，以及狡猾和不擇手段的程度，足以媲美任何一個歷史上的中華帝王；他在管理國家、尤其是經濟方面的愚蠢和狂妄，以及個人生活的腐敗和不道德——包括極奢華的生活方式和無止境的性放縱，也不遜任何一個中華帝王[77]。毛澤東確實是一個「最自由的人」，在一個其他人都沒有什麼自由的大國裡，他是唯一自由的人；他不惜代價地去試驗「有關宇宙基本秩序」的「終極真理」，其實不過是帝制時代中華秩序觀念的回收再用而已[78]。行將就木之際，作為一個未能建立世襲王朝的無嗣皇帝（他唯一倖存的兒子是精神殘障病人），毛澤東變得更加玩世不恭和反社會，所有言行都是為

了保持自己的權力和歷史地位，完全不顧其災難性的後果[79]。毛澤東暴虐而血腥的秦漢式政體（以偽馬克思主義為掩飾的多「秦」而少「漢」的統治），在他仍然活著時，就被該政體的菁英（例如林彪之子林立果）描述為一部永不停止的巨大「絞肉機」，摧毀了中國、中華文化、中國人民，以及包括中共領袖們在內的統治菁英。後來，一位中國學者乾脆將毛無休止的清洗鬥爭，比喻為類似虐待與受虐狂（S & M）的權力快感遊戲[80]。

後毛時代：中共秦漢式政體的改變和延續

毛澤東為了追求中華秩序的建立和個人權位，不惜令中國人民付出極其慘重的代價。但是毛自寫歷史的狡詐努力在他於 1976 年 9 月 9 日去世後，僅僅幾周內就迅速瓦解。毛澤東清洗了所有的指定繼承人，深深畏懼於政變和死後的審判，於是在臨終前選擇了力量軟弱的華國鋒作為中共的看守領袖。毛澤東關於其政治繼承的最後安排，迄今沒有解密。一些中華人民共和國的學者長期堅稱，毛澤東的遺囑其實是要他的侄子毛遠新、妻子江青乃至首席情婦張玉鳳統治中共和中華人民共和國。如同歷代帝王一樣，毛澤東最終只能相信自己身邊的家人，無論他們是多麼的無能：毛澤東唯一的心智健全的兒子（毛岸英）1950 年在朝鮮半島死於美軍空襲，而他的女兒們似乎不受重視[81]。但是，滿清帝國覆滅（尤其是袁世凱的復辟帝制慘敗）後，共和主義在中國已經深入人心，公開的世襲統治，在毛澤東的中華人民共和國並不是個有光彩的好主意，而進口的共產主義裝飾也多少限制了毛澤東搞家天下的舉措。他因此不得不殫精竭慮地玩弄把戲，代價高昂、耗時費力、隱祕複雜，但最終還是失敗。即通過攝政王與代理人在他死後再通過「人民擁戴」建立毛家王朝[82]。其實，毛澤東的老對手蔣介石也使用了間接方式，通過忠誠可信的代理人嚴家淦，把權力循序傳給他的兒子蔣經國；當然蔣

經國後來決然地終止了蔣家王朝並在台灣開啟政治民主，遠比毛澤東那愚笨驕橫的侄子和妻子更有能力也更有建樹。新加坡領袖李光耀和李顯龍父子的政治繼承，似乎也是類似的間接過渡方式。不過，毛澤東甫一去世，他的親信和隨從就以一種傳統的秦漢帝國的方式背叛了他，迅速發動一場宮廷政變，先把毛澤東信賴的旗手——妻子祕密逮捕，然後判處死刑並緩期兩年執行（後來減為無期徒刑）。江青最後在囚禁中自殺。至於毛所信任的其他攝政大員，即所謂的「四人幫」餘下三人，和他的年輕侄子等一干人，也都被關進監獄朽爛了事[83]。

毛澤東那些成效極低的項目和政策大多被廢止，如同一本毛澤東傳記所總結的，「整個（政治經濟）工程與他本人一起死去了」[84]。而毛的遺體則被供奉起來以維繫中共和中華人民共和國政權的合法性和連續性。公開展示和朝拜前任領袖的遺體，這一共產黨傳統始於蘇聯對待列寧和史達林的遺體。但是在中國傳統文化裡，死後不葬並示眾，卻意味著極大的懲罰和侮辱（毛澤東本人早在 1956 年就寫下將其遺體火化的意願）。毛之後的鄧小平，則沿用了恩格斯和周恩來等人的另一個共產黨傳統，不僅死後火化，還將骨灰撒掉。這樣，毛也成為他自己的悲劇性受害者，任由其繼承者們為了政治需要而隨意處置[85]。

然而，中共的秦漢式政體依然存在。其黨國（官方術語是「黨和國家」）政治從毛澤東的一人極權主義獨裁專制，演變成鄧小平（1904～1997）的最高領袖霸主式專制體制，再演變成一個小型領導集團——即擁有五到九個成員的中共中央政治局常委會——的威權主義專制政權。這個領導集團是由前任挑選任命，常常是具有紅色貴族背景的男性組成。整個領導集團通常以一個被指定的「核心」人物為首，加上一些「退休的」前領袖們，以中國唯一的政治組織中國共產黨的名義，統治著廣袤而複雜多樣的中國。現今中共的領袖和高官們之間並不一定和前任有直接血緣關係，但大多是前領袖或前高官的後代，即所謂的「紅二代」乃至「紅三代」或「太子黨」。從 1980 年代初開始，中共領導

層就開始有意識地祕密栽培自己的子弟,作為所謂的「第二梯隊」和「第三梯隊」接過各級領導權[86]。2012 至 2013 年間,中共在歷史上第一次實現了最高權力的和平交接,從鄧小平指定的江澤民—胡錦濤傳給了習近平。比起中共此前九十年裡腥風血雨的權力交替來說,這應該是一大進步。中共的黨國似乎確立了一種新的權力繼承方式:最高領導人的產生,由個人任命和一個不透明的內部選擇機制結合而成。只有幾個人能直接決定下任領導人的人選,但大約有四百至五百名高級幹部和各派系的權力協調人物,即所謂的「推選人」(selectorates),能夠參與評議。這種「幕後政治操縱,並和正式機構的儀式化動員」相結合的推選方式,看起來有助於中共通過每五年召開一次的黨的全國代表大會實現統治階層的新陳代謝[87]。以沒有世襲皇帝的專制政權統治中國,已經成為中共秦漢式政體的一項宏大試驗;至於其穩定性和有效性則有待進一步觀察。至 2016 年,有些學者認為習近平體制正演變成毛澤東式的個人獨裁統治[88]。

後毛澤東時代的中共,繼續其最高層的內部權力鬥爭和清洗傳統,雖然和以前相比,已經不那麼血腥致命,也不再混亂不堪。這些持續不斷的清洗,包括 1976 年毛澤東去世後清除「四人幫」的宮廷政變:據說當時中共第二號人物王洪文(1935～1992),還曾遭到酷刑和被投毒虐待[89];1978 年毛澤東指定的代理人華國鋒和毛的親信、辦公廳主任汪東興被清洗;鄧小平指定的兩名接班人胡耀邦(1987 年)和趙紫陽(1989 年因天安門事件或稱「六四大屠殺」)也接連被清除[90]。鄧小平主政時,仍然繼續使用毛式的「政治錯誤」罪名,清洗掉權力鬥爭的失敗者;之後,中共則主要使用更加不透明的腐敗指控(賄賂、貪汙、裙帶關係、淫亂),或者只是簡單的「違反紀律和規則」清洗異己、對手和異見者:1993 年清除了楊白冰;1995 年除掉陳希同;2006 年清洗了陳良宇;2012 年打倒了薄熙來;2014 年監禁了徐才厚、周永康、令計劃;2015 年郭伯雄被判處無期徒刑;2017 年又清洗掉國家級領導人

（原來盛傳的最高領導層接班人之一）孫政才。中共最高級別領導人（中央政治局常委會成員）在後毛澤東時代的中國仍然會被清洗，雖然比毛時代要少。毛澤東在二十七年中清洗了十七名最高級別領導人中的五人（劉少奇、鄧小平、陶鑄、陳伯達、林彪），加上五位前最高領導人在下台或者脫離中共後也遭到清算（李立三、盧福坦、王稼祥、王明、張聞天）。1976 年以後的三十八年中，中共清洗了四十一位最高層領導人中的八人（王洪文、張春橋、華國鋒、汪東興、胡耀邦、趙紫陽、胡啟立、周永康），加上清算一位已死的領導人康生。

中共已經不再使用毛時代容易失控的大規模群眾運動，來清洗反對派、異議幹部、知識分子、或任何有資源挑戰自己的人。如今它基本上使用看似有序的反腐敗行動，訴諸其黨內的祕密警察機構即紀律檢查委員會（紀委），使用大部分是法律外乃至非法的手段。中共中央紀委做的就是典型的祕密警察工作，它「一半的（辦案）線索來自於告密狀和認罪供詞」。在法律（和律師）介入之前，中紀委會根據最高領導層的祕密指令，調查、拘留、審訊（有時輔以酷刑）並懲處官員和黨員，包括令人聞之色變的「雙規」（在規定的時間、地點交代問題），這是一種無限期的祕密單獨監禁[91]。紀委因此一直都是「中共內部最可怕、最有效的權力鬥爭武器」[92]。被清洗的官員現在一般不再被貼上反革命之類的政治標籤，或者被迫承認自己的政治錯誤，以及反黨行為和思想；他們只需要接受對自己的不道德或刑事上不法行為的指控。據北京知名律師陳有西的觀察，大概是因為中共高級官員們比較了解沒有法治的權力鬥爭之無情和司法系統由黨領導的內幕，他們一旦被指控，通常都拒絕律師的幫助、乾脆地接受指控和判決、放棄上訴，以換取高層那不確定的寬恕或仁慈待遇，或者寧願自殺也不願意上庭受審判[93]。反腐常常受到人民群眾的歡迎，也易於執行，因為秦漢式政體的官場上，猖獗的腐敗行為不可避免，又無所不在，一抓就準。但是中共的反腐運動已經徹底地政治化，經常被有選擇地用於清除對手和挑戰者，重新分配職位

和尋租利益，以鞏固權力。

據中共及中華人民共和國的正式宣布，從 1982 年到 2012 年，一共有多達 420 萬個官員因為腐敗或不當行為而受到「懲處」（包括一些被迅速處決和「被自殺」的官員）。但是大多數案情細節和處罰結果都沒有被披露。如是，中共平均每年懲處 14 萬官員[94]。這個數字在 2013 年超過了 18 萬人（其中包括 6.5 萬名「領導幹部」，比 2012 年增加了 36%）。在不到三年的時間裡，有 376 名官員的第 18 屆中共中央委員裡，居然有 24 人（超過 6%）成為「罪犯」而被清洗。在 2016 年上半年，各級幹部「受到懲罰」的數量比上年同期猛增了 76% 至 233%[95]。極權主義或威權主義政體下有選擇性的反腐，具有強大的政治價值，這也許可以解釋為什麼自毛澤東以來，每個中共領袖都強調要堅決地清除腐敗，但堅持只依賴黨自上而下的祕密警察系統，誰也不去嘗試那些早已被證明是有效的反腐方法，如獨立的司法系統、自由媒體、公布和監督官員的個人和家庭財產，以及通過選舉賦予人民政治權力。

毛之後的中華人民共和國，其秦漢式政體的外貌和功能與以前的帝國政權基本類似，但也有其特殊之處。過去的科舉考試制度被替代，中共組織本身成為人民唯一的、在政治社會經濟方面向上流動的階梯。中共黨員從 1949 年的 450 萬增加到 1978 年 3700 萬，2015 年再增加到 8800 萬。其各級分支機構覆蓋了全中國所有的城市居民區、農村鄉鎮、各個企業和工廠（包括外資和私營公司），以及文化和教育機構[96]。它是世界上最大、最集權的執政黨，壟斷了中國的一切政治權力。它擁有武裝部隊、警察和祕密警察；擁有或指揮中國的媒體、教育、文化、金融各個系統和主要工業部門；擁有或控制全國所有的土地和絕大多數財富。儘管如此，像過去的帝國統治者們一樣，北京還是必須以高昂的代價，與地方上的「離心」傾向進行無休止的搏鬥[97]。

如同過去的帝國統治者們，中共主要以忠誠與順從為標準來選拔黨員和官員。黨員被要求發誓「執行黨的決定，嚴守黨的紀律，保守黨的

祕密，對黨忠誠，積極工作，為共產主義奮鬥終身，隨時準備為黨和人民犧牲一切，永不叛黨」[98]。中華人民共和國的統治菁英們因此結成一個類似於祕密幫會的專制集團，在中國很少有人可以主動退黨而不遭受嚴重後果。1982 年，中共開始取消終身職務，代之以到一定年齡就退休的制度。然而，退休幹部尤其是「離休」的高級幹部繼續享受全額工資、許多津貼與特權、特供物資，以及各種被創造出來的終其一生的頭銜。雖然只占中國人口的大約 5％至 6％，中共卻成為一個控制著每一個地方、每一個部門、每個人的「巨大紅色機器」。中共及中華人民共和國有大約 64 萬名縣處級以上現任「領導幹部」，自上而下任命，占中國人口的總數不到 0.5％。其中包括約 44200 名現任地市廳局級以上的高級幹部，以及 2200 名副省部級以上的真正「高幹」。再加上數量更龐大的離退休或非現任的，縣處級以上級別的幹部，就構成了掌管今日中國的共產黨統治菁英層。這個史無前例的龐大貴族化官員群體，給中國人民帶來的負擔，比直接供養他們的巨大財政負擔還要大許多，因為官員的無數家庭成員和親友，通常都會利用權力為自己尋租牟利[99]。

中國現行的是一種沒有分化的前現代國家制度，它「七套班子」的黨國體系——負責所有關鍵決定的中共黨委、中共紀委、人民代表大會、人民政協、人民政府、人民法院和人民檢察院——在中央、省、地市、縣、鄉鎮各級實行垂直的全面統治。加上政府主持的群眾團體，如共青團、政府工會、婦女組織以及政府控制的一些專業協會和商會，如此，中華人民共和國在至少五個層次上都建立起無比龐大的黨國官僚機構。一個典型的縣級黨政機關在 2010 年代，據說就有 90 個「標準機構」、16 個「群眾組織」、35 個縣財政負擔之單位，以及 55 個以上的「其他部門和辦事機構」[100]。

中共的權力是依靠中國人民解放軍來保障的。解放軍是由中國政府出資、全民出人，但卻只效忠於中共的指揮。從毛澤東以來的中共最高

領導層，一直按照傳統保持著對軍隊的嚴密而高度的集權，而這往往是個人的直接控制。據一些解放軍高級軍官回憶，毛澤東曾要求，哪怕是調動和部署一個排的兵力，也要由他本人親自批准；他還親自面試和任命所有師長級以上的軍官。據數名解放軍高級軍官透露，現在還是需要中共最高領導人的直接批准，才能動用和部署一個連以上的兵力[101]。

在極權社團主義（totalitarian corporatism）之下，中共竭力把所有商業、行業、社會團體、教育、文化藝術機構以及宗教組織的領袖，甚至包括一些體育和演藝明星，都整合起來，給予名利甚至權力，組成一個既得利益的菁英階層。中國所有的教堂、廟宇和清真寺都必須在政府註冊登記，並置於國家宗教管理機關的監管下；宗教人士常常成為國家支付薪水的、具有官方級別和特權的幹部；許多高級宗教職員如官方的佛教、伊斯蘭教、基督教的最高領袖們，後來被發現是中共的祕密黨員。自我組織的獨立宗教團體則完全非法，會受到起訴和各種迫害。中共有時還會乾脆用死刑來清除那些不受控制的信仰組織領袖[102]。

與過去的許多秦漢式統治者一樣，中共十分依賴祕密警察系統。除了從中央到鄉鎮一級的、資金充足和裝備良好的各級紀委之外，中國現在至少還有四套垂直的祕密警察和情報系統。每個系統都有廣泛的祕密特工和線人網絡：國家安全部（相當於蘇聯的克格勃）、公安部的祕密局處（政治保衛局處和互聯網管理局處，即網絡警察等）、解放軍的各級政治委員和情報網絡，以及國家媒體（如新華社）和政府智庫的祕密調查報導和內參制度[103]，還有一些因事而設的部門──如反法輪功的機構。竊聽和監控在中國都很常見。據報導，一些地方政府的官員也會建立各自的祕密竊聽間諜網絡[104]。中共政權的支柱還包括裝備齊全的、據說至少有 150 萬人的第二軍隊，即人民武裝警察部隊（2016 年更名為人民武裝警備部隊）、地方公安局和派出所僱用的，人數大約為普通警察兩到四倍的所謂協警（警察助理），以及世界上按人均計算規模最大的普通警察力量[105]。一旦有需要，中共還會命令解放軍正規野戰軍

的裝甲部隊鎮壓民眾的大規模反叛，就像 1989 年他們在北京所做的那樣。

中共要比以往的任何秦漢式統治者都更加深入地滲透和掌控整個社會。其控制和汲取直接深入到縣以下，達到了鄉鎮一級，直至每個農村的村莊和每個城市的社區。秦漢式政體的標誌之一是社會的原子化和個人在政治上的邊緣無力化，這些在中華人民共和國都超過了帝制時代；聽命於上級的基層黨組織，取代了過去縣以下士紳們事實上的地方自治。中共擁有一個龐大的祕密招募來的線人大軍，包括知名藝術家、學者、大學生甚至高中生在內。這些有償或自願的祕密舉報人，是活躍在每個社區的所謂「治安耳目」、治安聯防隊員／積極分子或者「信息員」，包括在大學裡祕密招募的學生線人 [106]。為了控制和操縱互聯網，據報導中國有「至少 200 萬」名網絡警察進行即時在線審查。中共的共青團還招募了超過 1000 萬名匿名的「志願」部落客作者和跟貼者，其中包括數十萬名二十歲以下的少年。多達 200 萬名僱傭寫手，包括一些在押囚犯，成了政府的「網絡評論員」或「網絡宣傳工作者」，他們被稱為「五毛黨」，據說他們得到批准發布的每一帖能得到人民幣五毛錢（大約八美分）的報酬 [107]。在中共宣傳機構嚴密而具體的指導下，這支隱祕大軍每年在中國各網站和社交媒體上至少發布 4.88 億次具欺騙性和轉移視線的帖子 [108]。在北京市的一個區（西城區），警方要給超過 7 萬名舉報人和治安助理發放工資；2015 年僅僅四個月裡，該區警察為線人（退休人員）所提供的 753 條「有價值的線索和提示」支付了超過 50 萬元的現金獎勵。所有來華訪問的外國人，包括政府邀請的「外國專家」，不出所料地都會受到系統不同程度的監視和「管理」。有報導顯示，警察與黑社會流氓的串通已經「根深蒂固」而「有效」，在中國和香港都存在。中共的竊聽和滲透似乎也已經擴張到海外華人社區 [109]。

後毛澤東時代的中華人民共和國延續了秦漢式政體的總體性

（totality）。受過良好教育、有能力和野心、有影響力和富有的人，但凡不順從、違抗官方、變得無法控制，或他們與被清洗的某些官員和政治派別有關係，都會因為各種理由，比如誇大甚至捏造的指控，而遭到放逐、清算、監禁甚至處決。在大多數國家裡，富裕階層都傾向於擁有更多的安全感，並獲得可觀的政治權力，例如房地產大亨唐納德·川普在 2016 年當選為美國總統，這與中國形成鮮明對照。從 1999 年到 2008 年的十年裡，入選中國最富有名單的富豪們，有 49 人被政府逮捕過（其中 19 人被判入獄甚至死刑），17 人被調查，7 人失蹤，6 人「非自然」死亡，還有許多人逃亡國外。據報導，中國超級富豪「被起訴、調查或被捕的比例為 17％，而同一期間，其他普通企業家裡的這一比例為 7％」。與其他國家不同，中國的超級億萬富翁像周正毅、袁寶璟兄弟、黃光裕、徐明、劉漢兄弟、徐翔、楊斌，不管在政治上如何順從中共，常常因為他們與某些被清洗的中共領導人（權力鬥爭的輸家）有關係，就很容易被監禁、沒收資產乃至處死。成功的富商（如曾成傑）曾試圖成立私人銀行，但此舉威脅到中共至關重要的銀行業壟斷，因而迅速地被逮捕、祕密判決並處死 [110]。在 2009 至 2010 年間，野心勃勃的中共領導人薄熙來在重慶發起了一場「打黑」的群眾運動，逮捕、監禁了數百名當地商人和官員（其中一些人被迅速處死）。薄在 2012 年戲劇性地倒台，並在 2013 年被判處無期徒刑。然而那些「打黑」運動掠奪的資產估計有數千億人民幣之多，迄今既未清點，也很少歸還或補償給當事人。薄的競爭對手在廣東等地也開展了類似的打黑沒收運動 [111]。2014 年最富有的一百名中國人中，至少有 20 人與政府之間有各種麻煩關係，其中一名被處決，七名被監禁，八名被調查，三名流亡國外，一名破產 [112]。

因此，無論是就橫向鋪展之廣度，還是就垂直滲入之深度，中共的秦漢式政體比過去的都更加權力無限，尤其遠超晚清和中華民國，然而它遠遠未能統治整個已知世界。這個政體的核心始終依靠中國傳統的法

家統治術，新近則試圖建立一個理想化的「依法治國」（rule by law）的法制（legal system），即臣民在法律面前一律平等，但是「王在法上」，而不是法律面前人人平等、「法在王上」的法治（rule of law）。迄今，中共及中華人民共和國在本質上還是黨在法上、由個人意志決定的人治制度[113]。這個新法家秦漢政體依賴廣泛的暴力誘發的恐懼；它精巧地操縱和利用人性的弱點，雖然是中央自上而下的任命，並導致官本位特權和腐敗，但同時也形成了一定程度上的賢人／能人治國和一些社會流動性，只是被嚴格控制。中華人民共和國（黨國）的外觀也加以塗彩和調色，經歷了不少多姿多彩、甚至是戲劇性的變化：從毛澤東自相矛盾的「人民民主專政」或「新民主主義」（即蘇聯進口的偽社會主義和偽共產主義），到他激進的革命極權主義和大漢族種族主義（以階級鬥爭和世界革命為口號），再到後毛時代（改革）因長期道德崩壞、「精神空虛」和混亂墮落而導致的赤裸裸的物質主義，最近又再回歸到 1949 年以前的一些中國傳統社會文化價值，主要是威權主義統治者可以信賴的儒家思想[114]。在 2010 年代，毛澤東的後繼者們繼續回收和再用他經典的所謂「雙語」（double talk）欺騙性辭藻；胡錦濤和習近平都重複提出了一個口號，要同時維護三個相互矛盾的政治價值：黨的利益至高無上、人民的利益至高無上、憲法和法律至高無上[115]。

中共之秦漢政體對中國社會和經濟的滲透和控制的周全無度，是合乎其政治邏輯的。因為它需要盡可能地收集和掌控所有的力量與資源，從而在沒有中華秩序的不利外部條件下生存，並進而為重建中華秩序努力。七十年來，儘管有各種挑戰和不利條件，作為一個神經緊繃的秦漢式帝國，中共及中華人民共和國顯示出其非凡的持久力和維穩能力。在 2011 年春，中共領導人「鄭重宣布」：「我們不搞多黨輪流執政，不搞指導思想多元化，不搞『三權鼎立』和兩院制，不搞聯邦制，不搞私有化。」也就是說，中共將繼續堅持其壟斷的政治領導權「不動搖」，絕不改變其現有的社會政治制度、統治結構和意識形態[116]。

2013 年，中共進一步發布了嚴厲的「七不講」指令，禁止討論和研究（哪怕是學術性的）「七類問題」：民主、普世價值、媒體獨立與公民參與、新自由主義，以及對中國和中共歷史的任何「虛無主義」的重新解讀。中共領袖們誓言「要永遠高舉毛澤東思想的偉大旗幟」。2017 年初，中華人民共和國最高人民法院院長（首席大法官）還頗帶喜劇感地公開抨擊憲政民主、權力制衡，以及司法獨立等「西方」觀念[117]。多虧西發里亞國際關係體系所提供的機會和幫助（詳見本書第七章的分析），中華人民共和國的國力正在迅速上升。於是中共的一黨專制政體，一個馬克思主義染色過的儒化法家帝國，現在是越發毫不掩飾地露出面目。這個強硬的秦漢式政體看起來很難自我改變，除非是出現一個代價巨大的崩潰。國際比較與競爭仍然是推動中國變革的主要力量，因此也是對中共之黨國體系的最主要威脅。於是，為了確保其生存與安全，這個秦漢式政體的內在邏輯決定了：要嘛整個世界必須真正地、或者至少看起來是統一在中華秩序之下，要嘛不受控制的外部世界必須要與中國隔離分開。

次優化經濟與富國強軍

與過去的秦漢式帝國一樣，中華人民共和國在社會經濟發展方面的表現，最多只能達到平均水準，基本上還是相當的次優化（suboptimal）。但是它相當成功地、甚至是驚人地保障了自己政權的生存，並增長其國家力量（state power）[118]。一方面，中共及中華人民共和國一直保持著驚人的汲取和壓榨能力，從而占有這個大陸型大國和占人類總數 20% 的龐大人口所能提供的巨量財富。受中華秩序「吃苦」精神灌輸了許多個世紀的中國人民，確實也表現出極度的勤勞、守紀、對艱苦工作和巨大犧牲的超常忍耐力。另一方面，後毛澤東時代的北京，大大降低、甚至暫停了其重新排序世界的革命努力，而西發里亞體

系下的國際競爭和開放，使中華人民共和國獲得了關鍵性的技術、資本以及外部市場，於是其經濟得以迅速發展。

在毛澤東時代，國民經濟被汲取無度的中國政府擠壓到了崩潰邊緣，造成了大規模的赤貧和非正常死亡。1955 年，中國的經濟產出仍占全世界總量的 4.7%，隨後就穩步下降到 1980 年的 2.5%；而日本經濟的同期份額則從 2.5% 上升至 10%。中國的人均 GDP（國內生產總值）在 1950 年代初約為日本的 20%，到 1965 年就已經降為 10%。中國的人均糧食產量到 1962 年下降到有記錄以來的歷史最低點，僅有 207 公斤。中國媒體後來的統計表明：1949 年以後中國的經濟發展很「不起眼」，多次遭受漫長的「停滯甚至倒退」；工業化程度低、不平衡、成本高昂；「人民的生活水平完全沒有得到改善」；勞動生產率、投資回報和能源效率都在下降；而且政府掠奪性汲取的大量資源，又在大躍進和文革中基本上浪費殆盡[119]。儘管如此，延續秦漢式政體能夠集中力量完成一些特定大項目的傳統，中華人民共和國建立了一些重工業企業，獲得了一些現代軍事技術，包括核武器和導彈，並在國際社會上、包括遙遠的非洲和拉丁美洲，留下了其外交和經濟援助的足跡。

毛澤東之後的中華人民共和國，大致回到了晚清和中華民國的經濟發展軌道上，在三十多年裡取得了同樣令人印象深刻的成就。中國從 1979 年到 2012 年的 GDP 平均年增長率高達 9.8%，成為多達二百二十種工業產品的世界最大生產國。就 GDP 的規模而言，中國經濟從世界第十位上升到第二位。到 2013 年，中國還積累了全球最大的外匯儲備（3.3 兆美元）。北京、上海、深圳等「一線」城市，目前看來已經與中等發達國家頗為相似[120]。

對中華人民共和國的經濟發展記錄作一個全面評估，需要另外一本書。在這裡，對中國近四十年的社會經濟發展，僅僅做四點簡略而必要的分析。儘管中國近年來的經濟發展受到許多熱評和讚揚，但從整體上來看，中華人民共和國經濟發展的歷史記錄其實相當平庸，基本上還只

是很不理想的次優化成績[121]。

第一，根據英國《經濟學人》雜誌的報導，一個反事實假定研究（counterfactual study）表明，如果中華民國 1949 年之後繼續統治中國大陸，那麼中國經濟到 2010 年應該要比現在的規模再大 42%，中國人民也不會遭受數千萬人的非自然死亡和一長串苦難。另一個反事實假定研究則估計，2011 年中國的人均國內生產總值應該為 15000 美元左右，與其他東亞國家相仿，而不是中華人民共和國的 4000 美元左右[122]。

其次，且不論經常遭到質疑的中華人民共和國官方統計數據的可靠性，僅僅用這些官方數字來做的國際比較研究就可以明確顯示，中國政府在提高人均國內生產總值、人民生活水平和人類發展指數（HDI）等方面均表現不佳。無論是用傳統方法、還是用購買力平價（PPP）方法計算，2013 年中國的人均國內生產總值仍然只有世界平均水平的一半左右。中國的 HDI 分數從 1980 年到 2012 年確實有所提高，但其 HDI 的國際排名（一直低於世界平均值）反而下降，從 81 ／ 124（65％位次）降到 101 ／ 187（54％位次）；而美國、日本、韓國和香港的 HDI 國際排名位置基本上保持不變或者有大幅提升。從 1980 年以來，中華人民共和國以 HDI 衡量，一直都處於典型的發展中國家類別，處於四個層級裡的第三層級（「中等水平」），與多明尼加共和國、玻利維亞、印度和菲律賓等國家為伍。以測算收入中用於食品消費部分的恩格爾係數（Engel Coefficient）來衡量，中國人民的真實生活水平在 2010 年代仍然很低：2011 年，中國的官方恩格爾係數為 0.38（農村為 0.43），因為通貨膨脹還比上年有所上升，與美國 19 世紀 90 年代的恩格爾係數大致相同，據說尚需四十七年的持續「快速經濟增長」，才能達到經濟合作與發展組織（OECD）裡低收入國家的平均水平，即 0.15[123]。

第三，量化的因子分析表明，中華人民共和國的經濟發展主要是國家投資驅動型和出口依賴型，其資本投資的回報和能源消耗的產出均十分低效。政府投資項目占到中國 GDP 總量的近一半，是發達經濟體的

兩倍多，其增長占中國 GDP 年增長率的 72%。即使按照發展中國家的標準來看，這比例也是過高，顯示出重大的資源錯配和效率低下，諸如不良貸款和浪費巨大的資產泡沫。在過去二十年間，中國經濟的全要素生產率（Total factor productivity）增長有限，不斷下降甚至是負增長，這表明存在著系統性、大規模的低效率和資源不當配置。憑藉對金融銀行業的壟斷和控制，中國政府藉由大量不合理、不透明的過度投資而驅動的經濟增長，可能已經將投資的邊際回報率推壓到低於折舊率，從而在扼殺長期消費的同時也摧毀了現存資本。按增量資本產出比（Incremental Capital-Output Ratio）來估算，與其他亞洲經濟體相比，中國的 GDP 增長十分低效，只與印度相當或更差[124]。中國消耗每一單位能源所產出的國內生產總值，排名為世界最低之一，甚至低於公認的低效益經濟體（例如海地）。中華人民共和國燃燒了世界幾乎一半的煤炭，二氧化碳和其他汙染物的排放占世界總量的 23%，但只貢獻了世界 GDP 的大約 11%[125]。

最後，中華人民共和國經濟發展的次優化表現，還體現在它滋長了世界上最嚴重的社會經濟不平等、環境汙染和侵犯知識產權現象。嚴重的環境破壞和盜版問題，因本書篇幅有限，暫且不論；但以基尼係數（Gini Coefficient）衡量的中國收入和財富之不平等，已經屬於世界最高之列，遠遠高於其東亞鄰國。官方零星公布的數據顯示，中國的收入基尼係數在 2003 至 2013 年間介於 0.472 ～ 0.491 之間，高於聯合國認定的發展中國家「易引發社會動盪不穩的」0.4 警戒線。美國密西根大學的研究人員估計，中國的收入基尼係數從 1980 年的 0.3 暴升至 2014 年的 0.55（同年美國為 0.45）[126]。中國學者在 2010 年就報導了非常高的基尼係數（0.61）；北京大學的研究人員在 2014 年還得出結論，中國的財富基尼係數從 1995 年的 0.45 暴漲到 2002 年的 0.55，然後在 2012 年達到更驚人的 0.73[127]。

然而，對於中國人民而言並不理想、成長表現也欠佳的中國經濟，

卻迅速地使得中國政府富裕和強大起來。中國的秦漢式政府有著世界高水平的汲取和壓榨能力，既不受制約也不會自我設限。以中國政府財政收入和軍事力量的增長來定義的中國國力的崛起，已經是一個歷史的「真實」[128]。在 2011 年，中國中央政府的財政收入（不包括來自龐大的壟斷性國有企業和出讓土地使用權的大量收入）占到中國 GDP 的 35.3％，而且「逐年穩步上升，近幾年裡占 GDP 的份額不斷增大」。如果不包括社會安全保障等專項基金，2011 年按國際標準計算的中央財政收入，占到中國 GDP 的 31.3％，其總量在過去的二十年裡每年都不斷增長，從 1994 年到 2013 年翻了一番還多，增長率比 GDP 的增長快好幾倍[129]。中國政府收取千餘種稅費，包括北京房地產市場上高達 47％的交易稅。據估算，一個中國的中產階級家庭在 2010 年平均要繳納多達其總收入 51.6％的各種稅費，其中大部分是「隱藏」的間接稅。有些貪得無厭的地方政府還藉一些頗有創意的名義，如「為對日戰爭做準備」，徵收未來年分的稅收[130]。作為對照，2011 年美國聯邦政府的財政收入（包括社會安全保障基金）只占美國 GDP 的 15.4％（歷史最高份額是 1945 年的 20.9％）。如果把社保基金排除在外，那麼美國政府收入占 GDP 的比例僅為 9.9％[131]。中華人民共和國的個人所得稅稅率（上限為 45％）也高於大多數國家。中國員工和僱主還要承擔世界上最高的六種工資稅，總計高達員工工資額的 40％至 50％（某些城市甚至達到 66％），「高於德國、韓國、日本或美國」；在有統計數字的 125 個國家中，只有十個國家的工資稅高於中國的工資稅，而中國的養老金和醫療保險僅僅涵蓋部分人口，資金更是嚴重短缺[132]。因此，廣泛的逃稅一直是中國的常態，因為中國經濟學家在調查中發現，「如果（中國的）企業都誠實地繳納了規定的稅費，那麼他們 80％都將破產」[133]。

在中國政府汲取的估計占 GDP 三分之二的稅費中，中央政府獲得不成比例的巨大份額——通常得到全國總稅額的 70％以上，再加上其

龐大而不透明的「預算外收入」（來自國家壟斷的銀行金融業、土地出售、多種專項收費以及其他的「機動收入」），北京 2010 年的總收入達到中國 GDP 的 47％之多。因此，為了富國強軍，中華人民共和國政府已經變成了一個不受制約的汲取壓榨型政府，在過去幾十年裡積累了前所未有的巨額財富，從而成為現在世界上最富有的政府之一。根據一些中國經濟學家的說法，中華人民共和國已經變成「強大的國家、富裕的中央（政府）和貧窮的人民」，有三種「必須停止」的高度不合理的財富轉移：從人民向政府的財富轉移、從普通企業向國家壟斷企業的財富轉移、通過出口補貼和資本逃逸而造成的從中國向外國的財富轉移 [134]。像所有的政府，特別是那些受監督不力的政府一樣，中國政府積累的巨額財富往往是被浪費、濫用、誤置或者乾脆貪汙盜竊掉。據透露，富裕的中國政府今天只承擔了中國醫療保健費用的 17％，而歐盟政府則承擔了 80％，美國政府承擔了 46％，泰國政府承擔了 56％。更糟糕的是，對 13 億人民來說已經是很少的政府醫療保健資金，80％以上還用在大約 850 萬名中共及中華人民共和國的官員身上 [135]。龐大而昂貴的官僚們許多完全只是為了政治控制的目的：僅僅是神祕的中紀委系統，就耗費巨額金錢僱用了大約 81 萬名「紀檢幹部」，即每八名「黨和國家」幹部就配備一名去管控他們 [136]。

作為一個秦漢式政體，中共及中華人民共和國政府除了要永保自己的權力外，還有著無法迴避的建立中華秩序的使命。為此，它一直用其超額汲取的財富，建設和維持一個強大的國家機器，實行對內控制（即所謂「維穩」）；同時又耗費巨資建設一支強大的軍隊，以追求不斷擴大的對外目標。如同一個典型的秦漢式帝國，中華人民共和國也能夠集舉國之力辦若干「大事」，有重點地迅速擴軍和發動凌厲的外交攻勢。如果人們對中國的崛起仍然有懷疑，中華人民共和國作為一個強大的國際競爭對手而崛起，則已經是清晰的現實。它擁有全世界第二大軍事預算，軍事力量迅速擴張，其預算的增長速度在過去的二十年裡都是國內

生產總值增速的兩倍。到 2015 年，中國政府承諾要花費 1.41 兆美元（接近中國外匯儲備總額的一半），在海外發展「軟實力」；「相比之下，（美國當年的）馬歇爾計劃的總花費，按今天美元計價才 1030 億」，只占北京新承諾的對外花費的十分之一而已 [137]。為了加強在南中國海的領土要求，北京花費數字不詳、但應該極為浩大的資金，建造了七個大型人造島礁。暫不考慮其真正的戰略效果和成本效益比率，中華人民共和國的國家權力的崛起和擴張，已經是世界歷史上規模最大、速度最快的一次。中國學者秦暉認為，依靠對人權和環境的「赤字消費」，北京已經在國際舞台上形成了「令人震撼的競爭力」[138]。中華人民共和國的秦漢式政體目前依然還是沒有其必需的中華秩序，但是它已經獲得了越來越多的金錢和槍砲去為自己建造一個。

註 ————

1　孫中山闡述三民主義見 Sun 1924；汪兆銘錄孫之遺囑見 Wang 1925；Liu 7-26-2015。

2　Gu 1987 V5, 396-446；Loke 2013, 209-26；Liang 1925；D. Tang 1998, 140-46；Lu 2005, 第 3-16 章。

3　Lu 1932；Chiang 1934；Xi 2013。

4　Gu 1987, V5, 422-54；Tanner 2013, 15, 76-105, 192-222；Tsou 1963: 401-493；Stoler 1989: 145-178；Jiang & Liu 2013；Bradley 2015, 133-168, 297-362。

5　作為一個秦漢式政體，中華民國飽受腐敗之害並不意外。不過，比較多元的社會和輿論，還有西方（尤其是美國）記者的揭露，當時已經開始達成有效的監督和遏制，例如學者的揭發就能使行政院長孔祥熙被迫去職（T. Yang 1998, 528-66）。中共誇大並利用了這些報導，例如被中共指為「腐敗透頂」的、屬於最富有的「四大家族」之一的陳立夫，其實家產低於一般中產階級水平，在流亡國外時還要靠養雞維生（L. Chen 1994, 418-24）。

6　關於國際共產主義，見 Ko akowski 1978/2005；關於共產主義的固有缺陷和必然失敗，見 Brzezinski 1989；關於 20 世紀共產主義的後果，見 Courtois 1999。

7　關於中共之歷史，坊間已有無數不同乃至互相矛盾的著述。中文作品就有多種中共的官方自傳如 CCP Central, 2 vols., 2010；異見組織之評述如 Epoch Times 2004； 叛離

的中共前高官之記述如 Guo vols. 1-3, 1969, vol. 4, 1971；中共前朋友之回憶如 S. Dong 1951；內幕人士的爆料文字如 Jin 1999 與 Smarlo 2004；中華民國／台灣史學家之著述如 J. Wang , 3 volumes, 1974 與 Y.Chen, 2 volumes, 1998。

8   Huang & Han 2011；Y. Jin 2010, 11-12；CCP Central 2002, 40-42；Maddison 2006, 558-60；K. Yang 2011, 66-57, 72-75, 89；Feng and Shi 2014；J. Song 2003。

9   Liu 3-14-2015；Y. Shen 2013；CCP Central 2002, 40-42。

10   Brown 2009；Liu 3-14-2015；Meng 2009；Smarlo 2004, 219-32。

11   Y. Shen 2013；Wou 1994；Y. Chen 2002 和 2012。

12   Gong 1978, 353-54, 562-67；P. Wang 1992, 24-27；Zhong 1995, 16-26；H. Q.Liu 2004, 14-17。

13   K. Yang 2011, 83。

14   Braun 1982；Y. Jin 2010, 237-50；Lensen 1974；Z. Liu 1998, 184-94；Wilson 2002, 24 and 105。

15   KMTCentral 1935；CCP Central 2002, 229-48；Cai 1970；Xu (1936) 2006；Smarlo 2004, 295；Liu 7-26-2015。

16   毛澤東早在 1927 年就闡述了這一理念（CCP Central 2002, 144）。

17   B. Wang 2010, 131-32；K. Yang 2011, 80-84。

18   Z. Liu 2013, V4, 610-62；K. Yang 2006A；B. Wang 2010, 131-59, 184-208。

19   Zhang, 1956 and 1957；Fan 1978；Tang & Wang 2002。

20   Mitter 2013；X. Feng 2014；Liu 7-26-2015；Xie 2002；Y. Chen 1986。

21   J. Zhang 2012；L. Xiao 2014, 73。

22   Liu and Li 2011；Zhu 2012。

23   Feng 3-11-2013；L. Gao 2013；Y. Chen 1990；Y. Chen 1990, 41-117；Chang and Halliday 2006, 268-74；Vladimirov 1975, 153-54；letscorp.net/archives/65083 2016；J. Xiao 2013, 399。北京支持的緬甸共產黨游擊隊在 1960 至 70 年代也開展了大量鴉片貿易，其後果至今一直困擾著許多國家（F. Ye 2013）。

24   S. Xiao 1993 和 2004；J. Xiao 2013, V1。坊間已有無數的毛澤東傳記。中共官方的包括 C. Jin 2003 & 2004 以及 CCP Central 1993 & 2013 ；中國學者的毛傳記（全部在中國大陸禁止）包括 Shan 2001 和 Xin 1993；英文毛傳記包括 Wilson 1980；Z. Li 1996；Terrill 2001；Chang and Halliday 2006；Benton 2007；Cheek 2010；Karl 2010；Pantsov and Levine 2012；Walder 2015。

25   Pantsov and Levine 2012, 185-399；Wang 1974, 11-170；Q. Hu 1994, 178-298；Gao 2000；P. Hu 1999 和 2012, 9-228；G. Zhang 1966, V3, 341-47, 430。

26   詞見《東方紅》，中共及中華人民共和國自 1945 年起最著名的官方頌毛歌曲。其旋律原是陝北流行的情愛民謠《芝麻油》，在 1930 至 40 年代還曾被另外填詞，成為軍事動員歌謠《騎白馬》（Q. Dai 2004）。

27   Xiong 1999, 216, 219-20；Z. Lin 2013；S. Xiao 2004, 15。

28   Li &Tang <1945> 2005,143；H. Yu 2011, 4。

29   J. Hu 2012；Xi 2013 年。毛澤東最初提議的國名是更長的「中華人民民主共和國」，類

似於平壤的「朝鮮民主主義人民共和國」之國號（X. Chen, 2005, 87）。

30 Blog.sina.com.cn/s/blog_44f792630100h7l0.html，2016 年 4 月 23 日訪問。

31 X. Xiao 2012；CCP Central Party History 1994, 113；Gong 1978, 406；Salisbury 1987, 151-22, 214；S. Qiu 2013。

32 研究延安精神有影響的一些英文著述如 Selden, 1971 and 1995，可能受到北京官方敘事和嚴格控制信息的限制，往往過分強調了毛派中共的理想主義、社會主義甚至是浪漫主義的表象。

33 J. Ye 2012；《中國共產黨章程》。1943 年王稼祥首次提出毛澤東思想是馬克思列寧主義的中國化改良。毛指定的繼承人劉少奇在 1945 年努力使之列為中共的指導思想（C. Jin 1998, 476-69, 509-15；Cheek 2010, 14-132）。毛自己在 1945 年將其思想描述為他的「香的有活力的馬克思主義」，而不是他的政治對手的「臭的死的馬克思主義」（CCP Central 2002, 399）。1960 年代，上述兩人都遭到毛的清洗。

34 CCP Central History 2002, 396, 407；G. Fu 2007。除了組織部、宣傳部、統戰部等職能部門之外，中共自 1927 年以來還有一個祕密的保衛部（後改名為社會部和調查部），負責內部保衛和外部間諜及顛覆活動。1980 年代併入國家安全部（H. Chen 1952；J. Wang 1983, 332）。

35 Editing Team 1997, 38-39, 109；Y. Sun 1994, 29；Liu and Zhang 2011, 125-30；Gu1987, V5, 422-54, 685-727；Gu 1988, V6, 16-202。關於陳作為毛的戈培爾（Joseph Goebbels）式宣傳家的職業生涯，參閱 Zeng 2012, 28-33。

36 Xiong 1999, 1-81；H. Wu 2010, 58-61；Z. Meng 2013, 31-33；L. Xu 1997, 144-50, 203-05；wpoforum.com/viewtopic.php?fid=1&tid=70874，2015 年 5 月 8 日訪問。

37 毛在 1949 年發布了一個祕密的「十六字方針」，以防奸細之名，系統地拋棄和清洗中共地下特工（G. Fu 2011；G. Mu 2012, 8-10）。其中一個在香港立過大功卻飽受虐待的特工，後來懷著「對極權獨裁的仇恨和厭惡」逃亡歐洲（Chou 1963, 11 & 92）。

38 K. Yang 1997, 519。

39 L. Jiang 2012, 96-103; S. Zhang 2008, ch. 1; Gu 1988, V6, 472-73; L. Fu 2006；Z. Zhang 1989；Y. Chen 2011, 96-97。這一做法後來在 1970 年代末還被用於對越戰爭（Qin 2014）。數字見 PLA Military Science Academy 1987, 586。

40 P. Wang 1992, 454。

41 Tang 1943, 4；Editorial Board 1944, 1。

42 Mao 1945, 1；中國人民政治協商會議，《和平建國綱領》，1946 年 1 月。

43 Q. Hu 2003, 89-92, 335-60, 428-40；J. Zhang 2015。

44 Bernstein 2014, 106-15。關於當時在華美國外交官的理想主義和天真，見 Service 1974 和 Davies 2012。一位歐洲漢學家後來發現，周恩來是一個「患強迫症的誘惑者」，「富有操天使儀態撒大謊的才能……反覆而確鑿地逃脫干係」（Leys 2013, 379）。

45 Mao 1949, V4, 1,468-82；《中華人民共和國憲法‧序言》，1956-2018；Qian 1998, 5-90。

46 Lu 2013；Y. Xie 1999, 35-36, 44-45；M. Lin 2002, 28-32；T. Bao 2013。

47 Pepper 1999, 89-92, 199-228；Liu 8-11-2015；Y. Zheng 2007。王國維在 1910 年後期就

預見到，中華民國政治的激進化「勢將導致共產主義」（Z. Luo 2013）。

48　Chesterton 1922, 4。

49　K. Yang 2014；Q. Hu 2003, 135；Z. Liu 2014, 73-79。

50　Westad 2003；Tanner 2015；C. Xie 2014。

51　Bernstein 2014, 385-98；K. Yang 2009, V1, 49-99。

52　Zhong 1995, 99-124；Feng 1963, 21-78；Z. Wang 2013。

53　Z. Li 2016；R. Ding 2015；G. Fu 2005；Z. Zhang 1989, 467-51；Lang 2014；Z. Cheng 2015；Long 2009, 198-201。

54　Editorial Board 2002, 2–4；CCP Central History 2002, 495, 502-03。

55　Bernstein and Li 2010；Avtorkhanov 1973, 14, 31-41, 216, 315-67；Pantsov and Levine 2012, 233-74, 390-412。

56　Kong 2010；Xing 2005, 16-23。

57　Walker 1955；Wittfogel 1964, 463-74；Teiwes 1979；Michael 1986, 175-277。

58　Terrill 2004；Li and Liu 1997, 328；F. Wang 1998b, 93-115。

59　Buckley, 2014。

60　P. Hu 2014；R. Li 1993, 142。關於毛澤東個人的信仰體系和價值觀，可參閱他的一些沒有美化或修改過的文章和個人筆記（CCP Central Document Office 1995, 1-2, 64-76, 184-88, 449-94）。

61　Deng 2014。

62　Harris 2015；Walder 2015；Y. Xie 1999, 54-55；Y. Hua 2015。

63　Y. Song 2015。美國史丹佛大學胡佛研究所，現收藏有中華人民共和國早年的一些政治運動的有關檔案。

64　G. Zhang 1966, V2, 215-19。關於中國西南地區血腥土改的事例，參閱 Liao 2008；關於中共土改的官方敘事，見 Luo 2005；美國人對土改運動不無支持的報導有 Hinton 1966；關於中共利用土改或翻身去「翻心」農民，見 F. Li 2010, 5-35。

65　陳雲提出的統購統銷政策，見 Y. Chen, 1983, 209。關於中共對農民的剝削，見 Ash 2006, 959-98。戶口制度見 F. Wang 2005, 44-53。

66　Spence 1990, 576-83；Walder 1988；Friedman 1993；S. Dong 2011；Thaxton 2016。

67　時任內政部長的薄一波之報告，引自 L. Xin 2008；Strauss 2002, 80-105；C. Li 2005, 41-44；K. Yang 2006, 46-62 & 2009, 191, 215-59；S. Ying 2014, 3-7。其他地方也有過類似的指令性大規模處決，如廣東寶安（深圳）(Nan 2016)。Spence 1990, 536-40。關於毛澤東時代的法律制度，參見 Cohen 1968。關於中共長期以來大規模地為政治目的而使用死刑，參閱 N. Zhang 2016。

68　X. Hu 2012；Spence 1990, 542-67；H. Li 2003, 339-86；Qian 1998, 21-47, 127-47, 245-67。當然，中國今天依然有人為毛澤東的社會和思想改造辯護，如 X. Xia 2014.

69　vanGinneken 1976；Zhao and Liang 2008, 18；Z. Li 2011, V2, 765-856；Dikötter 2013, ix。

70　Qiu 1997；倖存的被清洗中共高官的故事可參閱 Xiao , Li & Gong 1998；被清洗迫害的菁英們的事例，可參閱 Pomfret 2006。

71 L. Guo 2014, 3-8；反右的有關文件可參閱 Y. Song 2015；Yao 1993；Dai 2000；Y. Xie 1999, 202-322；D. Guo 2009, 12-18。

72 Dikötter 2011, xi, 169。關於大饑荒的更多著述有 Jin 1993, 13-22；J. Yang 2008；Ding 1991；R. Li 1999 V2, 76-85；Manning and Wernheuer 2012 and X. Yu 2015。目擊者的回憶可見 Yi 2013。有關大躍進的中共文件，可參閱 Y. Song 2013。大饑荒的代表性個案可參閱 S. Yao 2010, 48-49；Z. Zhang 2004, 42-44 和 Dong 2008。關於大量死亡和人食人的報導，參見廖 2002, V3, 240-50。在一個氣候條件正常的肥沃的「魚米之鄉」安徽無為縣，多達 20%的人口在三年的大躍進中死亡（G. Xie 2006）。因饑饉而人食人的大量證據，可參閱 J. Yang 2008 V1, 49, 99-100, 131-32, 243, 274-78, 353, 451；J. Yang 2008, V2, 879；Y.Song 2013；Z.Liang 2014, 39-44。

73 D. Yang 1996；R. Wang 2002, 146-53；F. He 2013；L. Yan 2015, 69-72。1976 年 9 月 9 日毛去世，但 1977 年 10 月中共才正式宣布文革結束。文革有關的中共文件和相關文章，見 Song 2006 & 2007。文革文件的中共內部收集，見 N. Wang 1988a。關於文革的學術著述，參閱 MacFarquhar and Schoenhals 2009；Clark 2008；N. Wang 1988。官方報導，參閱 Xi and Jin 2006。後來被禁的官方記敘，見 Gao and Yan1986。關於毛殘酷地假借革命清洗對手的及時而深刻的早期報導，見 Leys 1971。關於文革中被攪動、釋放、操縱和利用的中國社會之不滿情緒的簡明歷史，參見 Kraus 2012。中共知情人士關於毛操縱中共中央會議規則和「選舉」的揭祕，見 Chi 2003, 44-51。對於毛使用各種專案組清洗二百多萬幹部並迫害多達一億人，參閱 J. Huang 2014, 18-22。

74 Gao 2008。

75 Rummel 1991, 253-63；L. Xin 2011；Y. Yu 2015；Qian 2012, V2, 311-12；Brown 2015。

76 Zheng 1993, 39-87；Z. Deng 2000, 130；Ou 1988；Y. Wang 2006。

77 Li 1994。作為農民之子，毛澤東在大躍進期間居然相信和強求虛幻不實的糧食單產量，或許是受了其導彈項目的物理學家錢學森博士的哄騙。作為留美回國的相當卓越的科學家，錢卻公然編出一些關於土地可以隨意超高產的蠢話，為大躍進推波助瀾（R. Li Real Records 1999, 51-52；R. Li Witness 1999, 50）。

78 Cheng 2006, 128, 130；Qi 2013。

79 毛 1959 年在高級領導層面前就對「無後」深表自怨自艾和自暴自棄（R. Li 1999, 110）。

80 Lin 1971；Liu 5-7-2015。

81 香港《爭鳴》雜誌 2003 年 12 月部分發表的姚文元的被禁之回憶錄。另見 Z. Xin 2009、2011、2012、& 2015。關於 1969 年中共高層就毛意圖他的妻子作為其繼承人的一次祕密討論，可參閱 Qiu 2011, V2, 638-39 和 D. Wu 2004, 110-11, 224。對這些説法的反駁，可見 Yan & Yang 2010, 25。

82 Zarrow 2012；R. Wang 2002, 12-13, 196-97, 211-12；Z. Xin 2009, 17, 267-68, 315-88, 411-52。

83 Spence 1990, 650-52。

84 Pantsov and Levine 2013, 8。

85 Y. Xu 2010, V2, 767。一些異見者呼籲早日埋葬毛以結束其曝屍（J. Yu 2014）。

86　C. Li 2001 & 2009。中國還有八個裝飾性的「民主黨派」（Jacobs 2013, A6）。

87　Shirk 1993, 70-82；U.S. Embassy 2014；G. Wu 2015。

88　F. Wang 2011；M. Yang 2014；Ringen 2016。本書英文原版出版後不到半年，2018 年春，中共公開廢除了中華人民共和國國家主席兩屆任期的憲法條款，使得過去毛澤東式的個人終身獨裁制度有正式復辟之虞。

89　Qiu 2011, V2, 930-32。

90　從 1989 年迄今，中共實施了嚴格而昂貴的輿論、新聞和教育審查手段，在中國就天安門事件製造了一個「全民裝傻健忘症」（Lim 2014)。

91　雙規之外，竊聽和匿名線人也是紀委可怕手段之一部分，參閱 M. Lin 2016；W. Zhou 2015；P. Li 2015；Wang 2015。

92　He and Huang 2013；P. Zhu 2015, 11。當然，紀委官員們本身也不免因腐敗而遭到清洗（H. Feng 2015）。關於紀委的歷史由來，可參閱 L. Li 2015。

93　Y. Chen 2016。

94　國家預防腐敗局副局長崔海榮披露的數字，《京華時報》5-15-2012, A7。

95　Xinhua 1-10-2014；Xinhua 9-11-2016；CDIC 8-25-2016。

96　X. Yu 2011；CCP Organization 2015。

97　Chung, 2016。

98　CCP Cenntral1982；Xinhua 1-27-2016。關於中共嚴格保密之傳統，參閱 CCP Cenntral History 1994。

99　Q. Ma 1989, 179；McGregor 2011, 1-33；zhihu.com/question/21197062 與 blog.sina. com.cn/s/blog_441f25da0102vey4.html，2015 年 8 月 20 日。

100　Tieba.baidu.com/p/3422163689，2015 年 8 月 16 日。

101　H. Zhang 2013；F. Wu 2006, 731；P. Wang, 1992, 584；筆者 2014 至 2016 年的訪談。

102　Z. Deng, 2011。中國伊斯蘭教協會、佛教協會、天主教愛國會和基督教三自愛國教會的領導人，時常在官方訃告中披露出其長期的祕密中共黨員身分，例如包爾汗（cpc. people.com.cn/daohang/n/2013/0226/c357214-20604566.html，2013 年 2 月 26 日）。關於鎮壓和處決獨立宗教領袖，參見 Liao 2008, V2, 48-73。

103　關於中國祕密警察的系統性學術著述很少，新近的但仍然很不充分的是 X. Guo 2012。中共很早（1920 年代）就創設了國家政治保衛局作為其祕密警察（Gong 1978，569-79）。1930 年代後期擴大為社會部、情報部和（地下）城市工作部（CCP Central History 1994, 119-25, 139, 162）。中華人民共和國和解放軍情報網絡經常在內部偵察異議者和被用於權力鬥爭（S. Lin, 2012）。有關中國的全球最發達的網絡警察，參閱 X. Tao 2007；Y.Hai 2014；X. Ma 2014。關於鄧小平如何依靠內參獲取信息，參見 Yin 2012 和 K. Yu 2014, 5-6, 9。

104　George Knowles,「『Inside China』s Big Brother HQ」, Daily Mail, October 1, 2016。He and Huang 2013, 91-92。

105　Wines 2009, A6；Cao 2000, 464-65。1990 年代後期，中國城市警察密度已經是美國的兩倍多（Z.Li 1999）。

106　PRC Public Security Ministry 1999, 234-52。招募知名學者和學者當線人的例子可參見

Ying and Conceison 2009 和 W. Gu 2009, C15。課堂告密者主要用於確保教師遵循黨的路線（筆者 2010 至 2016 年間與中國大學管理人員和教職員的訪談）。

107 Beech 2015, 5。共青團中央 2015 年規定要招募 1008 萬名「青年網絡文明志願者」，占全部共青團員總數的 10%（CYL Central 2015, 8）。福建省共青團組織的任務是招募 33 萬人，而在短短兩個月內，就招募到 15.76 萬人，包括 14 至 18 歲的男生 92539 人，女生 3870 人（CYL Fujian 2015）。

108 King et al, 2016；Zhang 2014；T. Li 2014；L. Zhang 2010；AFP 5-15-2011；Philips 2013。關於一個城市（江西省章貢地區）極為活躍的「五毛黨」和網絡間諜分子，參閱 Zhanggong 2014。關於洩露的充當祕密線人和五毛黨的上海大量大學生的個人信息，參見 Shanghai Government 2015。

109 Chi 2015, A6；Brady 2003；Sun 2009；Central News 2014；Freitas 2015。

110 Y. Wang 2009；The Economist 9-29-2012；R. Wang 2013。

111 Tong 2011；Z. Li 2013；X. Song 2012。

112 Sina 2014。到 2018 年，更多的超級富豪如蕭建華、葉簡明、吳小暉被清算入獄。

113 中共及中華人民共和國關於法律與國家權力關係的官方表述常常故意地混淆「法治」、「法制」、「依法治國」、「由法治國」等概念。其基本論述大致可以分為兩組：一方面竭力反覆強調並強力維護其傳統的黨領導一切的觀念與實踐，另一方面又有許多要依法治國，發展法制或者法治，法律面前人人平等，以及憲法大於一切的言論。兩者之間的根本性矛盾和不相容性顯而易見。其實，黨領導一切與黨中央（尤其是最高領袖）在法之上的原則不僅繼續載入最新的 2018 年版中華人民共和國憲法，而且也是一貫的現實。

114 Osnos 2014, 30-35。

115 Hu Jintao 2007；L. Huang 2015。

116 B.Wu 2011。

117 Buckley 2013, A1；Xi 2013；Zhou 2017。

118 關於 2010 年代中國經濟的一般狀況，可參閱 Kroeber 2016。

119 S. Lu 2003；Tengxun 2014。

120 Statistical Bureau 2013a；IMF 2014。中國的 GDP 增長率在 2015 年後放緩至 6.9% 以下。2014 年，其外匯儲備達到近 4 兆美元的頂峰（World Bank 2016；Li and Kim 2014），然後在 2017 年下降到 2.99 兆美元（Xinhua 2-6-2017）。

121 Ringen 2016, 16-26。

122 The Econopmist, 8-1-2015, 20；Q. Zhang 2011；D. Cai 2007。

123 IMF 2014；UNDP 2013, 148-9；The Economist 8-13-2010。中國恩格爾係數見 Statistics Bureau 2012, 表 10；而統計局局長在中共黨刊上發表了一組略微不同的數字 0.36 和 0.40（J. Ma 2012）。2010 年美國的恩格爾係數為 0.1（U.S. Department of Labor 2012, 8；Pritchett and Spivack 2013, 15-19）。

124 The Economist 1-14-2010 & 10-11-2014；OECD 2013, 280-81；M. Zhang 2013；Lahart 2014。

125 World Bank 2014；X. Wang 2013；IMF 2014；U.S. EPA 2014。

126 Sicular 2013, 1-5；Guo and Sun 2012；Kuo 2014；Swanbrow 2014；finance.sina.com.cn/china/20150120/100321340647.shtml 與 news.163.com/13/0118/11/8LGH1BBF00014JB6，2015 年 1 月 26 日。

127 H. Shen 2012；Y. Xie 2014。

128 Ang 2016；Christensen 2015, 15-36。

129 PRC Ministry of Treasury 2012，表 3.3；Xinhua 1-23-2013。

130 Xuan 2010, 24-40；opinion.china.com.cn/event_1805_1.html，5-1-2015。

131 數字見 U. S. Office of Management and Budget, 2014，表 2.3。

132 《中華人民共和國個人所得稅法》2011 年修訂；Qi 2015；Y. Fang 2013。

133 T. Zhou 2010。

134 S. Zhang 2011。

135 Dao2006；關於中國醫療系統之弊病，可參閱 Blumenthal and Hsiao 2005, 1165-70 & 2015, 1281-85。

136 C. Li 2014；S. Wang 2014。

137 Shambaugh 2015。

138 H. Qin 2016。

第七章

天下與西發里亞之間
的中華博弈

19 49 年以來，外部力量仍然是持續影響中國政治、社會、經濟和文化各方面發展的一大關鍵性因素[1]。中國共產黨暨中華人民共和國本身就是由外外力所建立、拯救並助其成長壯大的。北京的官方意識形態為舶來的馬列主義，而政治合法性的兩大主要支柱——民族主義訴求與國家主導的經濟成長——及其亟需的科學技術也都是來自國外。過去三十多年更是如此，中國經濟的快速增長和社會文化的巨大變遷，也主要是由外資和外貿所推動和資助。於是，中華人民共和國似乎正在成為由西方所領導的西發里亞國際關係體系的一部分，並且獲益匪淺。然而，中共這秦漢式政體的內在邏輯，依然令其負有必須建立中華秩序的歷史使命：為了政權的自身安全，「必須」不斷拼搏，以求統一「天下」（整個已知世界）；尚未成功時，至少也要將不受控制的外部世界與中國本身相隔離。這個使命和現存的世界秩序在根本上是不相容的；後冷戰時代西發里亞國際關係的結構及其價值規範，如民主、人權、言論自由、法治等等，對中共具有尤為致命的威脅。因此，中華人民共和國製造了一個鴻溝：一邊是中國融入現存世界秩序且獲益豐厚的進程，另一邊則是中共試圖挑戰當前的世界秩序，以保護政權。這種緊張的結構性衝突，注定了中華人民共和國不得不對內外都時刻保持臨戰態勢，製造許多史詩般的戲劇性搏鬥，給中國和世界帶來巨大的不確定

性。中國國家力量的迅速崛起，只是使得這場在天下和西發里亞之間的中華博弈更為激烈、影響更加深遠。如同資深專家柯慶生（Thomas Christensen）所判斷的，「真正的」中國挑戰不僅僅是「影響區域安全的挑戰」，還是「關乎全球治理的挑戰」[2]。

天下使命

正如本書已經分析過的，一個秦漢式威權主義乃至極權主義政體，無論其外表為何、無論其統治集團是些什麼人，只要面對與之共存的主權國家——不受控制，也無法忽略其存在，還能夠和自己比較及競爭——就無法心安。統治整個已知世界，實現所謂天下一統，是任何一個自信而強大的秦漢式政體合乎邏輯、捨我其誰的歸屬。毛澤東自詡為新秦始皇，他出於本能，從一開始就知道自己需要建立一個新的中華秩序，從而真正地維護和統治其新帝國，並達到個人權力和名望的巔峰而成為最偉大的統治者。1958 年他曾經模仿宋代詩人陸游的詩句寫道，「人類而今上太空，但悲不見五洲同」。當時他躊躇滿志、正在發動大躍進，唯一的遺憾似乎就是整個已知世界尚未統一。一個最能顯示毛和中共渴求建立旨在世界統一之中華秩序的鮮明例證，或許就是銘刻在北京天安門城樓上的口號：「世界人民大團結萬歲」[3]。

作為傑出的權術大師，毛澤東深諳中國人在權力鬥爭中如何善於偽裝、欺騙與操縱，他在外交政策中的目標也是一以貫之：保持其執政權、維護其控制力，為了「創造新世界」的主要目的而不擇手段地應付外國人[4]。為了維護和加強這個新的秦漢式政體下，毛澤東（及其繼承人）通過中共壟斷一切的權個人力，尋求建立新的中華秩序一直是中華人民共和國外交政策的真正核心利益。當然，中華秩序的新名稱，則因時勢不同和聽眾的變化而不盡一致：從「世界／各國人民大團結」、「世界共產主義革命」、「民族解放」到中共領袖們的最新版本「新的

更公平的世界／國際秩序」。2009年，中華人民共和國的最高外交官員，負責外交的國務委員戴秉國告訴美國國務卿希拉蕊‧柯林頓（Hilary Clinton），中國有三大「核心利益」，並按其重要性排序如下：一、維護政治制度和國家安全；二、維護國家主權和領土完整；三、獲得可持續且穩定的社會經濟發展。中國外交部長王毅則在2013年公開宣示：北京要尋求一個「新的全球治理體系」，以取代目前「由美國領導的」世界秩序[5]。按中國資深國際關係學者閻學通的分析，在其官方詞彙中，中國外交政策的核心目標就是「國家安全」，即中共黨國體制的安全。另一位資深學者王緝思在2015年直率地寫道：「只有當美國尊重並且不挑戰中國的基本政治制度和中共統治地位的時候，它才有可能說服中國同樣地尊重並且不挑戰美國在世界上的領導地位」[6]。

中共的外交實踐，無論是它的結盟對象、戰術方法、還是它虛幻的多姿多彩的口號，從1949年以來都發生過戲劇性的變化，前後的不一致令人眼花撩亂，充滿了頗有迷惑力的靈活性和實用主義。在官方敘述中，中華人民共和國的外交政策始終如一，堅定不移地遵循印度和中國在1954年共同倡議的「和平共處五項原則」。然而，中國的外交記錄表明，它在聯盟關係和國際承諾等方面，都曾經有過多次的反覆甚至完全逆轉，正如研究中國外交政策的美國專家高龍江（John Garver）所總結的，這全都是基於「國家政權的建設和生存」。資深中國外交觀察家沈大偉（David Shambaugh）也認為：中國對外關係的一個關鍵性動因就是「尋求對中國共產黨及其政權的支持」[7]。

根據對中共政權批評的多寡，數十個國家（包括以前的國際「戰友」和「同志」）以及國際組織曾先後被北京指責為「傷害中國人民感情」的敵人[8]。作為一個秦漢式政體，中共及中華人民共和國在它能夠控制或征服國外之前，都在竭力掩飾著自己真實的外交意圖，並採取漸進步驟以達成目的。到目前為止，北京相當積極地援引了當前世界秩序的一些規範，例如民族主義、民族自決和民族解放，以破壞和抹黑當前的世

界秩序[9]。自毛澤東以來，中國外交政策中一個公開的官方目標，就是所謂維護中國以及「其他被壓迫民族」的獨立和主權，並為之而鬥爭。中共及中華人民共和國的外交史，還充滿了各種對外的衝突和鬥爭，這十分符合學者們提出的，關於專制政權的戰爭傾向和將外部衝突政治化的一般性模式[10]。當北京在國際體系中產生無力感，需要動員他國支持時，尤其會把支持民族獨立、維護各國主權、主張多極化等等作為外交口號。而在自己覺得國力強盛或者有機可乘時，則又竭力領導世界革命、引領全球化、或者推進現存世界秩序的改革和重建。這與中共在國內曾經喊著「統一戰線」、「民主」、「自由」和「解放」等口號動員貧民和弱勢群體去幫它奪權上台，然後毀棄諾言，牢牢抓緊權力不放的致勝戰略，基本上是異曲同工。

與國內的政治鬥爭一樣，毛澤東和中共在國際外交中很少顧及道義、法律或者個人心理，隨時都可以為了主要的政治目的而摒棄其公開宣布的目標，甚至來一些一百八十度的外交大轉彎，轉身攻擊盟友，與敵人媾和。即便是中國的國家獨立和國家主權，往往也不是主要的目標，而只是維護秦漢式政體之安全和存在的手段。更不用說中國人民的利益了。中華人民共和國外交政策的真正目標，始終與現存的西發里亞世界秩序，特別是二戰後的民族自決、各國主權平等、普遍人權、政治民主等世界性的基本規範相左。

因此，中華人民共和國生來就是一個現存國際秩序的造反派。凡有可能，它就會按自己的政治制度和價值規範，尋求對當前世界政治秩序的革命性顛覆，從而確保中共領導層的安全和權力。正如英國作家歐威爾在 1940 年代做出的黑暗預言：「黨完全是為了自己而尋求權力……權力不是一種手段，而是目的……黨的兩個目標，分別是征服整個地球，並徹底消滅任何獨立思考的可能性」[11]。中共在中國國內為了奪取權力並永續其一黨專政，可以用革命、國家主義與民族主義的名義去損害和犧牲任何集團和任何個人的利益乃至生命。它在外交中也是如此，

始終如一地執行一種（儘管看起來有點搖擺不定）反現存秩序的博弈型外交政策。為此它不惜捨棄、甚至大量地犧牲中國的國家與民族利益，更不用說其他國家和民族的利益了。若以最大化地保護中國人民及其國家與民族利益而論，迄今（2010年代末）為止的中華人民共和國外交政策的整體表現，如同其內政記錄一樣，都極為次優化，敗績連連。然而，若以保護和加強中共的秦漢式政體而論，則其外交政策至今還是相當地成功和有效。中國外交政策所包含的最終實現中華秩序的深層動因和巨大能量，非常真實，也十分持久。隨著中國國家力量的增長，這些動因和能量將變日益明顯、更加巨大。

毛澤東的新中華秩序世界戰爭

莫斯科領導的20世紀世界共產主義革命運動，最初與毛澤東的政治需求非常契合。中共的建立及其政治勝利，均是由蘇聯一手製造和有力促成的歷史事實，也有助於鞏固北京與莫斯科之間的基因關係。所以，中華人民共和國一成立，毛澤東就立即宣布了他的「一邊倒」外交政策，使中國成為反西方的蘇聯集團的新夥伴[12]。由此，毛澤東率領年輕的中華人民共和國，跟隨史達林加入並推進一個共產主義世界秩序。這個史達林秩序其實與中華秩序極為相似，是中國歷史學者們後來所認定的一個「前現代、家庭式的世界秩序」，而不是現代國家之間的聯盟關係[13]。中共祕密地承諾自己是「總部設在莫斯科」的蘇聯共產黨指揮下的一支祕密的「方面軍」。毛澤東當時的政治祕書之一胡喬木後來回憶說，中共對莫斯科方面的「尊重和服從」程度，「遠遠比人們知道的要深得多」；毛澤東甚至為了迎合莫斯科所希冀的「世界共同趨勢」，考慮過要全面棄用漢字，採用拉丁字母[14]。

美國雖然在20世紀上半葉對中國的生存和崛起有過關鍵性貢獻，但是中共為了鞏固自己的權力和控制中國人的思想，而非真正以中國人

民和國家利益考慮，竭力將美國描繪成意識形態、社會文化、或民族主義方面的對手，甚至當成北京的死敵。中華人民共和國政府採用沒收資產、開除公職、群眾運動（如1950～1955年的批判胡適），以及流放、監禁以及處決自由派知識分子，甚至參與代價巨大的對外戰爭等方式，竭力抹掉美國為首的西方思想的影響[15]。

在史達林直接而具體的指示下，毛澤東主導的中國，代表蘇聯集團在朝鮮半島打了歷史上中美之間的唯一一場戰爭，韓戰（1950～1953）[16]。這使得中華人民共和國在冷戰期間被國際社會視為侵略者，讓中美關係冰封了二十多年，也令中國人民犧牲了大量生命，既毀壞了中國的國際形象和地位，也令中國失去了許多發展機會。至今，北京仍然對韓戰的真實成本和傷亡數字保密。據學者和親歷者估計，中國在該戰中一共有40萬到80萬（甚至100萬）人死亡，是美軍戰死者人數的十到十六倍（甚至二十倍）之多[17]。幾十年後，一些中國研究者公開承認韓戰是「毛澤東最大的（外交）慘敗」，而中國則是「唯一的真正輸家」。莫斯科、東京和台北被視為「真正的贏家」；華盛頓（保持了在東北亞的軍事存在和同盟）和首爾（維護了獨立並獲得更大的領土）是「部分贏家」；平壤（戰敗、但倖存下來）是「部分輸家」；但北京卻是唯一一個「為他人而戰一無所獲」的大輸家。中國在犧牲了大量生命與資源後，不僅失去了「解放台灣」的機會和幾十年與西方的貿易，並且其主要的停戰談判要求（遣返所有中國戰俘，雙方以三十八度線劃界，從朝鮮半島撤出所有外國軍隊）也全部落空。一些讀史人不無調侃地評論說，朝鮮戰爭還是給中國人帶來了兩個「積極的副產品」：毛唯一健康的兒子死於朝鮮半島，使得毛家王朝難以實現；「真正的中華文化在台灣（由此）得以保存」[18]。中共高級外交官何方後來公開承認：這場對外武力干涉，被大肆宣傳成中華人民共和國唯一重大國際戰事的勝利，其實是由毛澤東要當「東方世界革命領袖」的野心及其錯誤判斷和荒唐指導所一手造成，實則是代價巨大的慘敗。據說毛本人很快就在

內部祕密承認了參加韓戰是個「重大錯誤」，但將責任歸咎於史達林和金日成 [19]。

中國對朝鮮半島代價極為昂貴的干預，以及它從 1950 年到 1970 年代中期對印度支那的類似舉動（支援當地共產勢力反對法國和美國），既是中共為反西方世界革命（一開始是莫斯科所領導，後來北京自居為革命中心）所盡的義務，也為自身的領導累積資本 [20]。這些外部衝突為毛澤東提供了充足理由和極大方便，以動員國內群眾、發動清洗和屠殺，煽起反西方（特別是美國）的歇斯底里情緒，實現嚴格的精神控制，從而有利於他鞏固新秦漢政體的統治 [21]。就像《孟子‧告子下》所述：「無敵國外患者，國恆亡」，秦漢式政體需要政治敵人或「野蠻人」的存在，才能生存和發展。中華人民共和國的這些國外冒險，雖然加強了毛澤東的個人權力和中共政權，但中國人民為此承受了難以置信的損失、遭受了幾十年的徹底孤立，並且在社會經濟發展和國際地位上都大為倒退。毛澤東加入蘇聯集團，替史達林打代理人戰爭，甚至還傷害了中共自己的利益，因為美國被迫保護在台灣的中華民國政府，因此「無限期地」阻止了中共「徹底征服整個中國」的計畫，這既是中共一大羞辱，也是困擾北京至今的巨大不安全感的一大來源。毛澤東加入世界共產主義革命的愚蠢行徑，如果有一個有意義的副作用，就是使得中華民國政府倖存至今，對中華人民共和國起到了相當大的競爭和制約作用。不過，難以忽視的是如今北京為了「統一中國」花費無數資源和精力。持續未完的中國內戰，對中國的政治環境、社會經濟發展，以及人民生活產生過很大的負面影響 [22]。

類似以前有過的情形——兩個都想君臨世界、卻都不甚在意法律或道德問題的統治者，為圖一時方便而彼此訂立權宜合約——1950 年 2 月中蘇同盟正式訂立。然而合約訂立之前就已經出現根本的分歧：由誰去領導這個龐大的共產主義集團，以及由哪個共產黨按自己的形象去打造和主宰那個尚未誕生的新世界秩序。毛澤東謹慎地清洗了那些過於

親莫斯科的同志們，暗地裡表達他對共產集團「無可爭議的」領袖——獨裁者史達林——的強烈不滿。然而史達林也從來沒有把毛視為平等夥伴，不把毛視為世界革命的可能領袖。但是在公開場合，北京還是厚顏無恥地對史達林實行個人崇拜，毛澤東本人還把史達林稱之為中共及中華人民共和國的慈父、導師、最高領袖和總司令[23]。

1953 年史達林的去世解放了毛澤東。於是，毛澤東開始全力宣揚他不僅滿足於統治中華人民共和國的政治野心，企求通過世界共產主義革命實現其新世界秩序——中華秩序。而蘇聯領袖赫魯雪夫希望在核武器時代用和平競賽而不是武力的方式征服全世界，他的一系列笨拙言行給了毛澤東機會：毛開始夢想繼承史達林的遺志，領導一場更「有效」且「真正」的暴力世界革命。他打著「科學的」、「真正的」共產主義旗號，甚至乾脆用一種神祕主義的「東風壓倒西風」的名義，要在全世界創立一個新的世界秩序，一統全球。而毛本人則將是偉大的新世界領袖，北京也會成為新世界秩序的中心[24]。北京與莫斯科在 1950 年代和1960 年代開展的關於「誰是真正的馬克思—列寧—史達林傳人」的教條主義空論戰，在親歷其境的中共官員閻明復看來，不過是毛澤東為爭當國際共產主義運動領袖的舉動而已。一位中國歷史學者評論說，當毛澤東自認其統治已經穩固後，「他很快就非常忘恩負義地反對起他的莫斯科贊助人來」。而未能從莫斯科爭到領袖地位和權力（也沒有得到想要的核武器），毛澤東只好自力更生，幻想用大躍進使中國「早於蘇聯進入共產主義」，這樣他就能成為共產主義集團、進而全世界的不二天子（或「人民大救星」）。對毛來說，只有成為新世界帝國的始皇帝似乎才是配得上自己的偉大成就：他在 1950 年代就已經把「超越馬克思」，以及將其統治的中華人民共和國建設為「世界上第一強國」作為己任[25]。中國歷史學家楊奎松認為，毛澤東「最後一次依照莫斯科的指示」是在 1953 年 7 月同意韓戰停火，隨後就開始搶奪世界共產主義的領導權，以改變莫斯科與北京之間原先的「父子關係」。1957 年之後，

毛澤東幾乎公開地向各國共產黨同志們表露野心,當時北韓高級官員黃長燁(황장엽)明顯地觀察到這一點,並將其祕密地記錄下來[26]。

毛澤東在 1959 年祕密地把他的雄心壯志告訴高級同僚們:「我們戰勝地球,建立強國,一定要如此,一定要如此。全黨全民團結起來,全世界無產者團結起來,目的一定可以達到」。即使是當大躍進的災難性後果——人類和平時期最大規模的人口死亡——已經上報到北京時,毛澤東仍然繼續和高級助手們分享著他的夢想:要把「對立的階級消滅掉」,然後「我們要搞地球管理委員會,搞地球統一計劃」。到 1967 年,毛更進一步,祕密指示他的助手戚本禹準備「一項前所未有的、為了整個人類的最終計劃」,其基礎則是以共產主義辭藻包裝的、近兩千年前「五斗米道」的張魯提出的農業社會平均主義。這是中華秩序下未產生制度分化的前現代社會裡的一種秦漢式烏托邦政治理想[27]。

毛澤東是一個十足的自大狂領袖,善用權術詭計,也長於裝腔作勢。他其實絕對崇拜物質力量。但有趣的是,為了掩飾其根深蒂固的拜物教本質(崇拜武力和權力)和實際上在經濟管理方面的極其無能,毛澤東及其信徒都假裝篤信唯意志論,把毛澤東思想吹噓成戰無不勝的所謂「精神原子彈」,其實,他們只是無限地犧牲人命與人權以彌補實力的不足而已[28]。毛澤東很快就知曉,與那些不受他控制的真正強國相比,他的黨國實際上非常虛弱無力。這個新皇帝沒有什麼新的思想,也只有很少的實際能力和資源。1955 年毛澤東就感嘆說,只有當他的黨國「終於趕上並超過美國」而成為世界頭號強國時,他才能放下心來。要在工業生產、尤其是軍工方面超英趕美,獲取原子彈就成了毛澤東的解決方案[29]。第二年,毛澤東設了中共及中華人民共和國的最高發展目標,即到 20 世紀末「一定要超過美國」。1957 年 11 月毛澤東更在莫斯科首次對外宣布其「超過英國」的口號。迫於日益強烈的建立一個新世界秩序的渴望,毛澤東大膽夢想要在 15 年內超過英國,並在二十至三十年內趕上美國的工業生產能力,於是大躍進運動就此開始。在 1958 至

1959 年間，毛澤東更進一步幻想煤鋼產量等指標在兩年內就超過英國，七年內趕上美國。毛澤東的目標是要將中國在十至二十（或三十）年內「變成四個美國」，或者像兩個蘇聯那樣強大，因為莫斯科當時正鼓吹自己在二十年內「變成兩個美國」[30]。

為了實現重建中華秩序這一宏偉使命，中華人民共和國採用了史達林式的軍工複合體制度，不惜一切代價製造現代武器，準備打一場世界核戰爭。由於國內政治的需要，以及和現存世界秩序的系統性不相容，中共於是一直用外部戰爭乃至世界大戰的幽靈去唬弄人民，為其國內動員、汲取和控制作辯護，並藉此把中國人民與外部世界徹底地隔離。在 1960 至 1970 年代，北京反覆宣稱全面世界大戰的必然性和迫切性，「要準備早打、大打」。到了 1980 年代中期，鄧小平總算做了重新評估，認定儘管世界大戰還是不可避免的，但可以推遲一段時間，也許是十年。1990 年代以來特別是 2001 年的「9‧11」事件後，中共領導人江澤民進一步宣稱新的世界大戰可能在近期內不會爆發，認為一個二十年左右的所謂「戰略機遇期」出現了，正好藉機努力，埋頭苦幹，加強自己的實力[31]。

為了在軍事力量上趕超世界先進水平，中共在 1962 年設立了一個由中華人民共和國總理領導，居於各部委之上的祕密的「中央專門委員會」，其成員包括財政和情報在內的各相關部門首長。該委員會旨在舉全國之力，集中所有資源，並不惜任何代價，全力發展核武器、導彈、衛星、戰機和軍艦等軍力。當時的總共八個機械工業部裡有六個專門負責生產軍火，這六個軍工部後來又改制變成了國有的「部級」軍工公司。中共的這種「舉國體制」，也用在旨在贏得國際認可、不惜代價獲得盡可能多獎牌的奧運會，以及應付一些緊急情況，如 2015 年的股市大崩盤[32]。對於這些欽定的宏大項目來說，成本和後果完全不重要，為達目的可以不惜任何手段。中國在西昌的衛星和導彈發射，就經常因殘骸墜落，造成附近居民生命財產損失，但祕而不報。毛澤東還曾經隱祕地對

他的助手們說過，可以犧牲當時總共二十九億人類的三分之一到二分之一，以「打贏」一場全球核戰爭，從而「徹底消滅資本主義並為世界贏得永久和平」。1957 年他更在莫斯科半公開地放言，為了世界共產主義革命，「可以」犧牲三億中國人民，其口氣「嚇壞了東歐的共產黨同志們」[33]。

從 1950 年代後期直到他本人去世，毛澤東為了世界共產主義運動的領導權，與莫斯科進行了激烈鬥爭。然而，北京不僅未能奪得王位，還因為戲劇性的中蘇分裂而進一步陷入國際孤立，幾乎所有的共產國家都站到了莫斯科一邊[34]。在國際上的徹底孤立和毛對世界革命領導權的激進追求，直接導致了中國國內像餓死數千萬人的大躍進那樣的許多災難。毛澤東竭力要主宰一個「真正的」世界共產主義革命；在 1958 年他還裝腔作勢地告訴其高級助手，自己領導的「真正革命」正在超越馬克思和列寧的成就[35]。為此北京還耗費了大量資金和生命，向外輸出其武裝叛亂和游擊隊式革命戰爭的觀念和方法，即所謂的「中國道路」或「中國模式」。這波及到幾乎其所有鄰國，特別是緬甸、馬來西亞和印度尼西亞，甚至遙遠的非洲和拉丁美洲。中華人民共和國在數十年裡花費海量資源，但凡願意給予北京一點象徵性乃至虛假支持的任何外國政治團體或個人（甚至一些由西方情報機構偽裝的共產主義團體），都一律收買，以資助各國的暴力革命[36]。1961 年，毛澤東煞有介事，祕密卻正式地通知他的同僚們，自己要專注於「領導國際共產主義革命」。1962 年，毛的大管家、中華人民共和國總理周恩來，向中共內部宣布「現在馬克思列寧主義的真理和世界革命的中心，都已經從莫斯科移到了北京」。1965 年，毛澤東的副手林彪更公開宣布，中共及中華人民共和國正在帶領全人類，用「人民戰爭」消滅美國主導的資本主義—帝國主義，以邁向共產主義下的永久和平[37]。

北京一意孤行地領導世界革命的努力代價極大，其具體數字至今仍然祕而不宣。已知的是，在中國人民忍受赤貧、饑荒乃至大量餓死的同

時，北京向世界各地多達一百一十個國家提供了大規模且經常是免費的援助[38]。北京這種出於政治考量的對外政策也許對維護中共政權有益，就國家和民族利益來說幾乎是完全失敗的。中國人收穫的是來自各國的、延續至今的不信任、敵意甚至仇恨。中國學者如沈志華發現，儘管中國人耗費了大量而不可思議的金錢和鮮血，並且在與鄰國就邊界分歧談判時，「幾乎每一次」都放棄中國領土以換取外國對北京政權的承認和支持中華人民共和國還是在短短幾年裡，就能極其荒謬地把其為數不多的盟友變成了死敵（如蘇聯、越南、阿爾巴尼亞）或者不可靠的權宜夥伴（如北韓）。這證明了毛澤東對天下一統的追求，對中國人民來說是多麼的徒勞無功[39]。

北京還迅速地破壞了它與新德里的合作夥伴關係，世界上人口最多的兩個大國從此開始了長期的敵對。為了圓其新世界秩序之夢，毛澤東確實帶領著中華人民共和國「反對整個世界」[40]，從而給中國造就了一個持續至今的低下的國際地位和可憎的國際形象。在文革期間的大規模清洗和政治大混亂中，毛澤東為了重新控制權力，再次上演其經典劇碼，製造一個新的外部敵人。1969 年春，中國在黑龍江（阿穆爾河）上挑起與蘇聯的邊界流血衝突，發動了與莫斯科的全面對抗。於是乎，建國不到二十年，中華人民共和國不但深陷與幾乎所有鄰國的敵對和衝突中，還同時與美國和蘇聯直接對抗。這兩個超級大國的任何一個，都完全可以用其極為優越的軍事力量徹底地毀滅中國[41]。

為敵所救而且致富

毛澤東在外交政策上的魯莽決策和荒唐選擇，加上毛那些同樣糟糕透頂的國內政策，二者相互作用下，很快就將中國和中國人民拖入了致命的險境：在外部面臨一個或兩個核超級大國的軍事攻擊，在內部則因管理不善而瀕臨崩潰。此外，他竭力要在新的共產主義共和國中最終建

立傳統的家族王朝，以維護他的權力和歷史地位的做法（但他還沒有一個能幹也深得人心的男性後裔），更進一步削弱和破壞了中共的領導層[42]。當然，說毛的統治是一個荒謬絕倫的失敗，並不意味著毛是個瘋癲的病人，或者他的政策沒有維護他所創立的秦漢式政體。恰恰相反，他的決策對他個人的權力和他雄心勃勃的、建立中華秩序的野心和夢想而言，其實顯得頗為合理甚至還相當精明。只是對於 20 世紀的中華各民族和中國人民來說是極不合理且災難深重。。毛澤東和中共其實是給自己製造了一種「身不由己」的情況，而成為所謂的「歷史代理人」（agent of history），受了魔咒般地做出邪惡且愚蠢的選擇。這也是中華秩序的傳統和理念（tradition and ideation）具有強大影響力的一個有力佐證。無論如何，像兩千多年前短暫的秦帝國一樣，在大躍進的慘敗之後，在以「文化革命」的名義進行權力鬥爭的致命混亂中，中華人民共和國在 1970 年代初期幾乎面臨滅亡。毛的繼承人華國鋒在 1978 年公開承認，中華人民共和國「幾乎瀕臨崩潰」，並在 1970 年代初「面臨死亡」[43]。

　　然而，與過去的秦漢式政體的周期性興衰不同，中華人民共和國的秦漢式政體面臨著一個更大的而且彼此聯繫的廣袤世界。中國在西發里亞體系下經歷了偉大的進步世紀（1840 ～ 1940 年代），即使是狂躁的毛澤東也無法把它拉回 1840 年代之前的狀態。中共更是遠遠無法憑其力量去征服和控制整個已知世界。由西方主導的西發里亞國際關係體系，在 1940 年代阻斷了東京在中國創建一個日本世界秩序的努力，不僅拯救了中國，尤其拯救了中共。該體系又在 1949 年以後挫敗了毛澤東的天下夢想。現在，它則開始挽救毛的新秦漢帝國。西發里亞秩序遵循著力量均勢（balance of power）的邏輯，兩個超級大國之間正在進行的冷戰，促使北京的許多敵人們調整政策，前來幫助毛澤東。於是，就像 1930 年代後期的故事一樣，外部因素和力量再一次拯救了中國共產黨。

從韓戰開始，美國對中華人民共和國採取嚴厲制裁和禁運；後來莫斯科主導的共產陣營也對中共斷絕關係，加以封鎖。它們給中國人民帶來了巨大而持久的痛苦，並影響了中國許多內外政策。但是在西發里亞國際關係體系下，無論是華盛頓還是莫斯科，都不能控制一切，於是中華人民共和國從來就沒有被完全封鎖住。為了自己的利益和追求，作為西發里亞世界秩序下的自然競爭態勢的一部分，英國（基於複雜的香港問題）、法國（藉此挑戰、制衡美國的領導權）、日本（尋求商業利益）一直都為中華人民共和國提供關鍵性的食物、醫藥、技術和關鍵設備、硬通貨，開放海上運輸航道。西方的現實主義政治家們也逐漸改變敵對態度，要嘛是出於人道主義考量（中共畢竟統治著人類總數 20％的人口），要嘛是出於實用目的（中國可能會幫助抗衡蘇聯的挑戰；或者可以幫助抵制華盛頓的專橫）。至於美國，基於實用主義，也在 1950 年代就細微地調整了對華政策[44]。

香港，這個由英國統治的自由港，一直是中華人民共和國在冷戰時期對外聯繫的生命線，為中共統治者們提供了最大份額的外匯、技術和奢侈品，而居功甚偉[45]。戴高樂統治下的法國於 1964 年與北京建立了正式外交關係，成為第一個與中華人民共和國建立大使級外交關係的西方國家。戴高樂並非共產黨之友；法國人希望利用日益明顯的中蘇分裂，加強自己的地位和影響力，卻不一定是要挑戰華盛頓的政策。毛澤東非常渴求這一重大外交突破，他甚至不堅持要巴黎斷絕與台北的外交關係，或者承認中華人民共和國是唯一的中國政府作為建交的先決條件。有意思的是，蔣介石可能出於自己的中華秩序立場，聞訊就毫不妥協地主動斷絕了中華民國與法國的外交關係，以示抗議。蔣後來在 1970 年代初期還拒絕了聯合國關於兩個中國的成員資格安排[46]。1970 年加拿大與中華人民共和國建交後，許多國家紛紛跟進。最重要的是，兩個奉行現實主義的地緣政治大師——尼克森總統和他的國家安全顧問亨利·季辛吉——渴望得到北京的幫助，以脫離越南戰爭的泥潭，並在冷戰中壓

倒蘇聯，雖然他們可能並沒有真正了解過中共和中華人民共和國。他們主持下的美國政府在 1969 至 1970 年間，開始了與中華人民共和國的非正式和解，時值毛澤東深憂即將到來的蘇軍大舉入侵[47]。

中華人民共和國對外關係的新紀元，始於季辛吉（1971 年 7 月）和尼克森（1972 年 2 月）對北京極富戲劇性的訪問[48]。中國於是一百八十度大轉彎，把它的老大哥莫斯科視為其後近二十年裡的頭號死敵。美國再次成為影響中國歷史的、迄今最重要的外部因素。美國與北京成功實現外交和解，很可能有助於美國和蘇聯的關係緩和。美蘇在 1972 年 5 月的峰會上簽訂了劃時代的文件──《美利堅合眾國和蘇維埃社會主義共和國聯盟之間的關係基本原則》。兩個超級大國公開承諾，維護西發里亞國際關係體系的「主權、平等、不干涉內政的原則」，有效地降低了核戰爭和世界大戰的風險，也在實質上阻止了莫斯科主導的共產主義世界暴力革命或北京嚮往的中華秩序世界暴力革命[49]。美國的帶頭和解，以及中共在亞洲、非洲和拉丁美洲新獨立的前殖民地國家裡大力收買的政治支持，共同促成北京在 1971 年 11 月進入聯合國，代替中華民國成為聯合國安全理事會的五大常任理事國之一。據說毛澤東當時頗感驚訝，對這個「意想不到的勝利『完全沒有準備』」[50]。

很大程度上被忽視的是，在西發里亞世界秩序下，國際政治自然充滿了競爭，各強國內部也充滿政治角力，這給中共帶來了巨大的機會和好處。作為一名能幹的馬基維利式（Machiavellian）統治者，毛澤東巧妙地招募和利用了大批同情和仰慕中國的外國人，作為其幫手和代理人，給中共提供政治合法性和亟需的資源，並在西方影響公眾輿論和政府政策。在意識形態、政治理想、社會發展願景各方面天然具有多樣性的西方社會，很難抵擋專制政權精心提供的「機會／門路」（access）、慷慨的物質獎勵和名譽榮耀等誘餌、特意設計的帶有浪漫主義色彩的革命（或民族主義、社會進步、多元文化）等標語口號。許多對專制暴政和社會不公持批評態度的西方智者，也不知不覺地被迷惑（有些人則是

被收買或勒索）[51]。西方社會裡一些重量級人物，也將他們的政治理想、個人願景、自我實現的衝動和人生價值，投射到看來充滿了新奇、活躍、但又顯得恭敬從命的中共及中華人民共和國身上。外國人還常常由於自以為是、居高臨下地想要「援救中國」，而成為專制政權的「國際友人」──據說列寧早就蔑稱他們為「有用的白痴」──在許多重要領域甘當北京的辯士[52]。他們中的許多人應該是沿襲了晚清和民國時期一些來華外國人的傳統心態，真心希望能幫助中國人民。只是這一回他們碰上了實際目的完全不同而又專制能幹的中國政府。於是，事與願違地，他們常常是「被利用」多於「積極作用」，實際上給中國人民幫了許多倒忙。

就以這樣一種頗為諷刺的方式，毛澤東和他的繼任者們渡過了因推進中華秩序而造就的瀕死關口，被他們一直試圖推翻的西發里亞秩序所拯救[53]。作為一個典型的秦漢式帝國統治者，毛澤東個人「完全壟斷了中國的外交政策」，而周恩來則是他熟練的執行助手。毛一貫利用接見來訪外國貴賓的機會，象徵性地展現並鞏固他在國內至高無上的政治合法性。而對於許多中國菁英來說，重新獲得中華民國在 1940 年代中期已經達致的國際大國地位，差不多就是毛澤東時代唯一的執政亮點[54]。中華人民共和國還加入了諸多國際組織。其後，美國於 1979 年在外交上正式承認北京。

西發里亞國際關係制度基於主權平等原則，尊重並維護所有的民族國家，因而極大地保障了中華人民共和國並使之強大。無論它是多麼的次優化乃至惡劣，北京畢竟統治著人類總數的五分之一。而中共也終於在現實面前謙卑起來，不再試圖充當世界領導者或者革命中心。為了生存，中共不得不變換軌道，作出巨大讓步。作為一貫精明的倖存者，毛澤東被迫訴諸「以夷制夷」的老方法，就像他所鄙視的那些晚清統治者們一樣。他實際上在 1960 年代末就已經開始這樣做了。當然毛澤東要在表面上愚弄國內百姓，仍然假裝在進行所謂世界革命戰爭：即使當不上真正的世界領袖，至少也要強撐著面子，當一個既反美又反蘇的「第

三世界」領袖[55]。

　　1980 年代後，北京被迫進一步背棄其意識形態和條約上的盟友莫斯科，並且拋棄其世界各地的所有革命同志們，以換取美國的庇護和西方的食品供應、技術、資本和市場，中共及中華人民共和國得以被拯救，並由此而致富[56]。過去三十多年來，中國的對美貿易蓬勃發展，造成巨大貿易盈餘：美國與中國的商品貿易逆差 1986 年為 16 億美元（占兩國外貿總額的 21％），躍升至 2002 年的 1030 億美元（占兩國外貿總額的 69％），2014 年的 3440 億美元（占兩國外貿總額的 58％），為美國每年對外貿易赤字總量的 50％至 80％，通常大於中國對外貿易順差的總額[57]。也就是說，如果沒有來自美國的巨額現金流入，整個中國外貿就要處於赤字狀態。這一直是支持中國經濟發展、使中華人民共和國政府致富的主要資金來源。

對外開放與韜光養晦

　　後毛澤東時代的中共，在較為務實、較少帝王意氣、也不那麼雄心勃勃的鄧小平的主導下，放棄了毛澤東發動世界革命的裝腔作勢和所謂的「三個世界」理論，以及擔任第三世界領袖的企圖。這時期的中共似乎滿足於統治五分之一的人類，和中國作為一個大陸型國家的存在。1978 年以後的中國外交政策，總體名稱是「開放」。北京明智地抓住西發里亞世界秩序所提供的機會，回到了 19 世紀末清帝國的外交政策，亦即本書第五章所描述的「以夷制夷」和「自強運動」。如同中共及中華人民共和國的許多其他方面一樣，這個被許多人譽為創新的開放政策，基本上只是對晚清和中華民國時期觀念和政策的回收再用；不過這次有個更加集權、更加強化、廣泛壟斷的國家機器，以重商主義主導，推動出口導向型經濟的增長，即學者蔡欣怡和黃亞生稱之為「沒有民主的資本主義」或「有中國特色的資本主義」的發展模式[58]。近四十年來，

中國通過模仿外國、外貿和引進外資，大大地促進了經濟和軍事力量的現代化[59]。作為與國際資本家們的一個巨大交換，中國向外國投資者、發明家（技術所有者）和消費者提供了廉價勞動力、極低的環境保護成本，以及種種財稅補貼[60]。作為回報，北京獲得了經濟的快速增長和世界最大的外匯儲備。中國就像西發里亞國際關係體系下一個典型的主權國家一樣，為了自己獲得力量和財富而積極競爭。

但是，迄今為止這些因素，都沒有改變中共及中華人民共和國作為一個秦漢式政體的政治本質。毛澤東遺留下來的一黨制威權主義專制統治，在鄧小平及其繼承人的所謂「四項基本原則」（堅持中國共產黨的領導，堅持社會主義道路，堅持無產階級專政，堅持馬列主義毛澤東思想）的旗幟下依然完整執行[61]。鄧小平要求「黨的基本路線」要堅定不移地「堅持一百年」，直到 21 世紀中期，中共要在中國成功地建成「發達的社會主義」，達到一個中等發達國家的力量和財富水平。鄧的繼承人江澤民、胡錦濤和習近平都不斷地重申了這個戰略規劃[62]。就政治變化而言，一位中國政治學者甚至認為，中華人民共和國其實還只是處在「極權主義政治的後期階段，還沒有真正進化到威權主義政治」[63]。

儘管如此，外部世界也還是接受了中華人民共和國。尤其是西方國家，向北京提供了熱情而廣泛的支持和援助，試圖在冷戰中使中國成為可以對付蘇聯的一支強大反制力量。1989 年 6 月北京血腥鎮壓天安門運動的驚人之舉，也只造成了西方援助和支持中國政策的暫停而已，雖然這事件一直令中共恐懼萬分。為了結束冷戰和需要中國（作為聯合國安理會常任理事國之一）投票支持華盛頓期冀的「新世界秩序」，即使中華人民共和國沒有放棄其舊有政治體系，它也很快就被重新允許進入世界市場。不過北京確實進一步收縮了原先企圖發動全球革命的野心，並作出若干讓步以滿足西方的要求，包括在 1999 年做出一系列重大承諾以加入世界貿易組織（WTO），從而繞過了美國政府關於中美貿易所附加的政治條件[64]。北京似乎完全停止了關於世界革命的所有姿態和

言論，並刻意地把其戰略意圖和目標都隱藏起來，機巧地實行低調外交路線。1989 年 9 月，鄧小平就做出了著名的「韜光養晦」指令：「韜光養晦、善於守拙、絕不當頭、有所作為、保存自己、徐圖發展」[65]。北京成功地掩飾了它與西方在政治和意識形態方面的巨大分歧，悄然而穩步地在國際上開展其地緣政治和權力遊戲。通過對外國商界非常小心、有高度選擇性的進一步開放，北京表現出與現存國際秩序合作的更大力度。中華人民共和國集中精力去「和諧」地參與國際競爭，追求重商主義自強自富之目的[66]。

1990 年代初蘇聯崩潰、冷戰結束之後，西方迅速地用另一套很快就廣為流傳的信念，支持繼續與北京的廣泛合作，即美國學者托馬斯·曼（Thomas Mann）所描述和抨擊的「中國幻象」（China fantasy）[67]。該信念一廂情願且自作多情地認為，通過日益密切和更廣泛的貿易與交流，中國將不可避免地改變甚至放棄其社會政治制度；這是因為中國的改革派將會具有更大的可信性和影響力，而中國人民也會在現存國際秩序裡獲得越來越多的既得利益。北京會由此變得更加和平，更融入現有的世界秩序體系，成為一個令人期待的「負責任的利益相關者」（responsible stakeholder），從而共同維護對中國人民有利的現存世界秩序[68]。北京的國家資本主義和不擇手段致富的重商主義，雖然在中國造成了巨大的人權赤字和環境赤字，但也確實提供了一個巨大的黃金機會，誘使貪婪的西方資本家蜂擁而至。於是，國際關係裡出現一大奇觀：資本主義西方與頑固的、掛著共產主義旗號的威權主義中國之間，竟然展開了蓬勃爆發的經濟技術交流與合作[69]。到 2000 至 2001 年，當美國開始質疑這一信念的邏輯，並公開將中國視為其強力競爭對手之際，中共又如劉仲敬所感嘆的，及時地「被賓·拉登所拯救」[70]。賓·拉登（Bin Laden）這個國際關係裡其實並不罕見的異數力量適時出現——2001 年的「9·11」事件，以及美國的全球反恐戰爭，都大大改善了北京的國際環境。以美國為首的西方國家，再次在反恐旗號下與中華人民共和國

組成了機會主義的合作關係，並延續至今。

中國夢：中華復興與全球治理

　　北京在 1970 年代初的一百八十度外交政策大轉向，時常被列為是冷戰時期最重大的國際關係變遷之一，還成為大量書籍甚至歌劇的主題[71]。對於試圖揣測崛起的中國力量之本質與未來的學人們來說，仍然有兩大問題亟待回答：中國是否已經變得像其他國家一樣，在西發里亞國際關係體系裡，通過均勢（balance of power）外交政策和自強的努力來最大化其安全和利益？中華人民共和國是否已經放棄了建立中華世界秩序的革命性目標和修正主義外交政策？

　　鑑於本書的分析，中華人民共和國的秦漢式政體只要還沒有實現中華秩序，就不可避免地感到不滿意和不安全。它只能要嘛透過擴張、征服或轉化，以統治整個已知世界，要嘛竭力否認並忽視它無法統治的外部世界，或者把外部世界與中國人民盡量分隔。中國過去三十多年社會經濟發展的驚人紀錄，已經表明毛（澤東）派為中華秩序所做的世界革命努力是個巨大失敗。但是中共的政治制度依然頑固地拒絕改變。中共及中華人民共和國關於其政權生存和安全的核心利益，從 1949 年以來也確實是始終如一。因此，邏輯上可預測的是，崛起的中國力量將繼續在天下和西發里亞之間博弈掙扎不已，極大的可能是要重啟和繼續，乃至加速其追求中華秩序的歷史使命。

　　自從中共四十多年前為了生存而做出重大的戰略讓步以來，北京一直都在勉為其難地維持著其繼續世界革命的一套說辭，當然在不同的時期有不同的名稱：從 1960 至 1970 年代反帝國主義（美國和西方）的同時，也與社會帝國主義（蘇聯）作鬥爭，到 1970 至 1980 年代與西方聯合「首先打敗」蘇聯社會帝國主義，到 1970 年代後支持和領導第三世界各國，反對第一世界（主要是美國和蘇聯），並夢想領導一個反霸權

主義的「國際統一戰線」，再到1989年尤其是1990年代冷戰結束以來，為爭取一個新的更公平的世界秩序的「獨立」外交，以及故意低調的韜光養晦，再到2010年代竭力推廣所謂的「中國發展模式」和「亞洲精神」，並呼籲亞洲人自行管理亞洲事務[72]。這些口號、說辭及其相關的姿態動作，可能不過是些連毛澤東都曾自嘲過的，所謂「放空炮」的宣傳，為了保住北京的面子和實行國內控制的需要：即以一些似是而非的，空洞而宏偉的願景和意識形態，為中共的無限期一黨威權統治作辯護。但它們更明確反映了中共必須追求中華秩序的世界革命的繼續，無論這一追求是如何地被精心掩藏，又是如何的與共產主義意識形態毫無關係；也不管中共為此已經遭受過大規模的、尷尬而反覆的挫折和失敗。也就是說，儘管在國際上做過許多令人眼花繚亂的變化、轉向和背棄，中共統治者從未放棄他們對中華秩序這最終理想的不懈追求。中共沒有超越也沒有揚棄其秦漢式政體；而其威權主義政體的本質和內在邏輯，注定了中共必然要為中華秩序而持續謀劃。

1990年代中期以來，中共為中華秩序而奮鬥的當前版本是爭取「中華民族／中華文明的偉大復興」。1997年，中共確定其目標為在中共領導下至少奮鬥一百年，甚至幾十代人的漫長時間，「在社會主義基礎上實現中華民族的偉大復興」。這個宏偉的目標先後在2007年和2012年得到再確認和再闡發[73]。習近平在2013年，引用鄧小平關於「鞏固和發展社會主義制度需要幾代人，十幾代人甚至幾十代人堅持不懈的努力奮鬥」的指示，總結說：中共要維持其一黨統治幾十代人的時間，才能實現其復興中華之偉業。也就是說，中共要永遠統治下去、至少也要與整部中華世界史一樣漫長，因為從孔子到今天的歷史也才只有七十幾代人的時間[74]。一個宏大無比的中國夢也就由此被提出，描述了一個無止境的使命：復興中國曾有過的權力和榮耀。更進一步的是，中共中央政治局在2015年末的會議上，專門討論了如何「推動一個更加公正合理的全球治理體系」，從而「實現中華民族偉大復興的中國夢」。更具

體地說，中國夢似乎就是「應對全球性挑戰，為（更公平更合理的）世界秩序和國際關係體系設定方向並制定規則……以建設一個人類命運共同體」[75]。中共的這個最新戰略願景，聽起來就像是半個多世紀前毛澤東要更好地「把地球管起來」之願景的迴聲[76]。

這些年來，中共及中華人民共和國的整個宣傳機器都已經被動員起來，開足馬力闡述和推銷中國夢。中華人民共和國的學者們提出了各種理論解釋、辯護和推廣中國夢。有人提出了「不同於」且「優於」當前「美國主義」的世界秩序——即摻和了一些道家理念的、以儒化法家觀念為基礎的華夏（或中原／中土）主義世界秩序。學者如趙汀陽直接推廣中國固有的「天下主義」，作為指導新崛起的中國力量的戰略，宣稱這天下世界觀是「完全不同於」當前主導的西方民族國家世界觀，並與之針鋒相對。「天下」被描繪成一個單一的社會政治制度、思想體系、價值觀和行為規範，強調整個世界的同一性、全面性、統一性、集中性和整體性，確保秩序、和諧以及「世界利益」和「世界權利」的最大化，而非關注那些必然充滿分歧和衝突的個人、團體、單位、民族國家的權利與利益。這種天下主義被譽為建立一個新的、更好的、更和諧的、更合理的世界秩序的先決條件。它將使「（我們）可以邁步向前，管理整個世界」[77]——也就是說，在全世界恢復中華秩序。

中華人民共和國的一些「新儒家」學者如蔣慶，則鼓吹一個夢幻般優越的仁慈天子之「王道」，作為「中國治理方式」在中國和全世界推廣，從而改造和取代西方治理方式和民主秩序——那種基於社會契約、法治和個人權利等「低劣」原則的秩序是「不道德」的。兩千多年前孔子編撰的《春秋》，則被譽為人類所有政治活動的「大憲章」和「永恆法則」。一些激進的新儒家更呼籲要用天下一統的「中國普世價值」，取代基於自由民主的「西方普世價值」。留美回國的國際關係學者閻學通建構了基於中國古代的「仁、義、禮」等智慧的一種「道義現實主義」國際關係理論，去超越西方的「自由、平等、民主」價值觀，從而建設

一個「公平、正義、文明的世界」。這個中國理論據說優於影響深遠的現實主義國際政治理論，它將「德威並重」地引導中國以「更積極」的外交政策，獲得「更多的成就」[78]。

一些中國歷史學者也重新審視了基於「朝貢制度」的中華帝國世界秩序，論述了東亞歷史上的「中國霸權」。至於所謂「老左派」和「新左派」的民粹主義者們，現在也都以復興中華文明為己任，強調帝制時代的中華中心觀和獨特的中華「核心價值」，公開倡導、支持中共黨國不受限制的主權和權力。留美回國的外交政策研究者秦亞青，則把復興的天下思想譽為針對西發里亞世界秩序的有力批判，和正當、合理而優越的替代理念。其他人則主張，在重新引用天下觀念的同時，還要更加強調漢民族主義，並積極地為秦漢天下制度的既往實踐做辯護。一些中國學者乾脆宣布：現在是時候了，中國理應成為命中注定的世界領袖，把世界作為一個整體加以重新改造，中國夢就是世界夢，因為美國已經衰落，而中華人民共和國已經擁有君臨天下之天命[79]。

作為權威聲音，中華人民共和國國家主席習近平 2013 年上任以來多次正式宣布：「中國夢的最大公約數就是中華民族偉大復興。中國有堅定的道路自信，理論自信，制度自信，其本質是建立在五千多年文明傳承基礎上的文化自信」。今天的中國已經前所未有地走近世界舞台的中心，前所未有地接近實現中華民族偉大復興的夢想。中國要「通過實現中國夢，同各國人民一道，攜手同圓世界夢」，亦即打造一個人類命運共同體。以「天下大同」為特色，並要納入「美國夢、歐洲夢、非洲夢、亞太夢、拉美夢」。由此，世界正在經歷「四百年來未有之大變局」。習近平在 2017 年的《新年賀詞》中如是說：「中國人歷來主張『世界大同，天下一家』……我真誠希望，國際社會攜起手來，秉持人類命運共同體的理念，把我們這個星球建設得更加和平，更加繁榮。[80]」這一番宣言與毛澤東當年的「世界人民大團結」和「把地球管起來」的口號頗有異曲同工之處，亦即要在一個新的更大規模基礎上復興中華秩序，

以極為誘人的方式，對存在了四個多世紀的西發里亞國際關係體系提出根本性挑戰。

在中國重新普及和流行起來的具有各種名號的中華秩序觀念，意味著中國「與西方不可避免的文明衝突」即將到來，就像解放軍將領劉亞洲在他的《西部論》裡所描述的那樣。劉的「西進」地理戰略藍圖，建議中國應該努力先奪取歐亞大陸這個「世界島」，然後與「美利堅帝國」就世界權力而戰；如果需要的話，甚至還可以進口西方的民主制度作為有效工具。一部名為《狼圖騰》的暢銷書，則大肆美化種族與民族之間的衝突和對抗，極端崇拜殘酷暴力和狼群式捕獵者之野性精神，並將這些精神作為復興漢、唐、元、清諸世界帝國榮光及改造世界的方法。留美回國的學者潘維等人理直氣壯地鼓吹運用秦漢法家的治國手段，在世界上加強中華人民共和國的權力[81]。還有人明確寫道：中國應該重複秦帝國的成功，「以中國之道和中國之法，建立一個新的乾淨世界」，進而拯救整個人類，因為中國之道是優越而不可戰勝的「天道」，而對應的西方之道不過是災難性和不可取的「人道」而已。中國要為 21 世紀的世界新戰國時代做準備，並擊敗其他各國的呼籲也已經隨之出現[82]。

與中華秩序相關的倫理道德、價值觀、行為規範，也在中華人民共和國顯著復甦：當今中國往往被描繪成正處於一場生死攸關的大搏鬥中，就像過去那些為了天下一統，而非贏即輸的拼搏一樣。於是，為了得勝而不擇手段地採用各種戰略戰術，也就都沒什麼合適不合適了。暢銷書《超限戰》及其大量模仿者，就在竭力提倡無限制和不對稱地使用武力，包括使用恐怖主義在內的一切手段，贏得中國勢將要打的總體戰。解放軍高級軍官劉明復的《中國夢》一書，則公開呼籲中國要勇於取代美國，成為世界頭號軍事力量，擔當一個「更好的」的世界領袖。海外學者發表的一項研究表明，這「共識」早於 2013 年就已經在北京出現，即把美國視為中國最大的終極敵人。雖然任何一項認真的研究都會表明，美國最多也只對中共的秦漢式政體構成政治威脅，卻顯然與中

國人民的國家和民族利益沒有任何重大衝突[83]。

建立中華秩序的國家主義中國夢，勢將給中國人民和整個世界都帶來一個大躍退。正如本書試圖表明的那樣，中華文明真正的「最好時期」，是中華秩序要嘛衰弱、要嘛根本不存在的時期，而不是目前在中華人民共和國裡被錯誤而無知地、或虛偽而別有用心地美化與崇拜的那些秦漢式世界帝國。中國以及包括中共統治菁英在內的中國人民，在過去三十多年裡回歸到這些「最好時期」之一，即晚清和中華民國時期的發展軌道上，並由此獲得了巨大的成就。投入巨資大力推動的「中華民族偉大復興」運動，即重建一個秦、漢、唐、元或清帝國，不過是要在全世界復辟以秦漢式政體為基礎的中華秩序世界帝國。日益富強的中華人民共和國，依然沒有其秦漢式政權必需的中華秩序，但似乎已經重新拾起了毛澤東方案，解決它與西發里亞世界秩序之間那固有的系統性衝突：中共不打算在政治與意識形態上改變自身以適應世界，而是決定遵循「天命」，用武力和詭計去利用、破壞現存國際秩序，藉以獲得更多權力，然後重新安排掌控其國際環境，最終按自己的意願重塑整個世界秩序。如果說極端民族主義情緒，曾經主導了法西斯主義運動在 20 世紀的德國和義大利占了上風，並建立起極權主義政治秩序，那麼，被僭用的漢族民族主義，也可以同樣地在 21 世紀把中共的中華秩序運動推向同一個結局[84]。

建立中華秩序的天命（Mandate of Heaven）、民命（Mandate of the People）或者時代使命（Mandate of the Era），現在似乎即將引導崛起的中國力量。僭用儒學之名，中華人民共和國到 2016 年已經在 125 個國家設立了 500 家孔子學院（僅在美國就有 109 個），以實現其「走出去」和「大外宣」的戰略目的。北京日益活躍地在非洲、東海和南海等地積極擴張權力，旨在成為「海上強國」[85]。中華人民共和國的領袖們巡訪世界各地並大筆撒錢，以促進其外交部長描述的「升級」外交和中國富有遠見的「全球治理觀」，為「新型大國關係」和「更多的中國聲音」，

以及「新東亞秩序」和全球性的「人類命運共同體」而努力[86]。伴隨「一帶一路」這跨國投資基建項目的宏偉計劃付諸實行，龐大的亞洲基礎設施投資銀行（AIIB）和金磚銀行（BRICKS Bank）也隨之誕生——中國下起了為「國際經濟新秩序」制定規則的「一盤大棋」，其強烈動機就是對抗乃至取代由美國領導的現存國際金融和貿易制度。為此，北京在三年內就承諾要花費 1.41 兆美元，以今日美元計算是馬歇爾計劃總預算的十倍以上[87]。

　　國際社會應該關注並了解中國夢：中華秩序的復興將把全世界置於一個中央集權政府之下，一個（但願是仁慈的）獨裁者而非法治制度之下。中國夢裝腔作勢地要把 19 世紀以前中華世界的長期停滯和專制主義，重新包裝，作為中國針對現存西發里亞體系而提出的替代方案。有些外國學者們已經看到，當前中國政府的治理和政治願景被讚譽為和諧而優越的中國夢，從而加強了「中國的軟實力，可以作為世界政治裡一個有效的普世模式的源頭」。它激化了關於文明衝突的國際大辯論，提出「一個新的國際霸權，把中華帝制的層級統治制度更新為 21 世紀的世界秩序」。北京的新國際努力儘管被勾畫為一種所謂的「另類現代性」（alternative modernities），但其實不過是另一種形式的帝國主義而已[88]。

　　然而，與毛澤東時代不同的是，中華人民共和國內部出現了批評和反對「中華復興」聲音。儘管中國夢頗受許多中國菁英的青睞，但一些中國學者已經認為，中華秩序不過是「一個有趣也許是過於美麗的烏托邦」。日益受到壓制但仍然活躍的中國自由主義思想家們，已經開始公開地拋棄中華秩序觀念，並警告說，中華人民共和國的國家主義，不過是渴望重建中華秩序的一種秦漢式威權政體的變異，作為一種民粹，只會像納粹國家主義的德國和軍國國家主義的日本那樣，把中國和中國人民都帶入深重災難[89]。

1　B. Zhang 2002, 4-19；Westad 2012。

2　Christensen 2015, 288-89。

3　Mao 1958/1992, 648。該標語在 1950 年取代了使用了一年的「中央人民政府萬歲」。另一個口號「中華人民共和國萬歲」，則一直保持。

4　N. Wang 1988, 2-4。

5　J. Li 2009；Y. Wang 2013。

6　X. Yan 2006。他於 2014 年春對筆者重申了這個觀點。J. Wang 2015。

7　Richardson 2010；Garver 2016, xii；Shambaugh 2013, 56。

8　K. Fang 2014 & 2015。

9　關於中華人民共和國的僭用和濫用民族主義口號，見 Unger 1996。

10　De Mesquita and Siverson 1995, 841-55；De Mesquita 1999, 791-807。

11　Orwell, 1949, 121-22, 113。

12　Mao 1949, 1472-73；Editors 1998；Scott 2007, 20-40。

13　K. Yang 2009, V2, 66-77；Shen and Li 2011。

14　Editors 1998, 12；Q. Hu 2003, 328-29。《人民日報》，1977 年 12 月 20 日。

15　Hooper 1986；Y. Xie 2006；Ran 2014。

16　Whiting 1960；Z. Shen 1995, 2003 & 2013；J.Chen 1996；Hwang 2010。

17　G. Cheng 2013；Chang and Halliday 2006, 372；L. Zhang 2013。中國學人的批判性著述有 Z. Xin 2010；Y. Mao 2013；W. Qian 2001；Z. Wu 2013。

18　Liu Jinfeng 2013。筆者 2002-4 和 2010 年與中國史學家和分析家的訪談。

19　F.He 2014。

20　Shen and Yang 2000；Editors 2002；K.Yang 2009, V2, 144-78；Zhai 2000。

21　Christensen 1996；J. Chen 2000。

22　K. Yang 2009, V2, 174-215 和 2011, 208-38。

23　Q. Hu 2003；K.Yang 2006, 31-34；Goncharov 1995；Z. Shen 2013；Mao 1953, 1。

24　Chang and Halliday 2006, 331-84, 397-408, 450-60；Z. Xin 2009, 24, 97-110, 131-36；L. Qian 2012, V1, 335；Pantsov and Levine 2012, 413-48。

25　M. Yan 2015；Z. Liu 3-14-2015；Jersild 2013；R. Li Witness Account 1999, V2, 526-27；R. Wang 2002, 126-28。

26　K. Yang 2006, 52, 118-20；Hwang 2006。

27　Mao <1959> 1993, 524；R. Li Witness Account 1999 V2, 99；Qi 2013。

28　Mao 1966, 1。

29　Y. Zhang 2007, 8；K. Yang 2009, V2, 186-94。

30　Mao 1956, 294；《人民日報》1958 年 1 月 1 日。R. LiWitness Account 1999, V2, 127, 166, 202-4；Mao 1958, 368。

31　T. Jiang 2014；Peng 2013；J. Xu 2014。

32　S. Zhang 2005, ch. 6&10；D. Wang 2012；Ransom & McNeil 2012；Li & Lu 2015。

33 Z.Zhang 2009；R. Li Witness Account 1999, V1, 390；Shen 2013-A, ch. 9。

34 Y. Cheng 2015；Rosewell 2012；Z. Shen 2013。

35 Lüthi 2008；Radchenko 2010；R. Li Witness Account 1999, V1, 323。

36 Z. Xu 2000；K. Yang 2011, 48-49；Z. Shen 2013；K. Yang 2009, V2, 252-61。

37 L. Qian 2012, V1, 335；K. Yang 2009, V2, 236；Lin 1965, 1。

38 部分數字可參閱 Tencent Review 2015.

39 Z. Shen 2013 & 2014, 22-32；H. Wang 2008；Perlez 2014, A6。

40 Scott 2007, 41。

41 D. Li 1993；Y. Xu 2006；K. Yang 2009, V2, 216-319。

42 一些中國學者認為，毛「不得不付出一切代價」，試圖將他的權位最終交給其極不稱職也不受歡迎的妻子，或者同樣無能和缺乏經驗的侄子，甚至還有他的情婦，因為毛的兩個兄弟都先他而去，而他精心培養的唯一健康的兒子毛岸英，則在 1950 年於韓戰中被美軍的凝固汽油彈炸死（Z. Xin 2009 & 2014 L. Wu 2006；Teng 2014）。

43 Hua 1978。

44 S. Zhang 2002；Mitcham 2005；Tucker 2012。

45 Schenk 2001；Dodsworth and Mihaljek 1997。

46 PRC Foreign Ministry 1964；B. Yao 2013；Y. Wang 1990, 128, 54-55。

47 Waldron 2015；K. Yang 2009, V2, 283-95；Ehrlichman 1986；Walker 2012；Griffin 2014；Lüthi 2012, 378-97。

48 Burr 2002；Nixon 1978；Kissinger 1979。

49 Nixon 1972, in Peters and Woolley 2014。

50 Xiong 1999, 336。作為西發里亞體系之力量的一個例證，對北京滿懷敵意的蘇聯集團的十幾票仍然都支持了北京（《聯合國第 2758 號決議》，10-25-1971）。

51 P. Xu 2012；Pantsov 和 Levine 2012。關於一些眾所周知的此類案例，見 Taylor 1990。關於那些在中共操弄的宣傳現場發現受騙，幻想隨之破滅但還是保持了對北京的同情和沉默的西方人物，參見 Barthes 2012。

52 Safire 1987。與中國有關的此類「白痴」，可見 BBC 2010 和 Mirsky 2010。關於 20 世紀去「莫斯科、北京和哈瓦那的政治朝聖者」之歷史，參見 Hollander 1981。有關一些法國知名知識分子和中華人民共和國的交往，參閱 Wolin 2010。

53 Z. Liu 3-14-2015。

54 Z. Xin 2009, 407-08；Q. Li 2013, 97。

55 有趣的是，毛的辯士們至今仍然用他為了政權的生存，而終於向西方低頭的開放政策證明他的智慧和成就（L. Deng 2004；S. Yan 2015）。毛和中共一直竭力去隱瞞、曲解其外交上失敗和自我否定的尷尬局面。中國史學家如楊奎松對官方的歪曲已經展開謹慎但甚富啟發的更正性探討，見 K. Yang 2009, V2, 252-319。

56 Y. Chen, 2015。從 1970 年代末到 1989 年，美國大量地將空中交通管制和許多雙重用途技術送到中國，從而「完全升級了他們的各個系統」，見筆者 2000 年與涉及此項目的五角大樓和雷神（Raytheon）公司官員之訪談。

57 census.gov/foreign-trade/balance/c5700.html；zhs.mofcom.gov.cn/tongji.shtm，2015

年 5 月 5 日訪問。

58　Pantsov and Levine 2015, 377-94；Tsai 2006；Y. Huang 2008。

59　Moore 2002；Naughton 2006；Pettis 2013。

60　關於中國吸引外資的隱性成本，見 Q. Cai June 2006。

61　鄧在 1979 年首次提出（Deng 1983, V2, 158-84）。後來這四條被寫入中共黨章作為「黨的基本路線」（CCP Central 2007 和 2012）。

62　Deng 1993, V2, 370-71；J. Hu 2008,4；Xi 2013。

63　F. Li 2013。

64　Niu 2010, 304-14。關於中共新的內部「生存戰略」，見 Dickson 2016。

65　Leng2004, V2, 1346；Z. Jiang 2006, 202。

66　T.Liu, 2014, 556-74。

67　Mann 2007 and 2016。

68　Zoelick 2005；U.S. Congress 2006。關於反對觀點，參閱 Patrick 2010。

69　北京一直巧妙地利用了這一點，使用各種措施甚至是赤裸裸的賄賂招募外國商人、投資者和各種「人才」（筆者在中國的多年訪談；Freeland 2011；Stoll 2012)。

70　Bush 2015；Z. Liu 3-14-2015。

71　MacMillan 2008；Tudda 2012；Adams 2013。

72　Xiong 1999, 349-54；K. Yang 2009, V2, 297-319；Y. Xie 2009；Niu2010, 196-258, 304-08；J. Hu 2011；Editorial Board 2011；Xi 5-20-2014。

73　Z. Jiang 1997；J. Hu 2007 and 2012。

74　習近平在中共中央會議中的講話（CCP Central Document 2014）。

75　CCP Central Document 2013；Xinhua 10-13-2015, 1；H. Yu 2016。

76　Qi 2013；R. Li Witness Account 1999, V2, 99。

77　Ye and Long 2013；T. Zhao 2005, i-25, 123-24。

78　Q. Jiang 2003；Zeng and Guo 2013；X. Yan 2015。

79　F. Zhang 2009 和 2015；L. Xue 2011；L. Chen 2015；Y. Qin 2007；Z. Li 2002；Ni 2013,2；Cheng and Wang 2015。

80　S. Du 2016, 1；Xinhua 12-31-2016。

81　Y.Liu 2010；R. Jiang 2004, 378-401；W. Pan 2003。

82　Qu 2008 和 2010；J. Wang 2004。

83　Liu and Ren 2014；F. Wang2016。

84　Drucker 1939。

85　Hanban.edu.cn/confuciousinstitutes/node_10961.htm，1-3-2016。Wang and Elliot 2014；Johnson and Luce 2015；AFP 11-8-2015。

86　Y. Wang 2015。

87　Yuan Chen 2015；Nie 2015；F. Wang 2015b, 46-47；Pang 2016；Shambaugh 2015。

88　F. Wang, 2006；Callahan 2008, 749-61；Dirlik, 2012。

89　S. Zhang 2006；F. Zhang 2010, 112；J. Xu 2011；Lai 2016。

可能的未來

復辟一個秦漢式政體以統治偉大的中國人民，並非易事。如此行事卻又沒有一個必備的中華世界秩序，就愈加艱難。而面對既無法否認、忽視，又比自己更為強大的眾多外國競爭對手，則更是一個殘酷無情的現實。如本書所分析的，與過去的秦漢式政體的多次復辟有所不同，中共及中華人民共和國還面臨另外兩個問題：首先，中共的專制統治一直是一個尷尬的、非世襲王朝的帝國。壟斷著中國所有權力的，是被中國學者楊繼繩稱為「集體世襲制」之下的一個統治家族群體（即所謂的太子黨或紅二代），而非一個以血緣世襲的皇帝[1]。從柏拉圖和亞里斯多德到約翰・洛克，經典作家們早已把這樣一種非血緣世襲的專制或貴族寡頭政治歸類為一種最糟糕的政府類型[2]。據中國學者吳稼祥估計，這種集體世襲制度的權力繼承，穩定度最低，也很不理性[3]，還惡化了秦漢式政體固有的次優化統治記錄。其次，民命（Mandate of the People）、國家使命（Mandate of the Nation）或黨的使命（Mandate of the Party）的觀念，一直是今天中共及中華人民共和國拼湊起來的官方意識形態的內核。最高領袖習近平最近還向其高級官員們重申了這一使命：「天在看（你做什麼），我們的天就是（中共）黨和人民。」[4]然而，這個新儒化法家國家主義的觀念基礎，比起傳統秦漢式政體的天命（Mandate of Heaven）觀念，必然地更不穩定：無論怎樣被壓迫和受哄

騙，人民並不是抽象的天，他們不可避免地要追求各自多樣的、不斷變化、也不斷增長的權利，並為之而奮鬥。無限期地僭用人民的名義，於是就成為一場極為艱難的鬥爭，除非實行真正的民主；但民主制度更會拋棄統治者們所珍視的秦漢式政體本身。無窮盡的收買民粹力量、無休止的恐嚇與欺騙、水漲船高的暴力維穩，既昂貴又低效，還常常會起到反效果。

具諷刺意味地，中華人民共和國渴望重新控制世界，力求恢復中華秩序這個目標，在西方領導的後冷戰時代世界秩序下，卻獲得兩大關鍵性優勢：其一，西方主流的價值觀與行為規範是人類的生命和平等，這使占人類總數五分之一、被中共嚴格控制和牧養的十三億中國人口本身，成為一個巨大的力量來源。北京通過肆無忌憚的赤字花費，消耗中國人民的生命和人權，因而變得不成比例的強大和具有競爭力。其二，北京得益於其越來越通暢的、單方面獲取外國的市場、資源特別是技術的渠道。這使得一個既低效率也少創新的國家，能夠迅速地強盛。就這樣，這個飽受低劣政治治理之困擾的次優化巨人，還是能夠崛起，在國際關係裡獲得強勁而可怕的競爭力。

因此，儘管其明顯的次優化統治和反覆多次的失敗，給中國人民帶來巨大的悲劇和痛苦，中共及中華人民共和國在維護和加強其秦漢式政體方面頗有成就。它也越來越多地影響世界，最終要重建其注定需要的中華秩序。一些大漢族主義中共支持者們，於是在 2016 年宣布「世界的、和平的中國世紀已經到來」[5]。那麼未來究竟如何呢？基於本書關於中國力量本質的分析，人們可以看到中華人民共和國及其國力崛起前景的三種可能性未來：

首先，中華人民共和國可能在政治上和意識形態上進一步演變，成為一個更開放、更自由的秦漢政體，一個類似於 10 至 13 世紀的宋帝國那樣的，軟性而開明的威權主義（如果還未變成一個有效的自由民主與法治國家的話），從而在西發里亞世界秩序下繁榮、強盛且長治久安。

為此，北京將要重新解讀歷史，重新確定其世界觀，重新調整其戰略；通過體制上、國際上和意識形態上的充分保障，克制甚至放棄其天下世界帝國的理想。作為後冷戰時代國際社會的一個成員，遵守該社會的普世規範和價值觀，中國可以良性有效地參與國際競爭的遊戲，並舒適地成為一個大國、強國或者一個新的超級大國，將世界霸主地位作為其奮鬥目標，甚至可以取代美國作為新的世界領袖，但不再渴求一個中華秩序式的世界政治統一。

其次，中華人民共和國可能回到毛澤東的革命政權模式，乃至更甚，成為一個硬化的威權主義、極權主義和軍國主義的政權，通過謀求重新安排世界而求得生存。中華秩序的意識形態將繼續復甦並主宰中國，儘管已經智慧地偽裝為漢族民族主義和復興中華文明的中國夢。毛澤東當年走過這條路，並遭致慘敗。但是那些使中華人民共和國致富和崛起的新財富與新技術，為北京提供了新的信心和資源、更多的實力，它有可能以更聰明的詭計再試一次。應對全球氣候變化、處理國際恐怖主義、日益高漲的全球化浪潮，這些緊迫的全球性議題可能是提高北京成功機率的強大動力。假以時日，中華人民共和國的中華秩序或許會出人意料地統一整個地球，儘管它今天看起來還是如此的不可能，就像二十四個世紀以前秦國統一中華世界和七十年前中共奪取中國的故事一樣。

第三，中華人民共和國可能會被兩股力量所撕裂：一邊是中共秦漢式統治者們追求中華秩序的本能慾望和不懈企圖，另一邊是不斷變化的中國人口構成、經濟現實，以及日益西化且與國際社會息息相聯的中國新文化和新意識形態。伴隨著巨大的國內外壓力——政策的連連失敗和不斷湧現的新問題，外部衝突乃至戰爭將不可避免地發生或被有意發動，並導致中國國內的政治混亂甚至內戰。中原政權最終可能會失去某些中華世界的邊緣區域，中共及中華人民共和國因此崩潰。無論是以和平的還是暴力的方式，其結局可能會帶來中華民族國家的鳳凰涅槃（如

同二戰後的德國和日本）；或者促使一個擁有大規模殺傷性武器的失敗國家出現。

　　還有第四種可能的未來，不過大概只是過渡性的情況：中華人民共和國可能回頭延續其在 2008 至 2012 年之前的已經持續三十年的做法，繼續隱瞞其中華秩序的戰略選擇，韜光養晦，不再大力抵制、攻擊和取代美國並重新安排世界秩序[6]，而是務實和有選擇地遵循西發里亞體系和西方的領導，在抵制國內社會政治和意識形態變革的同時，也壓制其菁英們對領導世界的渴求，小心謹慎，投機取巧，繼續發展致富。中共的秦漢式政體雖然沒有中華秩序也能繼續存在一個相當長的時間，但同時也要忍受這一選擇必然伴隨的種種「屈辱」、困難、挑戰和不安。

　　這些未來的情形中，哪一種更可能、更可行、更可取，以及中國人民和國際社會可以做些什麼來塑造北京的偏好、影響中國崛起的後果，都是些重要而緊迫的問題。在中華人民共和國之外，關於中國崛起的積極探討，已經產生了許多富於洞察力的想法和豐富的學術成果[7]。前北約盟軍最高司令公開呼籲，要超越美國二十多年來那個充滿猶豫的、對沖與接觸（hedging-engagement）相混合的權宜之計，「認真對待中國」。研究中國的專家史文以及沈大偉則認為，美國為了東亞和全世界的和平與繁榮，應該對中國採取一些「必要的和適應性的」接納舉措。還有人提出「中國是一個成功的威權主義發展國家（developmental state），它現在已經足夠富有，足以制定自己的規則，而不只是接受其他人的規矩……（它）是自己的國家，但卻是其他人的問題。它將以自己的方式、按自己的條件發展，而其他人則只能盡其所能地與它合作」。美國對外關係委員會的一份研究報告則呼籲，現在是時候「修改美國對華總戰略」和政策了[8]。

　　中華人民共和國到底追求些什麼，以及它能在多大程度上實現自己的目標，依然是疑問重重。中共治理的低劣效率，似乎已成為中國經濟發展能否避免所謂的中等收入陷阱的一個最明顯的障礙[9]。中國官方

數字表明，擁有近 14 億人口和大約 8 億就業者的大國，目前只有大約 2800 萬的人實際繳納所得稅 [10]。北京徵收個人所得稅的能力十分有限，反映了中共及中華人民共和國政府的政治合法性其實並不高。在國外，中國企業一如既往地次優化運作，效益非常低下。據中國學者的統計，中國的「海外投資一般都不成功」。從 1990 年代中期到 2015 年，有超過兩萬家中國企業，在海外累計投資了 1400 億美元以上（僅 2014 年一年就增長 15.5%，而當年中國接受外商直接投資的增長率僅為 1.7%）。但這些大量海外投資「90%以上都虧損」[11]。中國似乎已經過早地開始了大規模的資本外逃。儘管做出巨大努力，也花費了巨資，除了一些近鄰地區之外，北京在行使其所謂軟實力方面，似乎特別虛弱無能。中華人民共和國護照依然是世界上最不受歡迎的護照之一，被各國接受的程度竟然遠遠低於已經沒有幾個國家正式承認的中華民國（台灣）護照。作為一個典型的專制統治者，中共經常周期性地竭力煽動反日情緒：黃金時段的中國電視螢幕上，充斥著徒手消滅無數日本人的「抗日神劇」，劇情極其愚蠢可笑，以至於 2013 年中共的媒體審查機構不得不對其略加限制。然而，當 2014 年日本政府稍微放寬對中國遊客的簽證限制時，六個月內就有超過一百萬中國遊客和購物者湧向日本，總人數比上年同期增長 88% [12]。

　　或許更為意義深遠的是，在中國國內，儘管受到鎮壓，但要求政治變革以直接撼動中共政權核心──的人和聲音越來越多。畢竟，21 世紀確實不同於西元前 3 世紀。崛起的中國力量，負有被中華秩序傳統和理念所驅使的天下使命，可能確實是像美國觀察家白邦瑞所分析的那樣，正在進行一場並非祕密的百年馬拉松長跑，要在 21 世紀中葉以美國及其盟國的利益為代價領導和統治整個世界。然而，如學者孔誥烽所推論的，中華人民共和國看似十分成功的崛起和奮鬥，也可能只是為了一種屬於過去的、龐大而落後的政治體系，宿命般進行著漫長、昂貴、不確定而精疲力盡的拼搏 [13]。

關於中華與中國、中華政治傳統與中華世界秩序之理念，以及崛起的中國國家力量之本質，本書的探討就以上面的簡短結語而告一段落，以此為基礎，筆者將繼續在另外一本書裡，分析崛起的中國力量之前景和影響，以及該如何因應和管理。

註 ────────

1　J. Yang 2008, 50-52。

2　Plato 380 BCE；Aristotle 350 BCE；Locke 1690。

3　J. Wu, 2013。

4　習近平 2015 年 6 月 26 日在中共中央政治局的講話（CCP CDIC 2016）。

5　Hsiung 2016。

6　F. Wang「China's Four-R Strategy」2015a。據報導，解放軍 2013 年就開始準備與美軍進行全面競爭（J. Huang 2013）。

7　Campbell and Andrews 2013；Lawrence J. Korb 2014；Christensen 2015；Xie and Page 2010, 479-501；Aldrich et al 2015。

8　Clark 2014；Swaine 2011；Shambaugh 2012；Kroeber 2014；Blackwill and Tellis 2015。本書英文原版出版半年後，美國對華戰略的新思維就似乎全面地轉向對抗和遏制，並見諸實際行動：美國國會 2018 年 3 月以極為罕見的全票通過《台灣旅行法》，大幅提升了美國與台灣的官方關係；華盛頓隨即與北京打起了一場規模巨大的貿易戰，並啟動了進一步的制裁措施，包括 2018 年 8 月開始對四十四個與軍工有關的中國重要企業實行直接禁運。

9　Gurtov 2013；Vandenberg et al 2015, 3, 34。

10　D. Yang 2015。

11　B. Fu 2015, 1。

12　Reilly 2014,197-215；Y. Liu 2013；Chinese news, 7-25-2014。

13　Pillsbury 2015；Hung 2015。

引用文獻與著述

Adams, John, *Nixon in China*, New York: The Metropolitan Opera HD Live, 2013.

AFP,「China's web spin doctors spread Beijing's message,」*The Independent*, May 15, 2011.

AFP:「US Defense Chief Warns of Conflict in South China Sea,」November 8, 2015.

Aldrich, John, Jie Lu & Liu Kang,「How Do Americans View the Rising China?」*Journal of Contemporary China*, 24-92, 2015: 203-221.

Allsen, Thomas T., *Culture and Conquest in Mongol Eurasia*, New York, NY: Cambridge University Press, 2004.

Allison, Graham,「Of Course China, Like All Great Powers, Will Ignore an International Legal Verdict,」*The Diplomate*, July 11, 2016.

An Feng, *Study of Ming's haijin policy*（安峰：明代海禁政策研究）, thesis, Shandong University, Jinan, 2008.

Anagnost, Ann, *National Past-Times: Narrative, Representation, and Power in Modern China*, Durham, NC: Duke University Press Books, 1997.

Andenæs, Mads Tønnesson & Duncan Fairgrieve, *Judicial Review in International Perspective*, The Hague: Kluwer Law, vol. 2, 2000.

Andrade, Tonio, *Lost Colony: The Untold Story of China's First Great Victory over the West*, Princeton, NJ: Princeton University Press, 2013.

Arano, Yasunori, *The formation of the Japanese style Chinese-barbarian order*（荒野泰典：日本型華夷秩序の形成）, Tokyo: Iwanami Shoten, 1987.

Arendt, Hannah, *The Origins of Totalitarianism*, New York, NY: Harcourt (1951) 1973.

Aristotle, *Politics: A Treatise on Government,* translated by Williams Ellis, New York: Dutton, (350 BCE) 1912.

Armitage, Simon J. et al,「The Southern Route 『Out of Africa』,」*Science*, 331-6016 (January 28) 2011: 453-456.

Ash, Robert F., David L. Shambaugh, Seiichirō Takagi eds., *China watching: perspectives from Europe, Japan and the United States*, London, UK: Routledge, 2007

Ash, Robert,「Squeezing the Peasants: Grain Extraction, Food Consumption, and Rural Living Standards in Mao's China,」*China Quarterly*, 188, 2006: 959-998.

Avtorkhanov, Abdurakhman, *The Communist Party Apparatus*, Washington, DC: Henry Regnery Company, 1966.

Avtorkhanov, Abdurakhman, Происхождение партократии (Proiskhozhdeniye partokratii: Origins of partocracy), two volumes, Munich, Germany: Посев (Sowing), 1973 (Chinese edition, *Unofficial history of the Soviet Union Communist Party* 晨曦譯：蘇共野史) Wuhan: Hubei Renmin, internal publication, two volumes, 1982.

Backhouse, E & J. O. P. Bland, *Annals and Memoirs of the Court of Peking*, Boston: Houghton Mifflin, 1914 (2010) : 331.

Bader, Jeffrey A., *Obama and China's Rise: An Insider's Account of America's Asia Strategy*, Washington, DC: Brookings Institution Press, 2013.

Bai, Chong-En, Chang-Tai Hsieh, and Zheng Song, 「Crony Capitalism with Chinese Characteristics,」 conference paper, Yale University, May 2014.

Baidu, 「Data on silver Yuan's purchasing power」（銀圓的購買力資料）, wenku.baidu. com/view/c6b72131ee06eff9aef80772.html, accessed December 6, 2014.

Ban Gu, *Book of Han*（班固：漢書）, vol. 24, Beijing: Zhonghua Shuju, (1st Century BCE) 1977.

Bang, Peter Fibiger & Dariusz Kolodziejczyk eds., *Universal Empire: A Comparative Approach to Imperial Culture and Representation in Eurasian History*, New York, NY:

Bao Tong, 「Chairman Mao's democratic scam and General Secretary Xi's theoretical courage」（鮑彤：毛主席的民主騙局和習總書記的理論勇氣）, commentary on Radio Free Asia, December 27, 2013.

Barfield, Thomas J., *The Perilous Frontier: Nomadic Empires and China, 221 BC to AD 1757*, Cambridge, MA: Blackwell, 1989.

Barthes, Roland, *Travels in China*, translated by Andrew Brown, Malden, MA: Polity, 2012.

Baum, Richard, *China Watcher: Confessions of a Peking Tom*, Seattle, WA: University of Washington Press, 2010.

Bays, Daniel H., *A New History of Christianity in China*, Hoboken, NJ: Wiley, 2011.

BBC, *Useful Idiots*, radio documentary, episode two, August 8, 2010.

Beard, Mary, John North & Simon Price, *Religions of Rome: Volume 1-A History*, New York, NY: Cambridge University Press,1998.

Beasley, William G., *Japanese Imperialism 1894-1945*. New York, NY: Oxford University Press, 1987.

Beckwith, Christopher I., *Empires of the Silk Road: A History of Central Eurasia from the Bronze Age to the Present*, Princeton, NJ: Princeton University Press, 2009.

Beckwith, Christopher, *The Tibetan Empire in Central Asia: A History of the Struggle for Great Power among Tibetans, Turks, Arabs, and Chinese during the Early Middle Ages*, Princeton, NJ: Princeton University Press, 1987.

Beech, Hannah, 「The Other Side of the Great Firewall,」 *Time*, June 22, 2015: 50.

Bei Daijin, 「Weibo Is Dying out,」 chinachange.org/2015/02/17/weibo-is-dying-out/, accessed February 18, 2015.

Belfour, Alan, *Imagining Shanghai*, Atlanta, GA: Georgia Tech, Monograph, 2013.

Bell, Stanley, 「Hart of Lisburn: The Story of Sir Robert Hart,」 *North Irish Roots*, 1-6, 1985: 168-170.

Benson, Linda, *China since 1949*, 2nd edition, London: Routeledge, 2014.

Benton, Gregor ed., *Mao Zedong and the Chinese Revolution*, 4 volumes, London: Routeledge,

2007.

Berlin, Isaiah. *Freedom and Its Betrayal: Six Enemies of Human Liberty*, edited byHenry Hardy. Princeton, NJ: Princeton University Press (1952) 2012.

Bernhardt, Kathryn, *Women and Property in China, 960-1949*, Stanford, CA: Stanford University Press, 1999.

Bernstein, Richard, *China 1945: Mao's Revolution and America's Fateful Choice,* New York: Knopf, 2014.

Bhabha, Homi K. ed., *Nation and Narration*, London: Routledge, 1990.

Bielenstein, Hans, *Diplomacy and Trade in the Chinese World, 589-1276,* Leiden: Brill, 2005.

Blackwill, Robert D. & Ashley J. Tellis, *Revising U.S. Grand Strategy Toward China*, New York: CFR, 2015.

Blanning, Tim, *The Pursuit of Glory: The Five Revolutions that Made Modern Europe: 1648-1815*, New York: Penguin, 2008.

Blumentha, David & William Hsiao,「Privatization and Its Discontents-The Evolving Chinese Health Care System,」*The New England Journal of Medicine*, 353-11 (September 15) 2005: 1165-1170;「Lessons from the East-China's Rapidly Evolving Health Care System,」*The New England Journal of Medicine*, 372-14 (April 2) 2015: 1281-1285.

Bo Yang, *Chronicle of the Chinese emperors, kings, queens, princes and princesses*（柏楊：中國帝王皇后親王公主世系錄）, Beijing: Renmin Wenxue, (1979) 2011.

Bossler, Beverly, *Powerful Relations: Kinship, Status, & the State in Sung China (960-1279)*, Cambridge, MA: Harvard University Asian Center,1998.

Bower, Bruce,「Hints of earlier human exit from Africa, Stone tools suggest a surprisingly ancient move eastward,」*Science News*, January 27, 2011.

Bradley, James, *The China Mirage: The Hidden History of American Disaster in Asia,* New York: Little, Brown & Company, 2015.

Brady, Anne-Marie, *Making the Foreign Serve China: Managing Foreigners in the People's Republic*, Lanham, MD: Rowman & Littlefield, 2003.

Braun, Otto, *A Comintern Agent in China 1932-1939*, Stanford, CA: Stanford University Press, 1982.

Brook, Timothy; Jérôme Bourgon & Gregory Blue, *Death by a Thousand Cuts*, Cambridge, MA: Harvard University Press, 2008.

Brooks, Timothy, *The Chinese State in Ming Society,* London: Routledge, 2005.

Brooks, Timothy, *The Troubled Empire: China in the Yuan and Ming Dynasties*, Cambridge, MA: Harvard University Press, 2010.

Brown, Kerry, *Friends and Enemies: The Past, Present and Future of the Communist Party of China*, London, UK: Anthem Press, 2009.

Brunero, Donna, *Britain's Imperial Cornerstone in China: The Chinese Maritime Customs Service, 1854-1949*, New York, NY: Routledge, 2006.

Brzezinski, Zbigniew, *Grand Failure: The Birth and Death of Communism in the Twentieth Century*, New York: Scribner, 1989.

Buchheim, Hans, *Totalitarian Rule: Its Nature and Characteristics*, Translated by Ruth Hein, Middletown, CT: Wesleyan, 1972.

Buckley, Chris,「China Takes Aim at Western Ideas,」*The New York Times*, August 20, 2013: A1.

Buckley, Chris, 「Xi Touts Communist Party as Defender of Confucius's Virtues,」 Sinoshpere Blogs by *The New York Times,* February 13, 2014.

Bull, Hedley & Adam Watson, *The Expansion of International Society*, New York: Oxford University Press, 1985.

Burbank, Jane & Frederick Cooper, *Empires in World History: Power and the Politics of Difference*, Princeton, NJ: Princeton University Press, 2010.

Burr, William ed., *The Beijing-Washington back-channel and Henry Kissinger's secret trip to China, September 1970-July 1971 - National Security Archive Electronic Briefing Book No. 66*, Washington, DC: The National Security Archive, 2002.

Bush, Georgia W., 「George W. Bush on China,」 http://ontheissues.org/celeb/George_W_ Bush_China.htm, accessed May 1, 2015.

Cabrillo, Francisco & Miguel A. Puchades-Navarro eds., *Constitutional Economics and Public Institutions,* Northampton, MA: Edward Elgar, 2013.

Cai Dingjian, 「Why China has not become a developed country like Japan」（蔡定劍：中國為什麼沒有像日本一樣成為發達國家），*Guangming Net*（光明網），Beijing, March 2, 2007.

Cai Jun, 「Reverence for our history」（蔡俊：敬畏我們的歷史），*People's daily*（人民日報），Beijing, January 28, 2014: 5.

Cai, Liang, *Witchcraft and the Rise of the First Confucian Empire*, Albany, NY: SUNY Press, 2014.

Cai Qingshan, 「Favorable policy made China pay heavily」（優惠政策讓中國付出沉重代價），*21st century economic report*（21世紀經濟報導），Shanghai, June 2006.

Cai Xiangsheng, *Study of the warriors of the Yang family*（蔡向升：楊家將研究），Beijing: Renmin, 2007.

Cai Xiaoqian, *Jiangxi Soviet region: memorie on Red Army's westernward run*（蔡孝乾：江西蘇區──紅軍西竄回憶），Taipei: Zhonggong Yanjiu, 1970.

Callahan, William A., 「Chinese Visions of World Order: Post-hegemonic or a New Hegemony?」 *International Studies Review*, No. 10, 2008:749-761, 759.

Callahan, William A., *China Dreams: 20 Visions of the Future*, New York, NY: Oxford University Press, 2013

Callahan, William A., *China: The Pessoptimist Nation*, New York, NY: Oxford University Press, 2012: 13.

Campbell, Kurt & Brian Andrews, *Explaining the US 『Pivot』 to Asia*, London: Chatham House, 2013.

Cannon, Henry Lewin, *The Character and Antecedents of the Charter of Liberties of Henry I.* London: Macmillan, 1909.

Cao Deben, *Studies of political thoughts in Song, Yuan, Ming and Qing*（曹德本：宋元明清政治思想研究），Shenyang: Liaoning Renmin, 1987.

Cao Guanyi, History of Chinese agrarian economy（曹貫一：中國農業經濟史），Beijing: Zhongguo Shehui Kexue, 1989.

Cao Jinqing, *China by the Yellow River: a scholarly observation and reflection of the rural society*（曹錦清：黃河邊的中國──一個學者對鄉村社會的觀察與思考），Shanghai: Shanghai Wenyi, 2000.

Cao Xueqin, *Dream of Red Chamber*（曹雪芹：紅樓夢），Beijing: Renmin Wenxue, (1791)

2008:10.

Cao Zhongchen, *Haijin and overseas trade in Ming era*（晁中辰：明代海禁與海外貿易）, Beijing: Renmin, 2005.

Carlson, Benjamin, 「A field guide to hazardous China clichés,」*Global Post*, January 14, 2014.

CCP CDIC ed., *Selected words of Xi Jinping on toughening party's discipline and rules*（習近平關於嚴明黨的紀律和規矩論述摘編）, Beijing: Zhongyang Wenxian, 2016.

CCP Central Document Bureau ed., *Important documents since the 18th Party Congress*（中央文獻研究室：十八大以來重要文獻選編）, Beijing: Zhongyang Wenxian, 2014.

CCP Central Document Office ed., *Early papers of Mao Zedong 1912-1920*（毛澤東早期文稿 [1912-1920]）, Changsha: Hunan, 1995.

CCP Central Document Studies Bureau, *Selections of Xi Jinping's Words on Realizing the China Dream for the Great Rejuvenation of the Chinese Nation*（習近平關於實現中華民族偉大復興的中國夢論述摘編）, Beijing: Zhongyang Wenxian, 2013

CCP Central Documents, *Mao Zedong chronicle*（毛澤東年譜）, 9 volumes, Beijing: Zhongyang Wenxian, (1993) 2013.

CCP Central History, *History of the CCP*（中國共產黨歷史）, Beijing: Zhonggong Dangshi, vol. 1, 2002.

CCP Central History, *History of the CCP*（中國共產黨歷史）, Beijing: Zhonggong Dangshi, vol. 2, 2010.

CCP Central History, *Thirty years of reform and opening*（中共中央黨史研究室：中國改革開放三十年）, Shenyang: Liaoning Renmin, 2008.

CCP Central Party History, *Short history of CCP's secrets keeping work*（中共保密工作簡史）, Beijing: Jincheng, 1994.

CCP Central, 「Vows for joining the party,」*CCP Party Charter*, Chapter 1, Article 6, Beijing: CCP, (1982) 2012.

CCP Central, *CCP Central decision on some major issues of comprehensively advancing the governing the country according to law*（中共中央關於全面推進依法治國若干重大問題的決定）, Beijing, October 23, 2014.

CCP Central, *Charter of the CCP*（中國共產黨章程）, Beijing: 18th Party National Congress, 2012.

CCP Organization Department, *Internal statistical report of the CCP*,（中國共產黨黨內統計公報）, Beijing:Xinhua, June 29, 2015.

CCTV News, 「Per capita grain doubled in 60 years（糧食人均占有量六十年增長一倍）, Beijing, September 9, 2009.

CCTV, 「Dazu Rock Carvings」（大足石刻）, Beijing, June 13, 2015.

Cen Zhongmian, *History of Sui-Tang*（岑仲勉：隋唐史）, Beijing: Zhonghua Shuju, 1980.

Central News, 「Bosses of Hong Kong gangs: follow the orders from Mainland police」（香港黑幫老大：聽命大陸公安）, www.chinatimes.com/cn/realtimenews/ 20141208004167-260409, Taipei, posted, December 8, 2014.

Chai Na, 「Chaina micro blog」（拆拿微博）, weibo.com/u/3068541965, accessed May 17, 2015.

Chang, Chi-Shen, 「Origins of 『*Zhongguo*』 and 『*tianxia*』 concepts」（張其賢：「中國」

與「天下」概念探源〉, *Soochow Journal of Political Science* （東吳政治學報）, Taipei, No. 27, 2009: 169-256.

Chang, Chihyun, *Government, Imperialism and Nationalism in China: The Maritime CustomsService and its Chinese Staff*, New York, NY: Routlege, 2013.

Chang, Gordon G., *The Coming Collapse of China*, New York: Random House, 2001.

Chang, John K., *Industrial Development in Pre-Communist China: 1912-1949*, Edinburgh, UK: Edinburgh University Press, 1969.

Chang, Jung & Jon Halliday, *Mao: The Unknown Story*, New York: Anchor, 2006.

Chang, Jung, *Empress Dowager Cixi: The Concubine Who Launched Modern China*, New York, NY: Knopf, 2013.

Chang, Teng-chi,「Exploring the content and evolution of the『Zhongguo』concept」（張登及：「中國」概念的內涵與流變小考）*Correspondence of studying and teaching Chinese Mainland* （中國大陸研究教學通訊）, Taipei: Taiwan University, 2002.

Chao, Rebecca, 「Why Do Chinese Billionaires Keep Ending Up in Prison?」

Chao, Zhongchen, *Haijin and overseas trade in Ming era* （晁中辰：明代海禁與海外貿易）, Beijing: Renmin Press, 2005.

Cheek, Timothy, *A Critical Introduction to Mao*, New York: Cambridge University Press, 2010.

Chen Boda, *China four big families* （陳伯達：中國四大家族）, Beijing: Renmin, (1946) 1955.

Chen Boda, *People's public enemy Chiang Kai-shek* （陳伯達：人民公敵蔣介石）, Tianjin: Xinhua Shudian, (1948) 1949.

Chen Cheng, *Mr. Chen Cheng memoirs - anti-Japanese war* （陳誠先生回憶錄：抗日戰爭）, Taipei: Guoshiguang, 2005.

Chen Duxiu,「Defense for the『New Youth』criminal case」（陳獨秀：「新青年」罪案之答辯書）, *New youth* （新青年）, Beijing, No. 6-1 (November) 1919.

Chen Duxiu,「To the youth」（陳獨秀：敬告青年）, *New youth* （新青年）, Beijing, No. 1-1 (September) 1915.

Chen Hanbo, *How I was acting as Mao Zedong's spy* （陳寒波：我怎樣當著毛澤東的特務）, Hong Kong: Ziyou, 1952.

Chen Jin, 「Study history from Mao Zedong」（陳晉：跟毛澤東學歷史）, mzdlib.com/libszzy/maozedongxingjiushujuku/97.html, accessed June 8, 2015.

Chen Lai, *Core values of Chinese civilization* （陳來：中華文明的核心價值）, Beijing: Sanlian, 2015.

Chen Lifu, *Lessons of success and failure: Chen Lifu memoirs* （陳立夫：成敗之鑑——陳立夫回憶錄）, Taipei: Zhengzhong Shuju, 1994.

Chen Shangsheng ed. *Confucian civilization and China's traditional foreign relations* （陳尚勝：儒家文明與中國傳統對外關係）, Jinan: Shandong University, 2008.

Chen Shou, *Records of three kingdoms-Zhuge Liang* （陳壽：三國志・諸葛亮傳）, Hangzhou: Zhejiang Guji, (280) 2000.

Chen Tingxiang & Zhou Ding, *Tianxia, world, country: thee evolution of China's view of the outside* （陳廷湘，周鼎：天下・世界・國家——近代中國對外觀念演變史論）, Shanghai: Sanlian, 2008.

Chen Xiaonong ed., *Final oral memoirs of Chen Boda* （陳曉農：陳伯達最後口述回憶）, Hong

Kong: Yangguang Huangqiu, 2005.

Chen Yaohuang, 「War of sad victory and sad defeat: the CCP-KMT civil war」（陳耀煌：慘勝與慘敗的戰爭——國共內戰），*Glory of hundred years*（百年風華）, Taipei, October 2011: 96-97.

Chen Yaohuang, *Communist Party, local elites, peasants: Communist revolution in Hubei, Henan and Anhui, 1922-1932*（陳耀煌：共產黨‧地方菁英‧農民——鄂豫皖蘇區的共產革命 [1922-1932]）, Taipei: Chengchi University, 2002.

Chen Yaohuang, *Unification and diversification: Communist Revolution in Hebei, 1921-1949*（陳耀煌：統合與分化——河北地區的共產革命,[1921-1949]）, Taipei, Modern History Institute of Academia Sinica, 2012.

Chen Yinan, 「Malaysian communist radio based in China」（陳益南：設在中國的馬共廣播電台）, 21ccom.net/articles/history/xiandai/20150216121175_2.html, 2-16-2015.

Chen Yingque, *Drafts on Tang's political history*（陳寅恪：唐代政治史述論稿）, Shanghai: Guji, 1997.

Chen Yingque, *Lectures on history of Wei, Jin and South-North Dynasties*（陳寅恪魏晉南北朝史講演錄）, edited by Wan Shengnan（萬繩楠）, Taipei: Zhishu Fang, 1995.

Chen Yinque, 「Preface for Deng Guangmin's research on Song's records on offices and officials」（陳寅恪：鄧廣銘《宋史職官志》考證序）, *Jinming house series 2*（金明館叢稿二編）, Beijing: Sanlian, (1943) 2001.

Chen Yinque, 「Preface to Jiang Bingnan's」（陳寅恪：贈蔣秉南序）, in *Works of Chen Yinque*（陳寅恪文集）, Shanghai: Guji Press, (1960s) 1997.

Chen Yinque, *Reply to the Science Academy*（陳寅恪：對科學院的答覆）, Guangzhou, December 1, 1953. douban.com/group/topic/17961604/, accessed November 29, 2013.

Chen Yongfa, 「Poppy flowers under the red sun: opium trade and Yan'an model（陳永發：紅太陽下的罌粟花——鴉片貿易與延安模式）, *New history*（新史學）, Taipei, 1-4 (December) 1990: 41-117.

Chen Yongfa, *Seventy years of Communist Revolution in China*（陳永發：中國共產革命七十年）, 2 volumes, Taipei: Lianjing, 1998.

Chen Yuan, 「The 『one belt one road』 and the great chess game for the community of common destiny」（陳元：謀定「一帶一路」與命運共同體大棋局）, *Caijing*（財經）, Beijing, No. 36 (December 22), 2015.

Chen Yun, *Selected works of Chen Yun*（陳雲文選）, Beijing, Renmin, 1983.

Chen, Jian, *Mao's China and the Cold War*, Chapel Hill, NC: University of North Carolina Press, 2000.

Chen, Ping, *Modern Chinese: History and Sociolinguistics*, New York, NY: Cambridge University Press, 1999.

Chen, Yung-fa, *Making Revolution: The Communist Movement in Eastern and Central China, 1937-1945*, Berkeley, CA: University of California Press, 1986.

Cheng Ganyuan ed., *Personal experience of Korean War: memoirs of Chines soldiers*（程幹遠：親歷韓戰——中國軍人回憶錄）, New York: Mingjing, 2013.

Cheng Hanchang, *Land system and land reform in China: first half of the 20th century*（成漢昌：中國土地制度與土地改革——20 世紀前半期）, Beijing: Zhongguo Dangan, 1994.

Cheng Yawen & Wang Yiwei, *Mandate of heaven-the birth of a new type of leader nation*（程亞文，王義桅：天命──一個新領導型國家的誕生），Beijing: Qunyan, 2015.

Cheng Yinhong,「Why the China-Cuba split 50 years ago?」（程映虹：五十年前中古緣何分裂？）*Phoenix weekly*（鳳凰週刊），Hong Kong, No. 12, (April 27) 2015.

Cheng Zhaoqi,「How the Rape of Nanking is disputed in Japan」（程兆奇：日本如何爭議南京大屠殺），public lecture, Shanghai, August 19, 2015.

Cheng, Yinghong,「Ideology and Cosmology: Maoist Discussion on Physics and the Cultural Revolution,」*Modern Asian Studies*, Vol. 40-1 (February) 2006: 109-149.

Chesterton, G.K., *Eugenics and Other Evils*, London & New York: Cassell, 1922.

Chi Zehou,「Random recalls of the CCP's 9th national congress（遲澤厚：中共「九大」內幕瑣憶），*Yanhuang chronicle*（炎黃春秋），Beijing, No. 3, 2003:44-51.

Chiang Kai-shek, *Resisting foreign insult and rejuvenate the nation*（蔣中正：抵禦外侮與復興民族），Speech at Lushan Officers Academy, July 13, 1934.

Chiang Kai-shek, *Soviet Russia in China: Brief summary of the 30-year experience between China and Russian communists*（蔣中正：蘇俄在中國──中國與俄共三十年經歷紀要），Taipei: Zhongyang Wenwu Hongying She, 1956.

Chien Mu,「Introduction」（錢穆：史學導言），Han Fuzhi ed. *Selected articles on Chinese history*（韓復智：中國通史論文選輯），vol. 1, Taipei: Xuesheng Shuju, 1975.

Chien Mu, *Chinese national characters and Chiense culture seen through Chinese history*（錢穆：從中國歷史來看中國民族性及中國文化），Taipei: Lianjing, 1979.

Chien Mu, *Outline of national history*（錢穆：國史大綱），revised edition, Beijing: Shangwu Press, (1939) 1991.

China News Agency:「Grain security of our country」（我國糧食安全現狀），Beijing, July 6, 2009.

China News,「Zhang Xueliang oral history published: self recognized as 『indeed CCP』（張學良口述歷史出版：自認「就是共產黨」），*China News*, Beijing, September 12, 2014.

Chong, Ja Ian, *External Intervention and the Politics of State Formation: China, Indonesia and Thailand, 1893-1952*. New York: Cambridge University Press, 2012.

Chou, Eric, *A Man Must Choose: The Dilemma of a Chinese Patriot*, New York: Knopf, 1963.

Christensen, Thomas J., *The China Challenge: Shaping the Choices of a Rising Power*, New York: Norton, 2015.

Christensen, Thomas J., *Useful Adversaries: Grand Strategy, Domestic Mobilization, and Sino-American Conflict, 1947-1958*, Princeton, NJ: Princeton University Press, 1996.

Chung, Jae Ho ed., *Assessing China's Power*, New York: Palgrave Macmillan, 2015

Cipolla, Carlo M. ed., *The Fontana Economic History of Europe*, 6 volumes, London & Glasgow: W. Collins, 1972-76.

Clark, Paul, *The Chinese Cultural Revolution: A History*. New York: Cambridge University Press, 2008.

Clark, Wesley,「Getting Real About China: To Manage China, Fix America First,」*The International New York Times*, October 11, 2014.

Clodfelter, Micheal, *Warfare and Armed Conflict: A Statistical Reference to Casualty and Other Figures, 1500-2000*, 2nd edition, Jefferson, NC: McFarland, 2002.

Cohen, Jerome, *The Criminal Process of the People's Republic of China, 1949-1963*, Cambridge, MA: Harvard University, 1968.

Cohen, Paul A, *History in Three Keys: The Boxers as Event, Experience, and Myth*, New York, NY: Columbia University Press, 1998.

Colás, Alejandro, *Empire*, Malde, MA: Polity, 2007.

Comyn, Robert Buckley, *The History of the Western Empire - From Its Restoration by Charlemagne to the Accession of Charles V*, London: Allen, vol. 1, 1923.

Confucius, *Analects*, Beijing: Zhonghua Shuju, (5th Century BCE) 2006.

Confucius, *Book of odes-lesser court hymes-north hill*（詩經‧小雅‧北山）, Beijing: Zhonghua Shuju, (prior to 5th Century BCE) 2010.

Confucius, *Book of odes-major court hymns-laboring people*（詩經‧大雅‧民勞）, Beijing: Zhonghua Shuju, (prior to 5th Century BCE) 2010.

Confucius, *Book of rites,*Shengyang: Liaoning Jiaoyu, (5th-3rd centuries BCE) 1997.

Confucius, *Shangshu-vol. 14-decrees*（尚書卷 14：昭告）, Beijing: Zhonghua Shuju (4th century BCE), 1998.

Conquest, Robert, *Reflections on a Ravaged Century*, New York, NY: Norton, 2001.

Courtois, Stéphane et al eds., *The Black Book of Communism: Crimes, Terror, Repression*, translated by Jonathan Murphy & Mark Kramer, Cambridge, MA: Harvard University Press, 1999.

CPPCC (Chinese People's Political Consultation Conference), *Guidelines for Peaceful State Construction*（和平建國綱領）, adopted January 1946.

Croce, Benedetto, *History: Its Theory and Practice*, New York: Harcourt Brace, 1921. *History as the Story of Liberty*, New York: Meridian Books, 1955.

Cronin, Vincent, *The Wise Man From the West: Matteo Ricci and his Mission to China*, New York, NY: Fount, 1984.

Crossley, Pamela Kyle, Helen F. Siu, & Donald S. Sutton eds. *Empire at the Margins: Culture, Ethnicity, and Frontier in Early Modern China*, Berkeley, CA: University of California Press, 2006.

Crossley, Pamela Kyle, *Orphan Warriors: Three Manchu Generations and the End of the Qing World*, Princeton: Princeton University Press, 1990.

Crossley, Pamela Kyle, *The Wobbling Pivot, China since 1800: An Interpretive History*, Hoboken, NJ: Wiley-Blackwell, 2010.

Crossley, Pamela, *A translucent Mirror: History and Identity in Qing Imperial Ideology*, Berkeley, CA: University of California Press, 1999.

Croxton, Derek, *Westphalia: The Last Christian Peace*, New York, NY: Palgrave-Macmillan, 2013.

CYL Central, *Notice on broadly organizing youth web civilization volunteers army, deeply promoting youth web civilization volunteer activities*（共青團中央關於廣泛組建青年網路文明志願者隊伍、深入推進青年網路文明志願行動的通知）, CYL Central Document 2015-5, Beijing, February 16, 2015.

CYL Fujian Provincial Committee, *Summary table on the information of youth web civilization volunteers,*（共青團福建省委：青年網路文明志願者資訊匯總表），Fuzhou, April 29, 2015.

Dai Huang, *Survival after nine deaths*（戴煌：九死一生）, Shanghai: Xuelin, 2000.

Dai Qing, 「The origin of『East is red』」（戴晴：「東方紅」始末）, aisixiang.com/data/

3547.html, posted July 11, 2004.

Dai Zhen, *Elaborating comments on Mencius*（戴震：孟子字義疏證）, Beijing: Zhonghua Shuju, (18th century) 2008.

Dan Qiusheng,「Chinese power-worshiping」（丹丘生：中國人的權力崇拜）, 12-28- 2009.

Dang Wei, *Thirty years of new Qing history in the U.S.*（黨為：美國新清史三十年）, Shanghai: Shanghai Renmin, 2012.

Dao Ke,「China's healthcare funds used unfairly」（刀客：中國醫療經費使用不公）, *New express news*（新快報）, Guangzhou, June 9, 2006.

Davies Jr., John Paton, *China Hand: An Autobiography*, Philadelphia, PA: University of Pennsylvania Press, 2012.

Daxiang Gonghui,「Whom should the Shanghai Jews thank?」（上海猶太人該感謝誰？）,August 2, 2015.

De Mesquita, Bruce Bueno & Randolph M Siverson,「War and the survival of political leaders: A comparative study of regime types and political accountability,」*American Political Science Review*, 89-4 (December) 1995.

De Mesquita, Bruce Bueno et al,「An institutional explanation of the democratic peace,」*American Political Science Review*, 93-4 (December) 1999.

Deng Guangming,「Study of bureaucracy in Song history（鄧廣銘：宋史職官志考證）, in *Complete works of Deng Guangming*（鄧廣銘全集）, Vol. 11, Shijiazhuang: Hebei Jiaoyu, (1943) 1995.

Deng Guangming, *Ten lectures on Song history*（鄧廣銘：宋史十講）, Beijing, Zhonghua Shuju, 2008.

Deng Liqun ed., *Diplomatic strategist Mao Zedong*（鄧力群：外交戰略家毛澤東）, Beijing: Zhongyang Minzu Daxue, 2004.

Deng Xiaomang,「A historical and philosophic reflection on the 50th anniversary of the educated youth (campaign)」（鄧曉芒：對知青五十周年的歷史與哲學反思）, Novemebr 30, 2014.

Deng Xiaoping,「Speeches in the south」（南方談話）in February 1992. *Selected works of Deng Xiaoping*（鄧小平文選）, Vol. 2, Beijing: Renmin, 1993.

Deng Xiaoping,「Uphold four cardinal principles」（堅持四項基本原則）, *Selected works of Deng Xiaoping*（鄧小平文選）, Vol. 2, Beijing: Renmin, (1983)1994.

Deng Yunte, *History of famine relief in China*（鄧雲特：中國救荒史）, Shanghai: Shanghai Shudian, 1937 (1984): 1 & 61.

Deng Zhaowen,「Who are the real vested-interest holders?」（鄧聿文：真正的既得利益者是誰？）aisixiang.com/data/48522.html, posted December 23, 2011.

Deng Zili, *Rough life*（鄧自力：坎坷人生）, Chengdu: Sichuan Wenyi, 2000.

Deng, Yong & Fei-Ling Wang eds., *China Rising: Power and Motivation in Chinese Foreign Policy*, Lanham, MD: Rowman & Littlefield, 2005

Dikötter, Frank, *Mao's Great Famine: The History of China's Most Devastating Catastrophe, 1958-1962*, New York: Walker, 2011.

Dikötter, Frank, *The Age of Openness: China before Mao*, Berkeley, CA: University of California Press, 2008.

Dikötter, Frank, *The Tragedy of Liberation: A History of the Chinese Revolution 1945-1957*, New

York, NY: Bloomsbury Press, 2013.

Ding Renxiang,「Three bases of the revolutionary struggle in Donggu Ganxinan」（丁仁祥：東固贛西南革命鬥爭的三個基礎）, *Open times*（開放時代）, Guangzhou, No. 2 (April) 2015.

Ding Shu, *Manmade disaster: Great Leap Forward and Great famine*（丁抒：人禍——大躍進與大饑荒）, Hong Kong: Jiushi Niandai, 1991.

Ding Yi, *Politics of secret police in Ming*（丁易：明代特務政治）, Bejing: Qunzhong, (1949) 1983.

Ding Yizhuang & Mark Elliott,「How to write Chinese history in the 21st century: The influence and reaction to new Qing history」（定宜莊、歐立德：21 世紀如何書寫中國歷史——新清史研究的影響與回應）, *Historiography review*（歷史學評論）, Beijing, November 2013: 116-146.

Dirlik, Arif, *Culture and History in Postrevolutionary China: The Perspective of Global Modernity*, Hong Kong: Chinese University Press, 2012.

Dodsworth, John & Dubravko Mihaljek, *Hong Kong, China: Growth, Structural Change, and Economic Stability During the Transition*, Washington, DC: IMF, 1997.

Dong Fu, *Wheat stems green and mustard flowers yellow: great famine in Western Sichuan*（東夫：麥苗青菜花黃——大饑荒川西紀事）, Hong Kong: Tianyuan, 2008.

Dong Jieling et al,「Statistically explore the characteristics of scientific and technological development in Chinese hisotry」（董潔林等：從統計視角探討中國歷史科技發展特點）, *Correspondence on natural dialectics*（自然辯證法通訊）, Beijing, No. 3 (June) 2014.

Dong Shijin,「Letter to Mao Zedong on land reform」（董時進：致信毛澤東談土改）, *Yanhuang chronicles*（炎黃春秋）, Beijing, No. 4, 2011.

Dong Shijin, *I got to know the Communist Party*（董時進：我認識了共產黨）, Hong Kong: Ziyou, 1951.

Dong, Jielin & Sen Hu eds., *The Rocky Road to Liberty: A Documented History of Chinese Immigration and Exclusion*, Saratoga, CA: Javvin Press, 2010.

Dreyer, Edward L., *Zheng He: China and the Oceans in the Early Ming Dynasty, 1405-1433*, New York: Pearson 2006.

Drucker, Peter F., *The End of Economic Man – the Origins of Totalitarianism*, New Brunswick, NJ: Transactions, (1939) 2011.

Du Daozheng, *What else did Zhao Ziyang say? Du daozheng dairy*（杜導正日記：趙紫陽還說過什麼？）, Hong Kong: Tiandi Books, 2010.

Du Gangjian, *Human rights ideas in China in the past century*（杜鋼建：中國近百年人權思想）, Hone Kong: Chinese University Press, 2004.

Du Shangze,「Big strides on the historical match towards the great rejuvenation of the Chinese Nation」（杜尚澤：闊步走在中華民族偉大復興的歷史征程上）, People's daily（人民日報）, January 5, 2016:1.

Dunnell, Ruth W., Mark C. Elliott, Philippe Foret, James A Millward, *New Qing Imperial History: The Making of Inner Asian Empire at Qing Chengde*, London: Routledge, 2004.

Dwight, Timothy & Julian Hawthorne, *The World's Great Classics: The Philosophy of History, by G. W.F. Hegel*, New York, NY: Colonial Press, (1899) 2007.

Earth Policy Institute, *Eco-Economy Indicator: Grain*, accessed November 18, 2013

Ebrey, Patricia Buckley & Maggie Bickford eds., *Emperor Huizong and Late Northern Song China: The Politics of Culture and the Culture of Politics*, Cambridge, MA: Harvard University Press, 2006.

Ebrey, Patricia Buckley, *Emperor Huizong,* Cambridge, MA: Harvard University Press, 2014.

Ebrey, Patricia Buckley, *The Cambridge Illustrated History of China*, New York, NY: Cambridge University Press, 1996.

Ebrey, Patricia Buckley, *The Inner Quarters: Marriage and the Lives of Chinese Women in the Sung Period,* Berkeley, CA: University of California Press 1993.

Economist, "China's rich list: To get rich is not always glorious,」 *The Economist*, September 29, 2012.

Economist, 「China's economy: Not just another fake,」 *The Economist*, January 14, 2010.

Economist, 「China's hidden wealth: China's well-hidden, ill-gotten gains,」 *The Economist*, August 13, 2010.

Economist, 「Post-war China, Alternatively Chiang's China- What if Mao Zedong's Communist Party had lost the Chinese civil war to Chiang Kai-shek's Nationalist Party?」 *The Economist, The World If Issue*, August 1, 2015.

Economist, 「Unproductive production,」 *The Economist*, October 11, 2014.

Economist, 「Xi's History Lessons,」 *The Economist*, August 15, 2015.

Editing Group, *Time table of wars in Chinese history*（中國歷代戰爭年表）, Beijing: Jiefangjun: (1985) 2003.

Editing Team, *Draft history of the Chinese people's public security*（中國人民公安史稿）, Beijiing: Jingguan Jiaoyue, 1997.

Editorial Board, 「Happy American national day: great fighting festival for freedom and democracy」（祝美國國慶日：自由民主的偉大鬥爭節日）, *Xinhua daily*（新華日報）, July 4, 1944: 1.

Editorial Board, 「Hu Jintao promote 「Asian spirit」 has profound implications（胡錦濤宣導「亞洲精神」意義重大）, Hong Kong: *Wen weipo*（文匯報）, April 16, 2011.

Editorial Board, 「Sail the tide with wind」（乘風破浪）, *People's daily*（人民日報）, January 1, 1958.

Editorial Board, *Standard textbook - 7th grade Chinese history*（標準課本：七年級中國歷史）Beijing: Renmin Jiaoyu, vol. 1, (2006) 2013.

Editorial Board, *Standard textbook-7th grade history*（標準課本：七年級歷史）, Beijing: Renmin Jiaoyu, vol. 2, 2004.

Editorial Board, *Standard textbook-8th grade geography*（標準課本：八年級地理）, Beijing: People's Educational Press, vol. 1, 2013.

Editorial Board, *Standard textbook-8th grade history*（標準課本：八年紀歷史）, Beijing: Renmin Jiaoyu, vol. 1, 2004.

Editorial Board, *Standard textbook-8th grade history*（標準課本：八年級歷史）, Beijing: People's Educational Press, vol. 2, (2002) 2004.

Editors, 「Teacher, please don't talk about China like that」（老師，請不要這樣講中國）, *Liaoning daily*（遼寧日報）, November14, 2014: 1 & 4.

Editors, *Documents of Liu Shaoqi's secrete visit to the USSR*（劉少奇祕密訪蘇資料）, Beijing:

Zhongguo Shehui Kexueyuan, internal publication, 1998.

Editors, *History of Chinese civilization: Song, Liao and Jin*（中國文明史：宋遼金時期）, Vol. 6, Taipei: Diqiu Press, 1992.

Editors, *Complete Collections of Song paintings*（宋畫全集）, Hangzhou: Zhejinag Daxue, 2008.

Editors, *Holy politics of two rejuvenating reigns of imperial Song*（皇宋中興兩朝聖政）, Beijing, 4 volumes, National Library (12th Century) 2007.

Editors, *Records of Chinese military advisors aiding Vietnam against France*（中國軍事顧問團援越抗法實錄）, Beijing: CCP History Press, 2002.

Edwards, Walter, "Forging Tradition for a Holy War: The Hakkō Ichiu Tower in Miyazaki and Japanese Wartime Ideology," *Journal of Japanese Studies* 29-2, 2003: 289-324.

Ehrlichman, John, *The China Card,* New York, NY: Simon & Schuster, 1986.

Eisenstadt, Shmuel Noah, *The Political Systems of Empires*, New Brunswick, NJ: Transaction, 2010.

Elias, Norbert, *The Civilizing Process: Sociogenetic and Psychogenetic Investigations*, Malden, MA: Blakcwell, 1994.

Elleman, Bruce A. & Stephen Kotkin eds., *Manchurian Railways and the Opening of China: An International History*. Armonk and London: M.E. Sharpe, 2010.

Elliott, Mark & Peter N. Stearns, *Emperor Qianlong: Son of Heaven, Man of the World*, New York: Pearson, 2009.

Elliott, Mark C., *New Qing Imperial History: Making Inner Asia Empire at Chengde*, London: Routledge, 2004.

Elliott, Mark C., *The Manchu Way: The Eight Banners and Ethnic Identity in Late Imperial China*, Stanford, CA: Stanford University Press, 2001.

Elman, Benjamin A., *A Cultural History of Modern Science in China*, Cambridge, MA: Harvard University Press, 2009.

Elman, Benjamin A., *On Their Own Terms: Science in China, 1550-1900*, Cambridge, MA: Harvard University Press, 2005.

Elvin, Mark, *The Pattern of the Chinese Past,* Stanford, CA: Stanford University Press, 1973.

Elvin, Mark, *The Retreat of the Elephants: An Environmental History of China*, New Haven, CT: Yale University Press, 2004.

Emerson, John, 「Yang Chu's Discovery of the Body,」*Philosophy East and West*, Vol. 46-4 (October) 1996: 533-566.

Emperor Kangxi, Edict in 1719 on overseas trade, cited in Guo Chengkang, 「Qing emperors' China view」（郭成康：清朝皇帝的中國觀）, *Studies of Qing history*（清史研究）, Beijing, No. 4, 2005: 1-19.

Emperor Qianlong, *Royal record of ten-perfect*（乾隆：御制十全記）, Beijing: Palace Museum, 1792.

Emperor Yongzheng, *Dayi juemi lu*（雍正：大義覺迷錄）, Beijing: Zhongguo Chengshi, (1729) 1999.

Endo, Homare,*Mao Zedong: the man colluding with the Japnese military*（遠藤譽：毛沢東——日本軍と共謀した男）, Tokyo: Shinchosha, 2015.

Epoch Times, *Nine reviews of the Communist Party: A verdict against the CCP*（九評共產黨：一份對中國共產黨的判決書）, New York: Boda, 2004.

Esherick, Joseph & Mary Backus Rankin, *Chinese Local Elites and Patterns of Dominance*, Berkeley, CA: University of California Press, 1990.

Esherick, Joseph W. & C.X. George Wei eds.,*China: How the Empire Fell*, London: Routledge, 2014.

Esherick, Joseph W., 「Cherishing Sources from Afar,」 *Modern China*, 24-2, April 1998: 135-161.

Ezrow, Natasha M. & Erica Frantz, *Dictators and Dictatorships: Understanding Authoritarian Regimes and Their Leaders,* London, UK: Bloomsbury Academic, 2011.

Fairbank, John King & Edwin O. Reischauer, *East Asia: The Great Tradition*, Boston: Houghton Miffin, 1958.

Fairbank, John King ed., *The Chinese World Order: Traditional China's Foreign Relations*, Cambridge, MA: Harvard University Press, 1973.

Fairbank, John King, "Tributary Trade and China's Relations with the West", *The Far Eastern Quarterly*, Vol. 1-2, 1942. and *The Chinese World Order: Traditional China's Foreign Relations*, Harvard University Press, 1973.

Fairbank, John King, *The United States and China*, 4th edition, Cambridge, MA: Harvard University, (1983) 2009.

Fan Chaofu, 「Remembering comrade Zhang Xuesi」（范朝福：懷念張學思同志）, *People's daily*（人民日報）, Beijing, December 12, 1978.

Fan Shuzhi, History of the late-Ming（樊樹志：晚明史）, Shanghai: Fudan Daxue, 2003.

Fan Wenlan, *Abbreviated general hisotry of China*（范文瀾：中國通史簡編）, vol. 2, Beijing: Renmin, 1953.

Fan Wenlan, *Abbreviated general hisotry of China*（范文瀾：中國通史簡編）, vol. 3, Beijing: Renmin, 1965.

Fan Ye, *Book of Latter Han*（范曄：後漢書）, vols. 6-9, Beijing: Zhonghua Shuju (445) 2000.

Fang Chengfeng, *Political system and political culture in late-Northern Song*（方誠峰：北宋晚期的政治體制與政治文化）, Beijing: Beijing Daxue, 2016.

Fang Hao, *History of China-West communication*（方豪：中西交通史）, vol. 3, Taipei: Zhonghua Wenhua, 1953.

Fang Kecheng, 「Don't hurt me anymore: the countries that 『hurt Chinese feelings』」（方可成：不要再來傷害我——那些「傷害中國人民感情」的國家）, fangkc.cn/2008/12/donot-hurt-chinese/; arctosia.com/archives/511, accessed January 10, 2015.

Fang Kecheng, *Old friends of the Chinese people*,（方可成：中國人民的老朋友）, Beijing: Rimin Ribao, 2014.

Fang Shaowei, 「Chinese worship of power」（方紹偉：中國人的權力信仰）, blog.sina.com.cn/s/blog_723bef350101967d.html, 2013.

Fang Yi, 「State of the reform of China's social security」（方燁：中國社保改革的現狀）, *Economic reference*（經濟參考報）, Beijing, July 2, 2013.

Farris, Johnathan, 「Thirteen Factories of Canton: An Architecture of Sino-Western Collaboration and Confrontation,」 *Buildings & Landscapes: Journal of the Vernacular Architecture Forum*, volume 14, 2007: 66-83.

Fei Xiaotong, *Rural China*（費孝通：鄉土中國）, Beijing: Beijing, 2005.

Fei Xiaotong, *The multiplicity-singularity of Zhonghua nation*（費孝通：中華民族多元一體格局），
Beijing: Zhongyang Minzu Daxue , 2003.

Fei, Si-yen, *Negotiating Urban Space: Urbanization and Late Ming Nanjing*, Cambridge, MA:
Harvard University Press, 2010.

Fenby, Jonathan,「The Contest of the Century-review,」*The Guardian*, April 10, 2014.

Fenby, Jonathan, *Generalissimo Chiang Kai-Shek and the China He Lost*, New York, NY: Free Press,
2003.

Feng Enrong, *Collection of views for total Westernization*（馮恩榮：全盤西化言論集），
Guangzhou: Lingnan Daxue, 1935.

Feng Guifen, *Protest from Xiaofen house*（馮桂芬：校邠廬抗議）, Shanghai: Shanghai Shudian,
(1861) 2002.

Feng Guorong, *The side of Chinese history 2*（馮國榮：中國歷史的側面 [2]——近代史疑案的
另類觀察）, Changchun: Jilin Wenshi, 2015.

Feng Haiwen,「How hard to buy CDIC」（馮海聞：擺平中紀委有多難），*Sun*（太陽報），
Hong Kong, June25, 2015.

Feng Xiang & Shi Yan,「Searching for the secret life of『carpenter』father」（馮翔、石岩：
尋找「木匠」父親的隱祕身世）, *Southern* weekend（南方週末）, Guangzhou, May 1,
2014.

Feng Xuerong,「If can't sell for money, why want power?」（馮學榮：不能賣錢，要權力作甚？），
blog.sina.com.cn/s/blog_4f0523780101sqa6.html, posted March 13, 2014.

Feng Xuerong,「It's time to rectify history」（馮學榮：是該還原歷史的時候了）, blog.sina.
com.cn/s/blog_4f0523780101mcfc.html, posted May 7, 2013.

Feng Xuerong,「Stories of revolutionaries counterfeit money」（馮學榮：革命家偽造鈔票的
故事）, blog.sina.com.cn/s/blog_4f0523780101jrnh.html, posted March 11, 2013.

Feng Xuerong,「Truth about concessions」（馮學榮：租界真相）, blog.sina.com.cn/s/
blog_4f0523780101irhx.html, posted February 15, 2013.

Feng Xuerong, *Experiencing Beiyang: from Republic to civil war 1912-1928*（馮學榮：親歷北洋——
從共和到內戰 [1912-1928]）, Beijing: Zhongguo Gongren, 2014-A.

Feng Xuerong, *Hard to face the reality*（馮學榮：不忍面對的真相）, Beijing: Jiuzhou, 2915.

Feng Xuerong, *The side of Chinese history 2*（馮學榮：中國歷史的側面 [2]）, Changchun: Jilin
Wenshi, 2015.

Feng Xuerong, *Why did Japan invade China: From Jiawu War to July 7th Incident*（馮學榮：日本
為什麼侵華——從甲午戰爭到七七事變）, Beijing: Jincheng, 2014.

Feng Yilu *Eyewitness account of the Xubang Battle*（馮亦魯：徐蚌戰役見聞錄）, Hong Kong:
Chunqiu Zhazhi, 1963.

Feuerwerker, Albert, *China's Early Industrialization; Sheng Hsuan-Huai (1844-1916) and Mandarin
Enterprise*. Cambridge, MA: Harvard University Press, 1958.

Fic, Victor,「Huxley vs. Orwell: China Today (interview with Jeffrey Wasserstrom),」*Asia
Sentinel*, March 18, 2014.

Figes, Orlando, *The Whisperers: Private Life in Stalin's Russia*, New York: Picador, 2007.

Finlay, Robert,「China, the West, and World History in Joseph Needham's *Science and Civilisation
in China*」, Journal of World History, 11-2, Fall 2000: 265-303.

Forbes, Andrew D. W., *Warlords and Muslims in Chinese Central Asia: A Political History of Republican Sinkiang 1911-1949*, New York, NY: Cambridge University Press, 1986.

Ford, Christopher L., *The Mind of Empire: China's History and Modern Foreign Relations*, Louisville, KY: University Press of Kentucky, 2010.

Foster, John, *The Church in T'ang Dynasty*, London: Macmillan, 1939.

Foucault, Michel, 「Life of the Infamous Men,」 in *Power, Truth, Strategy,* translated by Paul Foss and Meaghan Morris, Sydney: Feral, 1979.

Frank, André Gunder, *ReORIENT: Global Economy in the Asian Age,* Berkeley, CA: University of California Press, 1998.

Frank, Andre, "Review of The Great Divergence", *Journal of Asian Studies*, 60-1, 2001: 180-182.

Freeland, Chrystia, 「The U.S. capitalist love affair with Communist China,」 Reuters, *Opinion*, April 29, 2011.

Freitas, Nathan, 「The Great Firewall Inverts,」 talk at Berkman Center, Harvard University, January 15, 2015.

Friedberg, Aaron L., *A Contest for Supremacy: China, America, and the Struggle for Mastery in Asia*, New York, NY: W. W. Norton, 2012

Friedman, Edward, Paul G. Pickowicz, Mark Selden, Kay Ann Johnson, *Chinese Village, Socialist State*, New Haven, CT: Yale University Press, 1993.

Friedrich, Carl J., & Zbigniew K. Brzezinski, *Totalitarian Dictatorship and Autocracy*, Cambridge, Harvard University Press, 1956.

Fu Bilian, 「『Changed』 overseas investment」（付碧蓮：「變卦」的海外投資）, *International financial news*（國際金融報）, Beijing, February 9, 2015:1.

Fu Guoyong, 「Another rarely-known 16-words policy」（傅國湧：另一個鮮為人知的十六字方針） china-review.com/LiShiPinDaoA.asp?id=27461, posted April 17, 2011.

Fu Guoyong, 「Wild lily flowers and the death of Wang Shiwei」（傅國湧：野百合花與王實味之死）, blog.sina.com.cn/s/blog_48fe46d901000b0u.html, posted August 27, 2007.

Fu Guoyong, *Discover Nianba City*（傅國湧：發現廿八都）, Changsha: Hunan Wenyi, 2005.

Fu Guoyong, *From Gong Zizhen to John Leighton Stuart*（傅國湧：從龔自珍到司徒雷登）, Nanjing: Jiangsu Wenyi, 2010.

Fu Lecheng, *Chinese general history-Ming and Qing*（傅樂成：中國通史——明清史）, Beijing: Jiuzhou Press, (1978) 2010.

Fu Lecheng, *Chinese general history-Song Liao Jin Yuan history*（傅樂成：中國通史——宋遼金元史）, Beijing: Jiuzhou Press, (1978) 2010.

Fu Lecheng, *Chinese history-history of Sui Tang and Five Dynasties*（傅樂成：中國通史隋唐五代史）, Taipei: Zhongwen, 1989.

Fu Leping, 「The Japanese veterans of the fourth field army I know」（傅樂平：我認識的四野日本老兵）, *Phoenix weekly*（鳳凰週刊）, Hong Kong, No. 26, 2006.

Fukuzawa Yukichi（福澤諭吉）, 「On leaving Asia」（脱亞論 *datsu-a ron*), *Jiji Shimpo*（時事新報）, Tokyo, March 16, 1885.

Fung, Edmund S. K., *The Intellectual Foundations of Chinese Modernity: Cultural and Political Thought in the Republican Era.* New York: Cambridge University Press, 2010.

Fung, Yu-Lan, *A Short History of Chinese Philosophy*, New York, NY: Free Press, (1948) 1997.

Galtung, Marte Kjær & Stig Stenslie, *49 Myths About China*, Lanham, MD: Rowman & Littlefield, 2015.

Gao Ertai, *Looking for home*（高爾泰：尋找家園）, vols 2-3, Taipei: Yinke, 2009.

Gao Gao & Yan Jiaqi, *Ten-year hsiotry of the Great Cultural Revolution*（高皋、嚴家其：文化大革命十年史）, Tianjin: Tianjin Renmin Press, 1986.

Gao Hua,「Reinvestigating Lin Biao incident」（高華：「林彪事件」再調查）, August 1, 2008. news.163.com/08/0801/16/4I9AN21D00012Q9L.html, accessed May 17, 2015.

Gao Hua, *How did the red sun rise: history of the Yan'an rectification movement*（高華：紅太陽是怎樣升起的？延安整風的來龍去脈）, Hong Kong: The Chinese University Press, 2000.

Gao Long,「Poppy flower under the red sun: the opium economy of the border regions in the 1940s」（高龍：紅太陽下的罌粟花──1940 年代邊區鴉片經濟）, 2012, zhenhua.163.com/13/0718/15/9430NBMO000464MI_all.html, accessed December 16, 2013.

Gao Wenqian, *Zhou Enlai in his last years*（高文謙：晚年周恩來）, Hong Kong: Mingjing, 2003.

Garver, John W., "The Soviet Union and the Xi'an Incident," *The Australian Journal of Chinese Affairs*, 26, 1991: 145-175.

Garver, John W., *China's Quest: The History of the Foreign Relations of the People's Republic of China*, New York: Oxford University Press, 2016.

Garver, John W., *China's Quest: The History of the Foreign Relations of the People's Republic of China*, New York: Oxford University Press, 2016.

Ge Jianxiong & Cao Shuji, *Chinese demographic history*（葛劍雄、曹樹基：中國人口史）, Vol. 5, *Qing Era*（清時期）, Shanghai: Fudan Daxue, 2001.

Ge Jianxiong &Cao Shuji, *Chinese demographic history*（葛劍雄、曹樹基：中國人口史）, Vol. 4, *Ming Era*（明時期）, Shanghai: Fudan Daxue, 2000.

Ge Jianxiong,「Demographic statistics of China」（葛劍雄：我國歷代人口數目統計）, Beijing: Xinhua, 2006.

Ge Jianxiong,「Truth of the『Xuanwu gate mutiny』」（葛劍雄：「玄武門之變」的真相）, *National humanity history*（國家人文歷史）, Beijing, September 8, 2015.

Ge Jianxiong, *Unification and division*（葛劍雄：統一與分裂）, Beijing: Zhonghua Shuju, 2008.

Ge Jinaxiong,「On the Fudan edition of Chinese demographic history」（葛劍雄：談復旦版中國人口史）, *Wenhui reading weekly*（文匯讀書周報）, Shanghai, February 26, 2009.

Ge Zhaoguang,「Imagined tributation」（葛兆光：想像的朝貢）, *Social science weekly*（社會科學報）, Shanghai, September 8, 2015.

Ge Zhaoguang, *Imagining the foreign land: Reading notes on Korean documents on missions to the North in Chinese in the Yi Dynasty*（葛兆光：想像異域──讀李朝朝鮮漢文燕行文獻箚記）, Beijing: Zhonghua Shuju, 2014.

George, Alexander L., *The Chinese Communist Army in Action: The War and its Aftermath*, New York, NY: Columbia University Press, 1967.

Gernet, Jacques, *A History of Chinese Civilization*. New York: Cambridge University Press, 1996.

Gernet, Jacques, *Daily Life in China on the Eve of the Mongol Invasion, 1250-1276*. Stanford, CA: Stanford University Press 1962.

Gillin, Donald G., *Falsifying China's History: The Case of Sterling Seagrave's The Soong Dynasty*,

Stanford, CA: Hoover Institution, 1986.

Gilpin,Robert, *War and Change In World Politics*, New York, NY: Cambridge University Press, 1981.

Glad, Betty, 「Why Tyrants Go Too Far: Malignant Narcissism and Absolute Power,」

Goldstein, Avery, *Rising to the Challenge: China's Grand Strategy and International Security*, Stanford, CA: Stanford University Press, 2005

Goldstein, Azar, *War in Human Civilization*, New York: Oxford Univerity Press, 2006.

Goldstein, Jonathan ed., *The Jews of China: Historical and Comparative Perspectives*, Armonk, NY: M E Sharpe, 1999.

Goncharov, Sergei, John Lewis, Litai Xue, *Uncertain Partners: Stalin, Mao, and the Korean War*, Stanford, CA: Stanford University Press, 1995.

Gong Chu, *Gong Chu memoirs*（龔楚回憶錄）, Hong Kong: Mingbao, 1978.

Gong Shi, 「The distorted war of Eight Powers」（共識：被歪曲的八國聯軍之戰）, 21ccom. net/articles/lsjd/lccz/article_20140618107997.html, posted June 18, 2014.

Gong Yanming, *Study of Yue Fei*（龔延明：岳飛研究）, Beijing: Renmin, 2008.

Gong Ying, *History of ethnic policy in China*（龔蔭：中國民族政策史）, Chengdu: Sichuan Renmin, 2006.

Grammaticas, Damian, 「China's 'memory holes' swallow up Melissa Chan,」 *BBC News*, May 9, 2012.

Greene, Robert, *The 48 Laws of Power*, New York, NY: Peguine, (1998) 2000.

Griffin, Nicholas, *Ping-Pong Diplomacy: The Secret History Behind the Game That Changed the World*, New York, NY: Scribner, 2014.

Gross, Leo, 「The Peace of Westphalia, 1648-1948,」 *The American Journal of International Law*, 42-1, January 1948: 20-41.

Group, Joint Research ed., *China in the 1930s*（一九三零年代的中國）, Beijing: Shehui Kexue Wenxian,vol. 1, 2006.

Gu Guanyuan, 「Siku quanshu and the new siku quanshu」（顧關元：四庫全書與續修四庫全書）, *Renmin Ribao-haiwai ban* (People's daily-overseas edition), Beijing, August 8, 2001.

Gu Weihua, 「Zhang Yihe: sad long road, sprits back」（顧維華：章詒和：悲兮遠道，魂兮歸來）, Shanghai: *Oriental morning news*,（東方早報）, April 10, 2009: C15.

Gu Xuewen, 「The sickness of science rooted in culture,」（顧學文：科學的病，出在文化上）, *Jiefang daily*（解放日報）, Shanghai, December 11, 2015:13.

Gu Yanwu, *Collection of daily learning*（顧炎武：日知錄）, Shanghai: Guji , (17th Century), 2006.

Gu Yanwu, *Poems and paper of Gu Tingling*（顧亭林詩文集）, Beijing: Zhonghua shuju, vol. 2, (17th century) 2008.

Gu, Weijun (Vi Kyuin Wellington Koo), *Gu Weijun memoirs*（顧維鈞回憶錄）, 8 volumes, Beijing: Zhonghua Shuju, 1983-1994.

Guan Zhong (edited by Liu Xiang), *Book of Guanzi- herding people*（管子・牧民）, vol. 1, Beijing: Zhonghua Shuju, (1st Century BCE) 2009.

Guo Chengtang, *Chen Duxiu and the Chinese communist movement*（郭成棠：陳獨秀與中國共產主義運動）, Taipei: Lianjing, 1992.

Guo Daohui, 「The initial reasoning for Mao's launch of rectification」（郭道暉：毛澤東發動整風的初衷）, *Yanhuang chronicle*（炎黃春秋）, Beijing, No. 2, 2009: 12-18.

Guo Hualun (Guo Qian), *On CCP history*（郭華倫《郭潛》：中共史論）, Taipei: Institute for International Relations, vols. 1-3, 1969, vol. 4, 1971.

Guo Luoji, 「Zhou Yang ordered to catch rightists according to name lists」（郭羅基：周揚奉命按名單抓右派）, *Remembrance*（記憶）, Beijing: E-journal, No. 118, August 2014: 3-8.

Guo Shiyou, 「Courage and hisotical statue of politicians」（郭世佑：政治改革與政治家的歷史地位）, *Yanhuang chronicle*（炎黃春秋）, Beijing, No. 12, 2014: 47-54.

Guo Songtao, *Guo songtao diary*（郭嵩燾日記）, vol. 3, Changsha: Hunan Renmin, (1879) 1983.

Guo, Xuezhi, *China's Security State: Philosophy, Evolution, and Politics*, New York, NY: Cambridge: Cambridge University Press, 2012.

Guo, Yingjie & Wanning Sun eds., *Unequal China The political economy and cultural politics of inequality*, London: Routledge, 2012.

Gurtov, Mel, *Will This Be China's Century? A Skeptic's View,* Boulder, CO: Lynne Rienner, 2013.

Guy, R. Kent, *The Emperor's Four Treasuries: Scholars and the State in the Late Ch'ien-lung Era*, Cambridge, MA: Harvard University Asian Center, 1987.

Hai Yuncang, 「The secretive 『internal reference』 that reaches Zhongnanhai directly」（海運倉：那些直達中南海的神祕「內參」）, news.takungpao.com/mainland/focus/2014-12/2853384.html, accessed December 11, 2014.

Hallam, Henry, *Historic View of the State of Europe During the Middle Ages,* London: John Murray, 1880.

Halper, Stefan, *The Beijing Consensus: How China's Authoritarian Model Will Dominate the Twenty-First Century,* New York, NY: Basic Books, 2010.

Han Fei, *Book of Han Fei*（韓非子）, Shanghai: Guji, (3rd century BCE) 2007.

Han Guopan, *Exploring the economy of Southern dynasties*（韓國磐：南朝經濟試探）, Shanghai: Shanghai Renmin, 1963.

Han Min, *History of the Muslim uprising in the Tongzhi era of the Qing*（韓敏：清代同治年間陝西回民起義史）, Xian: Shangxi Renmin, 2006.

Han Yi, 「Brief analysis on the features of academic history in Song era」（韓毅：略論宋代學術史的時代特徵）, Beijing: Chinese Science Academy, November 25, 2014.

Hans J. Van de Ven, *War and Nationalism in China, 1925-1945*, London: Routledge, 2003.

Hansen, Valerie, *The Open Empire: A History of China Through 1600*, New York: Norton, 2000.

Hao Jing, 「Letter to Song's Lianhuai govenor,」（郝經：與宋國兩淮制置使書）in Hao Jing, *Lord Hao Wenzhong Lingchuan papers*（郝文忠公陵川文集）, Taiyuan: Shanxi Renmin, (1260) 2006.

Harr, B. J. ter, *White Lotus Teachings in Chinese Religious History*, Honolulu, HI: University of Hawaii Press, 1999.

Hartwell, Robert M., 「A Revolution in the Chinese Iron and Coal Industries During the Northern Sung, 960-1127.」 *Journal of Asian Studies*, 21-2 (February)1962:153-62.

He Cangchui, *Food security*（何昌垂：糧食安全）, Beijing: Kexue Wenxian, 2013

He Fang, 「China's lessons on the Korean War issue」（何方：中國在朝鮮戰爭問題上的教訓）, *Yanhuang chronicle*（炎黃春秋）, Beijing, No. 9, 2013.

He Fang, 「Commemorating the 60th anniversary of the ending of Korean」（何方：朝鮮戰爭停戰六十年祭）, 21ccom.net/articles/sdbb/2013/1226/97720.html, posted January 9, 2014.

He Fang, *Notes on Party History-from Zunyi Meeting to Yanan Rectification*（何方：黨史筆記——從遵義會議到延安整風）, Hong Kong: Liwen Publisher, 2005.

He Ping & Huang Wenguang, *Deadly games of China's powerful: the secret report on the Bo Xilai incident*（何頻、黃聞光：中國權貴的死亡遊戲——薄熙來事件祕密報告）, English version: *A Death in the Lucky Holiday Hotel: Murder, Money, and an Epic Power Struggle in China*, New York: Public Affairs, 2013), Hong Kong: Lingxiu , 2013.

Hendrix, Steve, 「Chinese 'Truth' - Take Two,」 *The Washington Post Blog*, August 14, 2008.

Herbst, Jeffrey, *States and Power in Africa: Comparative Lessons in Authority and Control*, Princeton, NJ: Princeton University Press, 2000.

Hessler, Peter, *Oracle Bones: A Journey Between China's Past and Present*, New York, NY: Harper, 2006

Hevia, James, *Cherishing Men from Afar: Qing Guest Ritual and the Macartney Embassy of 1793*, Durham, NC: Duke University Press, 1995.

Hidalgo, César, *Why Information Grows: The Evolution of Order, from Atoms to Economies*. New York, NY: Basic Books 2015.

Hinton, William, *Fanshen: A Documentary of Revolution in a Chinese Village*, Berkeley, CA: University of California Press, 1966.

Ho Ping-ti, *The Ladder of Success in Imperial China: Aspects of Social Mobility, 1368-1911*, New York: John Wiley, 1964.

Ho, Ping-ti, 「The Chinese Civilization: A Search for the Roots of its Longevity,」 *The Journal of Asian Studies*, Vol. 35-4 (August) 1976: 547-554.

Hoffman, Philip, *Why Did Europe Conquer the World?* Princeton, NJ: Princeton University Press, 2015.

Hollander, Paul, *Western Intellectuals in Search of the Good Society*, Piscataway, NJ: Transactions (1981) 1997.

Hooper, Beverley, *China Stands Up: Ending the Western Presence, 1948-1950*, New York:Allen & Unwin, 1986

Hoover Institution Archives, *Communist Chinese political movement collection*, Stanford University, opened 2014.

Höpel, Thomas, *The French-German Borderlands: Borderlands and Nation-Building in the 19th and 20th Centuries*, Mainz, Germany: Institute of European History, 2012.

Hou Yangfang, *Chinese demographic history*（侯楊方：中國人口史）, vol. 6, Shanghai: Fudan Daxue, 2001.

Hsiao, Kung-chuan, *History of Chinese Political Thought, Volume 1: From the Beginnings to the Sixth Century, A.D.*, Translated by F. W. Mote. Princeton:Princeton University Press, 1979.

Hsiung, James C. ed. *The Xi Jingping Era: His Comprehensive Strategy Toward the China Dream*, New York, NY: CN Times, 2016.

Hsu, Immanuel Chung-yueh, *The Rise of Modern China*, New York, NY: Oxford University Press, 1995.

Hu Huanyong, "Distribution of Chinese Population」（胡煥庸：中國人口之分佈）, *Gegraphy*

（地理學報），No. 2, 1935.

Hu Huanyong, *Selected works on demographic geography by Hu Huanyong*（胡煥庸人口地理選集），Beijing: Zhongguo Caizhengjingji, 1990.

Hu Jintao,「Continue to push forward the great cause of reform and opening」（胡錦濤：繼續把改革開放偉大事業向前推進），*Seeking truth*（求實〔求是〕），Beijing: CCP Central Committee, No.1. 2008: 4.

Hu Jintao,「Promote common development, build together a harmonious Asia」（胡錦濤：推動共同發展，共建和諧亞洲），Keynote speech at the Boao Asian Forum, Boao, CCTV, April 15, 2011.

Hu Jintao,「Report to the 17th CCP National Congress」（胡錦濤：十七大政治報告），Beijing, October 15, 2007.

Hu Jintao,「Report to the 18th CCP National Congress」（胡錦濤：十七大政治報告），Beijing, November 8, 2012.

Hu Jintao, *Speech at the national work conference on politics and law*（胡錦濤：在全國政法工作會議上的講話），Beijing, December 26, 2007.

Hu Pengci,「The origin of『four greats』」（四個偉大的由來），*Yanhunag chronicle*（炎黃春秋），Beijing, No. 1, 2014.

Hu Pengci,「Why Liu Shoaqi was bold at the『Meeting of Seven Thousands People』」（胡鵬池：為什麼劉少奇在「七千人大會」上膽子大），August 4, 2015.

Hu Ping, *People's domestication, avoidance, and rebellion*（胡平：人的馴化、躲避與反叛），Hong Kong: Asian Science, 1999.

Hu Ping, *The Thought Remolding Campaign of the Chinese Communist Party-State*, translated by Philip F. Williams and Yenna Wu, Amsterdam: Amsterdam University Press, 2012.

Hu Qiaomu, *Hu Qiaomu remembers Mao Zedong*（胡喬木回憶毛澤東），Beijing: Renmin, (1994) 2003.

Hu Shi,「Full world-ization and total westernization」（胡適：充分世界化與全盤西化）in *Hu Shi and Sino-Western cultures*（胡適與中西文化），Taipei: Shuiniu She, 1965.

Hu Shih,「The Conflict of Ideologies,」*Annals of the American Academy of Political and Social Science*, Vol. 218, (Nov.) 1941: 26-35

Hu Xianzhong ed., *How was the elite destroyed?*（胡顯中：菁英是怎樣被毀滅的？）Hong Kong: Wuqi Xueshe, 2012.

Hu Xingdou,「How sad my China: China has become a country that fakes everywhere（胡星斗：哀我中華——中國已經淪為無處不造假的國家），*China report weekly*（中國報導週刊），August 12, 2008.

Hu Zhian,「Fate of the Central special case teams personnel after the Cultural Revolution」（胡治安：中央專案組人員文革後的遭遇），*Yanhuang chronicle*（炎黃春秋），No. 9, 2014: 30-31.

Hua Cheng,「Education in the ROC era, always at the front of the world」（華成：民國時期的教育，一直走在世界的前沿），blog.sina.com.cn/s/blog_600e38b00101qbw2.html, posted February 20, 2014.

Hua Guofeng, *Unite, to struggle for constructing a socialist great power*（華國鋒：團結起來，為建設社會主義現代化強國而奮鬥），Beijing: Government work report to the Fifth National

People's Congress, February 26, 1978.

Hua Yishi, 「Song Yongyi on the truth of the 「golden era」 of the beginning of the CCP creation of the state」（華逸士：宋永毅談中共建國初期「黃金時代」的真相）, *The events*（大事件）, New York, No. 42 (April 6), 2015.

Huan Qiu, 「Shocking: the death toll of eight-years resistance war is 40 million or 7 million?」（震撼：八年抗戰中國死難者人數 4000 萬還是 700 萬？）*Global focus*（環球聚焦）, July 7, 2005.

Huang Aihe, 「Lanfang: a Chinese 『country』 floating in the south sea（黃艾禾：蘭芳——飄在南洋的華人之「國」）, *National history*（國家歷史）, Chengdu, No. 6, 2009.

Huang Chih-Lien, *Studies of Celestial system of rule by rituals*,（黃枝連：天朝禮治體系研究）, Beijing: Renmin Daxue, 3 volumes, 1994.

Huang Hanmin, 「Estimate of national and Shanghai industrial output in the 1930s」（黃漢民：1930 年代上海和全國工業產值的估計）, in Du Xuncheng et al, *Collection of articles to celebrate the 90th birthday of Professor Wang Jingyu*（杜恂誠：汪敬虞教授九十華誕紀念文集）, Beijing: Renmin, 2007.

Huang Jianxin & Han Sanping (directors), *The Beginning of the Great Revival*（建黨偉業 the great founding of the party), historical fiction movie produced to celebrate the CCP's 90th birthday, Beijing, 2011.

Huang Jingjing, 「'Silent Contest' silenced,」 *Global Times*, Beijing, November 17, 2013.

Huang Jinsheng, 「The case-teams behind the key and critical cases」（黃金生：大案要案背後的專案組）, *National humanity history*（國家人文歷史）, Beijng, March 27, 2014:18-22.

Huang Liang, 「Stick to 『three supremacies』 forever」（黃亮：始終堅持「三個至上」）, Beijing, cpc.people.com.cn/pinglun/n/2014/0110/c241220-24084550.html, accessed January 26, 2015.

Huang Minxing, 「Empires as international systems: Tang and Abbasid Caliphate」（黃民興：作為國際體系的帝國：唐朝與阿拔斯王朝的比較）, Liu Debin ed., *The Birtish school and the study of international relations history*（劉德斌：英國學派與國際關係史研究）, Beijing: Peking University, 2011: 133-142.

Huang Renyu (Ray), *Grand history of China*（黃仁宇：中國大歷史）, Beijing: Sanlian, 2007.

Huang Renyu, *Reading Chiang Kai-shek's diary from the perspectives of grand history*（黃仁宇：從大歷史的角度讀蔣介石日記）, Beijing: Zhongguo Shehui Kexue, 1998.

Huang Wenxiong, *History of Chinese cannibalism*（黃文雄：中國食人史）, Taipei: Qianjin Press, 2005.

Huang Zhangjin, 「Great Qing's GDP and the indemnity of Sino-Japanese War」（黃章晉：大清的 GDP 與甲午戰爭賠償）, theory.gmw.cn/2010-12/21/content_1485070.htm, accessed November 25, 2013.

Huang Zhangjin, 「State-enterprise destroyed the Song」（黃章晉：亡宋者，國有制也）. 21ccom.net/articles/lsjd/lsjj/article_2010101521953.html. Posted October 15, 2010.

Huang Zongxi, *Memos for the upcoming visitor before dawn-on law*（黃宗羲：明夷待訪錄——原法）, Beijing: Zhonghua Shuju, (17th Century) 1981-A.

Huang Zongxi, *Memos for the upcoming visitor before dawn-on ruler*（黃宗羲：明夷待訪錄——原君）, Beijing: Zhonghua Shuju, (17th Century) 1981-B.

Huang, Philip, 「Development or Involution in Eighteenth-Century Britain and China?」 *The Journal of Asian Studies*, l61-2, May 2002.

Huang, Ray, *1587, a Year of No Significance: The Ming Dynasty in Decline*. New Haven, CT: Yale University Press, 1981.

Huang, Yasheng, *Capitalism with Chinese Characteristics: Entrepreneurship and the State,* New York, NY: Cambridge University Press, 2008.

Huang Zheng, *Liu Shaoqi's last years*（黃崢：劉少奇的最後歲月）, Beijing:Jluzhou, 2011.

Hui, Victoria Tin-Bor, "How China Was Ruled?" *The American Interest*, March/April 2008.

Hui, Victoria Tin-Bor, 「War, formation of the state and civil rights: comparative study of Spring-Autumn and Warring States with early modern Europe」（許田波：戰爭、國家形成與公民權：春秋戰國與近代早期歐洲比較）, *World economy and politics*（世界經濟與政治）, Beijing, No. 9, 2008: 6-20.

Hui, Victoria Tin-Bor, *War & State Formation In Ancient China & Early Modern Europe*, Cambridge University Press, 2005.

Hung, Ho-fung, *Protest with Chinese Characteristics: Demonstrations, Riots, and Petitions in the Mid-Qing Dynasty*, New York, NY: Columbia University Press, 2011.

Hung, Ho-fung, *The China Boom: Why China Will Not Rule the World*. New York: Columbia University Press, 2015

Hung, Wu ed.,*Tenth-century China and Beyond: Art and Visual Culture in a Multi-centered Age,* Chicago:Art Media Resources, 2012.

Huxley, Aldous, *Brave New World*, London: Chatto & Windus, 1932.

Hwang, Byong Moo, 「The Role and Responsibilities of China and the Former Soviet Union in the Korean War,」 *International Journal of Korean Studies*, Vol. XIV, No. 2, 2010.

Hwang, Jang-yop（황장엽）, *Hwang Jang Yop's Memoirs*, Cumberland, MD: Zeitgeist 2006.

Hymes, Robert P. & Conrad Schirokauer, eds. *Ordering the World: Approaches to State and Society in Sung Dynasty China*, Berkeley, CA: University of California Press, 1993.

ICP (International Comparison Program) of the World Bank, *Purchasing Power Parities andReal Expenditures of World Economies: Summary of Results and Findings of the 2011*, Washington DC: IBRD, 2014.

Ikenberry, G. John, *Liberal Leviathan: The Origins, Crisis, and Transformation of the American World Order*, Princeton, NJ: Princeton University Press, 2011.

Ikenberry, G. John, Wang Jisi, and Zhu Feng eds., *America, China, and the Struggle for World Order: Ideas, Traditions, Historical Legacies, and Global Visions*, New York: Palgrave Macmillan, 2015: 43-68.

IMF, 「China: International Reserves and Foreign Currency Liquidity,」 Washington, DC: IMF, 10/2014.

IMF, *World Economic Outlook October 2014*, Washington, DC: IMF, 2014.

Institute of History of Chinese Social Sciences Academy, *Concise textbook of Chinese history*（簡明中國歷史讀本）, Beijing, Zhongguo Shehui Kexue, 2012.

Israel, John, *Lianda: A Chinese University in War and Revolution*, Stanford, CA: Stanford University Press, 1999.

Israeli, Raphael, *Islam in China: Religion, Ethnicity, Culture, and Politics,* Lanham, MD: Lexington

Books, 2002.

Jacobs, Andrew, 「Non-Communist Parties Lend China an Air of Pluralism, Without the Mess,」 *The New York Times*, March 13, 2013: A6.

Jacobs, Dan, *Borodin: Stalin's Man in China*, Cambridge, MA: Harvard University Press, 1981.

Jacobs, Justin M., *Xinjiang and the Modern Chinese State*, Seattle, WA: University of Washignton Press, 2016.

Jen, Yu-wen, *The Taiping Revolutionary Movement,* New Haven: Yale University Press, 1973.

Jenkins, Philip, *The Lost History of Christianity*, New York: Harper Collins, 2008.

Jersild, Austin, *Sharing the Bomb among Friends: The Dilemmas of Sino-Soviet Strategic Cooperation*, CWIHP e-Dossier No. 43, Washington DC: Wilson Center, 2013.

Ji Qiufeng, 「Grand unification: concept, scope and its historical implication」（計秋楓：大一統──概念，範圍及其歷史影響）, *Guangming daily*（光明日報）, Beijing, April 27, 2008.

Jia Zhifang, *My life's dossier*（賈植芳：我的人生檔案）, Nanjing: Jiangsu Wenyi, 2009.

Jian Bozan, *History of Qin-Han*（翦伯贊：秦漢史）, Hong Kong: China Books, 1984.

Jian Chen, *China's Road to the Korean War*, New york, NY: Columbia University Press, 1996.

Jian Feng, 「Looking at Song by its socioeconomic development（劍鋒：從社會經濟發展看宋朝）, *Study times*（學習時報）, Beijing, August 23, 2009.

Jiang Fuchong, 「Studies of Chanyuan treaty」（蔣復璁：澶淵之盟的研究）, in *Studies of Song history*（宋史研究集）, Issue 2, Taipei, 1964.

Jiang Gongtao & Zhang Ming, *Zhognguo tongshi-Mingqing shi* (Chinese general history-Ming and Qing), Beijing: Jiuzhou Press, (1978) 2010.

Jiang Linping, 「The emergence of the groups of 『liberated soldiers』」（江林平：「解放戰士」群體的產生）, *Party documents*（黨的文獻） bimonthly, Beijing: CCP Central Documents Bureau, 3 (May) 2012: 96-103.

Jiang Mei, 「To put 『Chinese history』 back inside 『world history』」（江湄:重新將「中國史」置於「世界史」之中）, *Reviews of global history*（全球史評論）, Beijing, No. 7, 2014.

Jiang Qing, *Political Confucianism*（蔣慶：政治儒學）, Beijing: Sanlian, 2003

Jiang Rong, *Wolf totem*（姜戎：狼圖騰）, Wuhan: Changjiang Wenyi, 2004: 378-401.

Jiang Tingyu, 「The inheritance and development of Mao Zedong Strategic thought by Deng Xiaoping」（姜廷玉：鄧小平對毛澤東軍事戰略思想的繼承與發展）, *People's net*（人民網）, Beijing, August 12, 2014.

Jiang Yingfeng, 「Chinese painting and calligraphy are backward for 2000 years」（江因風：國畫書法落後 2000 年）*Art war*（藝術戰爭）, chuansongme.com/n/420872, posted April 4,2014.

Jiang Yongjing & Liu Weikai, *Chiang Kai-shek and the KMT-CCP peace and war*（蔣永敬、劉維開：蔣介石與國共和戰）, Taipei: Shangwu, 2013.

Jiang Zemin, 「Report to the 15th CCP National Congress」（江澤民：十五大政治報告）, Beijing, September 12, 1997.

Jiang Zemin, Preface of *Concise textbook of Chinese history*（江澤民：簡明中國歷史讀本‧序）, Beijing, Zhongguo Shehui Kexue, 2012.

Jiang Zemin, *Selected works of Jiang Zemin*（江澤民文選）, Beijing: Renmin, 2006.

Jin Chongji ed., *Biography of Mao Zedong*（金沖及：毛澤東傳）, 3 volumes, Beijing: Zhongyang

Wenxian, 2003 & 2004.

Jin Chongji, *Biography of Liu Shaoqi*（金沖及：劉少奇傳）, Beijing: Zhongyang Wenxian, 1998.

Jin Chongji, *The history of a book*（金沖及：一本書的歷史）, Beijing: Zhongyang Wenxian, 2014.

Jin Congji,「Daily life in the concessions in China」（金沖及：中國租界裡的日常生活）, *Reading weekly*（讀書周報）, Shanghai, September 17, 2004.

Jin Guantao & Liu Qinfeng, *Rise and crisis- On the super stable structure of the Chinese society*（金觀濤、劉青峰：興盛與危機──論中國社會超穩定結構）, Beijing: Fali, 2011.

Jin Hui,「Memorandum on『Three-Year natural disaster』」（金輝:「三年自然災害」備忘錄）, *Society*（社會）, Shanghai, No. Z2, 1993: 13-22.

Jin Shenghe & Xie Xihong, *Changping battle*（靳生禾、謝鴻喜：長平之戰）, Taiyuan: Shanxi Renmin, 1998.

Jin Xingyao, *Qing's pen-calamities*（金性堯：清代筆禍）, Beijing: Zijingcheng, 2010.

Jin Yinan, *Hardship and glory*（金一南：苦難輝煌）, Beijing: Huayi, 2010。

Jin Zhong ed. *Fifty years of the Communist China*（金鐘：共產中國五十年）, Hong Kong: Kaifang, 1999.

Jing Chu,「Also on the sick personality of the Chinese」（荊楚：也論中國人的病態人格）, blog.boxun.com/hero/jingchu/27_1.shtml, acessed September 29, 2014.

Johnson, Keith & Dan De Luce,「U.S. Gears Up to Challenge Beijing's『Great Wall of Sand』,」*Foreign Policy*, September 22, 2015.

Johnston, Alastair Iain, *Cultural Realism: Strategic Culture and Grand Strategy in Chinese History*, Princeton, NJ: Princeton University Press, 1995.

Jones, Eric, *The European Miracle: Environments, Economies and Geopolitics in the History of Europe and Asia*, Cambridge, UK: Cambridge University Press, (1987) 2003.

Joseph, Philip, *Foreign diplomacy in China, 1894-1900: a study in political and economic relations with China*, New York, NY: Octagon Books, 1928.

Kan Huai-chen ed., *The concepts of tianxia and China in the history of East Asia*,（甘懷真編：東亞歷史上的天下與中國概念）, Taipei: Taiwan Daxue, 2007.

Kang Youwei, *Datong shu (Book of great unity*（康有為：大同書）, Shanghai: Shanghai Guji (1902) 2005.

Kang Youwei, *Third submission to the emperor*（康有為：上皇帝第三書）, 1898. In Zhang Yong ed., *Reference documents of Chinese history of thoughts-late Qing to republic*（張勇：中國思想史參考資料集──晚清至民國）, vol. 1, Beijing: Tsinghua University Press, 2005.

Kang, David Chan-oong, *East Asia Before the West: Five Centuries of Trade and Tribute*, New York, NY: Columbia University Press, 2010.

Kantorowicz, Ernst H., *The King's Two Bodies*, Princeton, NJ: Princeton University Press,1957.

Karl,Rebecca E., *Mao Zedong and China in the Twentieth-Century World: A Concise History*, Durham: Duke University Press, 2010.

Kaufman, Alison Adcock,「The『Century of Humiliation』: Then and Now: Chinese Perceptions of the International Order,」*Pacific Focus*, 25-1, 2010: 1-33.

Ke Yuehai et al,「Y Chromosome evidence supporting that the modern Chinese originated from Africa」（柯越海等：Y染色體遺傳學證據支持中國人起源於非洲）, *Chinese science bulletin*（科學通報）, Beijing, No. 5, 2001.

Keightley, David N. ed *The Origins of Chinese Civilization*, Berkeley, CA: University of California Press, 1983.

Kennan, George F., "The Sources of Soviet Conduct", *Foreign Affairs* 25 (4) 1947: 566-582.

Kennan, George F., *Realities of American Foreign Policy*, Princeton, NJ: Princeton University Press, 1954.

Khatri1, Naresh, Eric Tsang & Thomas Begley,「Cronyism: a cross-cultural analysis,」*Journal of International Business Studies*, 37, 2006: 61-75.

King, Gary, Jennifer Pan &Margaret E. Roberts,「How the Chinese Government Fabricates Social Media Posts for Strategic Distraction, not Engaged Argument,」Harvard University papers, May 17, 2016

Kingston, Jeff,「Crony capitalism: corruption, disparities and stifled initiative,」*The Japan Times*, June 2, 2013.

Kirkland, Russell, *Taoism: The Enduring Tradition*, New York and London: Routledge, 2004.

Kissinger, Henry, *On China*, New York, NY: Penguin, 2011

Kissinger, Henry, *The White House Years*, New York, NY: Simon & Shuster, 1979.

Kissinger, Henry, *World Order*, New York, NY: Penguin, 2014.

KMT Central, *Penetrating look at the CCP*（中國共產黨之透視）, Shanghai: Dahai, 1935.

Knoblock, John, *Xunzi: A Translation and Study of the Complete Works*, Vols. I-III, Stanford, CA: Stanford University Press, 1988, 1990 & 1994.

Kohn, Livia, *The Taoist Experience: An Anthology*, Albany, NY: SUNY Press, 1993.

Ko akowski, Leszek, *Freedom, Fame, Lying And Betrayal: Essays On Everyday Life*, Boulder, CO: Westview, 1999.

Ko akowski, Leszek, *Main Currents of Marxism: The Founders, the Golden Age, the Breakdown*, 3 volumes, New York: Norton, (1978) 2005.

Kong Hanbin,「The transplant and intensification of the Soviet economic model in China」（孔寒冰：蘇聯經濟模式在中國的移植和強化）, in Sino-Russian History Society ed., *History and realty of Sino-Russian relations*（中俄關係的歷史與現實）, vol. 2, Beijing: Shehui Kexue Wenxian, 2010.

Kong Li, *Inquisitions in the Qing era*（孔立：清代文字獄）, Beijing: Zhonghua Shuju, 1980.

Konoe, Fumimaro（近衛文麿）,「Second Declaration to China,」November 3, 1938. Collected in Gu Weijun, *Gu Weijun memoirs*（顧維鈞回憶錄）, vol. 2-B, Beijing: Zhonghua Shuju, 1985: 357-359.

Korb, Lawrence J.,「Turning the Asia Pivot Into a Real 『Obama Doctrine』,」*Defense One Newsletter*, June 12, 2014.

Kraus, Richard Curt, *The Cultural Revolution: A Very Short Introduction*. New York, NY: Oxford University Press, 2012.

Kroeber, Arthur R.,「Here is Xi's China: Get used to it,」*China File,* December 11, 2014.

Ku Hung-Ming (Gu Hongming), *The Spirit of the Chinese People*, Peking: Peking Daily News, 1915.

Kuai Tong &Liu Xiang, *Strategies of the Warring States*（蒯通、劉向：戰國策）, Beijing: Zhonghua Shuju: (2nd Century BCE) 2006.

Kuhn, Philip A., *Rebellion and Its Enemies in Late Imperial China; Militarization and Social Structure, 1796-1864*, Cambridge, MA: Harvard University Press, 1970.

Kuhn, Philip A., *Soulstealers: The Chinese Sorcery Scare of 1768*, Cambridge, MA: Harvard University Press, 1992.

Kuo, Lily,「China's economy became a tiny bit more equal in 2013,」qz.com/168619, January 20, 2014.

Kwong, Luke S.K., *A Mosaic of the Hundred Days: Personalities, Politics, and Ideas of 1898*, Cambridge, MA: Harvard University East Asia Center, 1984.

Lagerkvist, Johan, *After the Internet, Before Democracy*, Bern, Switzerland: Peter Lang, 2010.

Lahart, Justin,「With Less Chinese Support, BRICs Tumble,」*The Wall Street Journal*, December 30, 2014.

Lai Hairong,「Lie low hiding is value not means, shall never expire」（賴海榕：韜光養晦是價值不是手段永遠不會過時）, laihairong.blog.caixin.com/archives/140869. January 4, 2016.

Lampton, David & James Mann,「What's your China fantasy,」*Foreign Policy*, May 15, 2007.

Lampton, David,「How China is Ruled: Why It's Getting Harder for Beijing to Govern,」*Foreign Affairs*, 93-1, 2014:74-84.

Lampton, David, *The Three Faces of Chinese Power: Might, Money, and Minds*, Berkeley, CA: University of California Press, 2008

Landes, David S., *The Unbound Prometheus: Technological Change and Industrial Development in Western Europe from 1750 to the Present*, 2nd edition, New York, NY: Cambirdge Univestiy Press, 2003.

Landes, David S., *The Wealth and Poverty of Nations: Why Some Are So Rich and Some So Poor*, New York, NY: Norton, 1998.

Lang Jun「The biggest black dot in Lin Biao's life: plan and command the war of starvation in Changchun」（朗鈞：林彪人生最大汙點──策動指揮「長春餓殍之戰」）, 21ccom. net/articles/history/xiandai/20140816111366.html, accessed August 28, 2014.

Langlois, John D., *China Under Mongol Rule*, Princeton, NJ: Princeton University Press, 1981.

Lao Yu,「Qi Gong and Mao Zedong」（老愚：啟功與毛澤東）, *Financial Times in Chinese*, posted December 25, 2014.

Lattimore,Owen, *Inner Asian Frontiers of China*, New York: American Geographical Society, (1940) 1951.

Leading Group, ed., *Collection of the studies on Zheng He's sailings 1905-2005*（鄭和下西洋研究文選 1905-2005）, Beijing: Haiyang, 2005.

Lee, Erika, *At America's Gates: Chinese Immigration during the Exclusion Era, 1882-1943*, Chapel Hill, NC: University of North Carolina Press, 2003.

Lee, James and Wang Feng, *One Quarter of Humanity: Malthusian Mythology and Chinese Reality, 1700-2000*, Cambridge, UK: Cambridge University Press, 1999.

Lei Yi,「Jiawu war and the change of views of state in China」（雷頤：甲午戰爭與現代中國國家觀念變遷）, Beijing, *Economy observer*（經濟觀察報）, August 22，2014.

Lei Yi,「Taboos of words」（雷頤：詞彙的禁忌）, Beijing, *Economy observer*（經濟觀察報）, July 21, 2010.

Lei Yi, *Li Hongzhang and the last 40 years of the Qing*（雷頤：李鴻章與晚清四十年）, Taiyuan:

Shanxi Renmin, 2008.

Leng Rong et al eds. *Chronicles of Deng Xiaoping*（冷容等：鄧小平年譜）, Vol. 2, Beijing: Central Documents Press, 2004.

Lensen, George, *The Damned Inheritance: The Soviet Union and the Manchurian Crises, 1924-1935*, Tallahassee FL: Diplomatic Press, 1974.

Leonard, Mark, *What Does China Think?* New York, NY: Public Affairs, 2008

Levenson, Joseph, *Confucian China and its Modern Fate*, vol. 2, Berkeley, CA: University of California Press, 1965.

Levenson, Joseph, *Liang Ch'i-ch'ao and the Mind of Modern China*, 2nd edition, Cambridge, MA: Harvard University Press, 1959.

Levenson, Joseph, *Modern China and its Confucian Past*, vol. 1, New York: Doubleday, 1964.

Levine, Steven I., "A New Look at American Mediation in the Chinese Civil War: the Marshall Mission and Manchuria." *Diplomatic History*, 3-4, 1979: 349-375.

Lewis, Mark Edward & Meuyu Hsieh,「The Politics of Tianxia in Han China: The Emergence of a Trans-cultural Empire,」paper presented to the「Tianxia Workshop,」Stanford University, 2011.

Leys, Simon (Pierre Ryckmans), *The Chairman's New Clothes: Mao and the Cultural Revolution*, New York, NY: St Martin's, 1971.

Li Biyan *Crisis and reconstruction: Tang Empire and its local lords*（李碧妍：危機與重構——唐帝國及其地方諸侯）, Beijing: Beijing Shifan Daxue, 2015.

Li Cheng,「China's Team of Rivals,」*Foreign Policy*, March/April 2009.

Li Cheng, *China's Changing Political Landscape: Prospects for Democracy*, Washington, DC: Brookings, 2008.

Li Cheng, *China's Leaders*, Lamham, MD: Rowman & Littlefield, 2001;

Li Chengpeng,「On talking」（李承鵬北大演講錄：說話）, public lecture at Peking University, November 18, 2012, blog.sina.com.cn/s/blog_3df2803d0101asm8.html.

Li Chengpeng,「Reading history but don't believe love anymore（李承鵬：看著歷史書卻不相信愛情了）, blog.sina.com.cn/s/blog_46e7ba410102ed7u.html, accessed February 8, 2014.

Li Chengyu,「Mao's killing quotas,」*China Rights Forum*, New York, No. 2, 2005.: 41-44.

Li Dandan & Lu Xiaoping,「Total market mobilization: ministries first ever joint effort to save the stock market」（李丹丹、盧曉平：全市場總動員——部委首次聯動救股市）, gov. cn/zhengce/2015-07/09/content_2894278.htm, posted July 9, 2015.

Li Danhui,「Sino-Soviet border conflicts in 1969: origin and results」（李丹慧：1969 年中蘇邊界衝突——緣起和結果）, *Contemporary China history studies*（當代中國史研究）, No. 3, 1993.

Li Fan,「Why the current idealoty is becoming quite leftist」（李凡：為什麼現在的意識形態變得比較左）, cn.nytimes.com/china/20130624/cc24lifan1/, posted June 24, 2013.

Li Fangchun,「Bitterness, revolutionary conversion and thought power」（李放春：苦，革命教化與思想權力）, *Open times*（開放時代）, Guangzhou, No. 10, 2010: 5-35.

Li Fangzhou,「Use history to build cultural self-confidence」（李方舟：以史為鑑，文化自信）, *Guangming net*（光明網）, Beijing, October 14, 2014.

Li Feng, *Landscape and Power in Early China: The Crisis and Fall of the Western Zhou 1045-771 BC*,

New York: Cambridge University Press, 2006.

Li Fion & Kyoungwha Kim, 「China's Reserves Retreat From $4 Trillion Mark as Outflows Seen,」 *Bloomberg News*, October 16, 2014.

Li Hongzhang, *Memo on reconsidering not cut steamboat building*（李鴻章：覆議製造輪船未裁撤折）, 1877. Cited in Liang Qiuchao, *Biography of Li Hongzhang*（梁啟超：李鴻章傳）, Guangzhou: Baihua, (1901) 2009.

Li Jing, 「First round of Sino-American economic dialogue」（李靜：首輪中美經濟對話）, China News Agency, July 29, 2009.

Li Jingde ed., *Master Zhu's words*（黎靖德：朱子語類）, 8 volumes, Beijing: Zhonghua Shuju, (1270) 1999.

Li Konghuai, *History of administrative system in ancient China*（李孔懷：中國古代行政制度史）, Shanghai: Fudan Daxue, 2006.

Li Ling, *The only rule: the philosophy of struggle in Sun Zi*（李零：《孫子》的鬥爭哲學）, Beijing: Salina, 2010.

Li Ling, *Fate determines life and death and fortune is all up to the heaven: the natural philosophy in Zhou Yi*（李零：《周易》的自然哲學）, Beijing:Sanlian, 2013.

Li Peng, 「What type of life experience is two designations,」（李鵬：被雙規是一種怎樣的人生體驗）, club.business.sohu.com/enjoy/thread/30u9z84k48j, posted March 3, 2015.

Li Qingfeng ed., *History banned by the* CCP（李清鋒：中共禁止的歷史）, Deer Park, NY: Haya, 2013.

Li Ran ed., *Illustrated Twenty-four Filial Exemplars*,（李然：二十四孝圖說）, Shanghai: Shanghai Daxue, (Yuan Dynasty) 2006.

Li Rui, *Li Rui on Mao Zedong*（李銳談毛澤東）, Hong Kong: Shidai Guoji, 2008.

Li Rui,*Real records of Lushan Conference*（李銳：廬山會議實錄）, Zhengzhou: Henan Renmin, 1999.

Li Rui, *Witness account of the Great Leap Forward*（李銳：大躍進親歷記）, 2 volumes, Haikou: Nanfang, 1999.

Li Rui, *Young Mao Zedong*（李銳：早年毛澤東）, Shenyang: Liaoning Renmin, 1993.

Li Sheng, *Hisotry of the Confucian religion in China*（李申：中國儒教史）, 2 volumes, Shanghai: Shanghai Renmin,1998.

Li Tang, *West Jin*（李唐：西晉）, Hong Kong: Hongye, 1962.

Li Tao, *Extended addition to chronicles for the rulers*（李燾：續資治通鑑長編）, Beijing: Zhonghua Shuju, (12th Century) 2004.

Li Tianrui, 「Unseal the official pennames」（李天銳：揭祕官方筆名）, *Clean politics outlook*（廉政瞭望）, Chengdu, No. 18, October 30, 2014.

Li Tieyin, 「To have our own historiography」（李鐵映：要有自己的歷史觀）, *Chinese social science news*（中國社會科學報）, Beijing, February 27, 2015.

Li Wen, 「Special interview of Hao Bocun」（李文：專訪郝柏村）, BBC in Chinese, Taipei, July 2, 2015.

Li Xiaen, 「Emperors' face projects of the various dynasties」（李夏恩：各朝皇帝的面子工程）, *New weekly*（新週刊）, Guangzhou, No. 421 (June 15), 2014: 118-125.

Li Xiaolin & Tang Minggang eds., *Reading of the poems by Mao Zedong*（李曉琳、唐名剛：毛澤

東詩詞閱讀鑑賞）, Changchun:Jilin Wenshi, 2005.

Li Xuetong, 「Economic preparations for war by the Republican government before the July 7th incident」（李學通：七七事變前國民政府的經濟備戰）, *Studies of anti-Japanese war* （抗日戰爭研究）, No. 1, 2003: 1-18.

Li Yanyan, 「Must arrest several tendencies to protect ideological security with micro blogging」（李豔豔：維護微博意識形態安全必須糾正的幾種傾向）, *Red flag drafts* （紅旗文稿）, Beijing, No. 23 (December 13), 2014.

Li Zehou & Liu Zaifu, *Goodbye to revolution-review China in the 20th century* （李澤厚，劉再復：告別革命——回望 20 世紀中國）, Hong Kong: Tiandi, 1997.

Li Zhi-Sui. *The Private Life of Chairman Mao*, New York, NY: Random House, (1994) 2011.

Li Zhi, 「Burned book-On innocense」（李贄：焚書・童心說）, *Collected works of Li Zhi* （李贄文集）, Beijing: Yanshan, (1590) 1998.

Li Zhiti ed., *Give ideals some time* （李志題：給理想一點時間）, Chengdu: Sichuan Wenyi, 2016.

Li Zhiting, 「Scholars on 『New Qing History』: sample of 『new imperialism』 historiography」（李治亭：學者評「新清史」——「新帝國主義」史學標本）, *Chinese social science news* （中國社會科學報）, Beijing, April 20, 2105.

Li Zhiting, *China's grain shipping history* （李治亭：中國漕運史）, Taipei: Wenjin, 1997.

Li Zhongxin ed., *Study on China's community policing* （李忠信：中國社區警務研究）, Beijing: Qunzhong,1999.

Li Zhuang, 「The confiscated assets should be accounted for the people（李莊：被沒收資產應該給民眾一個交代）, *Southern metro news* （南方都市報）, Guangzhou, December 3, 2013.

Li Zuopeng, *Li Zuopeng memoirs* （李作鵬回憶錄）Hong Kong: Beixing, vol. 2, 2011.

Li, Ling, 「The Rise of the Chinese Communist Party's Disciplinary Institution (1927-2012),」 Working Paper, New York University Law School, 2015.

Li, Zhaojie, 「Traditional Chinese World Order,」 *Chinese Journal of International Law*, Wuhan, Hubei, Vol. 1-1, 2002.

Liang Jiabin, *Study of the Guangdong thirteen firms* （梁嘉彬：廣東十三行考）, Gaungzhou: Guangdong Renmin, 1999.

Liang Qichao, 「On young China」（梁啟超：少年中國說）, *Yingbingshe collection* （飲冰室合集）, vol. 5, Beijing: Zhonghua Shuju, (1900) 1989.

Liang Qichao, 「Value of Sun Wen」（梁啟超：孫文的價值）, *Morning news* （晨報）, Beijing, March 13, 1925.

Liang Qichao, *About the Wuxu coup* （梁啟超：戊戌政變記）, Hong Kong: Zhonghua Shuju, (1899) 1957.

Liang Qichao, *Complete collections of Yingbing chamber* （梁啟超：飲冰室合集）, 12 volumes, Beijing: Zhonghua Shuju, (1897-1929) 1983.

Liang Qichao, *Examination of the Chinese nation in history* （梁啟超：歷史上中華民族之觀察）, *Yingbingshi zhuanji*,Vol. 27, Shanghai: Zhonghua Press (1907) 1941.

Liang Qichao, *On the major trend of changes in Chinese academic thoughts* （梁啟超：論中國學術思想變遷之大勢）, Shanghai: Guji Press <1902> 2001.

Liang Xiaosheng, *Depressed Chinese* （梁曉聲：鬱悶的中國人）, Beijing: Guangming Ribao,

2012.

Liang Zhiyuan, 「On the 『sepcial cases 』in Bo County,」(梁志遠:亳縣「特殊案件」的記述), *Yanhuang chronicle*（炎黃春秋）, Beijing, No. 7, 2014: 39-44.

Liao Min-Shu, *New thought of China's foreign relations in Qing era*（廖敏淑:清代中國對外關係新論）, Taipei: Chengchi Daxue, 2013.

Liao Yiwu, *Chats with the lowest social strata in China*（廖亦武:中國底層訪談錄）, 3 voluemes, Taipei: Maitian, 2002.

Liao Yiwu, *Last landlords: Interviews of the survivors of the land reform*（廖亦武:最後的地主——土改倖存者採訪錄）, 2 volumes, New York: Mingjing, 2008.

Lieberthal, Kenneth et al eds., *Perspectives on Modern China: Four Anniversaries*, Armonk, NY: ME Sharpe, 1991.

Lieberthal, Kenneth, *Governing China: From Revolution to Reform*, New York, NY: W. W. Norton, 2005

Lim,Louisa, *People's Republic of Amnesia: Tiananmen Revisited*, New York, NY: Oxford University Press, 2014.

Lim, Yves-Heng, 「How (Dis)Satisfied is China? A power transition theory perspective,」 *Journal of Contemporary China*, Vol. 24-92, 2015: 280-297.

Lin Baohua, 「Why the CCP ever exaggerating the death toll of resistance war?」（林保華:中共為何越來越誇大抗戰死亡人數？）, *Soutehrn news*（南方快報）, Kaohsiung, Taiwan, September 14, 2005.

Lin Biao, 「Long live the victory of people's war」（林彪:人民戰爭勝利萬歲）, *People's daily*（人民日報）, Beijing, September 3, 1965:1.

Lin Ganquan, 「On the economic base of the Qin-Han feudal despotism」（林甘泉:論秦漢專制主義的經濟基礎）, *Series on the history of Qin-Han II*（秦漢史論叢 [2]）, Xian: Shangxi Renmin, 1983.

Lin Zhe, 「Mao Zedong dismisses rule of law, self-declaring heaven-less and lawless（林喆:毛澤東輕視法制,自稱無法無天）, Hong Kong: Phoenix TV, January 5, 2013.

Lin Liguo et al, *Outline of project 571*（林立果等:五七一工程紀要）, drafted in 1971. Beijing: *CCP Central Document 24*（中共中央文件 1972-24 號）, 1972.

Lin Mu, 「Two designations: CCP's meat-grinder in new era」（林睦:雙規——新時代的中共絞肉機）, blog.boxun.com/hero/linmu/2_1.shtml, accessed January 27, 2016.

Lin Mu, *Dreams still empty when candles are out*（林牧:燭燼夢猶虛）, Hong Kong: Xin Shiji, 2002.

Lin Shanshan, 「Man self-reports stories of dismantling listening devices（林珊珊:男子自述為官員拆竊聽器經歷）, *Southern people weekly*（南方人物周刊）, Guangzhou, December 6, 2012.

Lin Yifu, *Demystifying Chinese economy*（林毅夫:解讀中國經濟）, Beijing: Peking University, 2012.

Lin Yunhui & Gu Xunzhong, *The rhapsody of people's communes*（林蘊暉、顧訓中:人民公社狂想曲）, Zhengzhou: Henan Renmin, 1995.

Lin Yutang, *My Country and My People*, New York, NY: John Day Company, 1935.

Lincoln, W. Bruce, *The Conquest of a Continent: Siberia and the Russians*, Ithca, NY: Cornell

University Press, 2007.

Linda, 「How 『1984』 is China? Complexities of Censorship in the People's Republic.」 *The Chinese Nightingale*, April 3, 2013.

Link, Perry, *An Anatomy of Chinese: Rhythm, Metaphor, Politics*, Cambridge, MA: Harvard University Press, 2013.

Linz, Juan J. & Alfred Stepan, *Problems of Democratic Transition and Consolidation: Southern Europe, South America, and Post-Communist Europe,* Baltimore, MD: Johns Hopkins University Press, 1996.

Linz, Juan J., *Totalitarian and Authoritarian Regimes*, Boulder, CO: Lynne Rienner, 2000.

Liu Baiwen, 「2600-year old salt monopoly may end in 2016」 (劉百穩：延續了 2600 年食鹽專營 2016 年或終結), *Chinese business* (華商報), Beijing, November 21, 2014.

Liu Bo, *Origin-authenticating the Chinese source of human civilization* (流波：源——人類文明中華源流考), Changsha: Hunan Renmin, 2008.

Liu Fengyun, Mao Jianzhong & Liu Wenpeng eds. *Politics and national identity in the Qing Dynasty* (劉鳳雲、茅建中、劉文鵬：清代政治與國家認同), 2 volumes, Beijing: Renmin Daxue, 2012.

Liu Fengyun, *Remarks in red: management of bureacrats by Kangxi, Yongzheng and Qianlong* (劉鳳雲：朱批——康雍乾用人與治吏), Beijing:Dangjian, 2015.

Liu Guohua & Zhang Qingzhi, 「『Red Star Over China』: an exemplary work of foreign propaganda by the CCP」 (劉國華, 張青枝：「西行漫記」——中國共產黨對外宣傳的一個典範), *Party documents* (黨的文獻), Beijing: CCP Central Documents Bureau, No. 3 (May) 2011: 125-130.

Liu Guoyin, *On Chinese culture* (劉果因：論中國文化), Kuala Lumpur: Zhonghua Huitang, 1986: 33-36 & 200-201.

Liu Haifeng, 「Chinese influence on the imperial exam in Japan, Korea, and Vietnam (劉海峰：中國對日韓越三國科舉的影響), *Academic monthly* (學術月刊), Beijing, December, 2006: 136-142.

Liu Haifeng, 「Imperial exam system: an examination system with global influence (劉海峰：科舉制 —— 具有世界影響的考試制度), *Beijing examination news* (北京考試報), November 11, 2004:16.

Liu Huaqing, *Liu Huaqing memoirs* (劉華清回憶錄), Beijing: PLA, 2004.

Liu Huo, 「A glance of campaigns in 30 years」 (劉火：三十年間運動一覽), *Literature and history* (文史月刊), Taiyuan, No. 2, 2010:26-30.

Liu Jinfeng, 「History felt by a historian」 (劉晉鋒：一個歷史學家經歷的歷史), ohistory.org/newsdetail.aspx?id=655, posted December 30, 2013.

Liu Liyan, 「What does 『the Tang-Song transformation』 mean？」 (柳立言：何謂「唐宋變革」？) *Chinese cultural and history forum* (中華文史論叢), Shanghai, No. 81, 2006:126.

Liu Mingfu, *China dream* (劉明福：中國夢), Beijing: Zhongguo youyi, 2010.

Liu Pujiang, 「Family's ancestral law: Another study of Song taizhu's vow and its tablet (劉浦江：祖宗之法——再論宋太祖誓約記事碑), *Culture and history* (文史), No. 3, 2012: 1-16.

Liu Xiang ed., *Books of Rites - Record of dykes* (劉向：禮記‧坊記), Taipei: Shangwu, (1st century BCE) 1981.

Liu Xiaobo, 「My 19-year ties with *Kaifang*（劉曉波：我與《開放》結緣十九年），*Open*（開放），Hong Kong, December 19, 2006.

Liu Xin, 「Literature, history and philosophy should not separate」（劉欣：文史哲不該分家），*Chongqing youth* daily（重慶青年報），November 20, 2014: D4.

Liu Xu et al, *Old book of Tang*（劉昫：舊唐書），vol. 199. Beijing: Zhonghua Shuju, (10th Century) 1977.

Liu Yang, 「General Bureau of TV and Radio starts to control resist-Japan mindless TV dramas」（劉陽：廣電總局整治抗戰雷劇），*People's Daily*（人民日報），May 17, 2013.

Liu Yazhou, *Treatise on the west*（劉亞洲：西部論），2004. Excepts in *Phoenix weekly*（鳳凰週刊），Hong Kong, August 5, 2010.

Liu Yongcheng & Zhao Gang, 「Trends of changes of real income of Chinese agricultrual laborores in 17-18 centuries」（劉永成，趙岡：18、19 世紀中國農業僱工的實質工資變動趨勢），First National Archives, *Ming-Qing archives and studies of history*（第一檔案館：明清檔案與歷史研究），vol. 2, Beijing: Zhonghua Shuju, 1988: 874-875.

Liu Yuewu, 「Assimilation and unification（柳岳武：一統與統一），*Jianghuai forum*（江淮論壇），Hefei, No. 3, 2008.

Liu Zhiqing, *Rethinking after all the love and hatred: Sino-Soviet relations of 70 years*（劉志青：恩怨歷盡後的反思——中蘇關係七十年），Jinan: Huanghe, 1998.

Liu Zhongjing, 「Evolution of world system and China's nation-building」（劉仲敬：世界體系的演變與中國的國家塑造），*Beijing cultural review*（文化縱橫），No. 4 (August), 2014: 73-79.

Liu Zhongjing, 「Guo Mouruo proliferated」（劉仲敬：氾濫的郭沫若），May 7, 2015.

Liu Zhongjing, 「Quiet Russians」（劉仲敬：沉靜的俄國人），August 11, 2015.

Liu Zhongjing, 「The Game of the Far East in the 20th Century: Japan and the Soviet Union」（劉仲敬：蘇聯與日本——20 世紀遠東的博弈者），Public Lecture, Beijing: Phoenix News Salon II, July 26, 2015.

Liu Zhongjing, 「The remolding of the world order after World War I」（劉仲敬：一戰後世界秩序的重塑），public lecture in Guangzhou, March 14, 2015,

Liu Zhongjing, *Events of the Republican history*（劉仲敬：民國記事本末），Nanning: Guangxi Shifan Daxue, 8 volumes, 2013.

Liu Zhongjing, *From Huaxia to China*（劉仲敬：從華夏到中國），Nanning: Guangxi shifan daxue, 2014.

Liu Zuo & Li Weiguang eds. *Taxation in the Chinese revolutionary bases*（劉佐，李煒光：中國革命根據地的稅收），Beijing, Zhongguo Shuiwu, 2011.

Liu, Tiewa, 「Chinese Strategic Culture and the Use of Force,」*Journal of Contemporary China,* vol 23-87, 2014: 556-574.

Liu, Yawei & Justine Zheng Ren. 「An Emerging Consensus on the US Threat: the United States according to PLA officers,」*Journal of Contemporary China,* 23-86, 2014: 255-274.

Locke, John, *The Second Treatise of Government*, Indianapolis: Hackett, (1690) 1980.

Loke, Beverley, 「Conceptualising the Role and Responsibility of Great Power: China's Participation in Negotiations toward a Post-Second World War Order,」*Diplomacy & Statecraft*,

24-2, 2013: 209-226.

Long Yingtai, *Grand rivers great seas 1949*（龍應台：大江大海 1949），Hong Kong: Tiandi Tushu, 2009.

Lovell, Julia, *The Opium War: Drugs, Dreams and the Making of Modern* Chin, London: Picador, 2011.

Lu Binkuan, *Essence of the ROC Constitution*（呂炳寬：中華民國憲法精義），Taipei: Wunan Tushu, 2005: chapters 3-16.

Lu Hanchao, *China's first visiting official: Biography of Robert Hart*（盧漢超：中國第一客卿——鷺賓・赫德傳），Shanghai: Shanghai Shehui Kexue,（1986）2009.

Lu Lin et al, *Oral history of the CCP 1949-1978*（魯林等：中國共產黨口述實錄 [1949-1978]), Jinan: Jinan , 2002.

Lu Shuzheng,「International comparison of China's socioeconomic development, 1956-1978」（呂書正：1956 ～ 1978 年中國社會經濟發展的國際比較），*Journal of capital normal university*（首都師範大學學報），Beijing, No. 1, 2003.

Lu Xun,「Letter to Cao Juren」（魯迅：致曹聚仁信），June 18, 1933. *Completed works of Lu Xun*（魯迅全集），Beijing: Renmin Wenxue, vol. 12. (1933) 1981.

Lu Xun,「We are not fooled anymore」（魯迅：我們不再受騙了），*Polaris*（北斗），Shanghai, Vol. 2-2 (May 6) 1932.

Luo Ergang, *Outline history of Taiping Tianguo*（羅爾綱：太平天國史綱），Shanghai: Shangwu Yinshuguan, (1937) 1947.

Luo Pinghan, *Hisory of land reform campaign*（羅平漢：土地改革運動史），Fuzhou, Fujian Renmin, 2005.

Luo Xianglin, *Study of the Republic on West Bruno by Luo Fangbo et al*（羅香林：西婆羅洲羅芳伯等所建共和國考），Kalimantan Barat, Indonesia: Zhongguo Xueshe, 1961.

Luo Zhengyu,「Preface to Wang Guowei papers」（羅振玉：王忠愨遺書序），cited in Zhou Yan, *Wang Guowei and politics in the ROC*（周言：王國維與民國政治），Beijing: Jiuzhou, 2013.

Luo, Zhitian,「National Humiliation and National Assertion: The Chinese Response to the Twenty-one Demands,」*Modern Asian Studies*, 27-2, 1993: 297-319.

Lüthi, Lorenz M.,「Restoring Chaos to History: Sino-Soviet-American Relations, 1969,」*The China Quarterly*, 210 (June) 2012: 378-397.

Lüthi, Lorenz M., *The Sino-Soviet Split: Cold War in the Communist World*, Princeton, NJ: Princeton University Press, 2008.

Ma Jiantang,「Scientific development forges glory」（馬建堂：科學發展鑄就輝煌），*Seeking truth*（求是），Beijing, June 18, 2012.

Ma Kegui ed., *Comparative study of feudalism in China and the West*（馬克垚：中西封建社會比較研究），Beijing: Xuelin Press, 1996.

Ma Qibin, *The 40-year rule of the CCP*（馬齊彬：中國共產黨執政四十年），Beijing: Zhanggong Dangshi Ziliao, (1989) 1991.

Ma Rong,「Does China have the risk of national division in the 21st century-I」（馬戎：21 世紀的中國是否存在國家分裂的風險 [上]），*Leaders*（領導者），Beijing, No. 38 (February) 2011: 88-108.

Ma Xiangping,「Before and after the making of one Xinhua internal reporting that shock the country」（馬祥平：一篇震動全國的新華社內參的產生前後）, ah.xinhua.org/jiandu/2001-07/09/content_62628.htm, accessed December 11, 2014.

MacFarquhar, Roderick & Michael Schoenhals, *Mao's Last Revolution*, Cambridge, MA: Harvard University Press, 2009.

Machan, Tibo, "Kleptocracy," in Ronald Hamowy ed., *The Encyclopedia of Libertarianism*. Thousand Oaks, CA: SAGE, 2008.

Machiavelli, Niccolò, *The Prince*, translated by Harvey Mansfield, Chicago, IL: University of Chicago Press (1532) 1998.

Mackerras, Colin, *China in Transformation 1900-1949*, 2nd edition, London: Routledge, 2014.

MacMillan, Margaret, *Nixon and Mao: The Week That Changed the World*, New York, NY: Random House, 2008.

Maddison, Angus et al, *The World Economy Volume 2: Historical Statistics*, Paris: OECD, 2006.

Maddison, Angus, *Chinese Economic Performance in the Long Run, 960-2030 AD*, 2nd edition, Paris: OECD Publishing, 2007.

Maddison, Angus, *The World Economy: A Millennial Perspective*, Brussels: OECD, 2001.

Mallory, James P. & Victor H. Mair, *The Tarim Mummies: Ancient China and the Mystery of the Earliest Peoples from the West*, London, UK: Thames & Hudson, (2000) 2008.

Mancall, Mark, *China at the Center: 300 Years of Foreign Policy*, New York, NY: Free Press, 1984.

Mancall, Mark, *Russia and China: their diplomatic relations to 1728,* Cambridge, MA: Harvard University Press, 1971.

Mann, James, *The China Fantasy: Why Capitalism Will Not Bring Democracy to China,* New York, NY: Penguin, 2007.

Manning, Kimberley Ens & Felix Wernheuer eds., *Eating Bitterness: New Perspectives on China's Great Leap Forward and Famine*, Vancouver: UBC Press, 2012.

Mao Haijian, *Collapse of celestial dynasty: re-study the Opium War*（茅海建：天朝的崩潰──鴉片戰爭再研究）, Beijing: Sanlian, 1995.

Mao Yushi,「War and peace」（茅于軾：戰爭與和平）, 2013.

Mao Zedong,「American imperialism is the common enemy of the peoples of China and Japan（毛澤東：美帝國主義是中日人民的共同敵人）, conversation with Japanese delegation on June 21, 1960. In *Selected works on diplomacy by Mao Zedong*（毛澤東外交文選）, Beijing: Shijie Zhishi, 1994: 438.

Mao Zedong,「Comments on Beidaihe meeting's industrial documents（對北戴河會議工業類文件的意見）, September 2, 1958. *Mao Zedong papers since the establishment of the state*（建國以來毛澤東文稿）, vol. 7, Beijing: Zhongyang Wenxian, 1992.

Mao Zedong,「Forewords of *Communists*」（毛澤東：《共產黨人》發刊詞）, *Selected Works of Mao Zedong*（毛澤東選集）, Vol. 2, Beijing: Renmin, (1939) 1991.

Mao Zedong,「Greatest friendship」（毛澤東：最偉大的友誼）, *People's daily*（人民日報）, Beijing, March 9, 1953:1.

Mao Zedong,「Issues of war and strategy」（毛澤東：戰爭與戰略問題）, *Selected works of Mao Zedong*（毛澤東選集）, Beijing: Renmin, (1938) 1991.

Mao Zedong,「Key points of land reform work in newly liberated areas」（新解放區土地改革

要點）, *Selected works of Mao Zedong*（毛澤東選集）, vol. 4, Beijing: Renmin, (1948) 2003.

Mao Zedong, 「On people's democratic dictatorship」（論人民民主專政）*Selected works of Mao Zedong*（毛澤東選集）, Beijing: Renmin, vol. 4, (1949) 1991: 1468-1482.

Mao Zedong, 「Serve the people」（為人民服務）, in *Selected works of Mao Zedong*（毛澤東選集）, vol. 3, (1944) 1991.

Mao Zedong, 「The key to the construction of Hunan-Republic of Hunan」（毛澤東：湖南建設的根本問題——湖南共和國）, in *Dagong daily*（大公報）, Changsha, September 3, 1920: 2.

Mao Zedong, *Mao Zedong early words 1912-1920*（毛澤東早期文稿 [1912-1920]）, Changsha: Hunan, 1995.

Mao Zedong, 「Emulating Lu You」（毛澤東：仿陸放翁）, in *Mao Zedong writings since the establishment of the state*（建國以來毛澤東文稿）, Beijing, Zhongyang Wenxian, vol. 7, (1958) 1992:648.

Mao Zedong, 「Sepeech to the Central Military Commission」（毛澤東：在中央軍委擴大會議上的講話提綱）, in *Mao Zedong writings since the establishment of the state*（建國以來毛澤東文稿）, Beijing, Zhongyang Wenxian, vol. 8, (1959) 1993:522-524.

Mao Zedong, *Mao Zedong Xuanji*（毛澤東選集）, vol. 4, Beijing: Renmin, (1949) 1965.

Mao Zedong, Speech at the first preparatory meeting for the 8th National Congress of the CCP. August 30, 1956. *Selected works of Mao Zedong*（毛澤東選集）, Beijing: Renmin , Vol. 5, 1977.

Mao Zedong, 「Reply to Reuters Reporter」（毛澤東：答路透社記者）, *Xinhua daily*（新華日報）, Chongqing, September 27, 1945.

Marks, Robert B., *China: Its Environment and History*, Lanham, MD: Rowman & Littlefield, 2011.

Mattis, Peter, 「Doomsday: Preparing for China's Collapse,」*The National Interest*, March 2, 2015

McDonald, Edward, *Learning Chinese, Turning Chinese: Challenges to Becoming Sinophone in a Globalised World,* Londong: Routledge, 2011.

McGregor, Richard, *The Party: The Secret World of China's Communist Rulers*, New York, NY: Harper, 2012

McGregor, Richard, *The Party: The Secret World of China's Communist Rulers*, New York, NY: HarperCollins, 2011.

McNeal, Edgar Holmes & Oliver J. Thatcher eds., *A Source Book For Medieval History - Selected Documents Illustrating The History Of Europe In The Middle Age*, New York: Scribner's, 1905.

Mencius, *Mengzi-Gaozi xia*（孟子·告子下）, Taiyuan: Shanxi guji , (3rd Century BCE) 2004.

Mencius, *Mengzi-Liang Huiwang* （孟子·梁惠王）, Taiyuan: Shanxi guji, (3rd Century BCE) 2004.

Meng Sen, *Textbook on Qing history*（孟森：清史講義）, Beijing: Zhonghua Shuju, (1936) 2006.

Meng Xing, *Who's in charge: the stories of the delegates to the first meeting of the CCP*（孟醒：誰主沉浮——中共一大代表沉浮錄）, Beijing: Remin, 2009.

Meng Zhaogeng, 「The extraordinary life of Chen Li, son of Chen Bulei（孟昭庚：陳布雷之子陳礫的非凡人生）, *Survey of party's history*（黨史縱覽）, No. 1 (January) 2013: 31-33.

Meng, Xin, Nancy Qian & Pierre Yared, 「The Institutional Causes of China's Great Famine, 1959-1961,」*The Review of Economic Studies*, March 21, 2015.

Michael, Franz, *China through the Ages: History of a Civilization*, Boulder, CO: Westview Press, 1986.

Mikalson, Jon D., *Ancient Greek Religion*, Hoboken, NJ: Wiley-Blackwell, 2009.

Mirsky, Jonathan, 「Many Poisoned Rivers,」 *Literary Review*, London, July 2010.

Mishra, Pankaj, *From the Ruins of Empire: The Revolt Against the West and the Remaking of Asia*, New York: Farrar, Straus & Giroux, 2012.

Mitcham, Chad, *China's Economic Relations with the West and Japan, 1949-1979: Grain, Trade and Diplomacy*, New York, NY: Routledge, 2005

Mitter, Rana, *Forgotten Ally: China's World War II, 1937-1945*, Boston: Houghton Mifflin Harcourt, 2013.

Miyazaki, Ichisada, *China's Examination Hell: The Civil Service Examinations of Imperial China*, translated by Conrad Schirokauer, New Haven, CT: Yale University Press, 1981.

Miyazaki, Shijo, *Monographs on Song history* in *Complete works of Shijo Miyazaki*（宮崎市定全集）, vols. 9-12, Tokyo: Iwanami Shoten, 1978.

Moloughney, Brian and Peter Zarrow eds., *Transforming History: The Making of a Modern Academic Discipline in Twentieth-Century China*. Hong Kong: The Chinese University Press, 2012.

Montesquieu, M. de, *The Complete Works of M. de Montesquieu*, Vol. 1, *The Spirit of Laws*, London: T. Evans, Indianapolis, IN: Liberty Fund, (1777) 2009.

Moore, Barrington, *Social Origins of Dictatorship and* Democracy, Boston, Ma: Beacon Press, (1966) 1989.

Moore, Thomas G., *China in the World Market: Chinese Industry and International Sources of Reform in the Post-Mao Era*, New York, NY: Cambridge University Press, 2002.

Morgenthau, Hans, *Politics Among Nations: The Struggle for Power and Peace*, New York, NY: Alfred A. Knopf, 1948.

Morris, Ian, *War! What Is It Good For?: Conflict and the Progress of Civilization from Primates to Robots*, New York, NY: Farrar, Straus & Giroux, 2014.

Morrow, James D., Bruce Bueno de Mesquita, Randolph M. Siverson & Alastair Smith, *The Logic of Political Survival*, Cambridge, MA: MIT Press, 2003.

Mote, F. W., *Imperial China 900-1800*, Cambridge, MA: Harvard University Press, 1999.

Mote, Frederick W., *Imperial China, 900-1800*, Cambridge, MA: Harvard University Press, 1998.

Mu Zhongsan, *Way of politics and way of governance*（牟宗三：政道與治道）, Taipei: Taiwan Xuesheng, 1991.

Mu Guangren, 「Enlightenment, new enlightenment, and re-enlightenment as I know」（穆廣仁：我感知的啟蒙，新啟蒙，再啟蒙）, *Yanhuang chronicle*（炎黃春秋）, Beijing, No. 2, 2012:8-10.

Mungello, D.E., *The Great Encounter of China and the West 1500-1800*, 4th edition, Lanham, MD: Rowman & Littlefield, 2013: 2-5.

Muo Yueda, *Statistical history of Song, Liao, Jin Yuan*（莫曰達：宋遼金元統計史）, Fuzhou: Fujian Statistical Bureau, October 24, 2012.

Murong Xuecun, 「Corrupting the Chinese Language,」 *The New York Times,* May 27, 2015: A23.

Naito, Konan, 「General views on Tang and Song eras」（內藤湖南：概括的唐宋時代觀）, in *Completed works of Konan Narito*（內藤湖南全集）, vol. 8, Tokyo: Chikuma Shobo, (1922)

1969.

Nathan, Andrew J. & Andrew Scobell, *China's Search for Security*, New York, NY: Columbia University Press, 2012

Naughton, Barry J., *The Chinese Economy: Transitions and Growth*, Cambridge, MA: MIT Press, 2006

Neal. Larry & Jeffrey Williamson eds., *The Cambridge History of Capitalism*, 2 volumes, Cambridge, UK: Cambridge University Press, 2014.

Needham, Joseph et al, *Science and Civilisation in China*. 7 volumes, Cambridge: Cambridge University Press, 1954-2004.

Ni Tao et al, 「China dream, Africa dream, world dream」（倪濤等：中國夢非洲夢世界夢）, People's daily（人民日報）, Beijing, March 26, 2013:2.

Nickel, Lukas, 「The First Emperor and Sculpture in China,」 *Bulletin of the School of Oriental and African Studies,* Lond, UK, 76-3 (October) 2013: 413-447.

Nie Ou, 「How much investment already made for One Belt One Roadin the past two years?」（聶歐：「一帶一路」這兩年投了多少錢？）*Economic national weekly*（財經國家週刊）, Beijing, December 25, 2015.

Niu Jun ed., Conspectus history of PRC foreign relations（牛軍：中華人民共和國對外關係史概論）, Beijing: Peking University Press, 2010.

Nixon, Richard, "Basic Principles of Relations Between the United States of America and the Union of Soviet Socialist Republics." May 29, 1972. Online by Gerhard Peters and Woolley, John T., *The American Presidency Project.* presidency.ucsb.edu/ws/?pid=3438, accessed May 24, 2014.

Nixon, Richard, *The Memoirs of Richard Nixon*, New York, NY: Simon & Shuster, 1978

North, Douglass C. & Robert Paul Thomas, *The Rise of the Western World: A New Economic History*, New York: Cambridge University Press, 1973.

North, Douglass C., John Joseph Wallis, Barry R. Weingast, *Violence and Social Orders: A Conceptual Framework for Interpreting Recorded Human History*, New York, NY: Cambridge University Press, 2009.

North, Douglass C.: *Structure and Change in Economic History*, New York, NY: Norton,1982.

O'Dowd, Edward C., *Chinese Military Strategy in the Third Indochina War*. New York, NY: Routledge, 2007.

OECD Development Centre, *Economic Outlook for Southeast Asia, China and India 2014,* Paris: OECD Library, November 2013.

Orwell, George, *1984,* London: Secker & Warburg, 1949.

Orwell, George, *The Animal Farm,* London: Secker & Warburg, 1945.

Osnos, Evan, 「Confucius comes home: Move over, Mao,」 *The New Yorker*, January 13, 2014: 30-35.

Ou Jiwen et al eds., *Archives of「Cultural Revolution」in Guangxi*（區濟文等：廣西「文革」檔案資料）, 18 volumes, Nanning: Internal Publication, 1988.

Ouyang Xiu, *New book of Tang*（歐陽修：新唐書）, vol. 200. Beijing: Zhonghua Shuju, (11th Century) 1977.

Palace Museum, *Archives of Chinese Diplomatic Documents*（中國外交檔案）, Taipei: accessed

October, 2011.

Palace Museum, *The Pentaglot Dictionary*（御製五體清文鑑）, Beijing: Minzu, (1794) 1957.

Palace Museum, *Archives of literary inquisition in Qing*（清代文字獄檔）, Shanghai: Shanghai Shudian, 9 vlolumes, (1934) 2011.

Pan Guang, *The Jews in China*, Beijing: China Intercontinental Press 2004.

Pan Ruizhi,「Herdsman of prefecture」（彭瑞芝：州牧）in *Chinese encyclopedia*（中華百科全書）, Taipei: Chinese Wenhua Daxue, 1983.

Pan Wei, *Rule by law and superstition of democracy: a legalist view of Chinese modernization and world order*（潘維：法治與民主迷信──一個法治主義者眼中的中國現代化與世界秩序）, Hong Kong: Shehui Kexue, 2003.

Pan Xulan, *Various topics on Taiping*（潘旭瀾：太平雜說）, Tianjin: Baihua Wenyi: 2000.

Pang Zhongying ed., *AIIB:The Chinese wisdom for global governance*（龐中英：亞投行──全球治理的中國智慧）, Beijing:Renmin, 2016.

Pantsov, Alexander V. & Steven I. Levine, *Deng Xiaoping: A Revolutionary Life*, New York: Oxford University Press, 2015.

Pantsov, Alexander V., & Steven I. Levine, *Mao: The Real Story*, New York, NY: Simon & Schuster, 2012.

Patrick, Stewart,「Irresponsible Stakeholders? The Difficulty of Integrating Rising Powers,」 *Foreign Affairs*, November/December, 2010.

Pauley, Bruce F., Hitler, Stalin, and Mussolini: Totalitarianism in the Twentieth Century, Hoboken, NJ: Wiley-Blackwell, 2008.

Pei Minxin.「Crony Capitalism with Chinese Characteristics,」 speech at Hudson Institute, Washington, DC, November 21, 2014.

Pei Yiran,「Stories of marriage and love in Yanan」（裴毅然：延安婚戀故事）, *Tongzhou gongjin*（同舟共進）, Guangzhou, June 2012.

Peng Guangqian,「Three comments on period of strategic opportunity」（彭光謙：三論戰略機遇期）, news.xinhuanet.com/world/2013-03/19/c_124472782.htm, posted March 19, 2013.

People's Daily Chief Editor, *Internal reference*（人民日報總編室：內部參閱）, Beijing, classified weekly for bureau chief and higher, No. 406, April 15, 1998.

Pepper, Suzanne,「The Political Odyssey of an Intellectual Construct: Peasant Nationalism and the Study of China's Revolutionary History: A Review Essay,」*The Journal of Asian Studies,* vol. 63-1 (February) 2004.

Pepper, Suzanne, *Civil War in China: The Political Struggle, 1945-1949*, Lanham, MD: Rowman & Littlefield, 1999.

Perdue, Peter C.,「The Tenacious Tributary System,」*Journal of Contemporary China*, DOI:10.10 80/10670564.2015.1030949, published online May 7, 2015.

Perdue, Peter C., *China Marches West: The Qing Conquest of Central Eurasia*, Cambridge, MA: Belknap Press of Harvard University Press, 2005.

Perlez, Jane「Shadow of Brutal '79 War Darkens Vietnam's View of China,」*The New York Times*, July 6, 2014: A6.

Perry, Elizabeth J.,「State and Society in Contemporary China,」*World Politics*, Vol. 41- 4 (July) 1989: 579-591.

Perry, Elizabeth, *Rebels and Revolutionaries in Northern China, 1845-1945*, Stanford, CA: Stanford University Press 1980.

Peterson, Willard ed., *The Cambridge History of China, Volume 9, Part One: The Ch'ing Empire to 1800*. Cambridge, UK: Cambridge University Press, 2002.

Pettis, Michael, *The Great Rebalancing: Trade, Conflict, and the Perilous Road Ahead for the World Economy*, Princeton, NJ: Princeton University Press, 2013.

Pew Research Center, 「China's Image,」 *Global Attitudes and Trends*. March 9, 2015.

Phillips, Tom, 「Chinese spin doctors urged to spread 'positive energy' online,」 *The Telegraph*, January 18, 2013.

Pillsbury, Michael, 「Misunderstanding China: How did Western policy makers and academics repeatedly get China so wrong?」 *The Wall Street Journal*, September 17, 2014.

Pillsbury, Michael, *The Hundred-Year Marathon: China's Secret Strategy to Replace America as the Global Superpower*, New York: Henry Holt, 2015

Pines, Yuri, *The Everlasting Empire: The Political Culture of Ancient China and Its Imperial Legacy*, Princeton, NJ: Princeton University Press, 2012.

Pinker, Steven, *The Better Angels of Our Nature: Why Violence Has Declined*, New York: Peguine, 2011.

Pipes, Richard, *Communism: A History*, New York: Random House, 2001.

Pipes, Richard, *Russia Under the Bolshevik Regime*, New York: Random, (1993) 2011.

Pirenne, Henri, *Economic and Social History of Medieval Europe*, translated by I.E. Clegg, Orlando, FL: Harcourt, (1936) 2014.

PLA Military Science Academy, *War history of the PLA* (中國人民解放軍戰史）, Beijing: Junshi Kexue, 1987.

Plato, *The Republic*, translated by Allan Bloom, New York: Basic Books, (380 BCE) 1991.

Platt, Stephen R., *Autumn in the Heavenly Kingdom: China, the West, and the Epic Story of the Taiping Civil War*, New York: Vintage, 2012.

Polanyi, Karl, *The Great Transformation: The Political and Economic Origins of Our Time*, Boston, MA: Beacon, (1944) 2001.

Polastron, Lucien X., *Books on Fire: The Destruction of Libraries throughout History*, Inner Traditions 2007.

Political Psychology, 23-1 (March) 2002:1-37.

Polo, Marco, *The Travels of Marco Polo*, translated by Ronald Latham,NewYork, NY: Penguine, (14th century) 1956.

Pomeranz, Kenneth, *The Great Divergence: China, Europe, and the Making of the Modern World Economy*, Princeton, NJ: Princeton University Press, 2000.

Pomfret, John, *Chinese Lessons: Five Classmates and the Story of the New China*, New York: Macmillan, 2006.

Pong, David, *Shen Pao-Chen and China's Modernization in the Nineteenth Century*, New York, NY: Cambridge University Press, 1994.

Popper, Karl, *The Open Society and Its Enemies*, 2 volumes, London: Routledge, 1945.

Powelson,John P., *A History of Wealth and Poverty: Why a Few Nations are Rich and Many Poor*, Chapter 11, 「China: The Puzzles of History.」 Ann Arbor, MI: University of Michigan Press,

1994.

PRC Central Government, 「100 details on publication inspection」（出版審查 100 條明細），site.douban.com/248815/widget/notes/18105233/note/496500597/, April 28, 2015.

PRC Central Government, *Chinese nation*（中華民族）, Beijing: gov.cn/test/2005-07/26/content_17366.htm. Accessed December 6, 2013.

PRC Foreign Ministry, *Sino-French Communiqué of establishing diplomatic relations*（中法建交公報）, Beijing, January 27, 1964.

PRC Ministry of Public Security-Personnel Training Bureau, *Basic textbook on public security in the local communities*（治安基層基礎教程）, Beijing: Qunzhong, 1999.

PRC Ministry of Treasury, *Basic information about Chinese treasury 2011*（2011 中國財政基本情況）, Beijing, 2012.

Pritchett, Lant & Marla Spivack, *Estimating Income/Expenditure Differences across Populations: New Fun with Old Engel's Law*, Center for Global Development Working Paper 339, Cambridge, MA: Harvard CGD, 2013.

Pye, Lucian W., 「How China's Nationalism was Shanghaied,」 *The Australian Journal of Chinese Affairs*, No. 29 (January) 1993.

Pye, Lucian W., *Spirit of Chinese Politics*, Cambridge, MA: Harvard University Press, 1992.

Qi Benyu, 「Hearing 『the May 7th Decree' talked by Chairman Mao in person」（戚本禹：親聆毛主席講「五七指示」）, 21ccom.net/articles/lsjd/lsjj/article_2013122497544.html, posted December 24, 2013.

Qi Yanbin, 「Five insurances and one fund accounts for nearly half of wages」（齊雁冰：「五險一金」占工資額近半）, *Beijing youth daily*（北京青年報）, January 5, 2015.

Qian Liqun, *1948: chaos of the heaven and earth*（錢理群：1948 天地玄黃）, Jinan: Shandong Jiaoyu, (1998) 2002.

Qian Liqun, *Mao Zedong era and post-Mao Zedong era 1949-2009*（錢理群：毛澤東時代和後毛澤東時代）, 2 volunes, Taipei: Lianjing, 2012.

Qian Qianyi, 「Post-autumn poem number 13」（後秋興之十三）. *Herdman's collections*（錢謙益：牧齋雜著）, vol. 2, Shanghai: Guji, (17th century) 2007.

Qian Wenjun, 「Commemorating the 50th anniversary of the Korean War」（錢文軍：朝鮮戰爭 50 年祭）, tieba.baidu.com/p/15896912, posted October 25, 2001.

Qian, Liqun, *Mao Zedong era and post-Mao Zedong era 1949-2009*（錢理群：毛澤東時代和後毛澤東時代）, vol. 1, Taipei: Lianjing Press, 2012.

Qiao Zhizhong, 「The complex of the traditional politico-historical views in China and Japan（喬治忠：中日兩國傳統政治歷史觀的糾結）, *Tianjin social sciences*（天津社會科學）, No. 4, 2013.

Qin Hui, 「China uses its 『low human rights advantage』 to forge shocking competiveness」（秦暉：中國以「低人權優勢」造就驚人競爭力）, January 2, 2016.

Qin Hui, 「Chinese intellectuals are mostly discussing fake issues」（秦暉：中國知識分子大都在討論假問題）, qinhui09q.blogchina.com/2370682.html, January 19, 2015.

Qin Hui, 「Different images of Republican history-3」（秦暉：民國歷史的不同面相 [3]）, *Southern weekend*（南方週末）, Guangzhou, November 11, 2012.

Qin Hui, 「Practice of nationalism: the process of China rose up」（秦暉：民族主義實踐——

中國站起來了的歷程），*Southern weekend*（南方週末），2 parts, Guangzhou, January 23 & February 6, 2012.

Qin Hui,「The Qin ideology is to treat the people as the enemy」（秦暉：秦朝意識形態是與民為敵），public lecture, chuansong.me/n/1631488, August 15, 2015,

Qin Quanyao,「Hu Xijin and the PLA daily: who's lying」（秦全耀：胡錫進和解放軍報誰在說謊），bbs.tianya.cn/post-free-4388141-1.shtml, posted June 6, 2014.

Qin Yaqing ed. *International order*（秦亞青：國際秩序），Beijing:Xin Shijie, 2007.

Qin Zijin,「The challenge of jumping over the wall for Mainland netzens」（卿子衿：大陸網民的翻牆難題），inmediahk.net/node/1030500, posted January 13, 2015.

Qiu Huizuo, *Qiu Huizuo memoirs*（邱會作回憶錄），Hong Kong: Xin Shiji, vol. 2, 2011.

Qiu Shaoping,「They sold son to fund the Party activities」（邱少平：為籌黨的活動經費他們忍痛賣掉兒子），*Redrock chronicle*（紅岩春秋），Chongqing, No. 2, 2013.

Qiu Shi, *Major events and the inside of decion-making in the* republic（邱石：共和國重大事件和決策內幕），2 volumes, Beijing: Jingji Ribao, 1997.

Qu Tongli,「The Emergence and the Regional Variability of Modern Humans and Their Behavior」（曲彤麗：世界不同地區現代人及現代行為的出現與區域特徵），*Anthropologica sinica*（人類學學報），Beijing, 31-3, 2012: 269-278.

Qu Yuzhong, Ways and laws of China: the rejuvenation of Chinese civilization in the 21st century （翟玉忠：道法中國——21 世紀中華文明的復興） and *China saves the world: Chinese culture deals with the crisis of the humanity*（中國拯救世界：應對人類危機的中華文化），Beijing: Zhongyang Bianyi, 2008 & 2010.

Quintana-Murci, Lluís et al,「Genetic evidence of an early exit of Homo sapiens sapiens from Africa through eastern Africa,」*Nature Genetics,* 23, 1999: 437-441.

Radchenko, Sergey, *Two Suns in the Heavens: The Sino-Soviet Struggle for Supremacy, 1962-1967*, Stanford, CA: Stanford University Press, 2010.

Ran Yunfei,「Chronicle of criticizing Hu Shi campaign」（冉雲飛：胡適批判運動編年錄），21ccom.net/articles/lsjd/lccz/article_2011021329733.html, accessed May 17, 2014.

Rana Mitter, *China's War with Japan, 1937-1945: The Struggle for Survival*, New York, NY: 2013.

Rank, Michael,「Orwell's 1984 in China: Big Brother in every Bookshop,」*The Asia-Pacific Journal*, 11-23-2, June 9, 2014.

Ransom, Ian and Ryan McNeil,「Medals obscure cost of China's state-run sports regime,」*Reuters*, August 9, 2012.

Rao Yi, *Rao on* science（饒議科學），Shanghai: Shanghai Keji Jjiaoyu, 2009.

Rawski, Evelyn S.,「Reenvisioning the Qing: The Significance of Qing Period in Chinese History,」*The Journal of Asian Studies*, Vol. 55-4 (November) 1996: 829-850.

Rawski, Evelyn S., *The Last Emperors: A Social History of Qing Imperial Institutions*, Berkeley, CA: University of California Press, 1998.

Reid, Anthony, *The Chinese Diaspora in the Pacific*, Burlington, VT: Ashgate, 2008.

Reilly, James,「A Wave to Worry About? Public opinion, foreign policy and China's anti-Japan protests,」*Journal of Contemporary China*, 23-86, 2014: 197-215.

Reilly, Thomas H., *The Taiping Heavenly Kingdom: Rebellion and the Blasphemy of Empire*, Seattle, WA: University of Washington Press, 2004.

Renmin Net, 「Ten super rich Chinese in prison」（中國監獄中的十大富豪）, August 14, 2014.

Rhoads, Edward J. M., *Manchus and Han: Ethnic Relations and Political Power in Late Qing and Early Republican China, 1861-1928*, Seattle: University of Washington Press, 2000.

Rhodes, Emily, 「China bans Haruki Murakami's 『1984』: George Orwell would have seen the irony,」 *The Spectator*, September 27, 2012.

Richardson, Sophie, *China, Cambodia, and the Five Principles of Peaceful Coexistence*. New York, NY: Columbia University Press, 2010

Robbins, Helen H., *Our First Ambassador to China: An Account of the life of George, Earl of Macartney – With Extracts from His Letters, and the Narrative of His Experiences in China, as Told by Himself,* London: John Murray, 1908.

ROC, *Internal affairs statistical report, year 102*（102 年內政統計通報）, Taipei: Ministry of Internal Affairs, 2013.

Rosecrance, Richard N. & Steven E. Miller eds., *The Next Great War? The Roots of World War I and the Risk of U.S.-China Conflict.* Cambridge, Mass.: MIT Press, 2014

Rothwell, Matthew, *The Chinese Revolution in Latin America*, London: Routledge, 2012.

Rowe, William T., *China's Last Empire: The Great Qing*, Cambridge, MA: Harvard University Press, 2009.

Rowe, William T., *Saving the World: Chen Hongmou and Elite Consciousness in Eighteenth-Century China*, Stanford: Stanford University Press, 2001.

Rummel, R.J., *China's Bloody Century*, New Brunswick, NJ: Transaction Publishers, 1991.

Rummel, Rudolph J., *China's Bloody Century: Genocide and Mass Murder Since 1900*, New Brunswick, NJ: Transactions,1991.

Ruocheng, Ying & Claire Conceison, *Voices Carry: Behind Bars and Backstage during China's Revolution and Reform*, Lanham, MD: Rowman Littlefield, 2009.

Ryu, In-sok, *Completed works*（柳麟錫全集）, Haerbin: Chaoxian minzu, 1990.

Safire, William, 「Useful Idiots of the West,」 *The New York Times*, April 12, 1987.

Salisbury, Harrison E., *The Long March: The Untold Story*, New York, NY: McGraw-Hill, 1987.

Sant, Van John, Peter Mauch & Yoneyuki Sugita, *The A to Z of United States-Japan Relations*, Lanham, MD: Scarecrow Press, 2010.

Saunders, J. J., *The History of the Mongol Conquests*, Philadelphia, PA: University of Pennsylvania Press, 2001.

Schäfer, Dagmar ed., *Cultures of Knowledge: Technology in Chinese History*. Boston, MA: Brill, 2012.

Scheidel, Walter ed., *Rome and China: Comparative Perspectives on Ancient World Empires*, New York, NY: Oxford University Press, 2010.

Schell, Orville & John Delury, *Wealth and Power: China's Long March to the Twenty-first Century*, New York, NY: Random House, 2013

Schenk, Catherine, *Hong Kong as an International Financial Centre: Emergence and Development, 1945-1965*, New York, NY: Routledge, 2001.

Schwartz, Benjamin I., *China and Other Matters*, Cambridge, MA: Harvard University Press, 1996.

Schwartz, Benjamin I., *In Search of Wealth and Power: Yen Fu and the West*. Cambridge, MA: Belknap Press of Harvard University Press, 1964.

Scott, David, *China and the International System, 1840-1949: Power, Presence, and Perceptions in a Century of Humiliation*, Albany, NY: State University of New York Press, 2008.

Scott, David, *China Stands Up: The PRC and the International System*, London: Routledge, 2007.

Scott, James C., *The Art of Not Being Governed: An Anarchist History of Upland Southeast Asia*, New Haven, CT: Yale University Press, 2009.

Seagrave, Sterling, *The Soong Dynasty*, New York, NY: Harper, 1985.

Selden, Mark, *The Yenan Way in revolutionary China*, Cambridge, MA: Harvard University Press, 1971. Revised edition *China in Revolution: The Yenan Way Revisited*, Armonk, NY: M E Sharpe,1995.

Service, John S., *Lost Chance in China: The World War II Despatches of John S. Service*, New York: Random House, 1974.

Shambaugh, David ed., *Tangled Titans: The United States and China*, Lanham, MD: Rowman & Littlefield, 2012.

Shambaugh, David, 「China's Soft-Power Push,」 *Foreign Affairs*, July/August 2015.

Shambaugh, David, 「The Coming Chinese Crackup,」 *The Wall Street Journal*, March 7, 2015.

Shambaugh, Shambaugh, *China Goes Global: The Partial Power*, New York, NY: Oxford University Press, 2013

Shan Shaojie, *History of the reign of Mao Zedong*（單少傑：毛澤東執政春秋）, Taipei: Jinglian, 2001.

Shan Shaojie, *Mao Zedong: Persecuting people and fearing history*（單少傑：毛澤東——整人與懼怕歷史）, chinainperspective.com/ArtShow.aspx?AID=12341,accessed August 4, 2015.

Shang Yang, *Book of Lord Shang*（商君書）, Beijing: Zhonghua Shuju, (4th century BCE) 2009.

Shangdu Wenhua, 「Destruction of Yuanming Garden」（商都文化：圓明園的毀滅）, cul. shangdu.com/chinacul/20110906/278_428070.shtml, posted September 6, 2011.

Shanghai Government, drive.google.com/folderview?id=0B7OWBMI2bznPfmpsbElfQm1FTzJfWj NXaGFnRzltNm9jZDVybG0zdk5PV1FrcVlKZ1IzMzg&usp=sharing, accessed May 22, 2015.

Shen Hu, 「China's Gini Index at 0.61, University Report Says,」 *Caixin*, Beijing, english.caixin. com/2012-12-10/100470648.html, posted December 12, 2012.

Shen Yongping, *Tolerating or separating the communists? Rectify the nationalist revolution*（沈勇平：容共與分共——還原國民革命）. Hong Kong: Zhongguo Guoji Wenhua, 2 volumes, 2013.

Shen Zhihua & Yang Kuisong, *China and the Indochian warI*（沈志華、楊奎松：中國與印度支那戰爭）, Hong Kong: Tiandi, 2000.

Shen Zhihua, 「China's policy of dealing with land border disputes during the Cold War,」（沈志華：冷戰年代中國處理陸地邊界糾紛的方針）, *21st century*, Hong Kong, No. 6, 2014: 22-32.

Shen Zhihua, 「Shocking inside story of Sino-Korean relations」（沈志華：中朝關係的驚天內幕）, history.sina.com.cn/his/zl/2013-09-03/102952867.shtml, posted September 3, 2013.

Shen Zhihua, *Choice at the corss road-China in 1956-1957*（沈志華：處在十字路口的選擇——1956-1957 的中國）, Guangzhou:Guangdong Renmin, 2013-A.

Shen Zhihua, *Helpless choice: Cold War and the fate of Sino-Soviet alliance*（沈志華：無奈的選擇——冷戰與中蘇同盟的命運）, 2 volumes, Beijing: Shehui Kexue Wenxian, 2013.

Shen Zhihua, *Korean war revealed*（沈志華：朝鮮戰爭揭祕）, Hong Kong: Tiandi Press, 1995.

Shen Zhihua, *Korean war: declassified documents from Russian archives*（沈志華：朝鮮戰爭——俄國檔案館的解密文件）, Taipei: Academia Sinica, 2013.

Shen Zhihua, *Mao Zedong, Stalin, and Korean War*（沈志華：毛澤東、史達林與朝鮮戰爭）, Guangzhou: Guangdong Renmin, 2003.

Shen, Zhihua & Danhui Li, *After Leaning to One Side: China and Its Allies in the Cold War*, Stanford, CA: Stanford University Press, 2011.

Sheng Xuebin, 「Why Indonesia massacred hundreds of thousands Chinese?」（諶旭彬：印尼為什麼要屠殺數十萬華人？）, *Brief history*（短史記）, Shenzhen, No. 484, April 20, 2016.

Shi Tingyong, *Annotated bibliography of books banned and destroyed in Qing*（施廷鏞：清代焚毀書目題註）, Beijing: Shumu Wenxian, (1925) 2004.

Shi Xiangjun, *General study of Mao Zedong thought*（史向軍：毛澤東思想概論）, Xian, Shaanxi Renmin, 2002.

Shi Yijun, 「Folk chats about Wang Hongwen and Jiang Qing of the 『Gang of Four』」（史義軍：世說「四人幫」之江青、王洪文）, November 20, 2014.

Shih, Chih-yu & Teng-chi Chang, 「The China Studies that Defend Chineseness: The Im/Possibility of China Centrism in the Divided Sino-phone World.」in Herbert S. Yee ed., *China's Rise: Threat or Opportunity*, New York, NY: Routledge, 2011: 280-297.

Shirk, Susan, *China: Fragile Superpower*, New York, NY: Oxford University Press, 2008

Sicular, Terry, 「The Challenge of High Inequality in China,」*Inequality in Focus*, Washington, DC: World Bank, vol. 2-2, (August) 2013: 1-5.

Sima Guang, *Chronicles for the rulers*（司馬光：資治通鑑）, Beijing: Zhonghua Shuju, (11th Century) 2009.

Sima Qian, *Records of the Grand Historian*（司馬遷：史記）, Beijing: Zhonghua Shuju, (2nd Century BCE) 2013.

Sina, 「2014 Hurun richest Chinese」（2014 胡潤百富榜）, *Sina finance*（新浪財經）, Beijing, September 23, 2014.

SIPRI, *Military Expenditure Database*, accessed March 9, 2015.

Smarlo Ma, *Witness the secret history of the CCP*（司馬璐：中共歷史的見證）, New York: Mingjing, 2004.

Smith, Adam, *An Inquiry Into the Nature and Causes of the Wealth of Nations*, vol. 1, London: George Bell, (1776) 1892.

Smith, Arthur H., *Chinese Characteristics*, New York, NY: Fleming H. Revell, 5th edition, 1894.

Smith, Richard J., *Mapping China and Managing the World: Culture, Cartography and Cosmology in Late Imperial Times*, New York: Routledge, 2013.

Smith, Richard J., *Mercenaries and Mandarins: The Ever-Victorious Army in nineteenth century China*, New York, NY: KTO Press, 1978.

So, Kwan-wai, *Japanese Piracy in Ming China During the sixteenth Century*. East Lansing, MI: Michigan State University Press, 1975.

Sohu, 「『Rule the country with internal reference』becomes Chinese character」（「內參治國」成中國特色）, *Click today*（點擊今日）, Bejing, vol. 1083, January 23, 2013.

Song Jian, 「Ten-generation relay of studying abroad over one hundred years」（宋健：十代留學生百年接力留學潮）, *Guangming daily*（光明日報）, Beijing, April 15, 2003.

Song Xi, 「Academics in Song and the spirit of Song studies」（宋晞：宋代學術與宋學精神），*Collections on studies of Song history*（宋史研究集），vol. 26, Taipei: Guoli Bianyiguan, 1997.

Song Xiujie, 「*Wang Yang arranges striking against gangs in Guangdong*（宋秀傑：汪洋部署廣東打黑），*Xinhua News Dispatch,* Beijing, February 10, 2012.

Song Yongyi ed., *Cultural Revolution: historical truth and collective memory*（宋永毅：文化大革命——歷史真相和集體記憶），Hong Kong: Tianyuan Shuwu, 2007.

Song Yongyi ed., *Top secret documents of Anti-Rightists*（宋永毅：反右絕密文件），12 volumes e-book, New York: Guoshi, 2015.

Song, Yongyi ed., *The Chinese Cultural Revolution Database,* Universities Service Centre at the Chinese University of Hong Kong, 2006.

Song, Yongyi ed., *The Chinese Great Leap Forward Great Famine Database* (1958-1962), DVD, Fairbank Center for Chinese Studies, Harvard University, 2013.

Song, Yongyi et al eds., *Databases of Chinese Political Campaigns in the 1950s: From Land Reform to the State-Private Partnership,1949-1956.*Fairbank Center for Chinese Studies, Harvard University, 2015.

Spence, Jonathan D., *God's Chinese Son: The Taiping Heavenly Kingdom of Hong Xiuquan,* New York, NY: Norton, 1996.

Spence, Jonathan D., *The Death of Woman Wang,* New York: Penguin, 1979.

Spence, Jonathan D., *The Search for Modern China,* New York: Norton, 1990.

Spence, Jonathan D., *To Change China: Western Advisers in China, 1620-1960,* New York, NY: Peguine (1969) 1980.

Spence, Jonathan D., *Treason by the Book,* New York: Penguin, 2001.

Spruyt, Hendrik, *The Sovereign State and Its Competitors: An Analysis of Systems Change,* Princeton, NJ: Princeton University Press, 1994.

Standen, Naomi ed., *Demystifying China,* Lanham, MD: Rowman & Littlefield, 2012.

Statistical Bureau, 「Reform and opening forged glory, economic development wrote new chapter（改革開放鑄輝煌，經濟發展譜新篇），*People's daily*（人民日報），Beijing, November 6, 2013: 11.

Statistical Bureau, *Chinese demographic statistics-2012*（中國人口統計 2012），Beijing, 2013.

Statistical Bureau, *Chinese statistical abstract 2012*（中國統計年鑑 2012），Beijing: Zhongguo Tongji, 2012.

Statistical Bureau, *National economic and social development statistical report 2012*（2012 國民經濟和社會發展統計公報），Beijing: State Statistical Bureau, 2013.

Statistical Bureau, *Release of major data from the 6th national census*（第六次全國人口普查主要資料發布）Beijing: SSB, April 28, 2011.

Stigler, George J., 「Monopoly,」*The Concise Encyclopedia of Economics,* Indianapolis, IN: Liberty Fund, 2008.

Stoler, Mark A., *George C. Marshall: Soldier-Statesman of the American Century,* Woodbridge CT: Twayne Publishers, 1989.

Stoll, Ira, 「Elizabeth Warren Praising Communist China as a Model for America,」 New York, *The* Sun, July 30, 2012.

Strauss, Julia C., "Paternalist Terror: The Campaign to Suppress Counterrevolutionaries and

Regime Consolidation in the People's Republic of China, 1950-1953," *Comparative Studies in Society and History*, 44-1, (June) 2002: 80-105.

Stuart, John L., *Fifty years in China, The memoirs of John Leighton Stuart, missionary and ambassador*, New York, NY: Random House, 1954.

Su Changhe, 「Comparing Chinese style democracy with American style democracy,」（蘇長和：中國式民主與美國式民主之比較）, *People's daily*（人民日報）, Beijing, September 5-6, 2014.

Su Weimin, 「Yang Shangkun on so-called 『secret recording』」（蘇維民：楊尚昆談所謂「祕密錄音」）, *China news digest*（華夏文摘）, Gaithersburg, MD, Extra Issue no. 652, June 10, 2008. cnd.org/CR/ZK08/cr484.gb.html, accessed April 13, 2015.

Su Zuxiang, 「*Han language today gets ever more despicable*」（今天的漢語越來越猥瑣）, April 27, 2016.

Sun Wenliang & Li Zhiting, *Brief history of the Ming-Qing war*（孫文良、李治亭：明清戰爭史略）, Nanjing; Jiangsu Jiaoyu, 2005.

Sun Xiali, 「Police must not 『get darkened by closing to the dark』」 too close to the Dissecting the police-gangster collusion in China」（孫夏力：員警切忌「近墨者黑」）& several reports on the subject, *Global people*（環球人物）, Beijing, No. 29 (November 6), 2009.

Sun Yao, *Textbook on hukou management*（孫堯：戶口管理學教程）, Beijing, Qunzhong Press,1994.

Sun Yat-sen, *Guidelines for the creation of the people's government*（孫文：國民政府建國大綱）, Guangzhou, Passed by the 1st National Congress of the KMT, 1924.

Sun Yat-sen, *Sun Wen-Joffe Manifesto*（孫文越飛宣言）, Shanghai, January 26, 1923.

Sun Yat-sen, 「Speech at the anniversary ceremony of Guangdong's No. One Woman's Normal School（孫中山：在廣東第一女子師範學校校慶紀念會的演說）, April 4, 1924. In *Complete works of Sun Yat-sen*（孫中山全集）, vol. 10, Beijing: Zhonghua Shuju, 1981.

Sun Ye, 「Summary of the recent studies on 『Needham puzzle』 in economics circles」（孫曄：近年來經濟學界關於「李約瑟之謎」研究述評）, *Teaching and research*（教學與研究）, Beijing, No. 3, 2010: 86-91.

Sun Zi, *The Art of War*, New York, edited by John Minford, NY: Penguin Classics, 2003

Sun Zuomin, *Exploring the issues of Chinese peanset wars*（孫祚民：中國農民戰爭問題探索）, Shanghai: Xin Zhishi, 1956.

Sun, Anna, *Confucianism as a World Religion: Contested Histories and Contemporary Realities*, Princeton, NJ: Princeton University Press, 2013.

Sun, Yat-sen, *The Triple Demism of Sun Yat-Sen*, translated by Pasquale d'Elia, New York, NY: AMS Press, 1931: 36-48.

Sutter, Robert ,*Chinese Foreign Relations*, Lanham, MD: Rowman & Littlefield, 2012

Swaine, Michael, *America's Challenge: Engaging a Rising China in the Twenty-First Century*, Washington, DC: Carnegie Endowment for International Peace, 2011.

Swanbrow, Diane, 「Income inequality now greater in China than in US,」 *Michigan News*, April 28, 2014.

Swope, Kenneth M., *A Dragon's Head and a Serpent's Tail: Ming China and the First Great East Asian War, 1592-1598*, Norman, OK: Oklahoma University Press, 2009.

Taagepera, Rein, "Size and Duration of Empires: Growth-Decline Curves, 600 B.C. to 600 A.D.,」 *Social Science History* Vol. 3, issue 3/4, 1979: 115-138.

Tabacco, Giovanni, *The Struggle for Power in Medieval Italy: Structures of Political Rule*, translated by Rosalind B. Jensen, New York: Cambridge University Press, 1990.

Takao, Tairazei, *Records of history and「orthodoxy」*（平勢隆郎：史記の「正統」）, Tokyo: Kodansha, 2007.

Talbott, Strobe, *The Great Experiment: The Story of Ancient Empires, Modern States, and the Quest for a Global Nation*, New York, NY: Simon & Schuster, 2008.

Tang Baolin, *The Complete Biography of Chen Duxiu*（唐寶林：陳獨秀全傳）, 3 volumes, Hong Kong: Chinese University Press, 2011.

Tang Chi-hua, *Paris Peace Conference and Chinese diplomacy*（唐啟華：巴黎和會與中國外交）, Beijing: Shehui Kexue Wenxian, 2014.

Tang Degan, *Seventy years of the late Qing*（唐德剛：晚清七十年）, Taipei: Yuanliu, 1998.

Tang Degang & Wang Shujun, *Zhang Xueliang's century legend: his oral memoirs*（唐德剛、王書君：張學良世紀傳奇──口述實錄）, Jinan: Shandong Youyi, 2002.

Tang Shiping,「Know more about the world」（唐世平：多瞭解一點世界）, *Southern windows*（南風窗）, Guangzhou, February 5, 2015.

Tang Yijie et al eds, *History of Chinese Confucianism*（湯一介：中國儒學史）, Vol.1/9, Beijing: Peking University, 2011.

Tang Zhen, *Hidden book-cmaber chats*（唐甄：潛書──室語）, Beijiing: Zhonghua Shuju, (1705) 1984.

Tang Zheng,「Ode democracy: for the American Independence Day」（唐徵：民主頌──獻給美國的獨立紀念日）, *Xinhua daily*（新華日報）, July 4, 1943: 4.

Tanner, Harold M., *The Battle for Manchuria and the Fate of China: Siping, 1946*, Bloomington, IN: Indiana University Press, 2013.

Tanner, Harold M., *Where Chiang Kai-shek Lost China: The Liao-Shen Campaign, 1948*, Bloomington, IN: Indiana University Press, 2015.

Tao Juyin, *Soldiers in charge-stories of the Beiyang warlords rule 1895-1928*（陶菊隱：武夫當國──北洋軍閥統治時期史話 [1895-1928]）, 5 volumes, Haikou: Hainan, (1959) 2006.

Tao Xizhe, *Expose the inside of China's Internet control*（陶西喆：揭開中國網路監控機制的內幕）, New York, NY: Reporters without Borders, 2007.

Tao, Jing-shen, *Two Sons of Heaven: Studies in Sung-Liao Relations*. Tucson, AZ: University of Arizona Press, 1988.

Taubman, William, *Khrushchev: The Man and His Era*, New York, NY: Norton, 2004.

Taylor, Jay, *The Generalissimo: Chiang Kai-shek and the Struggle for Modern China*. Cambridge, MA: Belknap Press, 2009.

Taylor, S.J., *Stalin's Apologist: Walter Duranty: The New York Times's Man in Moscow*, New York: Oxford University, 1990.

Teiwes, Frederick, *Politics and Purges in China: Rectification and the Decline of Party Norms 1950-1965*, Armonk, NY: M.E. Sharpe, 1979.

Temple, Robert, *The Genius of China: 3,000 Years of Science, Discovery, and Invention*, Rochester, VT: Inner Traditions, 2007.

Tencent Reviews, *The gains and losses of China 60-year foreign aid*（騰訊評論：中國六十年對外援助的得與失），view.news.qq.com/zt2010/aid60/index.htm, accessed February 20, 2015.

Teng Xun Web Portal, *How to assess the economic accomplishments during Mao era*（該怎樣評價毛時代的經濟成就），view.news.qq.com/zt2012/mzdjj/bak.htm, accessed January 2, 2014.

Teng Xuyan, *Don't believe true history will all vanish*（滕敘兗：不信青史盡成灰），Beijing: Chinese Youth Press, 2014;

Teng, Ssu-yu & John K. Fairbank, *China's Response to the West: A Documentary Survey, 1839-1923*, Cambridge, MA: Harvard University Press, 1979.

Terrill, Ross, *Mao: A Biography*, Stanford, CA: Stanford University Press, 2001.

Terrill, Ross, *The New Chinese Empire: And What It Means for the United States*, New York: Basic Books, 2004.

Thucydides, *The History of the Peloponnesian War*, translated by Rex Warner, New York, NY: Penguin Classics, (5th century BCE) 1954.

Tilly, Charles, 「International communities, secure or otherwise,」 in Emmanuel Adler & Michael Barnett eds., *Security Communities*, New York: Cambridge University Press, 1998.

Tilly, Charles, *Coercion, Capital and European States*, Malden, MA: Blackwell, 1990.

Toby, Ronald, *State and Diplomacy in Early Modern Japan: Asia in the Development of the Tokugawa Bakufu*, Stanford, CA: Stanford University Press, 1991.

Tokugawa, Mitsukuni et al, 大日本史（德川光圀 : Dai nihonshi, Grand Hisory of Japan), various volumes, Tokyo, Japan: Dai nihon y ben-kai, (18-19 centuries) 1928.

Tong Zhiwei, *Research report on the striking-against gangs type of social management in Chongqing*（童之偉：重慶打黑型社會管理方式研究報告）, in *Chinese Constitutional Law Conference Papers*（中國憲法學研究會論文集） vol. 2, Xian, 2011.

Tsai, Kellee S. *Capitalism without Democracy: The Private Sector in Contemporary China,* Ithaca, NY: Cornell University Press, 2006.

Tsai, Shih-Shan Henry, *The Eunuchs in the Ming Dynasty,* Albany, NY: SUNY Press, 1995.

Tsiang Tingfu, *History of modern China*,（蔣廷黻：中國近代史）, Taipei: Shangwu, (1938) 2013.

Tsou, Tang, *America's Failure in China, 1941-50*, Chicago: University of Chicago Press, 1963.

Tucker, Nancy Bernkopf, *The China Threat: Memories, Myths, and Realities in the 1950s.* New York, NY: Columbia University Press, 2012.

Tudda, Chris, *A Cold War Turning Point: Nixon and China, 1969-1972*, Baton Rouge, LA: Louisiana State University Press, 2012.

Tuidao Bolinqiang, 「Ridiculous『Opium War』」（推倒柏林牆：啼笑皆非的「鴉片戰爭」）, bbs.tianya.cn/post-no05-154539-1.shtml, posted February 12, 2010.

Tuo Tuo et al, *Jin history*（脫脫：金史）, Beijing: Zhonghua Shuju, (1345) 1975.

Tuo Tuo et al, *Liao history*（脫脫：遼史）, Beijing: Zhonghua Shuju, (1345) 1974.

Tuo Tuo et al, *Song history*（脫脫：宋史）, Beijing: Zhonghua Shuju, (14th Century) 1986.

Twichett, Denis & Michael Loewe eds., *The Cambridge History of China, Vol. 1: The Ch'in and Han Empires, 221 BC-AD 220,* Cambridge, UK: Cambridge University Press, 1986.

Twichett, Denis C. & Herbert Franke, *The Cambridge History of China*, vol. 6. New York: Cambridge University Press, 1994.

Twichett, Denis C. ed., *The Cambridge History of China, Vol. 3: Sui and T'ang China, 589-906 AD-Part 1*, Cambridge, UK: Cambridge University Press, 1979.

Twichett, Denis C., *The Birth of the Chinese Meritocracy: Bureaucrats and Examinations in T'ang China*, Ann Arbor, MI: China Society, 1976.

U.S. Congress, *Hearing: China's Role in the World - Is China a Responsible Stakeholder?* Capitol Hill, August 3-4, 2006.

U.S. Department of Labor, *Consumer Expenditures in 2010*, Report 1037, Washington, DC, USDL, 2012.

U.S. Department of State, 「Combating Kleptocracy,」 Washington, DC: IIP Digital, DOS, December 6, 2005.

U.S. Department of State, *The China White Paper*, edited by Lyman Van Slyke, Stanford, CA: Stanford University Press, 1967.

U.S. EPA, 「Global Greenhouse Gas Emissions Data,」 accessed November 20, 2014.

U.S. Office of Management and Budget, *Receipts by Source as Percentages of GDP: 1934-2018*, Table 2.3. whitehouse.gov/omb/budget/historicals, accessed January 2, 2014.

U.S. State Department, *Implementation of Refugee Relief Act of 1953*, Washington, DC: DOS, May 18, 1954.

UN, *United Nations General Assembly Resolution 2758*, UN, October 25, 1971.

UNDP, *Human Development Report 2013: The Rise of the South: Human Progress in a Diverse World*, New York, NY: UNDP, 2013.

Unger, Jonathan ed., *Chinese Nationalism*, Armonk, NY: M.E. Sharpe, 1996.

US Embassy to Beijing, 「Contacts On New Politburo Standing Committee,」 Cable 07beijing7107, November 14, 2007, accessed May 28, 2014.

van Ginneken, Jaap, *The Rise and Fall of Lin Piao*, New York, NY: Penguin, 1976.

Vandenberg, Paul, Lilibeth Poot & Jeffrey Miyamoto, 「The Middle-Income Transition around the Globe: Characteristics of Graduation and Slowdown,」 *ADBI Working Paper*, No. 519, Tokyo: Asian Development Bank Institute, March 2015.

Vincent, Nicholas, *Magna Carta: A Very Short Introduction*, New York: Oxford University Press, 2012.

Vladimirov,Peter, *The Vladimirov diaries: Yenan, China, 1942-1945*, New York: Doubleday, 1975.

Von Glahn, Richard, *Fountain of Fortune: Money and Monetary Policy in China, 1000-1700*, Berkeley, CA: University of California Press, 1996.

von Glahn, Richard, *The Sinister Way: The Divine and the Demonic in Chinese Religious Culture*, Berkeley, CA: University of California Press, 2004.

Wademan, Andrew, *Double Paradox: Rapid Growth and Rising Corruption in China*, Ithaca, NY: Cornell University Press, 2012.

Wakeman, Frederic, 「Model of Historical Change: The Chinese State and Society: 1839-1989」 in Kenneth Lieberthal eds., *Perspectives on Modern China: Four Anniversaries*: Armonk, NY: ME Sharpe, 1991: 68-102.

Walder, Andrew G., *China Under Mao: A Revolution Derailed*, Cambridge, MA: Harvard University Press, 2015.

Walder, Andrew G., *Communist Neo-Traditionalism: Work and Authority in Chinese Industry*,

Berkeley, CA: University of California Press, 1988.

Waldron, Arthur, 「A Bit of a Maverick,」*Naval War College Review*, July 1, 2015.

Waley-Cohen, Joanna, The Sextants of Beijing: Global Currents in Chinese History, New York: Norton, 2000.

Walker, Anne Collins, *China Calls: Paving the Way for Nixon's Historic Journey to China*, Lanham, MD: Rowman & Littelfield, 2012.

Walker, Richard L., *China under Communism, the First Five Years*, New Haven, CT: Yale University Press, 1955.

Wallechinsky, David, *20th Century: History With the Boring Parts Left Out*, Boston, MA: Little Brown, 1996.

Waltz, Kenneth, *Theory of International Politics*. New York, NY: McGraw Hill, 1979.

Wan Fang & Li Jinghui, 「CCP may seal away forever some historic records」（萬方、李京慧：中共或將一些歷史文件永遠塵封），*Deutsche Welle* news in Chinese, October 20, 2014.

Wang Binbin, *Shadows not yet faded away*（王彬彬：並未遠去的背影），Guangzhou: Guangdong Renmin, 2010.

Wang Dazhao, 「Total national model and Olympic glory」（汪大昭：舉國體制與奧運輝煌），*People's Daily*（人民日報），August, 9, 2012.

Wang Di, 「New policy of the late Qing and the rise of modern schools」（王笛：清末新政與近代學堂的興起），*Study of modern history*（近代史研究），Beijing, 3, 1987.

Wang Dingbao, *Collection of Tang words*（王定保：唐摭言），Shanghai: Guji, vol. 1. (10th Century) 1978.

Wang Dongyang, 「Per capita grain can't be less than 430 kg」（王東陽：人均糧食 430 公斤必不可少），Beijing: Chinese Academy of Agricultural Sciences, Research Report, May 27, 2013.

Wang Fan, 「Rationally face international competition」（王帆：理性對待國際競爭），*Global times*（環球時報），Beijing, November 2, 2006.

Wang Fei-Ling & Esi A. Elliot, 「China in Africa: Presence, Perceptions, and Prospects,」*Journal of Contemporary China*, 23:90, October 2014: 1012-1032.

Wang Fei-Ling, "To Incorporate China-A New China Policy for a New Era," *The Washington Quarterly*, Washington, DC: CSIS, Vol. 21-1 (Winter) 1998: 67-81

Wang Fei-Ling, 「China grapples with strategic implications of TPP,」*NIKKEI Asian Review*, Tokyo, November 23-29, 2015:46-47.

Wang Fei-Ling, 「China's Four-R Strategy toward the United States: Resisting, Reducing, Replacing and Reordering,」Mahendra Gaur ed., *Studies on China*, New Delhi, India: Foreign Policy Research Centre, 2015.

Wang Fei-Ling, 「China's Grand Experiments,」*The Diplomat*, December 12, 2011.

Wang Fei-Ling, 「Heading off fears of a resurgent China,」*International Herald Tribune*, April 21, 2006.

Wang Fei-Ling, *Institutions and Institutional Change in China: Premodernity and Modernization*, London & New York: Macmillan & St Martin's, 1998.

Wang Fei-Ling,*Organization through Division and Exclusion: China's Hukou System*, Stanford CA: Stanford University Press, 2005.

Wang Fuchun, 「Analysis of using barbarians to control barbarians diplomacy of the late-Qing government」(王福春：晚清政府的以夷制夷外交析論), *Studies of international politics*(國際政治研究), Beijing, No. 2, 1998.

Wang Fuzhi, *Notes on reading Tongjian*(王夫之：讀通鑑論), vol. 18, Beijiing: Zhonghua Shuju, (1691) 2004.

Wang Gungwu, *Renewal: The Chinese State and the New Global History*, Hong Kong: Chinese University Press, 2013.

Wang Gungwu, *Tianxia and Empire: External Chinese Perspectives, Inaugural Tsai Lecture*. Cambridge, MA: Harvard University, 2006.

Wang Guowei, 「Epigraphy in the Song Era」(王國維：宋代之金石學), *Wang Guowei works* (王國維遺書), vol. 5, Shangahi: Guji Shudian, (1926) 1983.

Wang Hongqi, *Witnessing* 「*Mountain eagle country*」(王洪起：「山鷹之國」親歷), Beijing: Xinhua, 2008.

Wang Jiafan, *Floating sailing: Journey of the Ming & Qing in the long river of* hisotry(王家範：漂泊航程──歷史長河中的明清之旅), Beijing: Beishida, 2011.

Wang Jiafan, *General analysis of Chinese history*(王家範：中國歷史通論), Shanghai: Huadong Shida, 2000.

Wang Jian et al, *New warring states era*(王建等：新戰國時代), Beijing: Xinhua Press, 2004.

Wang Jianmin, *Draft history of the Chinese Communist Party*(王健民：中國共產黨史稿), Taipei: Zhongwen Tushu, 3 volumes, 1974.

Wang Jianying, *Collection of historical materials of CCP organizations*(王健英：中國共產黨組織史資料彙編), Beijing: Hongqi, 1983.

Wang Jisi, 「The 『Two Orders』 and the Future of China-U.S. Relations,」 chinafile.com/reporting-opinion/two-way-street/two-orders-and-future-china-us-relations, posted July 9, 2015.

Wang Li, 「98 days in room 3 of the DIC base」(王立：紀委辦案基地 3 號房的 98 天), jsbh.net/index.php/article/read/aid/4908, posted December 18, 2015.

Wang Ming, *Fifty years of the CCP*(王明：中共五十年), Shanghai: Dongfang, (1974) 2004.

Wang Nianyi ed., *Research materials of the Great Cultural Revolution*(王年一：文化大革命研究資料), 3 volumes, Beijing:National Defense University, 1988A.

Wang Nianyi, *The age of great chaos*(王年一：大動亂的年代), Zhengzhou: Henan Renmin, 1988.

Wang Ping, *Wang Ping memoirs*(王平回憶錄), Beijing: PLA, 1992.

Wang Qingxin, 「Inspiration of the Chunqiu Chinese tianxia order」(王慶新：春秋華夏天下秩序的啟示), *Quarterly journal of international politics*(國際政治科學), Beijing, No. 1, 2011: 59-85.

Wang Qisheng, *Party members, Party power and party struggle*(王奇生：黨員、黨權與黨爭), Beijing: Huawen, 2010.

Wang Jung-tzu, *Re-discuss the nature of the Qing Empire: response to new Qing history*(汪榮祖：清帝國性質的再商榷──回應新清史), Taipei: Yuanliu, 2014.

Wang Ruohan, 「Death of Zeng Chengjie: behind the secret execution(王若翰：曾成傑之死──祕密處決背後), *Xinmin weekly*(新民週刊), Shanghai, No. 29 (July) 2013.

Wang Ruoshui, *A rediscovered Mao Zedong*(王若水：新發現的毛澤東), Hong Kong: Mingbao

Press, 2002.

Wang Shu, 「First expose of the staff at the CDIC」（王姝：中紀委編制首度揭祕）, *Beijing news*（新京報）, December 10, 2014.

Wang Tianyou & Gao Xianshou, *History of Ming: an era of many personalities*（王天有、高壽仙：明史，一個多重性格的時代）, Taipei: Sanmin Shuju, 2008.

Wang Tianyou, *Study of the state organizations of the Ming era*（王天有：明代國家機構研究）, Beijing: Peking University, 1992.

Wang Xiao 「Why China has so many traitors」（王霄：中國為什麼漢奸多）, aisixiang.com/data/8314.html, posted August 21, 2005.

Wang Xiaobo, 「My view of Sinology」（我看國學）and 「Wisdom and Sinology」（智慧與國學）, in his posthumous book *The Silent Majority*（王小波：沉默的大多數）, Beijing, Chinese Youth Press, (1997) 2005.

Wang Xiuqiang, 「China's per unit GDP energy consumption is 2.5 times of world's average」（王秀強：中國單位 GDP 能耗達世界均值 2.5 倍）, *21st century economic report*（21 世紀經濟報導）, Beijing, November 30, 2013.

Wang Yanan, *Study of Chinese bureaucratic politics*（王亞南：中國官僚政治研究）, Beijing: Zhongguo Shehui Kexue, (1948) 1981.

Wang Yao, 「Notes on the Tang-Tibet treaty tablet（王堯：唐蕃會盟碑疏釋）, *Historical research*（歷史研究）, Beijing, No. 4, 1980: 94-104.

Wang Yeh-chien, *Land taxation in Imperial China, 1750-1911*, Cambridge, MA: Harvard University Press, 1973.

Wang Yi, 「Analyzing the building and institutional construction of a new type of global governance system」（王毅：試析新型全球治理體系的構建及制度建設）, *State of foreign theories*（國外理論動態）, Beijing, No. 8, 2013.

Wang Yizhou, *Creative involvement: the transformation of China's diplomacy*（王逸舟：創造性介入──中國外交的轉型）, Beijing: Peking University, 2015.

Wang Yong, 「Jinx of super rich-list」（王永：富豪榜的詛咒）, blog.ifeng.com/article/3791035.html, posted December 19, 2009.

Wang Youqin, 「Don't forget the nature of the Cultural Revolution」（王友琴：不要忘記文革的本質）, *Open*（開放）, Hong Kong, No. 6, 2006.

Wang Yu San ed., *Foreign Policy of the Republic of China on Taiwan: An Unorthodox Approach,* New York: Greenwood, 1990.

Wang Yuan-Kang, *Harmony and War: Confucian Culture and Chinese Power Politics*, New York, NY: Columbia University Press, 2011.

Wang Yunsheng, *China and Japan in the past six decdes*（王芸生：六十年來中國與日本）, 7 volumes, Tianjin: Dagongbao, 1934.

Wang Zengyu, *Initial study of military system in Song dynasty*（王曾瑜：宋朝兵制初探）, Chapter 6, Beijing: Zhonghua Shuju, (1983) 2011.

Wang Zengyu, *New biography of Yue Fei*（王曾瑜：岳飛新傳）, Shijiazhuang: Hebei Renmin, 2007.

Wang Zhaoming, *Sun Yat-sen will*（汪兆銘：總理遺囑）, *Morning news*（晨報）, Beijing, March 14, 1925.

Wang Zheng, *Never Forget National Humiliation: Historical Memory in Chinese Politics and Foreign Relations*, New York: Columbia University Press, 2014.

Wang Zhengzhong, *Comparative study of the origin of the Chinese civilization*（王震中：中國文明起源的比較研究）, Xian: Shangxi Renmin, 1994.

Wang Zhiren, 「Natural environment, geopolitics, new technology and Qin's unification of China」（王志潤::自然環境、地緣政治、新技術與秦統一中國）, *New orient*（新東方）, Haikou, No. 4, 2002.

Wang Zhixin, *Outline history of Christianity in China*（王治心：中國基督教史綱）, Shanghai: Shanghai Guji, (1940) 2011.

Wang Zhongmu, *History of Wei, Jin and South-North Dynasties*（王仲犖：魏晉南北朝史）, Shanghai: Shanghai Renmin, 2013.

Wang Zuohua, 「Exactly how many enemies were annihilated by our military during the liberation war」（王作化：解放戰爭時期我軍殲敵究竟多少）, CCP News Site, //cpc.people.com. cn/GB/68742/77130/77131/7267512.html, accessed December 29, 2013.

Wasserstrom, Jeffrey N., *China in the 21st Century: What Everyone Needs to Know*, New York, NY: Oxford University Press, 2013

Watson, Burton, *Basic Writings of Mo Tzu, Hsün Tzu, and Han Fei Tzu*, New York, NY: Columbia University Press, 1967.

Watson, Burton, *Mozi: Basic Writings,* New York, NY: Columbia University Press, 2003.

Weber, Max, *The Religion of China: Confucianism and Taoism*, New York: Free Press, (1915) 1968.

Wei Li, 「What's the origin of the name of the PRC?」（蔚力：中華人民共和國國號的由來是什麼？）, October 11, 2014.

Wei Yuan, *Maps and information about seas and countries*（魏源：海國圖志）, Zhengzhou, Henan: Zhongzhou Guji, (1843/52) 1999.

Wen Huan ed., *Cannot bear to read history carefully*（文歡：歷史不忍細看）, Zhengzhou: Henan Wenyi, 2008.

Wen Jiabao, Press Conference, Beijing: Xinhua, March 14, 2012.

Wendt, Alexander, "Anarchy is What States Make of It: the Social Construction of Power Politics" *International Organization*, 46 (spring 1992): 391-425.

Wendt,Alexander, *Social Theory of International Politics*, Cambridge, UK: Cambridge University Press,1999.

Wesson, Robert G.,*The Imperial Order*, Berkeley, CA: UC Press, 1967.

Westad, Odd Arne, *Restless Empire: China and the World Since 1750*, New York: Basic Books, 2012.

Westad, Odd, *Decisive Encounters: The Chinese Civil War, 1946-1950*, Stanford, CA: Stanford University Press, 2003.

White, T.H., *The Once and Future King*, New York: Penguin, (1939) 1987.

Whiting, Allen, *China Crosses the Yalu: The Decision to Enter the Korean* War, Stanford, CA: Stanford University Press, 1960.

Wickham, Chris, *The Inheritance of Rome: Illuminating the Dark Ages 400-1000*, New York: Penguin, 2010.

Williams, Frederick Wells, *Anson Burlingame and the first Chinese mission to foreign powers*, New York, NY: Scribner's, 1912.

Williams, Stephen & Gerard Friell, *Theodosius: The Empire at Bay*, New Haven, CT: Yale University Press, 1994.

Wilson, Dick, *Mao: the People's Emperor*, Austin, TX: Futura Publications, 1980.

Wilson, Sandra, *The Manchurian Crisis and Japanese Society, 1931-33*, London, UK: Routledge, 2002.

Wine, Michael,「China Approves Law Governing Armed Police Force,」 *The New York Times*, August 28, 2009: A6.

Wittfogel, Karl A.,「The Historical Position of Communist China: Doctrine and Reality,」 *The Review of Politics*, Vol. 16-4 (October) 1964: 463-474.

Wittfogel, Karl August, *Oriental Despotism; a Comparative Study of Total Power*, New Heaven, CT: Yale University Press, 1957.

Wolf, Naomi, *The End of America: Letter of Warning to a Young Patriot*, White River Junction, VT: Chelsea Green Publishing, 2007.

Wolin, Richard, *The Wind From the East: French Intellectuals, the Cultural Revolution, and the Legacy of the 1960s*, Princeton, NJ: Princeton University Press, 2010.

Wong, Roy Bin, *China Transformed: Historical Change and the Limits of European Experience*, Ithaca, NY: Cornell University Press, 1997.

Wood, Frances, *Did Marco Polo Go To China?* Boulder, CO: Westview, 1998.

Woodside, Alxandaer,「Emperors and the Chinese Political System」 in Kenneth Lieberthal et al eds., *Perspectives on Modern China: Four Anniversaries*, Armonk, NY: ME Sharpe, 1991.

World Bank,「GDP Per Unit of Energy Use,」 World Bank database, accessed November 20, 2014

World Bank, GDP growth data, accessed November 18, 2014.

World Watch,「Grain Production Falls and Prices Surge,」 worldwatch.org/node/5440, accessed December 6, 2013.

Wou, Odoric Y.K., *Mobilizing the Masses: Building Revolution in Henan*, Stanford, CA: Stanford University Press 1994.

Wright, Mary C., *The Last Stand of Chinese Conservatism: The T'ung-Chih Restoration, 1862-1874*, Stanford, CA: Stanford University Press, 1957.

Wu Bangguo （吳邦國）, *Speech to the 4th Meeting of the 11th PRC NPC*, Beijing:Xinhua New Agency, March 10, 2011.

Wu De, *Records of a decade of events*（吳德：十年風雨記事）, Beijing: Dangdai Zhongguo, 2004.

Wu Faxian, *Time was hard-Wu Faxian memoirs*（歲月艱難──吳法憲回憶錄）, Hong Kong: Beixing, 2006.

Wu Gou,「18 different details between Song and Qing dynasties」（吳鉤：宋朝與清朝的 18 個細節對比）, October 10, 2014.

Wu Gou,「A dynasty standing at the modern doorstep」（吳鉤：一個站在近代門檻上的王朝） *Essay*（隨筆）, Guangzhou: Southern Weekend, No. 4, 2014.

Wu Gou,「The happy life of Song residents with dual citizenship」（吳鉤：宋朝雙重國籍居民的幸福生活）, August 7, 2015.

Wu Gou,「The liberal line of the evolution of Chinese history」（吳鉤：中國歷史演進的自

由線索）, *Oriental forum*（東方論壇）, Qingdao, No. 5, 2012.

Wu Gou, 「When the Chinese started to kneel?」（吳鈎：中國人從什麼時候開始下跪的）, January 4, 2016.

Wu Hao, 「Shen Anna: The red woman spy who 『felt Chiang Kai-she's pause』」（吳皓：沈安娜——「按住蔣介石脈搏」的紅色女諜）, *History reference*（文史參考）, Beijing, No. 14, (July) 2010: 58-61.

Wu Hui, *Study on per mu grain production in Chinese history*（吳慧：中國歷代糧食畝產研究）, Beijng: Nongye, 1985.

Wu Jiaxiang, *Public all-under-heaven: Multi-center governance and legal rights under dual-subject*（吳稼祥：公天下——多中心治理與雙主體法權）, Nanning: Guangxi Shifan Daxue, 2013.

Wu Lijin, *Mao Anying at the Korean war zone*（武立金：毛岸英在朝鮮戰場）, Beijing: Zuojia, 2006.

Wu Naigong, *Lixue in Song and Ming*（吳乃恭：宋明理學）, Changchun: Jilin Wenshi, 1994.

Wu Si, 「Speech at the Hong Kong book exhibit」（吳思：在香港書展的講話）, *Ming-pao*（明報）, Hong Kong, July 22, 2014.

Wu Si, *Rule of rewarding blood*（吳思：血酬定律）, Beijing: Shewen, (2003) 2009.

Wu Si, *Sub-rules: the real games in Chinese history*（吳思：潛規則——中國歷史中的真實遊戲）, Shanghai: Fudan University, (2001) 2009.

Wu Songdi, *Chinese demographic history*（吳松弟：中國人口史）, Vol. 3, *Liao, Song, Jin, Yuan Era*（遼宋金元時期）, Shanghai: Fudan University, 2000.

Wu Tianchi, *Draft history of Western Xia*（吳天墀：西夏史稿）, Nanning: Guangxi Shifan Daxue, 2009.

Wu Xinzhi, 「Comparative study of early humans in China and Europe」（吳新智：中國和歐洲早期智人的比較研究）, *Anthropology sinica*（人類學學報）, Beijing, No. 4, 1988: 286-293.

Wu Xinzhi, 「Evidence of multiregional human evolution hypothesis from China」, *Quaternary Sciences*, Beijing, 4-5, 2006.

Wu Zhili, 「The germs warfare in 1952 was a false alarm」（吳之理：1952 年的細菌戰是一場虛驚）, *Yanhuang chronicle*（炎黃春秋）, Beijing, No. 11, 2013.

Wu, Guoguang, *China's Party Congress: Power, Legitimacy, and Institutional Manipulation*, New York, NY: Cambridge University Press, 2015.

Xi Jinping, 「China does not accept any arbitration」（習近平：中國不接受任何仲裁）, Beijing: Xinhua, July 12, 2016.

Xi Jinping, 「Speech at the national conference on religious work」（習近平：在全國宗教工作會議上講話）, Beijing:Xinhua, April 23, 2016.

Xi Jinping, 「Consolidate and develop the broadest patriotic united front」（習近平：鞏固發展最廣泛的愛國統一戰線）, Beijing: Xinhua, May 20, 2015.

Xi Jinping, 「Keynote speech」（習近平：主旨發言）at the Summit of Conference on Interaction and Confidence-building measures in Asia, Shanghai, CCTV, May 20, 2014.

Xi Jinping, 「Leading cadres must learn some history」（習近平：領導幹部要讀點歷史）, speech to the CCP Central Party School, *Study times*（學習時報）, Beijing, September 2011.

Xi Jinping, 「Letter to the 22nd Internaitoanl Congress of Historical Sceinces,」Jinan, August 23,

2015.

Xi Jinping, 「Remember history, create future」（習近平：銘記歷史，開創未來）in Moscow's *Russian Daily*, May 7, 2015—Chinese version in *People's Daily*（人民日報）, Beijing. May 8, 2015: 1.

Xi Jinping, *Digested statements on the China Dream of realizing the great rejuvenation fo the Chinese nation*（習近平關於實現中華民族偉大復興的中國夢論述摘編）, Beijing: Zhongyang Wenxian, 2013.

Xi Jinping, *Selected words of Xi Jinping on toughening party's discipline and rules*（習近平關於嚴明黨的紀律和規矩論述摘編）, Beijing: Zhongyang Wenxian, 2016.

Xi Jinping, *To solidly establish the right kind views of the motherland and nationhood among the people of all nationalities*（習近平：要在各族群眾中牢固樹立正確的祖國觀民族觀）, Speech at the Second Xinjiang Work Forum, Beijing, *Xinhua*, May 29, 2014.

Xi Jinping, 「Speech at national conference on propaganda and thought works」（習近平：在全國宣傳思想工作會議上的講話）, Beijing, August 19, 2014. *China Digital Times,* posted November 11, 2014.

Xi Xuan & Jin Chunming, *Short history of the 「Great Cultural Revolution」*（席宣、金春明：「文化大革命」簡史）, Beijing: CCP Party History, 2006.

Xia Xinzheng, 「Historical inevitability of the thought reform of intellectuals right after the state-building」（夏杏珍：建國初期對知識分子思想改造的歷史必然性）*Red flag monographs*（紅旗文稿）, Beijing, No. 21, November 5, 2014.

Xiao Chunlei, 「Jap pirates: a dynastic lie」（蕭春雷：倭寇，一個王朝的謊言）, *Chinese national geography*（中國國家地理）, Beijing, No. 2, 2012.

Xiao Duojie ed., *The erratic Mao Zedong*（蕭鐸潔：翻雲覆雨毛澤東）, Beijing, online publication, 2009.

Xiao Gongqin, 「New policy of the late Qing and the study of modernization」（蕭功秦：清末新政與中國現代化研究）, *Strategy and management*（戰略與管理）, Beijing, 1993: 61-66.

Xiao Gongqin, 「The debate on making constitution in late-Qing and its inspiration for today（蕭功秦：清末新政時期的立憲論爭及其現代啟示）, *Chinese literature and history*（中華文史）, July 9, 2007.

Xiao Jun, *Yan'an diaries 1940-1945*（蕭軍：延安日記 [1940-1945]）, 2 volumes, Hong Kong: Oxford University Press, 2013.

Xiao Ke, Li Rui, Gong Yuezhi et al, *Political campaigns that I experienced*（蕭克、李銳、龔育之等：我親歷過的政治運動）, Beijing: Zhongyang Bianyi, 1998.

Xiao Li, 「CCP's funding sources during the resisting Japanese war」（曉理：抗戰時期中共經費來源）, *People's digest*（人民文摘）, Beijing, No. 3, 2014:73.

Xiao Qiqing, *New exploration of Yuan era history*（蕭啟慶：元代史新探）, Taipei, Taiwan: Xinwenfeng Tushu, 1985.

Xiao Shimei, *Mao Zedong ruses*（蕭詩美：毛澤東謀略）, Changsha: Hunan, 1993.

Xiao Shimei, *Study of Mao Zedong ruses*（蕭詩美：毛澤東謀略學）, Beijing: Zhongguo Changan, 2004.

Xiao Shu, *Early voice of history: the solemn promises half century ago*（笑蜀：歷史的先聲──半個世紀前的莊嚴承諾）, Shantou: Shantou Daxue, 1999.

Xiao Xian, 「Chinese Jews and Chinese Muslims in History: a Comparative Analysis」（肖憲：中國歷史上的猶太人和穆斯林——比較研究），in Center for Jewsih Studies in Shanghai ed., *Collection of articles on Jewish and Israeli studies*（猶太以色列研究論叢），Shanghai: Sanlian Shudian, vol. 1, 2007.

Xiao Xiang, 「Mao Zedong's attitude to life and the tragedy of great famine」（蕭象：毛澤東對於人的生命態度與大饑荒的悲劇發生），September 3, 2012.

Xie Bin, *History of political parties in the Republic*（謝彬：民國政黨史），Shanghai: Xueshu Yanjiu Zhonghui, 1926. Cited in CCP Central Party History Bureau, *History of the CCP*（中國共產黨歷史），Beijing: Zhonggong Dangshi, vol. 1, 2002: 12.

Xie Canglin & Wan Fangzheng, *Three thousand years of inquisition*（席宣、金春明：「文化大革命」簡史），Nanchang: Jiangxi Gaoxiao, 1996.

Xie Chuntao, 「Where does the legitimacy of the CCP rule come from?」（謝春濤：中國共產黨執政地位從哪裡來？），*Seeking truth*（求是），Beijing, Juluy 31, 2014.

Xie Guiping, 「"Great Leap Forward" campaign and its consequences in Wuwei County of Anhui Province」（謝貴平：安徽省無為縣的「大躍進」運動及其後果），*Modern China Studies*, Princeton, NJ. 93-2, 2006.

Xie Xiaodong, 「Pure Han people no longer exists（謝小東：純種漢人已經不存在），*Beijing news*（新京報），February 15, 2007.

Xie Yixian et al., *History of contemporary Chinese diplomacy 1949-2009*（謝益顯等：當代中國外交史 [1949-2009]），Beijing: Zhongguo Qingnian, 2009.

Xie Yong ed., *Chu Anping: depression like a river*（謝泳：儲安平——一條河流般的憂鬱），Beijing: Zhongguo Qingnian, 1999.

Xie Yong ed., *Luo Longji*（謝泳：羅隆基），Beijing: Zhongguo Qingnian, 1999.

Xie Yong, 「Criticizing Hu Shi and <Materials on Hu Shi thoughts>」（胡適批判與《胡適思想批判參考資料》），Guangzhou, *Open era*（開放時代），No. 6, 2006.

Xie Youtian, *The secret of the CCP empowerment*（謝幼田：中共坐大之謎），New York: Mingjing, 2002.

Xie Yu et al, *Report on the development of livelihood in Chinese 2014*（謝宇等：中國民生發展報告 [2014]），Beijing: Peking University, July 25, 2014.

Xie, Tao & Benjamin I. Page, 「Americans and the Rise of China as a World Power,」*Journal of Contemporary China*, 19(65), 2010: 479-501.

Xin Haonian, *Which is the New China: Distinguishing between Right and Wrong in Modern Chinese History*, New York, NY: Blue Sky Publishing, vol. 1, 1999.

Xin Lijian, 「How many people died in China abnormally after 1945（信力建：1945 年以後中國有多少人非正常死亡），May 6, 2011.

Xin Lijian, 「Suppressing and eliminating counterrevolutionaries（信力建：鎮反與肅反），blog.ifeng.com/article/1876838.html, posted November 26, 2008.

Xin Yunxing, 「The loss and fantasy of the celestial empire,」（辛允星：天朝的迷失與幻覺），aisixiang.com/data/89797.html, posted June 26, 2015.

Xin Ziling, 「Five evidences of Mao's family rule plan」（辛子陵：毛搞家天下的五個證據），Hong Kong, open.com.hk/content.php?id=295#.Vbu4ZbdfKm4, posted June 13, 2011.

Xin Ziling, 「Korean War 60 years ago」（辛子陵：韓戰 60 年），June25, 2010.

Xin Ziling, 「Mao Zedong, successor and the origin of the Cultural Revolution」（辛子陵：毛澤東、接班人與文革起源），posted April 12, 2015.

Xin Ziling, 「Trace Mao Zedong's real thinking of succession」（辛子陵：毛澤東傳位心路追蹤），2newcenturynet.blogspot.com/2012/06/blog-post_15.html, posted June 12, 2012.

Xin Ziling, *Complete Biography of Zedong*（辛子陵：毛澤東全傳），4 volumes, Hong Kong: Liwen Publisher, 1993.

Xin Ziling, *The crash of the red sun: the eternal achievements and crimes of Mao Zedong*（辛子陵：紅太陽的隕落——千秋功罪毛澤東），Hong Kong: Shuzuofang, e-edition, 2009.

Xing Heming, 「CCP's thinking and reform of the Soviet model before and after the 8th party congress（邢和明：八大前後中共對蘇聯模式的思考與改革），*Contemporary China history studies*（當代中國研究），Beijing, 12-1, 2005:16-23.

Xinhua, 「CDIC: 180 thousand were punished by party's and state's disciplines last year（中紀委：去年 18 萬人受黨紀政處分），*Beijing news*（新京報），Beijing, January 10, 2014.

Xinhua, 「Words banned in news reports」（新華社公布的第一批新聞報導禁用詞），*Chongqing reporting* news（渝刊通訊），Congqing, No. 2, July 21, 2014: 1-3.

Xinhua, 「Democratic parties」（民主黨派），accessed December 29, 2013.

Xinhua, 「Push for more just and more rational global governance」（推動全球治理體制更加公正更加合理），*People's daily*（人民日報），Beijing, October 13, 2015: 1.

Xinhua, 「Total national fiscal revenue 11.7 trillion last year, share of GDP reached a new record,」*Xinhua Daily Telegraph*, Beijing, January 23, 2013.

Xinhua, 「Vows for joining the Chinese Communist Party at different eras」（中國共產黨各時期的入黨誓詞），January 27, 2016.

Xinhua, *Major events in the PRC*（中華人民共和國大事記），gov.cn/jrzg/2009-10/03/content_1432074.htm, accessed August 4, 2015.

Xiong Peiyun, 「*Return to the Song dynasty in dreams*（熊培雲：夢裡回到宋朝），*Southern weekly*（南方週末），Guangzhou, April 23, 2009.

Xiong Xianghui, *My life in intelligence and diplomacy*（熊向暉：我的情報與外交生涯），Beijing: Zhonggong Dangshi, 1999.

Xu Jian, 「Reassess the period of strategic opportunity」（徐堅：重新認識戰略機遇期），*International studies*（國際問題研究），Beijing, No. 2, 2014.

Xu Jiansheng & Xu Weiguo, *Study of the economic policy in late-Qing and early Republic*（徐建生、徐衛國：清末民初經濟政策研究），Wuhan: Huazhong Shifan Daxue, 2001.

Xu Jilin, 「A critique of the surge of Chinese statism in the last ten years」（許紀霖：近十年來中國國家主義思潮批判），aisixiang.com/data/41945.html, posted July 5, 2011.

Xu Jilin, 「The second day after revolution: thoughts and politics in China's 『Weimar era』，」（許紀霖：革命後的第二天——中國「魏瑪時期」的思想與政治），*Open times*（開放時代），Guangzhou, No. 3 (June) 2014.

Xu Lejing, 「Our country's three types of official spending exceeded 900 billion」（徐樂靜：我國三公消費突破 9000 億），*China news*（中國新聞），Beijing: Xinhua, March 25, 2013.

Xu Lingxiang, *Biography of Li Kenong and other red spies*（徐林祥：李克農傳及其他紅諜），Hefei: Anhui Renmin, (1997) 2008.

Xu Mengqiu ed., *Records of Red Army's Long March*（徐夢秋：紅軍長征記），published as Liu

Tong ed., *Personal accounts of Long March-original records from the Red Army long marchers* (劉統：親歷長征——來自紅軍長征者的原始記錄), Beijing: Zhongyang Wenxian, (1936) 2006.

Xu Pei, *Shameless foreigners* (徐沛：無恥的洋人), bookepub.com, posted 2012.

Xu Xiaonian, 「From Qin to Qing is not feudal society」 (許小年：從秦到清不是封建社會) *Economic observation daily* (經濟觀察報), Beijing, February 18, 2008.

Xu Xiliang, 「How did logic die in China」 (許錫良：中國的邏輯是怎樣死亡的), blog. caijing.com.cn/expert_article-151317-12850.shtml, accessed January 5, 2015.

Xu Xiliang, 「Chinese are unpralledely sutpid on power issue」 (許錫良：中國人在權力問題上其蠢無比), 21ccom.net/articles/dlpl/whpl/2012/0721/64163.html, posted July 21, 2012.

Xu Yan, 「Sino-Soviet border armed clashes on Zhengbao Island in 1969」 (徐焰：1969 年的中蘇邊界珍寶島武裝衝突), *World affairs* (世界知識), Beijing, No. 13 (June 22) 2006.

Xu Yan, *Report on the past issues in Zhongnanhai* (徐焰：中南海往事追蹤報告), Beijing: Zhongyang Wenxian, vol. 2, 2010.

Xu Zerong, 「Secret radio of the Malarysian Communist Party in Hunan exposed」 (徐澤榮：馬共祕密電台湖南曝光), *Asian weekly* (亞洲週刊), Hong Kong, No. 26 (July 2), 2000.

Xu Zhucheng, *Personal experience of 1957* (徐鑄成：親歷 1957), Wuhan: Hubei Renmin, 2003.

Xu, Xin, *The Jews of Kaifeng, China: History, Culture, and Religion*, New York, NY: KTAV Publishing House, 2003.

Xuan Feng et al, 「Ten thousands taxes for the middle class」 (炫風：中產萬稅) & Shen Ding et al, 「Who moved Mr. A's tax bills」 (沈玎：誰動了 Mr. A 的稅單), *Southern metropolis weekly* (南都週刊), Guangzhou, No. 48 (December 13) 2010: 24-28 & 29-40.

Xue (Hsieh) Fucheng, *The European Diary of Hsieh Fucheng*, translated by Helen H. Chien, New York, NY: Palgrave, 2013.

Xue Juzheng, *Old history of the Five Dynasties* (薛居正：舊五代史) vol. 17-6, Beijing: Zhonghua Shuju, (954) 1976. Ouyang Xiu, *New history of the Five Dynasties* (歐陽修：新五代史), vol. 42, Beijing: Zhonghua Shuju, (1053) 1974.

Xue Lishan, 「Wang Hui Gan Yang are statists after all」 (薛利山：汪暉甘陽原是國家主義者), *Open* (開放), Hong Kong, No. 4, 2011.

Xun Kuan, *Book of Xun Zi* (荀子), Shanghai: Guji, (3rd century BCE) 2012.

Yamaga, Soko, *Facts of central dynasty* (山鹿素行：中朝事實), two volumes, Osaka, Japan: Yamamoto Ayatomo-do, (1669) 1925.

Yan Changgui & Yang Yinlu, 「True or false of a historical allegation (閻長貴、楊銀祿：一則歷史傳聞的真偽), *Yanhuang chronicle* (炎黃春秋), Beijing, No. 3, 2010.

Yan Changhai, 「Truthfulness in history textbooks of the Chinese Mainland is less than 5%？(顏昌海：中國大陸歷史教科書真實率低於 5%？), December 6, 2013.

Yan Fu, 「Decision view for saving」 (嚴復：救亡決論), *Zhili daily* (直報), Tianjin, June 18, 1895.

Yan Lebin, 「The rectification and four cleaning campaign I witnessed」 (晏樂斌：我經歷的整風整社與四清運動), *Yanhuang chronicle*, (炎黃春秋), No. 12, 2015: 69-72.

Yan Mingfu, *Yan Mingfu memoir* (閻明復回憶錄), Beijing: Renmin, 2 volumes, 2015.

Yan Jing, 「Chinese Jews by the Yellow River」 (顏菁：黃河岸邊的中國猶太人), *Beijing youth daily* (北京青年報), Beijing, August 13, 2002.

Yan Shenlang,「China's opening in 1972」（延伸浪：1972 年的中國對外開放）, blog.sina. com.cn/s/blog_44405b990102v49v.html, accessed January 17, 2015.

Yan Xuetong,「From Keeping a Low Profile to Striving for Achievement,」 *The Chinese Journal of International Politics*, Beijing, Vol. 6-2, 2015.

Yan Xuetong,「Security interest is state's first interest（閻學通：安全利益是國家首要利益）. *Global Times*（環球時報）, Beijing, May 30, 2006.

Yan Xuetong,「Xun Zi's Thoughts on International Politics and Their Implications,」 *Chinese Journal of International Politics*, Beijing, Vol. 2, 2008, 135-165.

Yan Xuetong, *The transfer of world power*（閻學通：世界權力的轉移）, Beijing: Peking University, 2015.

Yan, Xuetong et al, *Ancient Chinese Thought, Modern Chinese Power*, Princeton, NJ: Princeton University Press, 2011.

Yang Di,「Individual tax law unchangeable for 30 years」（楊迪：35 年改不動的個稅法）, *Chinese newsweek*（中國新聞週刊）, Beijing, March 24, 2015.

Yang Jisheng,「Collective hereditary system and『field of power』」（楊繼繩：集體世襲與「權力場」）, *Yanhuang chronicles* 炎黃春秋）, No. 6, 2008: 50-52.

Yang Jisheng, *Tombstone: Record of the great Chinese famine in the 60s*（楊繼繩：墓碑——中國六十年代大饑荒紀實）, Hong Kong: Tiandi Books, 2 volumes, 2008 (Abbreviated English edition, *Tombstone: The Great Chinese Famine, 1958-1962*, translated by Stacy Mosher and Guo Jian, New York: Farrar, Straus & Giroux, 2012

Yang Kuisong ed., *Chinese foreign policy during the Cold War era*（楊奎松：冷戰時期的中國對外政策）, Beijing: Peking University Press, 2006.

Yang Kuisong,「Comparative study of Mao Zedong and Chiang Kai-shek」（楊奎松：毛澤東與蔣介石的比較研究）, Lecture at Peking University, Beijing, April 2010.

Yang Kuisong,「Q&A on the income of party-state cadres since the founding of the nation（楊奎松：關於建國以來黨政幹部收入的問答）, *Southern weekend*（南方週末）, Guangzhou, August 29, 2007.

Yang Kuisong,「Study of『suppressing counterrevolutionaries』campaign in new China（楊奎松：新中國「鎮壓反革命」運動研究）, *History monthly*（史學月刊）, Beijing, No. 1, 2006: 46-62.

Yang Kuisong,「The early death of『the China way』60 years ago」（楊奎松：六十年前「中國道路」夭折始末）, *CP members*（共產黨員）, No. 6, 2011: 48-49.

Yang Kuisong,「Why did the CCP win the revolution？（楊奎松：中共為何能取得革命勝利？）September 11, 2014.

Yang Kuisong, *Glancing ROC personalities*（楊奎松：民國人物過眼錄）, Guangzhou: Guangdong Renmin, 2009.

Yang Kuisong,*New study of Xian Incident: The puzzle of the relationship between Zhang Xueliang and the CCP*（楊奎松：西安事變新探——張學良與中共關係之謎）, Nanjing: Jiangsu Renmin, 2006.

Yang Kuisong,*Read history, seek truth*（楊奎松：讀史求實）, Hangzhou: Zhejiang Daxue, 2011.

Yang Kuisong, *Relationship between CCP and Moscow 1920-1960*（楊奎松：中共與莫斯科的關係 [1920-1960]）, Taipei: Haixiao Chuban, 1997.

Yang Kuisong, *Study of the history of building the PRC*（楊奎松：中華人民共和國建國史研究）, Nanchang, Jianxi Renmin , vol. 1, 2009.

Yang Min,「Story of the creation of the name list of 『the third tier』」（楊敏：「第三梯隊」名單建立前後）, *Chinese newsweek*（中國新聞週刊）, No. 675, September 4, 2014.

Yang Shiqun, *Lessons from Chinese history*（楊師群：中國歷史的教訓）, Hangzhou: Zhejiang Daxue: 2012.

Yang Shitai,「On the legal system of private land ownership in early Republican Era,」（楊士泰：試論民國初期的土地私有權法律制度）, *Hebei law science*（河北法學）, Vol. 27-6, 2009: 95-99.

Yang Shuda, *On the grand meaning of Spring and Autumn*（楊樹達：春秋大義述）, Shanghai: Shanghai Guji, (1944) 2007: 8-25.

Yang Tianshi, *Seeking history overseas*（楊天石：海外訪史錄）, Beijing: Shehui Kexue Wenxian, 1998.

Yang Xianhui, *Jiabiangou stories*（楊顯惠：夾邊溝記事）, Guangzhou: Huacheng, 2008.

Yang Xiaokai,「Pros and cons for Chinese unification」（楊小凱：中國統一之利弊）*Beijing spring*（北京之春）, Flushing, NY, No. 10, 1999: 77-113.

Yang, Dali, *Calamity and Reform in China: State, Rural Society and Institutional Change since the Great Leap Famine*, Stanford, CA: Stanford University Press, 1996.

Yang, Guobin, *The Power of the Internet in China: Citizen Activism Online*, New York: Columbia University Press, 2009.

Yao Baihui,「Exploring the formation of *Sino-French Communiqué of establishing diplomatic relations*」（姚百慧：中法建交公報形成考釋）, *Studies of contemporary Chinese history*（當代中國史研究）, Beijing, No. 2, 2013.

Yao Dali,「No more old stories of 『Sincization』: what can be learned from 『new Qing history』」（姚大力：不再說「漢化」的舊故事——可以從「新清史」學習什麼）, *Oriental morning*（東方早報）, Shanghai, April 5, 2015.

Yao Jinyuan, *Official list of the banned and destroyed books in Qing*（姚覲遠：清代禁毀書目）, Hangzhou: Chijinzai, 1882.

Yao Shanbi,「Xushui Great Leap Forward」（堯山壁：徐水大躍進）, *Essays selected*（雜文選刊）, Changchun, No. 9, 2010: 48-49.

Yao Shaner, *One hundred top Rightists in China*（姚杉爾：中國百名大右派）, Beijing: Zhaohua, 1993.

Yao Tinglin, *Notes over the years*（姚廷遴：歷年記）, Shanghai: Renmin, (18th century) 1982.

Ye Jing, *Days in Yan'an*（葉晶：我們在延安）, 12 episodes of documentary film, Beijing: Central News Studio, 2012.

Ye Qing, *General Chinese financial history: Five Dynasties and two Songs*（葉青：中國財政通史——五代兩宋）, Beijing: Zhongguo Caizheng Jingji, 2006.

Ye Tan, *Great debate of traditional economic views: Comparing Sima Guang and Wang Anshi*（葉坦：傳統經濟觀大爭論——司馬光與王安石之比較）, Beijing: Peking University Press, 1990.

Ye Tan, Great reform: Song Shenzong and the reform campaigns in the 11th century（葉坦：大變法——宋神宗與 11 世紀的改革運動）, Beijing: Sanlian 1996.

Ye Zicheng & Long Quanlin, *China-ism: the grand wisdom of the 500-years China system*（葉自成、

龍泉霖：華夏主義──華夏體系五百年的大智慧），Beijing: Renmin, 2013.

Yi Baisha,「Commenting Confucius（易白沙：孔子評議），*New youth*（新青年），Vol。1-6 & vol, 2-1, Beijing, (June & September) 1916.

Yi Wa (Song Lin), *Looking for the great famine survivors*（依娃〔宋琳〕：尋找大饑荒倖存者），New York: Mingjing, 2013.

Yi Zhongtian, *End of the empire*（易中天：帝國的終結），Shanghai: Fudan Daxue, 2007.

Yin Qi, *Pan Hannian's intelligence career*（尹騏：潘漢年的情報生涯），Beijing: Renmin Wenxue, 1996: 116-168.

Yin Yungong,「Deng Xiaoping and『internal reference』」（尹韻公：鄧小平與「內參」），*CCP documents*（黨的文獻），Beijing, No. 6, November 2012.

Ying Shusheng,「Mao Zedong and the 3rd national public security conference」（尹曙生：毛澤東與第三次全國公安會議），*Yanhuang chronicle*（炎黃春秋），Beijing, No. 5, 2014: 3-7.

Yoshitake, Oka, *Konoe Fumimaro: a Political Biography*, Tokyo: Library of Japan, 1983.

Yu Hongjun,「Forge human destiny community」（于洪君：打造人類命運共同體），speech, Shanghai: Shanghai Social Sciences Academy, February 3, 2016.

Yu Hua, *China in Ten Words*, translated by Allan Barr, New York, NY: Pantheon Books, 2011.

Yu Jie et al,「Move Mao Zedong remains」（余杰：遷移毛澤東遺體），blog.boxun.com/hero/yujie/123_1.shtml, accessed June 1, 2014.

Yu Keping,「Introduction to officialism」（俞可平：官本主義引論），*Academic frontier*（學術前沿），Beijing, No. 25 (May), 2013: 52-61.

Yu Keping,「Democracy or populism」（俞可平：民主還是民粹），*China Governance Review*（中國治理評論），Beijing, No. 5, October 2014: 5-6 & 9.

Yu Ligong, *Western missionaries and the rise of churches in China*（于力工：西方宣教運動與中國教會的興起），Taipei: Huaxuan, 2012.

Yu Shengwu,「Elucidating Chin」（于省吾：釋中國），in Wang Yuanhua ed. *Elucidating China*（王元化：釋中國），vol. 3, Shanghai: Shanghai Wenyi, 1998: 1515-1524.

Yu Shicun,「How do we read history today?」（余世存：今天怎樣讀歷史？），*Divine land*（神州），Beijing, No. 19 (July) 2012: 23-28.

Yu Xiaoji et al,「From two digits to 80 million」（余曉潔：從兩位數到八千萬），*Xinhua News Dispatch*, Beijing, June 25, 2011.

Yu Xiguang,「Various assertions on the death toll of the Great Leap and my own view」（余習廣：大饑荒死難數字眾家之說與我的一家之言），April 25, 2015.

Yu Yang, *Brotherhood China*（于陽：江湖中國），Beijing: Dangdai Zhongguo, 2006.

Yu Yang, *China's political clock*（于陽：中國的政治時鐘）Beijing: Dangdai Zhongguo, 2016.

Yu Ying-shih, *Zhu Xi's historical world*（余英時：朱熹的歷史世界），Beijing: Sanlian Press, 2004.

Yu Youjun（于幼軍），Public Lecture are Sun Yat-sen University, Guangzhou, December 16, 2015.

Yu, Ying-Shi, *Trade and Expansion in Han China*, Berkeley, CA: University of California Press, 1967.

Yuan Gang,「On civil servants, cadres, and bureaucracy」（袁剛：談公務員，幹部和官僚制），*Study and exploration*（學習與探索）Beijing, No. 3, 2007.

Yuan Hongdao, *Complete works of Yuan Zhonglang*（袁宏道：袁中郎全集），Shanghai: Guji, (17th century) 1981.

Yuan Tengfei, *This history is rather reliable: teaching Chinese history*,（袁騰飛：這個歷史挺靠譜——袁騰飛講中國史）, 3 volumes, Changsha: Hunan Remin (2012) 2013.

Yuan Weishi, 「Modernization and history textbooks」（袁偉時：現代化與歷史教科書）, Beijing, *Chinese youth daily*（中國青年報）, January 11, 2006.

Yuan Weishi, 「The precious beginning of social changes in China: my view of the late-Qing reform」（袁偉時：20 世紀中國社會變革的可貴開端——我看清末新政）, November 28, 2013.

Yuan Zhipeng, 「Review the study of Shangyuan treaty」（袁志鵬：澶淵之盟研究述論）, *Journal of Hengshui college*（衡水學院學報）, 12-3. June 2010: 67-70.

Yue Guo, 「Mao Anying during the Patriotic War,」（岳果：衛國戰爭期間的毛岸英）, *PPCC daily*（人民政協報）, Beijing, May 7, 2015: 9.

Yunos, Rozan, 「Saga of Lanfang Republic,」 *The Brunei Times*, May 23, 2011.

Zarrow, Peter, *After Empire: The Conceptual Transformation of the Chinese State, 1885-1924*. Stanford, CA: Stanford University Press, 2012.

Zelman, Kathleen M., 「Estimated Calorie Requirements,」 webmd.com/diet/features/ estimated-calorie-requirement, accessed Dcember 6, 2013.

Zeng Guofan, *Call to fight the Yue bandits*（曾國藩：討粵匪檄）, in *Zeng Guofang classic quotations*（曾國藩經典語錄）, Changsha: Hunan Daxue (1854) 2013.

Zeng Yanxiu, 「Chen Boda as an official and a scholar」（曾彥修：陳伯達的為官與為學）, *Yanhuang chronicles*（炎黃春秋）, Beijing, No. 1, 2012: 28-33.

Zeng Yi & Guo Xiaodong, *What's universal? Who's values?*（曾亦、郭曉東：何謂普世？誰之價值？）, Shanghai: Huadong Shida, 2013.

Zhai, Qiang, *China and the Vietnam Wars, 1950-1975*, Chapel Hill, NC: University of North Carolina Press, 2000.

Zhang Aijing, 「Chinese mainlanders visiting Japan jumped 88.2% the first half of this year」（張艾京：2014 上半年中國大陸訪日人數破百萬，猛增 88.2%）, *Chinese news net,*（中國新聞網）, July 25, 2014.

Zhang Baijia, 「Change self and influence the world: Exploring the basic outline of Chinese diplomacy in the 20th century」（章百家：改變自己，影響世界——20 世紀中國外交基本線索爭議）, *Chinese social science*（中國社會科學）, Beijing, No. 1, 2002: 4-19.

Zhang Chi-hsiung, 「Origin of the Chinese world order principle」（張啟雄：中華世界秩序原理的起源）, Wu Zhipan et al eds., *Values of East Asia*（吳志攀等：東亞的價值）, Beijing: Peking University Press, 2010.

Zhang Dai, *Stongbox books*（張岱：石匱書）, vol. 1, Shanghai: Guji, (1655) 2008.

Zhang Dali, *Second history*（張大力：第二歷史）, Changsha: Hunan Meishu, 2010.

Zhang Duanyi, *Notes of precious ears*（張端義：貴耳集）, Zhengzhou: Zhongzhou Guji, (13th Century) 2005.

Zhang Fan, *Brief history of ancient China*（張帆：中國古代簡史）, Beijing: Peking University, 2001.

Zhang Feng, 「Deconstructing the tributary system」（張鋒：解構朝貢體系）, *Quarterly journal of international politics*（國際政治科學）, Beijing, No. 2, 2010: 33-62.

Zhang Feng, 「Rethinking the 『Tribute System』: Broadening the Conceptual Horizon of Historical East Asian Politics,」 *Chinese Journal of International Politics*, Beijing, Vol. 2-4, 2009.

Zhang Feng, 「The Tianxia System: World Order in a Chinese Utopia,」 *Global Asia*, Seoul, Korea, Vol. 4-4, 2010: 112.

Zhang Fentian, *China's imperial ideology*（張分田：中國帝王觀念）, Beijing: Renmin Daxue: 2004.

Zhang Guangda, *Historians, historiography and modern academics*（張廣達：史家，史學與現代學術）, Nanning: Guangxi Shifan Daxue, 2008.

Zhang Guangda, *Preliminary selection of geo-historiography series on the western region*（張廣達：西域史地叢稿初編）, Shanghai: Guji, 1995;

Zhang Guotao, *My memoirs*（張國燾：我的回憶）, Hong Kong: Mingbao, 1966.

Zhang Haiyang, 「Unwavering sticking to the Party absolute leadership of the military」（張海陽：毫不動搖堅持黨對軍隊的絕對領導）, *PLA daily*（解放軍報）, Beijing, December 4, 2013.

Zhang Hongjie, 「Emperor dream in Chinese history」（張宏傑：中國歷史上的皇帝夢）, Gongshi Lecture, Beijing, August 28, 2015.

Zhang Hongjie, 「From Spring-Autumn to Ming-Qing: the 『great regression』 of national characters」（張宏傑：從春秋到明清──國民性的「大退步」）, *Tongzhou gongjin*（同舟共進）, Guangzhou, No. 11, 2013: 73-77.

Zhang Hongjie, 「History of the Chinese personality」（張宏傑：中國人的性格歷史）, *Forward on the same boat*（同舟共進）, Guangzhou, No. 2, 2010: 33-35.

Zhang Hongjie, *Five fates of Chinese emerpors*（張宏傑：中國皇帝的五種命運）, Taiyuan: Shanxi Renmin, 2007.

Zhang Hongjie, *It's exhausting to rule the world*（張宏傑：坐天下很累）, Changchun: Jilin Chuban, 2012.

Zhang Jiansong, 「Archives of the American military observer team」（張建松：美軍觀察組檔案）, chuansong.me/n/1626476, posted August 20, 2015.

Zhang Jinjin: 「Was Tang Taizong a barbarian or not」（張晶晶：唐太宗是不是胡人）, *Earth*（大地）, Beijing, No. 3, 2003.

Zhang Jie, 「Yan'an's economic 「miracle」」（張杰：延安的經濟「奇蹟」）, *Caijing Digest*（財經文摘）, Beijing, September 27, 2012.

Zhang Lei, 「Invisible footprints of online commentators,」 *Global Times*, Beijing, February 5, 2010.

Zhang Lei, 「What's consequence of 『exposes』 twisting party's history?」（張磊：以「揭祕」為噱頭歪曲黨史，是什麼後果？）*China discipline inspection daily*（中國紀檢監察報）, Beijing, December 19, 2015: 1.

Zhang Liangui, 「With utmost respect to welcome home the remains of the Volunteers（張璉瑰：用最大敬意迎志願軍遺骸回國）, Beijing: *Global times*（環球時報）, December 20, 2013.

Zhang Ming, 「Parent-officials, 『people's servents』 or professional officials」（張鳴：父母官，「公僕」還是職業官僚？）, *Chinese newsweek*（中國新聞週刊）, December 1, 2006.

Zhang Ming, 「The aura over the Zhang father and son」（張鳴：張氏父子頭上的光環）, 21ccom.net/html/2016/xiandai_0203/1438_3.html, posted February 3, 2016.

Zhang Monan, 「Breaking China's Investment Addiction,」 *Project Syndicated*, February 14, 2013.

Zhang Qi, 「Interview of Yasheng Huang,」 *Economic observation news* (經濟觀察 *Jingji guancha bao*), Beijing, July 4, 2011.

Zhang Qifan, 「Tentative analysis of emperor and elites co-rule tianxia (張其凡：皇帝與士大夫共治天下試析),*Jinan journal* (暨南學報), Guangzhou, No. 6, 2001.

Zhang Qinyan, 「Real identity of the 『Study group』 exposed」 (張婧艷：「學習小組」真實身分曝光), thepaper.cn/newsDetail_forward_1249410, accessed October 26, 2014.

Zhang Sheng, *Coming from war - record of the life of Zhang Aiping* (張勝：從戰爭中走來——張愛萍人生紀錄), Beijing: Chinese Youth, 2005.

Zhang Sheng, *Coming from war-record of the life of Zhang Aiping* (張勝：從戰爭中走來——張愛萍人生紀錄), Beijing: Chinese Youth, 2008.

Zhang, Shu, *Economic Cold War: America's Embargo Against China and the Sino-Soviet Alliance, 1949-1963*, Stanford, CA: Stanford University Press, 2002.

Zhang Shuguang, 「Tianxia theory and world order」 (張曙光：天下理論與世界秩序), cssm.org.cn/view.php?id=11361, October 18, 2006.

Zhang Shuguang, (Chairman of Tianze Institute), *Chinese opinions: interviews with economists* (張曙光：意見中國——經濟學家訪談錄), Issue 41, (March) 2011.

Zhang Shusheng, 「Last memo to the throne」 (張樹聲：遺折), *Memos of Zhang Shusheng* (張靖達公奏議), Taipei: Wenhai, vol. 8, (1884) 1968.

Zhang Taiyan, 「Republic of China explained」 (章炳麟：中華民國解), Tokyo, *Minbao* (民報) No. 15, July 5, 1907.

Zhang Weiying, 「The danger of language corruption」 (張維迎：語言腐敗及其危害),*Power of ideas*, Xian: Xibei Daxue, 2014.

Zhang Weiying, 「The root cause of China's backwardness for thousands years is the monopoly of the mind」 (張維迎：中國數千年停滯不前，根在思想壟斷), 1-26-2015.

Zhang Xianyun, 「On the horse management and herding in Northern Song era (張顯運：試論北宋時期的馬監牧地), *Lanzhou journal* (蘭州學刊), Lanzhou, No. 8 (August) 2012: 55-60.

Zhang Xiqing et al, *New study on Chanyuan treaty* (張希清：澶淵之盟新論), Shanghai: Shanghai Renmin, 2007.

Zhang Xiqing, *China's imperial examination system* (張希清：中國科舉考試制度), Beijing: Xinhua, 1993.

Zhang Xueliang, *Confession about Xian Incident* (張學良：西安事變懺悔錄), 1956, in *Hope* (希望) magazine, Taipei, July 1964.

Zhang Xueliang, *Miscellaneous memoirs* (張學良：雜憶隨感漫錄), Taipei: Lishi Zhiku, (1957) 2002.

Zhang Yihe, *Waning moon over the Yangtze river* (章詒和：順長江水流殘月), Hong Kong: Oxford University Press, 2007.

Zhang Yinlin, *Outline Chinese History prior to Eastern Han* (張蔭麟：東漢前中國史綱), Chongqing: Qingnian Shudian, 2nd edition, 1944.

Zhang Yimou, *Hero* (張藝謀：英雄), film, Beijing, 2004.

Zhang Yonghe & Zhang Kaiyuan, *Biography of Luo Fangbo* (張永和、張開源：羅芳伯傳),

Jakarta: Heping Shuju, 2003.

Zhang Youchun, 「Four waves of income distribution（張由存：收入分配的四次浪潮），
Chinese wealth（中國財富），Beijing, September 7, 2009.

Zhang Yufa, 「Social changes in China in the first half of the 20th Century: 1900-49」（張玉法：
20 世紀前半期的中國社會變遷 [1900-1949]），*Historiography monthly*（史學月刊），No. 3,
2006 :83-91.

Zhang Zanbo, *Fallings from the sky*（張贊波：天降），Independent Documentary, 2009.

Zhang Zhenglong, *White snow, red blood*（張正隆：雪白血紅），Beijing: PLA, 1989.

Zhang Zhidong, *Exhortation to Study*（張之洞：勸學篇），Changchun, Jilin Chuban Jituan, (1898)
2011.

Zhang Zhong, 「Exposing Xinyang incident」（章重：信陽事件揭祕），*Party history*（黨史
天地），Wuhan, No. 4, 2004: 42-44.

Zhang Zhongxing, *On going with the flow*（張中行：順生論），Beijing: Zhonghua Shuju, 2006.

Zhanggong District, 「Zhanggong district net-propaganda deparment email files」（章貢地區網
宣部郵箱打包），chinagfw.org/2014/12/blog-post.html, December 16, 2014.

Zhao Dingxin, *The wars of East Zhou and the birth of Confucian-Legalist state*（趙鼎新：東周戰爭
與儒法國家的誕生），Shanghai: Huadong Shida, 2006.

Zhao Fengnian, 「The distortion of the history of Mongol-Yuan and its serious damage」（趙豐年：
對蒙元史的歪曲及其嚴重危害），October 2, 2015.

Zhao Jialiang & Liang Xiaoqi, *Old story under the half tombstone: Gao Gang in Beijing*（趙家梁、
張曉霽：半截墓碑下的往事——高崗在北京），Hong Kong: Dafen, 2008.

Zhao Libin, *National stance and modern pursuits*（趙立彬：民族立場與現代追求），Beijing:
Sanlian, 2005.

Zhao Suisheng, 「Rethinking the Chinese World Order: the imperial cycle and the rise of
China,」*Journal of Contemporary China*, May 7, 2015.

Zhao Tingyang, *Tianxia system: a philosophical discourse on a world institution*（趙汀陽：天下體
系——世界制度哲學導論），Nanjing: Jiangsu Jiaoyu, 2005.

Zhao Xiaowei, 「Commercial banks brooded by private economy: Financial and economic
situation during Beiyang era」（趙孝威：民營經濟催生商業銀行——北洋政府時期財經
狀況），*Fortune world*（財富世界），Vancouver, Canada, No. 4, 2013: 90-97.

Zhao, Yong, *Who's Afraid of the Big Bad Dragon: Why China Has the Best (and Worst) Education
System in the World*, San Francisco: Jossey-Bass, 2014.

Zheng Jiaming et al, 「Summary of the study of Ming-Qing's isolation policy in the past 50
years」（鄭佳明等：近五十年明清閉關政策研究綜述），*Hunan social sciences*（湖南社會
科學），Changsha, No. 6, 2002.

Zheng Qingping & Huang Xiyuan, *History of Chinese agrarian economy*（鄭慶平、黃希源：中
國農業經濟史），Beijing: Renmin Daxue, 1989.

Zheng Yefu, *On trust*（鄭也夫：信任論），Beijing: Zhongguo Guangbo Dianshi, 2001：119.

Zheng Yi, *One hundred random events evolved into one inevitability: On why the KMT lost and moved
to Taiwan*（鄭義：一百個偶然演變成一個必然——論國民黨為什麼敗走台灣），youpai.
org/read.php?id=1311, posted January 7, 2007.

Zheng Yi, *Red monument*（鄭義：紅色紀念碑），Taipei: Huashi Wenhua, 1993.

Zhong Qiguang, *Zhong Qiguang memoirs*（鍾期光回憶錄）, Beijing: PLA, 1995.

Zhou Chicheng, 「Xun Zi Holds That Human Nature is Simple and Uncarved, Not Evil,」 *Social Sicneces in China*, Beijing, 35-1 (January) 2014: 116-135.

Zhou Fangyin, 「Equilibrium analysis of tributary system」（周方銀：朝貢體制的均衡分析）, *Quarterly journal of international politics*（國際政治科學）, Beijing, No. 1, 2011: 29-58.

Zhou Liangxiao & Gu Juying, *History of Yuan*（周良霄、顧菊英：元代史）, Beijing: Zhongguo Shehui Kexue, 1993.

Zhou Liangxiao, *Emperors and Imperial power*（周良霄：皇帝與皇權）, Shanghai: Guji, 1999.

Zhou Tianyong, *Chinese opinions: interviews with economists*（周天勇：意見中國──經濟學家訪談錄）, Issue 13, (July) 2010.

Zhou Wangyan, 「180 days of total darkness of a land bureau chief whose leg was broken」（周旺炎：被打斷腿的國土局長暗無天日的 180 天）, bbs.tianya.cn/post-free-3038799-1.shtml, both accessed June 8, 2015.

Zhou Xin, *History of the development of agricultural tools in China*（周昕：中國農具發展史）, Jinan: Shangdong Keji, 2004.

Zhou Xueguang, 「From 『Huang Zongxi law』 to empire logic,」（周雪光：從「黃宗羲定律」到帝國的邏輯）, *Open times*（開放時代）, Guangzhou, No. 4 (August), 2014.

Zhou Zongqi, *Qing's literary inquisition*（周宗奇：清代文字獄）, Beijing: Renmin Wenxue, 2010.

Zhu Dake, 「Ancient families of gods in China」（朱大可：華夏上古神系）, 2 volumes, Shanghai: Dongfang, 2014.

Zhu Hongzhao, *Yan'an used to be heaven*（朱鴻召：延安曾經是天堂）, Xian: Shaanxi Renmin, 2012.

Zhu Peixian, 「Discipline cadres work this way」（朱佩嫻：紀檢幹部這樣辦案）, *People's daily*（人民日報）, Beijing, February 13, 2015:11.

Zhu Xi, *Notes on the four* books（朱熹：四書集註）, Changsha: Yuelu Shushe, (12th century) 2004.

Zhu Ying, *Economic policy and reform measures in late-Qing*（朱英：晚清經濟政策與改革措施）, Wuhan: Huazhong Shifan Daxue, 1996.

Zhu, R.X. et al, 「New evidence on the earliest human presence at high northern latitudes in northeast Asia.」 *Nature*, 431(September 30) 2004: 559-562.

Zhuang Zhou, *Zhuangzi-outer chapters-mountains and woods No. 20*（莊子‧外篇‧山木 20）, Beijing: Zhonghua Shuju, (4th-2nd centuries BCE) 2007.

Zoellick, Robert B., 「Whither China: From Membership to Responsibility?」 Remarks to National Committee on U.S.-China Relations, New York, September 21, 2005.

Zubov, Andrei- ed., *History of Russia, XX Century* (Андрей Зубов, История России, XX век), Moscow: AST, 2 vols, 2009.

中華秩序：

中原、世界帝國與中國力量的本質

The China Order: Centralia, World Empire, and the Nature of Chinese Power

作者	王飛凌（Fei-Ling Wang）
譯者	王飛凌、劉驥

主編	洪源鴻
責任編輯	穆通安、洪源鴻
特約編輯	Winson
校對	張正才
行銷企劃總監	蔡慧華
封面設計	莊謹銘
內頁排版	宸遠彩藝

出版	八旗文化／遠足文化事業股份有限公司
發行	遠足文化事業股份有限公司（讀書共和國出版集團）
地址	新北市新店區民權路 108-2 號 9 樓
電話	02-22181417
傳真	02-22188057
客服專線	0800-221029
信箱	gusa0601@gmail.com
Facebook	facebook.com/gusapublishing
Blog	gusapublishing.blogspot.com
法律顧問	華洋法律事務所／蘇文生律師
印刷	成陽彩色印刷股份有限公司

出版	2018 年 11 月（初版一刷） 2024 年 05 月（初版九刷）
定價	460 元

中華秩序：中原、世界帝國與中國力量的本質
王飛凌著／王飛凌、劉驥譯
新北市／八旗文化出版／遠足文化發行 2018.11
譯自：The China order : Centralia, world empire,
      and the nature of Chinese power

ISBN 978-957-8654-36-5（平裝）

1. 中國外交　　2. 國際關係

574.18　　　　　　　　　　　107017256